AF707556

Kristin Neff

Kraftvolles Selbstmitgefühl für Frauen

kailash

Kristin Neff

Kraftvolles Selbstmitgefühl für Frauen

Klar für sich selbst einstehen,
engagiert handeln und Erfüllung finden

Aus dem amerikanischen Englisch
von Dr. Heide Lutosch

kailash

Sollte diese Publikation Links auf Webseiten Dritter enthalten, so übernehmen wir für deren Inhalte keine Haftung, da wir uns diese nicht zu eigen machen, sondern lediglich auf deren Stand zum Zeitpunkt der Erstveröffentlichung verweisen.

Die Originalausgabe erschien 2021 unter dem Titel *FIERCE SELF-COMPASSION How Women Can Harness Kindness to Speak Up, Claim Their Power, and Thrive* bei Harper Wave, New York City, USA.

MIX
Papier aus verantwortungsvollen Quellen
FSC® C014496

Penguin Random House Verlagsgruppe FSC®-N001967

2. Auflage
Deutsche Erstausgabe
© 2022 Kailash Verlag, München,
in der Verlagsgruppe Penguin Random House GmbH,
Neumarkter Str. 28, 81673 München
© Kristin Neff 2021
published by arrangement with Harper Wave,
an imprint of Harper Collins Publishers, LLC
Satz: Satzwerk Huber, Germering
Umschlaggestaltung: ki 36, Daniela Hofner Editorial Design, München,
unter Verwendung eines Motivs von Nancy Singer
Druck und Bindung: GGP Media GmbH, Pößneck
Printed in Germany
ISBN 978-3-424-63226-2
www.kailash-verlag.de

Für meinen geliebten Sohn Rowan
und für alle Frauen auf der ganzen Welt

Inhalt

Teil I:
Warum Frauen kraftvolles Selbstmitgefühl brauchen

Teil II:
Die Werkzeuge des Selbstmitgefühls

Teil III:
Kraftvolles Selbstmitgefühl in der Welt

TEIL I

Warum Frauen kraftvolles Selbstmitgefühl brauchen

EINLEITUNG

Sorgende Kraft

Doch eines bleibt gewiss:
Wenn wir Milde der Macht beimessen, der Macht das Recht,
wird Liebe zu unserem Vermächtnis und Wandel
unserer Kinder Anrecht.[1]
—Amanda Gorman, erste National Youth Poet Preisträgerin der USA

Es liegt etwas in der Luft. Alle Frauen, mit denen ich in Kontakt bin, spüren es. Wir haben die Schnauze voll, sind wütend, bereit für Veränderung. Traditionelle Geschlechterrollen und Machtstrukturen in unserer Gesellschaft hindern uns noch immer daran, uns so zu zeigen, wie wir wirklich sind – und das schadet uns sowohl persönlich als auch politisch. Es ist uns erlaubt, sanft, fürsorglich und zärtlich zu sein. Sind wir dagegen zu kraftvoll – zu wütend oder zu vehement –, löst das Angst und einen Schwall von Beschimpfungen aus (Hexe! Giftspritze! Drache! Furie! – um nur einige der harmloseren Diffamierungen zu nennen). Um aber die Dominanz der Männer zu brechen und endlich die uns zustehenden Plätze an den Tischen der Macht in Beschlag zu nehmen, müssen wir auf unserem Recht, kraftvoll zu sein, bestehen. Nur so können wir die Probleme, mit denen die Welt heute konfrontiert ist, in Angriff nehmen: tief verwurzelte Armut, systemischer Rassismus, nicht funktionierende Gesundheitssysteme und schließlich der Klimawandel. Dieses Buch möchte Frauen genau dabei unterstützen.

Das Konzept des Selbstmitgefühls ist ein Rahmen, innerhalb dessen sich wunderbar zeigen lässt, wie Frauen sich erfolgreich für Veränderung einsetzen können. Mitgefühl zielt darauf ab, Leid zu lindern – es ist der Impuls zu helfen, ein Zustand tätiger Sorge, der instinktive Wunsch, sich ganz konkret um die zu kümmern, die es schwer haben.[2] Obwohl die meisten Menschen von Natur aus Mitgefühl für andere empfinden können, fällt es ihnen oft schwer, diesen Impuls auch nach innen zu richten. Ich selbst habe die vergangenen 20 Jahre meines Berufslebens damit verbracht, die gesundheitlichen Vorteile von Selbstmitgefühl zu erforschen und Menschen nahezubringen, wie sie sich selbst gegenüber freundlicher und unterstützender verhalten können. Zusammen mit meinem Kollegen Chris Germer habe ich das Trainingsprogramm »Mindful Self-Compassion« entwickelt, das inzwischen weltweit gelehrt wird.[3] Doch um wirklich umfassend von Selbstmitgefühl zu profitieren, müssen wir nicht nur seine sanfte, sondern auch seine kraftvolle Seite in uns ausbilden.

Diese Erkenntnis ist noch relativ neu für mich. Früher habe ich bei meinen Workshops über Selbstmitgefühl oft eine lustige Geschichte erzählt, die wirklich so passiert ist und anhand derer ich zeigen wollte, wie Achtsamkeit und Selbstmitgefühl dabei helfen können, mit »schwierigen« Gefühlen wie Wut umzugehen.

Die Geschichte geht so: Als mein Sohn Rowan, der eine Autismus-Spektrum-Störung hat, ungefähr sechs Jahre alt war, gingen wir zusammen in den Zoo zu einer Vogelvorführung. Als wir auf unseren Plätzen saßen, fing Rowan an zu stören – nicht dass er herumschrie oder wild um sich schlug, aber er sprach ziemlich laut, und die meiste Zeit stand er eher auf seinem Stuhl, als dass er saß. Eine Frau, die mit ihren beiden extrem wohlerzogenen Töchtern vor uns saß, drehte sich mehrmals zu uns um und machte »Psst!«. Aber Rowan dachte gar nicht daran, leise zu sein. Ich versuchte ihm zu helfen, aber er war zu aufgeregt, um sich kontrollieren zu können. Nachdem die Frau wohl zum dritten Mal vergeblich versucht hatte, Rowan zum Schweigen zu bringen, drehte sie sich mit einem wirklich hasserfüllten Gesichtsausdruck zu ihm um und zischte: »Würdest du BITTE leise sein. Wir versuchen zuzuhören!«

Rowan war völlig verwirrt. »Wer *war* das, Mommy?«, flüsterte er mit wackeliger Stimme.

Wenn ich mitbekomme, dass *irgendjemand* drohend oder aggressiv mit meinem Kind spricht, verwandle ich mich in Mama Bär. Ich antwortete nicht besonders leise: »Das war eine …!« Das Wort fing mit Z an, aber es war nicht »Zuschauerin« – nehmen Sie einfach Ihre Fantasie zur Hilfe… Kurz darauf war die Vogelvorführung zu Ende, und wieder drehte sich die Frau zu uns um, diesmal, um mich zur Rede zu stellen.

»Was fällt Ihnen ein, mich so zu beschimpfen!«, begann sie.

»Was fällt Ihnen ein, meinen Sohn so hasserfüllt anzufahren!«, schnaubte ich zurück. Und dann ging es richtig los. *Zwei Muttis, die sich in Anwesenheit ihrer Kinder bei einer Vogelvorführung gegenseitig anschreien!* Glücklicherweise beschäftigte ich mich damals gerade viel mit dem Thema Achtsamkeit (ja, okay, das klingt jetzt vielleicht etwas unwahrscheinlich), und irgendwann sagte ich relativ ruhig: »Ich bin gerade so was von wütend.« »Was Sie nicht sagen«, blaffte die Frau zurück. Für mich war es trotzdem ein Schlüsselmoment, denn anstatt mich in meinem Zorn zu verlieren, schaffte ich es, ihn achtsam wahrzunehmen, mich langsam abzuregen und wegzugehen.

Mit dieser Geschichte kann man sehr gut zeigen, wie Achtsamkeit einem dabei helfen kann, zurück auf den Teppich zu kommen, wenn man in einer Auseinandersetzung von seinen Gefühlen überwältigt wird. Doch einen anderen unglaublich wichtigen Aspekt dieses Vorfalls habe ich jahrelang übersehen: nämlich die Mama-Bär-Energie, die da vollkommen instinktiv in mir aufgestiegen ist. Ich schätzte diesen beschützerischen Furor kein bisschen, im Gegenteil, ich betrachtete ihn als Problem, anstatt anzuerkennen, wie bemerkenswert und furchteinflößend er war.

Bei einem Autounfall zu sehen, wie eine Mutter ein fast eineinhalb Tonnen schweres Fahrzeug anhob, um ihr darunter eingeklemmtes Baby zu retten, hatte den Autor der Marvel Comics, Jack

Kirby, einst so beeindruckt, dass er die Figur des Incredible Hulk erfand.[4] Diese kraftvolle Seite unserer Natur ist nämlich in Wirklichkeit überhaupt nicht problematisch, sondern eine Superkraft. Etwas, das wir feiern sollten, anstatt es mit achtsamer Aufmerksamkeit zähneknirschend zu »akzeptieren«. Wir können mit dieser Kraft nicht nur unsere Kinder beschützen, sondern auch uns selbst: Sie kann uns helfen, unsere Bedürfnisse zu erfüllen, Veränderungen anzustoßen und für Gerechtigkeit zu kämpfen. Dieses Buch soll Frauen dabei helfen, ihre kraftvolle Seite, ihre innere Kriegerin zum Einsatz zu bringen: Auf diese Weise können wir uns erheben und die Welt verändern.

Sorgende Kraft

In der männerdominierten Gesellschaft, in der wir Frauen noch immer leben, müssen wir alle Mittel, die wir zu fassen kriegen, zum Einsatz bringen – einerseits um uns zu behaupten, andererseits um gesund und unversehrt zu bleiben. Sorgende Kraft ist eine der mächtigsten Waffen in unserem Arsenal. Um Leid zu lindern, greift das sanfte Selbstmitgefühl auf die Energie der *Fürsorglichkeit* zurück, während sich das kraftvolle Selbstmitgefühl die Energie des *Handelns* zunutze macht – wenn beide Seiten vollständig verbunden sind, werden sie zu sorgender Kraft. Unsere Kraft ist wirksamer, wenn sie sorgend ist, denn auf diese Weise sind Stärke und Liebe verbunden. Die herausragenden Gestalten gesellschaftlichen Wandels – Mahatma Gandhi, Mutter Teresa, Nelson Mandela, Susan B. Anthony – standen für genau diese Botschaft. In seinem Aufruf zur Beendigung des Vietnamkrieges formulierte es Martin Luther King Jr. so: »Wenn ich von Liebe spreche, meine ich nichts Sentimentales oder Zartes. Ich spreche von jener Kraft, die (…) das höchste Verbindungsprinzip des Lebens ist.«[5]

Glücklicherweise kann sorgende Kraft sowohl nach innen als auch nach außen gerichtet werden. Sie kann uns auf unserem persönlichen Weg zu Wachstum und Heilung genauso helfen wie in unserem Kampf für Gerechtigkeit. Letztendlich ist auch politischer Aktivismus ein Akt des Selbstmitgefühls (nicht nur des Mitgefühls mit anderen), denn wir sind miteinander verbunden, und Ungerechtigkeit betrifft uns alle.

Lange Zeit dachte ich, dass meine eigene kraftvolle Seite ein Charakterfehler wäre, den ich überwinden müsse, aber inzwischen ist mir klar, dass ich ohne diese Seite im Leben nicht so viel Erfolg gehabt hätte. Im Jahr 2003 veröffentlichte ich meinen ersten wissenschaftlichen Artikel zum Thema Selbstmitgefühl[6], und noch im selben Jahr entwickelte ich die Self-Compassion Scale (SCS), um dieses Gefühl messbar zu machen.[7] Meine ersten Untersuchungen ergaben, dass Menschen, die auf der SCS höher abschnitten, auch beim allgemeinen Wohlbefinden mehr Punkte erreichten.[8] Damals war ich eine der ersten Wissenschaftlerinnen, die über Selbstmitgefühl forschte, aber inzwischen hat es einen regelrechten Boom auf diesem Gebiet gegeben: In wissenschaftlichen Zeitschriften sind bis dato über 3000 Artikel zu dem Thema erschienen, und Tag für Tag werden neue Studien veröffentlicht.[9] Dieses unbekannte Territorium zu betreten hätte ich wohl ohne meine freie Energie kaum gewagt – jene Kriegerinnen-Energie, die mich eben manchmal auch in Schwierigkeiten bringt (zum Beispiel wenn ich vor meinem Kind bei einer Vogelvorführung eine vollkommen fremde Frau eine Z… nenne).

Der Kreis schließt sich

Ich habe also erst kürzlich begonnen, in meiner wissenschaftlichen Forschung zwischen einer kraftvollen und einer sanften Seite des Selbstmitgefühls zu unterscheiden, und darüber ausführlicher zu schreiben steht noch aus. Gleichzeitig greife ich damit einen Faden auf, der sich durch meine gesamte Laufbahn zieht. Meine Doktorarbeit zum Thema Moralentwicklung schrieb ich an der University of California, Berkeley, bei Elliot Turiel. Er war ein Schüler Lawrence Kohlbergs, der die These aufgestellt hat, dass sich Moralentwicklung in drei Phasen vollzieht. Diesem Modell nach ist man in der ersten Phase (die mit der Kindheit zusammenfällt) vor allem mit persönlicher Bedürfnisbefriedigung beschäftigt, in der zweiten Phase (die in der Adoleszenz zu beobachten ist) liegt der Fokus auf der Fürsorge für andere und der Erfüllung ihrer Bedürfnisse, und in der letzten Phase (die, wenn überhaupt, erst im Erwachsenenalter erreicht wird) geht es schließlich um Gerechtigkeit: Hier werden die Rechte und Bedürfnisse *aller* in den Blick genommen. Eines der Ergebnisse von Kohlbergs Forschung vorwiegend aus den 1960er-Jahren lautete, dass Frauen angeblich dazu neigen, moralische Entscheidungen auf der Grundlage von Fürsorge zu treffen, während Männer solche Entscheidungen tendenziell eher auf der Grundlage von Recht und Gerechtigkeit träfen.[10] Prompt hieß es, Kohlberg habe bewiesen, das moralische Denken von Frauen sei weniger weit entwickelt als das von Männern, was von Feministinnen völlig zu Recht als tendenziös kritisiert wurde. Carol Gilligan, die Autorin des einflussreichen Buches *Die andere Stimme*, stellte dagegen die These auf, dass Fürsorge auf der einen und Gerechtigkeit auf der anderen Seite schlicht zwei unterschiedliche ethische Blickwinkel seien, unter denen man die Welt betrachten könne. Die weibliche Art des Wissens beruhe eher auf Verbundenheit als auf Autonomie, sei aber dadurch der männlichen Perspektive keineswegs unterlegen. Eigentlich wollte die Autorin mit ihrer Theorie die Behauptung entkräften, dass Frauen weniger moralisch seien als Männer, aber paradoxerweise charakterisierte sie Frauen dann letztendlich selbst als Menschen, die die Kategorie der Gerechtigkeit nicht für wichtig erachteten!

Ich halte beide Positionen für falsch, denn jede ist auf ihre Weise sexistisch. Turiel löste die Kontroverse auf, indem er zeigte, dass männliche und weibliche Menschen in allen Entwicklungsstadien moralische Urteile je nach Kontext auf der Grundlage von Autonomie, Fürsorge oder Gerechtigkeit treffen.[11] Unabhängig von Alter,

Geschlecht und Kultur ist fast jeder Mensch der Ansicht, dass es besser ist, für andere zu sorgen und ihnen zu helfen, als ihnen Schaden zuzufügen, dass Menschen in persönlichen Angelegenheiten autonome Entscheidungen treffen können müssen und dass Gerechtigkeit ein zentraler Wert ist. »Aber das ist ungerecht!« ist in der Tat eines der ersten moralischen Urteile, das kleine Kinder fällen. Turiels Untersuchungen zeigen außerdem, dass soziale Macht beim Fällen solcher Urteile eine zentrale Rolle spielt.[12] Wer in einer dominanten Position ist, kann häufiger autonome Entscheidungen treffen, während abhängige Menschen eher gezwungen sind, für andere zu sorgen. Schon per Definition ist eine zentrale Eigenschaft von Macht die Fähigkeit, das zu tun, was man möchte, während Unterordnung vor allem dadurch definiert ist, dass man die Bedürfnisse derer, die Macht haben, befriedigen muss. Um sicherzustellen, dass die Bedürfnisse eines und einer jeden gleichermaßen zählen, ist also die gerechte Verteilung von Macht vorausgesetzt. Für meine Dissertation verbrachte ich ein Jahr in Indien, um zu erforschen, wie sich kulturell verwurzelte Annahmen über Geschlechterhierarchien auf die verschiedenen Positionen in Ehekonflikten auswirken (dazu später mehr).

Erst als ich nach Berkeley zurückgekehrt war, um meine Dissertation zu Ende zu schreiben, hörte ich von Selbstmitgefühl. Wie in meinem ersten Buch *Self-Compassion* (New York 2011, dt. *Selbstmitgefühl,* München 2012) ausführlich beschrieben, war meine Reise zu mehr Freundlichkeit mir selbst gegenüber ziemlich schmerzhaft. Ich verließ nämlich kurz vor meinem Auslandsforschungsjahr meinen Partner für einen anderen Mann (was mich selbst auch deshalb so entsetzte und beschämte, weil ich mich bis dahin für einen liebevollen und aufrechten Menschen gehalten hatte). Eigentlich war der Plan, dass dieser Mann mir nach Indien folgen würde. Doch weder verließ er umgekehrt seine Partnerin, noch tauchte er jemals in Indien auf. Als wäre das nicht schlimm genug, erfuhr ich kurz nach meiner Rückkehr in die Vereinigten Staaten, dass er einen Hirntumor hatte, an dem er bald darauf starb.

Um die Scherben meines Lebens zusammenzusammeln, wollte ich lernen, wie man meditiert. Ich schloss mich einer Gruppe an, die der Lehre des vietnamesischen Zenmeisters Thich Nhat Hanh folgte, der besonders betont, wie wichtig es ist, Mitgefühl mit sich selbst und anderen zu haben. Ich las Bücher von wegweisenden westlichen Lehrerinnen und Lehrern des Buddhismus, zum Beispiel Sharon Salzbergs *Metta Meditation* und Jack Kornfields *Frag den Buddha:* Auch diese beiden Autoren legen großen Wert darauf, dass wir uns selbst in den Kreis des Mitgefühls einbeziehen.

Meine Lektüre und Meditationspraxis führten dazu, dass ich versuchte, mir selbst gegenüber mehr Wärme aufzubringen und mich besser zu unterstützen. Anstatt mich selbst für das, was ich getan hatte, zu geißeln (ich konnte mich nur davon überzeugen, dass ich ein guter Mensch war, indem ich den Menschen, der ich gewesen war, aus tiefstem Herzen hasste: So absurd können die Wege des Denkens manchmal sein), versuchte ich, verständnisvoller und versöhnlicher zu werden. Ich muss zugeben, dass sich das am Anfang ziemlich unbehaglich anfühlte. Wenn ich mir selbst sagte »Menschen machen Fehler«, dann war da sofort eine andere Stimme, die konterte: »Du willst dich doch nur rausreden«. Aber nach und nach verstummte die Gegenstimme, während ich lernte, das Unheil, das ich angerichtet hatte, anzuerkennen und in diesem Prozess mir selbst gegenüber freundlich zu bleiben. Ich sagte zu mir: »Ich weiß, dass du es anders gemacht hättest, wenn du es gekonnt hättest, aber damals warst du dazu nicht in der Lage. Deine Ehe lief nicht gut, und du wolltest glücklich sein. Jeder möchte glücklich sein.« Anstatt mich auf mich selbst und meine Missetaten zu fixieren, begann ich, meine unvollkommene Menschlichkeit und die Art und Weise, wie sie mich mit dem großen Ganzen verband, zu würdigen. Ich legte mir die Hand aufs Herz und sagte: »Ich weiß, es tut weh, aber es wird nach und nach besser werden. Ich nehme dich genauso an, wie du bist. Mit all deinen Fehlern.« Indem ich das tat, konnte ich, ohne mich dabei selbst zu geißeln, die volle Verantwortung für das übernehmen, was ich getan hatte, so schmerzhaft es war. Mit etwas

Übung lernte ich, meine Scham liebevoll zu halten – und mein Leben veränderte sich radikal zum Guten.

Nach meinem Abschluss bekam ich an der University of Denver eine Postdocstelle bei Susan Harter, damals eine der führenden Forscherinnen der USA zum Thema *Selbstachtung*, ein Begriff, der die psychologische Wahrnehmung von »Wohlbefinden« über Jahrzehnte bestimmt hatte. Selbstachtung kann als positive Bewertung des Selbstwerts definiert werden. Die Forscherinnen und Forscher begannen damals gerade zu verstehen, dass eine positive Selbstbeurteilung Menschen zwar glücklicher machen, aber auch in diverse Fallen und Sackgassen führen konnte, wie zum Beispiel in den Narzissmus oder den Zwang, sich permanent mit anderen zu vergleichen. Davon abgesehen basiert Selbstachtung zu häufig auf sozialer Anerkennung, auf gutem Aussehen und der Betonung von Erfolg. Selbstachtung ist eine Gutwetterfreundin. Sie ist da, wenn es gut läuft, lässt einen aber im Stich, wenn alles schiefgeht – also genau dann, wenn man sie am meisten braucht. Selbstmitgefühl ist die perfekte Alternative zur Selbstachtung. Es verlangt nicht, dass man sich besser fühlt als andere, ist nicht davon abhängig, dass andere Menschen einen mögen, und verlangt auch nicht, dass man immer alles richtig macht. Um Selbstmitgefühl entwickeln zu können, muss man einfach nur ein fehlbares menschliches Wesen sein, wie jede und jeder andere auch. Selbstmitgefühl ist ein zuverlässiger Ort des Rückhalts und der Zuflucht.

Als ich dann eine Professur an der University of Texas Austin annahm, setzte ich meine Forschung über den Einfluss von Macht auf Autonomie, Fürsorge und Fairness in Beziehungen zunächst noch fort. Zur gleichen Zeit begann ich aber schon, meine Gedanken zum Thema Selbstmitgefühl als einer gesünderen Alternative zur Selbstachtung genauer auszuarbeiten und erste Artikel darüber zu veröffentlichen. Irgendwann begeisterte mich das Thema so sehr, dass ich alle anderen Forschungsschwerpunkte beiseiteließ; seither konzentriere ich mich hauptsächlich auf das Thema »Selbstmitgefühl«. Erst vor Kurzem habe ich im Zusammenhang mit diesem

Thema den Faden meiner früheren Forschungsinteressen wieder aufgegriffen. Wer sanftes Mitgefühl für sich selbst aufbringen kann, kümmert sich fürsorglich um sich selbst. Wer kraftvolles Selbstmitgefühl kultiviert, macht seine Autonomie geltend und steht für seine Rechte ein. Erst wenn kraftvolles und sanftes Selbstmitgefühl in ein Gleichgewicht kommen, können wir fair und gerecht handeln. Aber auch beim Selbstmitgefühl können Macht und Erwartungen an die Geschlechter eine Rolle spielen, indem die männliche Dominanz die kraftvolle Seite betont, während weibliche Unterordnung eher zu Sanftheit tendiert. Das Ziel der Geschlechtergerechtigkeit verlangt, dass wir beide Seiten integrieren. Meine beiden bis vor Kurzem noch völlig disparaten Forschungsgebiete passen plötzlich zusammen wie zwei Puzzleteile.

Warum dieses Buch für Frauen geschrieben wurde und warum jetzt

Selbstmitgefühl hilft allen Menschen, und das meiste, was ich darüber in der Vergangenheit geschrieben habe, ist geschlechterunabhängig. Aber ich glaube, dass in dem historischen Moment, in dem wir uns befinden, Selbstmitgefühl für Frauen besonders notwendig geworden ist. Wir Frauen haben die Nase voll davon, dass Männer uns die Welt erklären und uns bezahlen, als hätten wir nichts auf dem Kasten. Wir wollen endlich faire Löhne, wir wollen in Firmen und in Regierungen gleichberechtigt vertreten sein und Machtpositionen übernehmen. Kraftvolles Selbstmitgefühl, besonders, wenn es sich mit sanftem Selbstmitgefühl im Gleichgewicht befindet, kann uns dabei helfen, für unsere Rechte zu kämpfen und gegen all das Leid anzuarbeiten, das dadurch entstanden ist, dass man uns jahrhundertelang dazu angehalten hat, hübsch auszusehen und den Mund zu halten.

Was mich außerdem dazu angeregt hat, dieses Buch zu schreiben, war die #MeToo-Bewegung. Viel zu lange haben Frauen Belästigungen und sexualisierte Übergriffe unter den Teppich gekehrt. Wir haben immer befürchtet, dass uns niemand glauben würde, wenn wir die Wahrheit sagten. Es würde nur Schande über uns bringen und weiteren Schaden anrichten. Doch das änderte sich im Jahr 2017, als Hunderttausende von Frauen den Hashtag #MeToo nutzten, um ihre Erfahrungen mit Belästigung und sexualisierter Gewalt öffentlich zu machen. Plötzlich waren es die Männer, deren Ruf ruiniert war und die sich einen neuen Job suchen mussten.

Wie ich später genauer ausführen werde, stehen meine eigenen Erfahrungen im Einklang mit den Berichten unzähliger anderer Frauen auf der ganzen Welt. Trotz meiner Tätigkeit als Leiterin von weithin bekannten Achtsamkeits- und Mitgefühlskursen bin auch ich von jemandem getäuscht und manipuliert worden, der sich als Sexualstraftäter entpuppte. Ein Mann, dem ich vertraute und den ich unterstützte, hatte ohne mein Wissen zahllose Frauen belästigt und angegriffen. Meine Praxis des Selbstmitgefühls hat es mir ermöglicht, mit dem Entsetzen umzugehen, das die Flut von Enthüllungen in mir auslöste. Sanftes Selbstmitgefühl half mir zu heilen, und kraftvolles Selbstmitgefühl trieb mich an, den Mund aufzumachen und dafür zu sorgen, dass der Horror ein Ende nahm.

Die Frauenbewegung hat uns Zugang zum Berufsleben verschafft, doch um in diesem Bereich Erfolg zu haben, müssen wir uns wie Männer benehmen und unsere in ihrer Welt abgewertete sanfte Seite unterdrücken. Gleichzeitig machen wir uns immer wieder unbeliebt, wenn wir zu aggressiv oder zu energisch auftreten. Uns bleibt nur die Wahl zwischen zwei falschen Möglichkeiten: erfolgreich und verachtet oder gemocht und ohnmächtig. Auch heute noch stehen wir Frauen unter dem zunehmenden Druck, uns bei der Arbeit beweisen zu müssen, sind aber gleichzeitig Opfer von sexualisierten Übergriffen und ungerechter Bezahlung. Im Endeffekt muss man sagen: So wie es läuft, funktioniert es für uns nicht mehr. Ich glaube fest daran, dass wir Frauen, wenn wir unser kraftvolles und unser zartes Selbstmitgefühl entwickeln und in ein Gleichgewicht bringen, viel besser gerüstet sind zu erkennen, wer wir wirklich sind, und die notwendigen Veränderungen in der Welt anzugehen. Das Patriarchat ist quicklebendig und verursacht unglaubliches Leid. Die drängenden Themen unserer Zeit – sexualisierte Gewalt, ungleiche Bezahlung, grassierende Vorurteile, Ungerechtigkeit im Gesundheitswesen, politische Spaltung – rufen uns dazu auf, unsere Kraft in die Waagschale zu werfen und zu handeln

Weil ich eine weiße, heterosexuelle Cis-Frau bin, wird das, was ich schreibe, nicht frei von unbewussten Vorurteilen sein. Zwar werde ich mein Bestes tun, um die vielfältigen Erfahrungen all jener Menschen einzubeziehen, die sich als Frauen identifizieren, aber diese Anstrengungen werden mit Sicherheit zu kurz greifen. Bitte sehen Sie es mir nach. Meine Hoffnung ist, dass dieses Buch ein paar allgemeine Prinzipien zur Sprache bringen kann, die für alle Menschen, deren Identitäten und Erfahrungen durch unterschiedliche intersektionale Diskriminierungsformen geprägt sind, Bedeutung haben. Nicht alle Frauen gleichen sich, und auch die leidvollen Erfahrungen, die sie machen, sind nicht immer vergleichbar. Aber ich glaube daran, dass das kraftvolle und das sanfte Selbstmitgefühl für alle Menschen hilfreich sind und im Kampf gegen Sexismus, Rassismus, Heteronormativität, Ableismus und andere Unterdrückungsformen eine gute Rolle spielen können.

Die Praxis des Selbstmitgefühls

Selbstmitgefühl ist mehr als eine Idee. Es ist etwas, dass wir *tun* können. Wir können unser Gehirn trainieren und neue Gewohnheiten ausbilden, um auf unserem eigenen mentalen, physischen und psychischen Schmerz mit Mitgefühl zu reagieren. Wissenschaftliche Studien zeigen nicht nur, dass mehr Selbstmitgefühl erlernbar ist, sondern auch, dass diese Praxis unser Leben radikal verbessert.[13] Dieses Buch wird Begriffe erklären, Forschungsergebnisse erörtern und Sie dabei unterstützen, ein Mitgefühl für sich selbst zu entwickeln, das sowohl sanft als auch kraftvoll ist. Sie werden lernen, wie Sie beide Seiten so kombinieren können, dass eine sorgende Kraft in Ihnen entsteht, die Sie in unterschiedlichen Lebensbereichen zum Einsatz bringen können: in Ihren zwischenmenschlichen Beziehungen, in der Sorgearbeit und im Beruf.

Während der Lektüre bekommen Sie immer wieder Tipps und Anleitungen, wie Sie das, was Sie kognitiv erfahren, auch körperlich verankern können. Ab und zu werde ich Ihnen auch wissenschaftlich validierte und in der Forschung breit eingesetzte Messmethoden für Aspekte wie Selbstmitgefühl, Geschlechterstereotype oder Beziehungsstile vorstellen, sodass Sie diese Tests an sich selbst ausprobieren können! Außerdem werde ich konkrete Übungen bereitstellen, die Ihnen helfen, Ihren »Selbstmitgefühl-Muskel« zu entwickeln. (Für viele dieser Übungen finden Sie unter FierceSelf-Compassion.org angeleitete Audioversionen.) Trotz einiger Meditationsübungen ist dies jedoch keine Anleitung zum Meditieren. Ich bin keine spirituelle Lehrerin, sondern Wissenschaftlerin. Doch wenn Selbstmitgefühl sehr tief geht, kann es tatsächlich zu einer spirituellen Erfahrung werden.

Die meisten Übungen, die in diesem Buch vorgestellt werden, stammen aus dem Mindful-Self-Compassion-Programm, das ich zusammen mit Chris Germer entwickelt habe. Sie können online unter www.CenterforMSC.org an einem MSC-Kurs teilnehmen oder selbstständig das Arbeitsbuch *The Mindful Self-Compassion Workbook* durchgehen (dt.: Kristin Neff & Christopher Germer, *Selbstmitgefühl. Das Übungsbuch*, Freiburg 2019). Obwohl MSC keine Therapie ist, kann das Programm durchaus therapeutische Wirkung entfalten. Der Schwerpunkt von MSC liegt eher darauf, den Alltag mit mehr Selbstmitgefühl anzugehen, als auf dem Versuch, bestimmte Wunden aus der Vergangenheit zu heilen. In einer frühen Studie über die Wirksamkeit von MSC fanden wir heraus, dass acht Wochen Training das Selbstmitgefühl um 43 Prozent steigerten.[14] Die Teilnehmerinnen und Teilnehmer berichteten, dass sie zudem achtsamer und mitfühlender gegenüber anderen geworden waren; auch fühl-ten sie sich weniger deprimiert, ängstlich und gestresst, und ihre emotionalen Vermeidungsstrategien kamen nicht mehr ganz so häufig zum Einsatz; sie waren glücklicher und insgesamt zufriedener mit ihrem Leben. Am auffälligsten war jedoch, dass die Ressource Selbstmitgefühl für diese Menschen von nun an eine Art zuverlässiger Freund wurde. Wir konnten darüber hinaus zeigen, dass das durch MSC gesteigerte Selbstmitgefühl und das daraus resultierende größere Wohlbefinden mindestens ein Jahr anhielten.

Wie sehr eine Person von dem Programm profitierte, war davon abhängig, wie viel sie geübt hatte. Ich möchte Sie deshalb ermutigen, sich ganz bewusst jeden Tag mindestens 20 Minuten Zeit zu nehmen, um Selbstmitgefühl zu üben. Wir konnten zwar wissenschaftlich nachweisen, dass die Instrumente aus dem Werkzeugkoffer des Selbstmitgefühls tatsächlich funktionieren, aber der einzige Weg, dies zu testen, ist, es selbst auszuprobieren.

Testen Sie, wie groß Ihr Selbstmitgefühl ist

Wenn Sie einschätzen möchten, wie viel Mitgefühl Sie für sich selbst aufbringen können, sollten Sie einfach diese Kurzversion des Selbstmitgefühlstests machen, der in den meisten Studien zum Thema Selbstmitgefühl zum Einsatz kommt.[15] Wenn Sie möchten, können Sie sich Ihr Ergebnis aufschreiben und den Test noch einmal machen, wenn Sie das Buch zu Ende gelesen haben, um herauszufinden, ob Ihr Selbstmitgefühl größer geworden ist. Ihnen wird wahrscheinlich auffallen, dass der Test nicht zwischen kraftvollem und sanftem Selbstmitgefühl unterscheidet. Im Moment fungiert er tatsächlich noch als allgemeiner Maßstab für Selbstmitgefühl insgesamt, aber es ist möglich, dass ich ihn irgendwann so überarbeite, dass beide Seiten des Selbstmitgefühls darin abgebildet werden.

Anleitung

Bitte lesen Sie sich jede Aussage sorgfältig durch, bevor Sie antworten. Notieren Sie auf der linken Seite jeder Aussage, wie häufig Sie sich auf die beschriebene Weise verhalten. Ihre Antworten sollten Ihr tatsächliches Verhalten wiedergeben und nicht das Verhalten, das Sie für *richtig* halten.

Nutzen Sie für den ersten Aussagenblock die folgende Skala von 1 (fast nie) bis 5 (fast immer) oder einen der dazwischenliegenden Werte:

- Ich versuche, gegenüber den Aspekten meiner Persönlichkeit, die ich nicht mag, verständnisvoll und geduldig zu sein.
- Wenn etwas Schmerzhaftes geschieht, versuche ich, die Situation ausgewogen zu betrachten.
- Ich versuche, meine Misserfolge als Teil meines Menschseins zu betrachten.
- Wenn ich eine schwierige Phase durchlebe, gebe ich mir selbst die Fürsorge und Freundlichkeit, die ich brauche.
- Wenn mich etwas ärgert oder traurig macht, versuche ich, meine Gefühle im Gleichgewicht zu halten.
- Wenn ich mich auf irgendeine Weise als unzulänglich empfinde, versuche ich mich daran zu erinnern, dass die meisten Menschen Gefühle von Unzulänglichkeit haben.

Für den nächsten Aussagenblock nutzen Sie eine Skala von 1 (fast immer) bis 5 (fast nie) oder einen der dazwischenliegenden Werte. Beachten Sie, dass die Zählweise umgedreht worden ist; eine höhere Ziffer verweist jetzt also auf eine niedrigere Häufigkeit:

- Wenn ich etwas, das mir wichtig ist, nicht hinbekomme, quälen mich Gefühle von Unzulänglichkeit.
- Wenn ich niedergeschlagen bin, neige ich dazu zu glauben, dass die anderen wahrscheinlich glücklicher sind als ich.
- Wenn ich etwas, das mir wichtig ist, nicht hinbekomme, fühle ich mich mit meinem Scheitern allein.
- Wenn ich niedergeschlagen bin, steigere ich mich in negative Gefühle hinein und konzentriere mich nur noch auf das, was falsch läuft.

- Meine eigenen Fehler und Unzulänglichkeiten beurteile ich mit Missbilligung.
- Gegenüber den Merkmalen meiner Persönlichkeit, die ich nicht mag, bin ich intolerant und ungeduldig.

Gesamtsumme aller 12 Aussagen = ____________

Mittlerer Selbstmitgefühlwert (Gesamtsumme/12) = ____________

Generell gilt ein Wert zwischen 2,75 und 3,25 als durchschnittlich, ein Wert unter 2,75 als niedrig und ein Wert über 3,25 als hoch.

Lassen Sie sich Zeit

Beim Lesen dieses Buches werden Sie wahrscheinlich auch schwierigen Gefühlen begegnen; sie können hochkommen, wenn Sie Mitgefühl praktizieren. Sobald wir uns nämlich selbst mit Liebe begegnen, kann es geschehen, dass wir uns plötzlich an Zeiten erinnern, in denen wir nicht geliebt wurden, oder uns überfällt der Gedanke, wir seien nicht liebenswert. Wenn Sie zum Beispiel versuchen, sich selbst in Schutz zu nehmen, indem Sie einen Kollegen, der sich immer wieder unangemessen über Ihre Figur äußert, in seine Grenzen weisen, kann es passieren, dass Ihnen plötzlich einfällt, wie Ihr Vater sich immer über Ihren Kleidungsstil lustig gemacht hat. Oder wenn Sie versuchen, sich in Ihrer Trauer über eine gescheiterte Liebesbeziehung selbst zu trösten, könnten Sie plötzlich von alten Ängsten überflutet werden, nicht lustig oder attraktiv oder interessant genug zu sein.

In Wirklichkeit ist das ein gutes Zeichen. Es zeigt, dass Sie Ihr Herz öffnen. Es bedeutet, dass der alte Schmerz, den Sie in die Abgründe Ihres Unterbewusstseins verbannt haben, ans Tageslicht treten darf. Wenn er Raum bekommt und mit Wärme gehalten wird, kann er anfangen zu heilen.

Dennoch können diese Gefühle manchmal überwältigend sein. Praktizieren Sie Selbstmitgefühl unbedingt auf eine Weise, die sich sicher anfühlt, anderenfalls haben Sie kein Mitgefühl mit sich selbst! Gerade Frauen, die traumatische Erfahrungen gemacht haben, sollten sich unbedingt Zeit lassen und in ihrem eigenen Tempo vorgehen. Hören Sie, wenn Sie das Gefühl haben, es wird zu viel, mit dem Üben auf: Gönnen Sie sich Pausen und machen Sie später weiter, vielleicht sogar unter Anleitung einer Person mit therapeutischer Ausbildung. Wer überwältigt ist, kann unmöglich etwas Neues lernen. *Bitte übernehmen Sie Verantwortung für Ihre eigene emotionale Sicherheit und drängen Sie sich niemals zu einer Handlung, die sich gerade nicht gut anfühlt.*

Dieses Buch ist so konzipiert, dass es Sie dabei unterstützt, Ihre Selbstmitgefühlspotenziale sowohl in der kraftvollen als auch in der sanften Variante freizusetzen. Sehr häufig befinden sich diese beiden Seiten nicht im Gleichgewicht, und es ist wichtig, dass wir herausfinden, wie wir sie besser in Einklang bringen können. Selbstmitgefühl wird es Ihnen ermöglichen, einen Zugang zu Ihrer eigenen inneren Kraft zu finden, auf dass Sie aufblühen und glücklich sind. Sie werden aber auch authentischer sein und sich innerlich erfüllter fühlen und so in die Lage versetzt, sich für gesellschaftlichen Fortschritt einzusetzen. Die Welt verändert sich rapide, und wir Frauen müssen die Führung übernehmen und dafür sorgen, dass sie sich zum Guten verändert. Mit sorgender Kraft ist alles möglich.

KAPITEL 1

Die Grundlagen des Selbstmitgefühls

Wir brauchen Frauen, die so stark sind, dass sie sanft sein können…, so kraftvoll, dass sie mitfühlend sein können.[16]

—Kavita Ramdas, ehemalige Leiterin des Global Fund for Women

Selbstmitgefühl ist kein höherer Zustand, den man erst nach Jahren des Meditierens erreichen kann. Zunächst einmal bedeutet es schlicht und einfach, sich selbst eine gute Freundin zu sein. Das ist auch deshalb so schön, weil wir fast alle wissen, wie das geht – jedenfalls anderen gegenüber. Mit der Zeit haben wir gelernt, was wir sagen müssen, wenn ein uns nahestehender Mensch mit Minderwertigkeitsgefühlen oder Schwierigkeiten konfrontiert ist: »Das tut mir richtig leid. Was brauchst du denn jetzt? Kann ich irgendetwas für dich tun? Vergiss bitte nicht, dass ich immer für dich da bin.« Wir haben Übung darin, in solchen Situationen die Stimme zu senken, einen warmen Ton anzuschlagen und körperlich ein wenig loszulassen. Wir sind sehr geschickt darin, durch Berührungen zu zeigen, dass wir die Sache wichtig nehmen: Vielleicht umarmen wir die Person oder halten kurz ihre Hand. Im Zweifelsfall und wenn es um die Menschen geht, die uns sehr am Herzen liegen, werden wir zudem äußerst entschlossen handeln. Wir kennen diese spezielle Mama-Bär-Energie, die in uns hochsteigt, wenn eines unserer Liebsten bedroht ist oder beschützt werden muss oder einen kleinen Tritt in den Hintern braucht, um ein Problem anzupacken. Im Laufe unseres Lebens haben wir immer besser gelernt, was in solchen Situationen angebracht ist und was nicht.

Leider behandeln wir uns selbst bei Problemen nicht annähernd so mitfühlend. Statt innezuhalten, um uns zu fragen, was die Voraussetzung dafür wäre, damit wir uns selbst trösten und unterstützen können, reagieren wir meistens mit Selbstverurteilung, oder wir gehen auf der Stelle in den Problemlösungsmodus, oder wir drehen durch. Nehmen wir an, Sie haben auf dem Weg zur Arbeit einen kleinen Autounfall, weil Ihnen der Kaffee umgekippt ist und Sie abgelenkt waren. Ein typisches Selbstgespräch könnte sich etwa so anhören: »Du bist so was von bescheuert! Sieh dir an, was du getan hast. Jetzt ruf wenigstens gleich die Versicherung an und sag auf der Arbeit Bescheid, dass du das Meeting verpasst. Die schmeißen dich garantiert raus.« Würden Sie jemals mit jemandem, der Ihnen am Herzen liegt, so sprechen? Wahrscheinlich nicht. Aber uns selbst behandeln wir ziemlich oft so und haben irgendwie das Gefühl, dass das auch angemessen ist. Wir können regelrecht gemein zu uns selbst sein, sogar noch gemeiner als zu Leuten, die wir nicht ausstehen können. Eine goldene Regel lautet: *Behandle andere Menschen so, wie du von ihnen behandelt werden möchtest.* Ein Zusatz sollte lauten: *Behandle andere NICHT wie dich selbst, sonst hast du bald keine Freunde mehr.*

Ein wichtiger erster Schritt auf dem Weg zu mehr Selbstmitgefühl besteht darin zu beobachten, wie wir uns selbst behandeln, wenn es uns nicht so gut geht – im Vergleich dazu, wie wir Menschen behandeln, die uns wichtig sind. Die besten Beispiele für solche Menschen sind sehr gute Freundinnen oder Freunde – denn, seien wir ehrlich, manchmal sind wir zu unseren eigenen Kindern, zu Partnerinnen oder Partnern oder zu Familienmitgliedern nicht annähernd so mitfühlend, wie wir es gern wären: Sie sind einfach zu nah. Im Umgang mit unseren Freundinnen und Freunden haben wir häufig etwas mehr Distanz, und wir nehmen sie nicht für selbstverständlich, weil es sich hier um freiwillige Beziehungen handelt. Das heißt, unser bestes Ich kommt immer dann zum Vorschein, wenn wir mit unseren engsten Freundinnen und Freunden zusammen sind.

Wie behandle ich meine Freunde in schwierigen Situationen – und wie mich selbst?

Es kann wirklich aufschlussreich sein, sich bewusst zu machen, wie viel Mitgefühl man seinen Freunden auf der einen Seite und sich selbst auf der anderen Seite zukommen lässt. In unseren MSC-Kursen fangen wir immer mit genau dieser Erkundung an, denn sie ist eine ideale Vorbereitung für das Erlernen von Selbstmitgefühl. Es handelt sich um eine schriftliche Übung, nehmen Sie also bitte Papier und Stift zur Hand.

Anleitung

Denken Sie an unterschiedliche Situationen, in denen es einer engen Freundin auf irgendeine Weise schlecht ging: Vielleicht litt sie darunter, dass sie einen Fehler gemacht hatte, oder sie wurde auf der Arbeit gemobbt oder war völlig erschöpft von ihren Kindern, oder sie hatte Angst, etwas Schwieriges nicht hinzubekommen. Schreiben Sie bitte auf, was Sie auf die folgenden Fragen antworten würden:

- Wie reagieren Sie normalerweise in einer solchen Situation auf Ihre Freunde? Was sagen Sie? In welchem Ton sprechen Sie? Wie ist Ihre Körperhaltung? Welche nonverbalen Gesten setzen Sie ein?
- Wie reagieren Sie normalerweise in einer vergleichbaren Situation auf sich selbst? Was sagen Sie? In welchem Ton sprechen Sie? Wie ist Ihre Körperhaltung? Welche nonverbalen Gesten setzen Sie ein?
- Fallen Ihnen Unterschiede zwischen dem Verhalten Ihren Freundinnen gegenüber und sich selbst gegenüber auf? (Vielleicht geraten Sie beispielsweise bei sich selbst sofort in Katastrophenstimmung, während Sie bei einer Freundin einen ganz anderen Draufblick behalten.)

- Was glauben Sie: Wie würde es sich anfühlen, wenn Sie anfingen, sich selbst mehr wie Ihre Freunde zu behandeln, und welche Auswirkungen könnte das insgesamt auf Ihr Leben haben?

Für viele ist es schockierend zu erkennen, wie unterschiedlich sie sich selbst und ihre Freunde behandeln. Dass wir uns selbst so schlecht behandeln, kann im ersten Moment richtig befremdlich wirken. Glücklicherweise haben wir ausgiebig Erfahrung darin, Mitgefühl für andere zu haben und können uns davon inspirieren lassen, wenn es um das Verhältnis zu uns selbst geht. Im Grunde können wir das Mitgefühl für andere direkt als Vorlage nutzen, was nicht heißen soll, dass es sich nicht anfangs ziemlich seltsam anfühlen kann, sich selbst genauso zu behandeln wie eine gute Freundin. Aber das liegt schlicht und einfach daran, dass wir es uns angewöhnt haben, uns selbst als Feindin zu behandeln. Mit der Zeit wird es leichter. Wir müssen uns einfach nur die Erlaubnis erteilen, unsere gut ausgebildete Fähigkeit zum Mitgefühl nach innen zu richten.

Natürlich gibt es alle möglichen Hindernisse; die Gewohnheit, sich selbst zu kritisieren, und Gefühle von Wertlosigkeit und Scham sind schwer ins Wanken zu bringen. Außerdem könnten wir befürchten, dass Selbstmitgefühl gar nicht so gut für uns ist, dass es uns in ausschweifende, faule, egoistische Loserinnen verwandelt. Ich werde mich bemühen, diese Hindernisse in den folgenden Kapiteln immer wieder anzusprechen, aber es könnte sein, dass einige von Ihnen mein Buch *Selbstmitgefühl. Wie wir uns mit unseren Schwächen versöhnen und uns selbst der beste Freund werden* oder unser zugehöriges Übungsbuch lesen wollen, um etwas genauer zu verstehen, wie sich diese Hindernisse überwinden lassen.

Trotzdem: Übung macht den Meister, beziehungsweise wie wir im Kosmos des Selbstmitgefühls sagen: Übung macht den Meister in Unvollkommenheit. Wir werden immer besser darin, unsere vollkommen menschlichen Grenzen zu akzeptieren, und gleichzeitig lernen wir, wie wir aktiv werden können, um positive Veränderungen herbeizuführen. Jack Kornfield hat es so ausgedrückt: »Es geht in der spirituellen Praxis nicht darum, sich selbst zu vervollkommnen, sondern seine Liebe zu vervollkommnen.«[17] Sowohl hinter dem kraftvollen als auch hinter dem sanften Selbstmitgefühl ist die treibende Kraft die Liebe.

Die drei Elemente des Selbstmitgefühls

Selbstmitgefühl bedeutet, dass wir uns ganz selbstverständlich mit der gleichen Freundlichkeit behandeln wie eine gute Freundin. Bloße Freundlichkeit sich selbst gegenüber kann jedoch schnell egozentrische oder narzisstische Züge bekommen. Es gehört auch dazu, die eigenen Schwächen zu sehen, Fehler zuzugeben und die eigenen Erfahrungen in einen größeren Zusammenhang zu stellen. Wir müssen unsere eigenen Probleme mit den Problemen anderer ins Verhältnis setzen, damit wir unser kleines Ich hinter uns lassen und unseren Platz in der Welt erkennen können.

Meinem Modell zufolge besteht Selbstmitgefühl aus drei Hauptelementen: Achtsamkeit, geteilter Menschlichkeit und Freundlichkeit.[18] Diese Elemente sind verschieden, gehören aber systemisch zusammen. Damit die mitfühlende Haltung sich selbst gegenüber gesund und stabil ist, müssen sie alle drei einbezogen sein.

Achtsamkeit. Die Grundlage von Selbstmitgefühl ist die Fähigkeit, sich dem eigenen Unwohlsein achtsam zuzuwenden und es anzuerkennen. Wir unterdrücken unseren Schmerz nicht und tun nicht so, als gäbe es ihn gar nicht, aber wir laufen auch nicht vor ihm weg, indem wir ihn in eine dramatische Geschichte einbinden. Achtsamkeit erlaubt es uns, klar zu erkennen, dass wir einen Fehler gemacht haben oder mit etwas gescheitert sind. Anstatt vor den schwierigen Gefühlen wegzulaufen, die mit unseren Problemen einhergehen, wenden wir uns ihnen zu: Schmerz, Angst, Traurigkeit, Wut,

Unsicherheit, Reue. Wir richten unsere Aufmerksamkeit auf die Erfahrung des Augenblicks, sind uns all der sich ständig im Fluss befindenden Gedanken, Gefühle und Sinneswahrnehmungen bewusst, während sie ablaufen. Achtsamkeit ist für Selbstmitgefühl wesentlich, damit wir merken, wenn es uns schlecht geht, und darauf mit Freundlichkeit reagieren können. Wenn wir unseren Schmerz ignorieren oder uns vollkommen in ihm verlieren, kann es uns nicht gelingen, einen Schritt aus uns herauszutreten, um zu sagen: »Holla, das ist jetzt wirklich anstrengend, ich glaube, ich brauche ein bisschen Unterstützung.«

Eigentlich ist Achtsamkeit etwas ganz Einfaches, aber sie ist manchmal schwierig umzusetzen, weil sie anderen angeborenen Neigungen zuwiderläuft. Neurowissenschaftler haben eine Reihe von untereinander verbundenen, in der Mitte des Gehirns von vorne nach hinten verlaufenden Gehirnregionen identifiziert, die in ihrem Zusammenspiel »Ruhezustandsnetzwerk« genannt werden.[19] Ruhezustand deshalb, weil es hier sozusagen um die Standardeinstellung des Gehirns geht, um die Momente, in denen wir uns nicht aktiv konzentrieren oder an einer bestimmten Aufgabe arbeiten. Der Ruhezustand hat drei grundlegende Funktionen: 1. Er schafft ein Selbstgefühl. 2. Er projiziert dieses »Selbst« in die Vergangenheit oder in die Zukunft. 3. Er sucht nach Problemen. Statt also unsere Aufmerksamkeit auf das zu richten, was ist, verlieren wir uns in Sorge und Reue. Von einem evolutionären Standpunkt aus ist dieses Verhalten nützlich: Wir lernen aus den Problemen der Vergangenheit, antizipieren zukünftige Bedrohungen für unser Überleben und überlegen permanent, wie wir die Dinge anders angehen könnten. Da wir aber nun einmal in der Jetztzeit leiden, ist unser Geist häufig nicht präsent genug, um überhaupt zu *merken*, dass wir mit etwas zu kämpfen haben. Stattdessen versuchen wir unsere Probleme mit Geschichten über die Vergangenheit oder die Zukunft zu lösen. Die bewusste Konzentration, die durch Achtsamkeit möglich wird, deaktiviert den Ruhemodus, und das bedeutet, dass wir bei unserem Schmerz sein können, während wir ihn fühlen.[20]

Wie ein klarer, stiller Teich, glatt und ohne Wellen, spiegelt Achtsamkeit ohne Verzerrungen das wider, was geschieht, sodass wir uns selbst und unser ganzes Leben in den Blick bekommen können. Wenn das geschieht, sind wir in der Lage, klug zu entscheiden, auf welche Weise wir uns selbst am besten helfen können. Es braucht Mut, sich seinem Schmerz zuzuwenden und ihn anzuerkennen, doch dieser Akt des Mutes ist unabdingbar, wenn wir so auf unser Leiden reagieren wollen, dass sich unser Herz öffnet. Was wir nicht fühlen, können wir auch nicht heilen. Achtsamkeit ist also die Säule, die das Selbstmitgefühl trägt.

Geteilte Menschlichkeit. Ebenso zentral für das Selbstmitgefühl ist das Erkennen unserer eigenen Menschlichkeit, unserer Verbundenheit mit anderen. Tatsächlich ist diese Verbundenheit genau das, was Selbstmitgefühl von Selbstmitleid unterscheidet. Um mit anderen zu fühlen, muss man mit ihnen verbunden sein, und wenn Mitgefühl nach innen gerichtet wird, dann bedeutet das, dass wir wirklich verstanden haben, dass *alle* Menschen unvollkommen sind und niemand ein perfektes Leben führt. Das mag sich banal anhören, doch oft genug lassen wir uns zu dem Glauben hinreißen, dass alles immer gut laufen muss und irgendwo ein Fehler ist, wenn es das nicht tut. Vollkommen irrationalerweise hat man das Gefühl, dass alle anderen fein raus sind und nur man selbst gestolpert ist, dabei ein Glas zerbrochen und sich an den Scherben einen Nerv im Daumen verletzt hat, woraufhin man drei Monate lang mit einer Art gigantischem pinkfarbenen Käsestück auf der hochgebundenen Hand herumlaufen musste, während das Ganze verheilte (ist mir tatsächlich passiert). Zum eigentlichen Schmerz kommt also auch noch das Gefühl der Kränkung, indem wir uns allein und von allen anderen abgeschnitten fühlen. Dieses Gefühl des Abgeschnittenseins ist für uns entsetzlich, denn (wie die Evolutionsbiologen sagen): Ein einsamer Affe ist ein toter Affe.

Wenn wir uns dagegen daran erinnern, dass Schmerz ein Teil des menschlichen Lebens ist, entkommen wir dem Abgrund des

Selbstmitleids. Anstatt »Immer ich!« zu heulen, erkennen wir, dass Leiden zum Menschsein dazugehört. Natürlich sind die Umstände und das Ausmaß des Leids sehr unterschiedlich. Menschen, die von Ungerechtigkeit und Armut unterdrückt werden, die in unserem System verankert sind, leiden mehr als die, die in diesem System privilegiert sind. Dennoch gibt es kein menschliches Wesen, dem körperliche, seelische oder emotionale Not vollkommen erspart bliebe.

Mitgefühl basiert auf der Idee, dass alle selbstbewussten Wesen aus sich selbst heraus einer menschlichen Behandlung wert sind. Wenn wir uns selbst das Mitgefühl versagen, es jedoch anderen geben, oder wenn wir die Bedürfnisse einer bestimmten Gruppe wichtiger finden als die einer anderen, unterminieren wir die grundlegende Wahrheit, dass wir alle Teil eines von wechselseitiger Abhängigkeit geprägten Ganzen sind. Ihre Handlungen haben Einfluss auf meine, genau wie meine auf Ihre. Das Sprichwort »Säge nicht an dem Ast, auf dem du sitzt«, bringt diesen Gedanken gut zum Ausdruck. Wie ich mich selbst behandle, hat Einfluss auf meine Interaktionen mit allen anderen, mit denen ich in Kontakt bin, und umgekehrt beeinflusst die Art und Weise, mit der ich andere behandle, alle meine weiteren Interaktionen. Die Folgen der Ignoranz gegenüber dieser wechselseitigen Abhängigkeit sind allerorten zu besichtigen: rassistische Angriffe, religiöse und politische Spannungen, die in Gewalt münden; Migranten, die aus Ländern in die Vereinigten Staaten kommen, in denen die amerikanische Politik zur ökonomischen Verelendung beigetragen hat; und ein Planet, der sich so schnell erwärmt, dass er bald unbewohnbar sein wird. Wenn wir klug genug sind, unsere geteilte Menschlichkeit zu erkennen, können wir die größeren Zusammenhänge sehen, und uns wird klar, dass wir alle im selben Boot sitzen.

Freundlichkeit. Der motivationale Kern von Selbstmitgefühl ist Freundlichkeit – der Wunsch, Leid zu lindern. Dieser fürsorgliche Drang äußert sich als unmittelbarer Impuls, helfen zu wollen. Er ist die Basis der warmen, freundlichen und unterstützenden Haltung, die wir uns selbst gegenüber an den Tag legen, während wir durch den Matsch des Lebens waten. Wenn es uns schlecht geht, ist es viel wahrscheinlicher, dass wir uns selbst Vorwürfe machen, als dass wir uns einen unterstützenden Arm um die eigene Schulter legen. Selbst Menschen, die ausnahmslos freundlich zu anderen sind, behandeln sich selbst nicht selten wie den letzten Dreck. Freundlichkeit uns selbst gegenüber arbeitet dieser Tendenz entgegen, sodass wir auf authentische Weise gut zu uns selbst sein können.

Wenn wir zum Beispiel erkennen, dass wir einen Fehler gemacht haben, bedeutet Freundlichkeit uns selbst gegenüber, dass wir uns verstehen und akzeptieren und uns ermuntern, es beim nächsten Mal besser zu machen. Wenn wir eine schlechte Nachricht bekommen oder frontal von den Problemen des Lebens überwältigt werden, öffnen wir aktiv unser Herz und erlauben es uns, von unserem eigenen Schmerz emotional berührt zu werden. Wir halten inne und sagen: »Das ist jetzt wirklich schwierig. Wie kann ich in dieser Situation für mich selbst sorgen?«

Perfektion ist unmöglich. In unserem Leben wird es unweigerlich Schwierigkeiten geben. Aber wenn wir auf unseren Schmerz wohlwollend und menschlich reagieren, lösen wir Gefühle von Liebe und Fürsorge aus, die den positiven Unterschied ausmachen. Freundlichkeit uns selbst gegenüber stellt uns die Ressourcen zur Verfügung, die wir brauchen, um mit unserer Not umzugehen und sie erträglicher zu machen. Sie ist ein bereicherndes und befriedigendes Gefühl: die Süße gegen die Bitterkeit des Lebens.

Die Vorteile von Selbstmitgefühl

Der Zusammenhang zwischen Selbstmitgefühl und Wohlbefinden ist in Tausenden Studien untersucht worden. Wer über Selbstmitgefühl forscht, bedient sich typischerweise einer der drei folgenden Vorgehensweisen: Die üblichste Methode untersucht, ob ein höheres

Abschneiden auf der Selbstmitgefühlsskala (SCS) mit höheren Werten bei Aspekten wie Lebensglück korreliert beziehungsweise mit niedrigeren Werten etwa bei Depressionen. Die zweite Methode zur Untersuchung von Selbstmitgefühl besteht darin, auf experimentelle Weise einen sich selbst gegenüber mitfühlenden Gemütszustand herbeizuführen, häufig, indem man die Teilnehmerinnen und Teilnehmer dazu auffordert, sich selbst einen Brief zu schreiben, in dem es um ein Problem geht, mit dem sie schon ihr ganzes Leben lang kämpfen, während sie gleichzeitig Achtsamkeit, geteilte Menschlichkeit und Freundlichkeit walten lassen. Eine Kontrollgruppe schreibt über ein neutrales Thema, zum Beispiel ein Hobby, die Aufteilung auf die Gruppen erfolgt zufällig. Anschließend werden die beiden Gruppen in Bezug auf bestimmte Verhaltensweisen verglichen, zum Beispiel bezüglich ihrer Motivation, für eine Prüfung zu lernen. Eine dritte und zunehmend übliche Methode besteht darin, Menschen mithilfe von Kursen wie MSC nahezubringen, wie sie mehr Selbstmitgefühl praktizieren können, um daraufhin zu untersuchen, ob sich nach dem Kurs ihr Wohlbefinden verändert hat. Alle drei Forschungsmethoden kommen tendenziell zu gleichen Ergebnissen.[21]

Die Forschungsliteratur über die Vorteile von Selbstmitgefühl wird in den folgenden Kapiteln immer wieder angesprochen werden, aber ich möchte Ihnen hier schon einmal einen kurzen Überblick geben[22]: Menschen, die mehr Mitgefühl mit sich selbst haben, sind tendenziell glücklicher, hoffnungsvoller und optimistischer.[23] Sie sind zufriedener mit ihrem Leben und dankbar für das, was sie haben. Sie sind weniger ängstlich, deprimiert, gestresst und besorgt.[24] Es ist weniger wahrscheinlich, dass sie über Selbstmord[25] nachdenken oder in Drogen- oder Alkoholmissbrauch gefangen sind.[26] Sie sind klüger und auch emotional intelligenter, und sie können ihre negativen Gefühle erfolgreicher regulieren.[27] Sie haben eine positivere Körperwahrnehmung, und die Wahrscheinlichkeit, dass sie Essstörungen entwickeln, ist geringer.[28] Gesundheitsfördernde Verhaltensweisen wie Sport, gesunde Ernährung und regelmäßige Arztbesuche lassen sich bei ihnen mit größerer Wahrscheinlichkeit beobachten.[29] Sie sind körperlich gesünder – sie schlafen besser, sind weniger erkältet und haben ein stärkeres Immunsystem.[30] Außerdem sind sie motivierter[31] und gewissenhafter und übernehmen mehr Verantwortung für sich selbst.[32] Wenn sie mit Lebensproblemen konfrontiert sind, zeigen sie sich resilienter[33], und um ihre Ziele zu erreichen, sind sie entschlossener und ausdauernder. Sie haben engere und besser funktionierende Beziehungen mit Freunden, Familienmitgliedern und Liebespartnern[34] und berichten über eine größere sexuelle Zufriedenheit.[35] Sie sind weniger nachtragend, einfühlsamer und besser in der Lage, sich in andere hineinzuversetzen.[36] Sie sind anderen gegenüber mitfühlender und können für sie sorgen, ohne selbst auszubrennen.[37] Für etwas so Einfaches, wie sich selbst genauso zu behandeln wie einen guten Freund, ist das keine schlechte Ausbeute, oder?

Menschen, die mehr Mitgefühl mit sich selbst haben, haben auch mehr Selbstachtung, aber ohne in die üblichen Fallen der Selbstverliebtheit zu tappen.[38] Anders als Selbstachtung ist Selbstmitgefühl nicht an Narzissmus gekoppelt. Es führt nicht zu permanenten sozialen Vergleichen oder einer Abschottung des Ego. Das Selbstwertgefühl, das sich aus Selbstmitgefühl speist, verlangt weder, dass man besonders gut aussehend oder erfolgreich ist, noch, dass man von anderen Menschen anerkannt wird. Es ist bedingungslos. Das bedeutet, dass das auf Selbstmitgefühl basierende Wissen, wertvoll zu sein, auch auf lange Sicht sehr viel stabiler ist.

Die enormen Vorteile von Selbstmitgefühl und die Tatsache, dass es eine Verhaltensweise ist, die man erlernen kann, erklären, warum so viele Wissenschaftlerinnen und Wissenschaftler begonnen haben, sich mit diesem Gemütszustand zu beschäftigen. Meine enge Freundin und Forschungskollegin Shauna Shapiro, die das großartige Buch *Good Morning, I Love You* über Achtsamkeit und Selbstmitgefühl geschrieben hat, sagt oft, dass Selbstmitgefühl die geheime Zutat des Lebens ist: etwas, das alles besser macht.

Die Physiologie des Selbstmitgefühls

Wie schon erwähnt, sind die meisten Menschen sich selbst gegenüber nicht annähernd so mitfühlend wie anderen gegenüber, besonders dann nicht, wenn ihnen etwas missglückt oder sie das Gefühl haben, nicht zu genügen. Zum Teil hängt das mit den automatischen Reaktionen unseres Nervensystems zusammen. Wenn wir einen Fehler machen oder mit den Härten des Lebens konfrontiert sind, fühlen wir uns instinktiv bedroht. Es ist nicht alles gut. Auf die wahrgenommene Gefahr antworten wir mit einer »Gefahrenabwehrreaktion« (die manchmal auch als unser »Reptiliengehirn« bezeichnet wird), der schnellsten und am einfachsten auszulösenden Reflexreaktion auf Gefahr, die uns zur Verfügung steht[39]: Wenn unser Gehirn eine Bedrohung registriert, wird unser sympathisches Nervensystem aktiviert.[40] Die Amygdala springt an, es werden Cortisol und Adrenalin ausgeschüttet, und wir machen uns bereit, zu kämpfen, zu fliehen oder zu erstarren. Als Schutz gegen körperliche Bedrohungen wie einen umfallenden Baum oder einen knurrenden Hund funktioniert dieses System bestens, kann aber problematische Züge annehmen, wenn die Bedrohung von Gedanken herrührt, zum Beispiel solchen: »Ich bin eine totale Versagerin.« »Sehe ich in diesem Kleid fett aus?«

Wenn unser Selbstbild bedroht ist, kommt die Gefahr von innen. Wir sind zugleich Angreiferin und Angegriffene. In der Hoffnung, dass wir unsere Schwächen loswerden, indem wir uns zu Veränderungen zwingen, bekämpfen wir uns selbst. Wir fliehen psychisch vor anderen, indem wir schamvoll in uns zusammensacken und uns in den Schatten der Wertlosigkeit zurückziehen. Manchmal erstarren wir auch und fangen an zu grübeln. Unsere negativen Gedanken wiederholen sich in Endlosschleife, als ob das Problem verschwinden würde, wenn wir alles zum 39. Mal durchdenken. Diese permanente Habachtstellung ist der Grund dafür, dass Härte gegen uns selbst so schlecht für unsere Gesundheit ist: Sie führt zu Stress, Angst und Depressionen.[41] Es ist wichtig, dass wir uns für diese

Verhaltensweisen wiederum nicht verurteilen, denn sie sind einfach auf den schlichten Wunsch nach Sicherheit zurückzuführen.

Aber wir können lernen, uns auf andere Weise sicher zu fühlen – indem wir uns das Sorgesystem der Säugetiere zunutze machen. Der evolutionäre Vorteil von Säugetieren gegenüber Reptilien besteht darin, dass die Jungen von Säugetieren in einem sehr unreifen Stadium geboren werden und sich in einer längeren Entwicklungsphase an ihre Umwelt anpassen können. Verglichen mit anderen Säugetieren brauchen Menschen zum Heranreifen am längsten: Wegen unserer bemerkenswerten neuronalen Formbarkeit dauert es 25 bis 30 Jahre, bis der präfrontale Kortex sich voll entwickelt hat.[42] Zum Schutz der verwundbaren Nachkommen während dieser langen Entwicklungsperiode hat sich die »Tend and befriend«-Reaktion (etwa: sich kümmern und Freundschaften schließen) herausgebildet, der Eltern und ihren Nachwuchs dazu veranlasst, stets auf Tuchfühlung zu bleiben und in sozialen Bindungen Sicherheit zu suchen.[43] Wenn unser Sorgesystem aktiviert ist, werden Oxytocin (das Liebeshormon) und Endorphine (körpereigene Glücksgefühle auslösende Opioide) ausgeschüttet, wodurch sich wiederum das Sicherheitsgefühl verstärkt.[44]

Zwar wird die »Tend and befriend«-Reaktion vor allem dann automatisch aktiviert, wenn wir für andere sorgen, aber wir können auch lernen, sie nach innen zu richten. Es ist tatsächlich möglich, dass wir uns um uns selbst kümmern und Freundschaft mit uns selbst schließen, um Gefühle von Geborgenheit, Sicherheit und Wohlbefinden hervorzurufen. Wenn wir das tun, springt unser parasympathisches Nervensystem an, das unsere Herzfrequenzvariabilität steigert (sodass wir offener und entspannter sind) und die sympathische Aktivität reduziert (sodass wir weniger angespannt sind).[45] Tatsächlich sind die drei Komponenten des Selbstmitgefühls – Freundlichkeit, geteilte Menschlichkeit und Achtsamkeit – die direkten Gegen-spieler der drei Komponenten der Gefahrenabwehrreaktion: Selbstverurteilung, Isolation und Grübelei. Das Resultat ist eine Verän-derung der Balance zwischen diesen beiden hochentwickelten, instinktiven Verhaltensweisen – Selbstmitgefühl und Gefahrenabwehrreaktion –, die beide die Funktion haben, unsere Sicherheit zu gewährleisten. Die eine wird gestärkt, während die andere zurückgenommen wird.

Da Selbstmitgefühl zunächst einmal ein physiologischer Vorgang ist, eignen sich körperliche Berührungen besonders gut, um zu signalisieren, dass man sich um sich selbst kümmert. Unser Körper reagiert beinahe augenblicklich auf physische Berührung[46]: Wir fühlen uns sofort unterstützt. Solche Berührungen funktionieren über das parasympathische Nervensystem, das uns beruhigt und zentriert. Der menschliche Körper ist besonders dafür ausgerüstet, Berührung als Signal von Fürsorge zu interpretieren. Genau wie Eltern ihrem Kleinkind in den ersten beiden Lebensjahren durch Berührungen ein Gefühl von Sicherheit und Geliebtsein vermitteln, ist es möglich, dieses Gefühl durch Berührungen in sich selbst auszulösen.

Beruhigende und unterstützende Berührung

In unseren MSC-Kursen lehren wir die beruhigende und unterstützende Berührung als grundlegende Praktik des Selbstmitgefühls. Wenn es uns nicht gut geht, sind wir manchmal zu überwältigt, um uns daran zu erinnern, freundlich mit uns selbst zu sprechen. Aus dem Kopf in den Körper zu gelangen, indem man seine Aufmerksamkeit weg von den Gedanken hin zu den körperlichen Empfindungen richtet – zum Beispiel durch eine Berührung –, kann in schwierigen Momenten unglaublich hilfreich sein.

Anleitung

Probieren Sie verschiedene Arten von Berührung aus, um herauszufinden, welches Gefühl sie Ihnen vermitteln. Verharren Sie etwa 15 Sekunden bei jeder Berührungsart und lassen Sie sich wirklich auf Ihre Empfindungen ein. Machen Sie sich bewusst, wie sich die jeweilige

Berührung auf Ihren Körper auswirkt. Es wäre gut, eine Berührung zu finden, die Ihnen hilft, sich beruhigt und getröstet zu fühlen, und eine andere, die Ihnen hilft, sich stark, handlungsfähig und unterstützt zu fühlen. Die Menschen sind verschieden – Sie sollten also so lange herumprobieren, bis Sie raushaben, was für Sie selbst am besten funktioniert.

Hier einige sanfte Berührungen zur Beruhigung:
- eine Hand oder beide Hände aufs Herz legen
- das Gesicht in den Händen wiegen
- vorsichtig beide Arme streicheln
- die Arme überkreuzen und sanft drücken
- sich selbst umarmen und sachte hin und her schaukeln

Hier einige kraftvolle Berührungen zur Unterstützung:
- eine Faust aufs Herz, die andere Hand darüberlegen
- eine oder zwei Hände auf den Solarplexus legen, Ihr energetisches Zentrum (das sich direkt unter Ihrem Brustkorb, etwa acht Zentimeter oberhalb Ihres Bauchnabels befindet)
- eine Hand aufs Herz und die andere auf den Solarplexus legen
- die eigene Hand drücken
- beide Arme fest an die Hüften drücken

Die Idee ist, dass Sie eine Berührung finden, auf die Sie automatisch zurückgreifen können, wenn Sie sich in einer anstrengenden oder schwierigen Situation befinden. Wählen Sie erst mal zwei Berührungen aus und versuchen Sie, sie immer dann zum Einsatz zu bringen, wenn Sie sich emotional oder physisch unwohl fühlen. Manchmal ist unser Bewusstsein zu überwältigt, um klar zu denken, doch Sie können Berührungen nutzen, um an Ihren Körper Mitgefühl zu kommunizieren. Das ist eine einfache und erstaunlich effektive Weise, sich selbst Fürsorge und Unterstützung zukommen zu lassen.

Schwierigkeiten mit Selbstmitgefühl

Einige Menschen haben mehr Selbstmitgefühl als andere, was zum Teil auf die Kindheit zurückzuführen ist. Wenn unsere Eltern sich in dieser Zeit kontinuierlich, sorgfältig und liebevoll um uns gekümmert haben, sodass unser Säugetier-Fürsorgesystem sich voll ausbilden konnte, haben wir eine größere Wahrscheinlichkeit, als Erwachsene die unterstützende Haltung uns selbst gegenüber zu internalisieren.[47] Wer dagegen von seinen Eltern ständig kritisiert, vernachlässigt oder missbraucht worden ist, kann es sehr viel schwieriger haben, Mitgefühl sich selbst gegenüber zu entwickeln.[48]

Das Ausmaß von Sicherheit, welches wir bei unseren Eltern erlebt haben, nennt man Bindungsstil.[49] Menschen mit einem sicheren Bindungsstil – also die, die von ihren Eltern durchgängig warm und fürsorglich behandelt und deren Bedürfnisse gestillt wurden – haben in der Regel das Gefühl, dass sie Trost und Unterstützung verdient haben, und sie sind in der Folge als Erwachsene freundlicher zu sich selbst.[50] Diejenigen, deren Eltern sich ihnen gegenüber gleichgültig oder unbeständig verhalten haben – indem sie manchmal emotional erreichbar waren und manchmal nicht –, fühlen sich mit größerer Wahrscheinlichkeit wertlos und nicht liebenswert. Solche Gefühle machen es schwieriger, Mitgefühl für sich selbst zu entwickeln. Für diejenigen, deren Eltern sich emotional, physisch oder sexuell missbräuchlich verhalten haben, können Signale der Fürsorge sogar mit Furcht vermischt sein. In diesem Fall kann es ganz real Angst machen, Mitgefühl für sich selbst zu empfinden.[51]

Mein Kollege Chris Germer, klinischer Psychologe und Autor des Buches *Der achtsame Weg zum Selbstmitgefühl*, hat dieses Muster immer wieder bei seinen Patientinnen und Patienten beobachtet. Er nannte dieses Phänomen »Rauchgasexplosion«.[52] Wenn in einem geschlossenen oder schlecht belüfteten Raum ein Feuer ausgebrochen ist, müssen die Feuerwehrleute die Tür extrem vorsichtig öffnen, wenn sie den Brand im Innern löschen möchten. Das liegt daran, dass in dem brennenden Raum der Sauerstoff vom Feuer aufgebraucht wurde und bei einem plötzlichen Öffnen der Tür frischer Sauerstoff zugeführt wird, der das Feuer von neuem entfacht. Das kann gefährlich sein und sogar zu einer Explosion führen. Ähnliches passiert manchmal mit Selbstmitgefühl. Wenn wir die Tür unseres Herzens fest verschlossen hatten, um den Schmerz aus unserer frühen Kindheit in Schach zu halten, dann wird uns in dem Moment, in dem wir unser Herz für die »frische Luft« der Liebe öffnen, all das Leid bewusst, das darin eingeschlossen war. Dieses Leid kann manchmal auf seltsame Weise wieder ausbrechen und uns überwältigen. Es ist durchaus nicht so, dass nur Menschen, die ein Trauma erlebt haben, diese Art von Rauchgasexplosion erleben können. Alle Menschen, die sich daran gewöhnt haben, dichtzumachen und sich abzugrenzen, um mit schwierigen Gefühlen zurechtzukommen, können eine Rauchgasexplosion erleben, wenn sie anfangen, Selbstmitgefühl zu praktizieren. Im Grund ist das ein gutes Zeichen, denn es bedeutet, dass ein Heilungsprozess begonnen hat.

Eine andere, vielleicht etwas weniger furchteinflößende Metapher ist das Frieren und Taubwerden unserer Hände, wenn wir draußen Schnee schaufeln, sowie ihr schmerzhaftes Auftauen, wenn wir nach drinnen gehen, um uns aufzuwärmen. Mit unseren Herzen ist es wie mit unseren Händen: Wir möchten, dass sie auftauen. Das Auftauen ist etwas Gutes, auch wenn es weh tut. Aber wir sollten in diesem Prozess nicht zu schnell vorgehen. Feuerwehrleute tragen dafür diese seltsamen Hacken bei sich: Sie können damit Löcher in die Außenwand eines brennenden Gebäudes hacken und so dafür sorgen, dass die Luft nur langsamer einströmt. Vielleicht müssen wir auf ähnliche Weise mit uns selbst vorgehen: Das Mitgefühl muss langsam einströmen, damit es nicht zu intensiv wird. Das bedeutet nichts anderes, als dass wir Selbstmitgefühl nur praktizieren können, wenn wir dabei Mitgefühl mit uns selbst haben.

Wenn wir uns also ehrlich fragen, was wir gerade brauchen, kann die Antwort lauten, dass es gut wäre, sich eine Zeit lang auf etwas anderes zu konzentrieren. Wir können einen anderen indirekteren

Weg finden, für uns selbst zu sorgen, zum Beispiel indem wir ein Bad nehmen, einen Spaziergang machen, unseren Hund streicheln, eine Tasse Tee trinken. All das sind Akte der Freundlichkeit. Auf diese Weise sorgen wir für uns selbst, erfüllen achtsam unsere Bedürfnisse und können uns langsam an ein Mitgefühl für uns selbst gewöhnen. Sobald wir uns stabiler fühlen, können wir die Öffnung des Herzens wieder auf direktere Weise praktizieren.

Achtsamkeit ist im Umgang mit »Rauchgasexplosionen« sehr nützlich. Sobald wir unseren Geist auf ein einziges Objekt konzentrieren, hat das eine beruhigende Wirkung.[53] Ein bewusster Atemzug beruhigt uns, weil wir uns in diesem Moment auf etwas anderes konzentrieren als auf unsere Gedanken. Eine weitere, sehr wirksame Methode besteht darin, einfach die eigenen Fußsohlen auf dem Boden zu spüren: Unsere Aufmerksamkeit wird unterstützt, und wir verbinden uns mit der Erde.

Fußsohlen

Die Forschung zeigt, dass diese Übung uns helfen kann, uns selbst zu regulieren und zu zentrieren, wenn wir emotional aufgewühlt sind.[54] In unserem MSC-Programm ist sie die wichtigste Übung im Umgang mit »Rauchgasexplosionen«. Normalerweise wird sie im Stehen gemacht, sie kann aber auch für eine sitzende Position angepasst werden.

Anleitung

- Stellen Sie sich gerade hin und richten Sie Ihre Aufmerksamkeit auf Ihre Empfindungen – spüren Sie, wie Ihre Fußsohlen den Boden berühren.
- Um Ihre Fußsohlen besser zu spüren, können Sie vorsichtig auf den Füßen vor- und zurück- sowie hin- und herschaukeln. Versuchen Sie dann, kleine Kreise mit den Knien zu machen und spüren Sie, wie sich dadurch das Gefühl in den Fußsohlen verändert.
- Spüren Sie, wie der Boden Ihren ganzen Körper trägt.

- Wenn Ihre Gedanken zu wandern beginnen, kehren Sie einfach zum Spüren der Fußsohlen zurück.
- Beginnen Sie nun langsam zu gehen, und nehmen Sie dabei wahr, wie sich das Gefühl in Ihren Fußsohlen verändert. Nehmen Sie wahr, wie es sich anfühlt, einen Fuß zu heben, einen Schritt nach vorne zu machen und den Fuß wieder auf den Boden zu senken. Machen Sie nun das Gleiche mit dem anderen Fuß. Dann immer einen Fuß nach dem anderen.
- Beim Gehen können Sie sich bewusst machen, wie klein die Oberfläche ist, die Ihr Fuß jeweils einnimmt, und wie Ihre Füße dennoch Ihren ganzen Körper im Boden verankern. Wenn Sie möchten, nehmen Sie sich einen Moment Zeit, dankbar zu sein dafür, dass Ihre Füße diese harte, uns immer so selbstverständlich erscheinende Arbeit jeden Tag für Sie übernehmen.
- Stellen Sie sich vor, wie der Boden sich hebt, um Sie bei jedem Schritt zu unterstützen.
- Gehen Sie langsam weiter und spüren Sie Ihre Fußsohlen.
- Kehren Sie nun ins Stehen zurück und weiten Sie Ihre Aufmerksamkeit auf Ihren gesamten Körper aus – erlauben Sie sich zu fühlen, was immer Sie gerade fühlen, und genauso zu sein, wie Sie sind.

Selbstmitgefühl ist nichts für Feiglinge

In unserer Kultur herrscht ein falsches Narrativ über Selbstmitgefühl. Es lautet, dass Selbstmitgefühl Nachgiebigkeit ist; etwas, das uns den Schwung nimmt und uns schwach macht. Ich weiß noch genau, als der erste größere Artikel über meine Arbeit in der *New York Times* erschien[55]: Damals war ich ehrlich erstaunt, dass er so viele negative Leserkommentare nach sich zog. Besonders häufig las ich etwas in dieser Richtung: »Na super, das ist genau das, was wir brauchen, ein Land voller Feiglinge.« Mir wurde klar, dass die meisten Menschen die kraftvolle Seite des Selbstmitgefühls nicht verstehen. Sie nehmen an, dass es weich und passiv ist, weil es mit

Fürsorglichkeit und Sanftheit assoziiert wird. Aber Mitgefühl kann auch energisch und dynamisch sein. Zum Beispiel wenn Ersthelfer ihr eigenes Leben in Gefahr bringen, während sie Menschen vor einem Wirbelsturm in Sicherheit bringen, wenn Eltern mehrere Jobs annehmen, um ihre Kinder ernähren zu können, oder wenn unterbezahlte Lehrerinnen und Lehrer nicht aufhören, sich auf ihren schlecht bezahlten Stellen in Innenstadtschulen abzurackern, um ihren Schützlingen zu helfen, aus dem Teufelskreis der Armut auszubrechen. Dies sind gewaltige Akte des Mitgefühls.

In der buddhistischen Lehre wird dieser kraftvolle, handlungsorientierte Aspekt des Mitgefühls »kraftvolles Mitgefühl« genannt. Es ist die Kraft, die Leid und Ungerechtigkeit die Stirn bietet. Sharon Salzberg charakterisiert es als eine Art knallharte Liebe, in der Freundlichkeit, Klarheit, Stärke, Gleichgewicht und Handeln zusammenkommen.[56] Der buddhistische Gelehrte Bob Thurman beschreibt es als eine »starke machtvolle Energie der Hitzekraft, [die] genutzt werden kann, um (…) innere Stärke und Entschlossenheit zu entwickeln«.[57] Um unser eigenes Leiden zu lindern, um uns selbst das zu geben, was wir in diesem Augenblick wirklich brauchen, müssen wir auf die ganze Palette der Umgangsweisen zurückgreifen, die uns zur Verfügung steht – ob nun kraftvoll oder sanft. Eine Metapher, mit deren Hilfe wir diese beiden Seiten des Selbstmitgefühls besser verstehen können, ist Yin und Yang.

Das Yin und Yang des Selbstmitgefühls

Die Vorstellung von Yin und Yang stammt aus der frühen chinesischen Philosophie.[58] Ihr zufolge gibt es zwei Aspekte eines universellen energetischen Prinzips, die sich permanent in einem dialektischen Verhältnis befinden. Yin repräsentiert Ruhe und Yang Bewegung. Yin ist eine weiche, nachgiebige, empfängliche, fürsorgliche Energie, während Yang eine feste, kraftvolle, gebieterische, zielorientierte Energie ist. Historisch gesehen wurde Yin mit dem Weiblichen in Verbindung gebracht und Yang mit dem Männlichen, aber unabhängig vom Geschlecht gelten beide als wesentlich für das Menschsein. Da Yin und Yang einander ergänzende Ausdrucksweisen von Qi sind, jener grundlegenden Lebensenergie, spielen auch beide in Bezug auf Gesundheit und Wohlbefinden eine entscheidende Rolle. Aus dieser Perspektive ist Krankheit immer ein Ungleichgewicht zwischen diesen beiden Energien. Wie man in dem vertrauten Symbol von Yin und Yang sehen kann, repräsentiert Yin die Dunkelheit und Yang das Licht, Yin den negativen und Yang den positiven Pol, wobei jeder ein Element des anderen in sich aufgenommen hat und so die grundlegende Nicht-Zweiheit ausdrückt. Die Metapher von Yin und Yang spiegelt ziemlich genau den wichtigsten Unterschied zwischen kraftvollem und sanftem Selbstmitgefühl wider. Zwar wird Selbstmitgefühl normalerweise in diesem Zusammenhang nicht thematisiert, und ich bin definitiv keine Expertin für chinesische Philosophie, aber es ist ein hilfreicher Rahmen, auf den ich mich voller Respekt und Bescheidenheit beziehen möchte.

Die Yin-Eigenschaft des sanften Selbstmitgefühls beinhaltet das akzeptierende »Halten« unserer selbst. Wir trösten uns selbst, versichern uns, dass wir nicht allein sind, und bleiben in unserem Schmerz präsent. Das ist die heilende Kraft des Selbstmitgefühls. Ein gutes Beispiel für sanftes Selbstmitgefühl ist eine Mutter, die ihr weinendes Kind sanft wiegt und schaukelt. Wenn wir uns verletzt oder unzulänglich fühlen, stehen wir bereit, um uns selbst zu beruhigen, den Schmerz anzuerkennen und uns so zu akzeptieren, wie wir sind. Unsere fürsorgliche Energie, die so selbstverständlich zu denen fließt, die uns am Herzen liegen, wenden wir nun nach innen. Eine Art zu beschreiben, wie es sich anfühlt, wenn wir zärtliches Selbstmitgefühl verkörpern, lautet *liebevolle, verbundene Präsenz,* entsprechend den drei Elementen Freundlichkeit, gemeinsame Menschlichkeit und Achtsamkeit. Wenn wir unseren Schmerz freundlich willkommen heißen, sind wir *liebevoll.* Wenn wir uns an unsere gemeinsame Menschlichkeit erinnern, fühlen wir uns *verbunden.* Wenn wir achtsam mit unserem Schmerz umgehen, sind wir *präsent.* Mit liebevoller, verbundener Präsenz wird unser Schmerz erträglich und fängt an, sich zu verändern.

Die Yang-Eigenschaft des kraftvollen Selbstmitgefühls wird mit einem »Handeln in der Welt« assoziiert, das Leid lindern möchte. Je nachdem, welche Handlung notwendig ist, kann es sehr unterschiedlich aussehen, aber im Großen und Ganzen zielt das kraftvolle Selbstmitgefühl immer auf Schutz, Fürsorge und Motivation. Bildlich gesprochen ist diese dynamische Energie des Mitgefühls wie Mama Bär, die ihre Jungen grimmig verteidigt, wenn sie bedroht werden, oder ihnen Fisch fängt, wenn sie Hunger haben, oder ein neues Zuhause sucht, wenn die Ressourcen auf dem alten Territorium aufgebraucht sind. Genau wie die sanfte Energie kann auch die kraftvolle von Mama Bär nach innen gewendet werden. Wir können für uns eintreten und uns beschützen, wir können uns nähren und für uns sorgen, und wir können die Veränderungen anstoßen, die notwendig sind, damit es uns gut geht.

Die wesentliche Frage des Selbstmitgefühl lautet: »Was brauche ich in diesem Moment?« Oder, etwas genauer: »Was brauche ich, um mein Leiden zu lindern?« Die Antwort auf diese Frage hängt von den Umständen ab. Manchmal brauchen wir es, uns selbst in unserer menschlichen Unvollkommenheit anzunehmen; in diesem Fall ist sanftes Selbstmitgefühl gefragt.

Wenn es dagegen darauf ankommt, dass wir uns gegen potenzielle Angriffe schützen, nehmen die Elemente des Mitgefühls eine andere Gestalt an. In diesem Fall wird die Freundlichkeit uns selbst gegenüber zu *Mut.* Wir finden den Mut, den wir brauchen, um Grenzen zu ziehen, Nein zu sagen, hart zu bleiben. Geteilte Menschlichkeit hilft uns zu erkennen, dass wir in unserem Kampf nicht allein sind, weil allen Menschen Gerechtigkeit zusteht. Indem wir uns mit anderen zusammentun und für das eintreten, was richtig ist, werden wir zum selbstbestimmten Handeln *befähigt.* Achtsamkeit befähigt uns, mit *Klarheit* und *Entschiedenheit* zu handeln – wir erkennen die Wahrheit und sprechen sie aus. Wenn Selbstmitgefühl darauf abzielt, uns selbst vor Schaden zu schützen, dann verkörpern wir *mutige handlungsfähige Klarheit.*

Wenn unser Ziel jedoch darin besteht, für uns selbst zu sorgen, uns mit dem zu versorgen, was wir zum Glücklichsein brauchen, verändert sich diese Form erneut. Nun bedeutet Freundlichkeit uns selbst gegenüber, dafür zu sorgen, dass wir emotional, physisch und spirituell *erfüllt* sind. Weil wir wissen, dass auch unsere eigenen Bedürfnisse zählen, unternehmen wir etwas, um sie zu befriedigen. Geteilte Menschlichkeit ermöglicht es, sich sowohl um die eigenen Bedürfnisse, als auch um die anderer Menschen auf *ausbalancierte,* gleichberechtigte Weise zu kümmern. Wir respektieren die Bedürfnisse aller Mensch – also auch unsere eigenen. Achtsamkeit macht *Authentizität* einfacher, also wirklich zu wissen, was wir tief drinnen brauchen, sodass wir es uns selbst geben können, ohne unseren Werten untreu zu werden. Wenn Selbstmitgefühl darauf abzielt, für uns zu sorgen, dann verkörpern wir *erfüllte, ausbalancierte Authentizität.*

Wenn schließlich unser Ziel darin besteht, uns selbst zu motivieren, etwas zu erreichen oder zu verändern, ist wiederum eine andere Art von Selbstmitgefühl gefordert. Freundlichkeit uns selbst gegenüber verlangt, dass wir uns selbst im Kampf um Veränderung *ermutigen* und unterstützen, etwa so, wie eine gute Trainerin ihre Spielerinnen motiviert oder Eltern ihre Kinder. Feedback und konstruktive Kritik werden eingesetzt, damit wir unser Bestes geben können. Die Anerkennung unserer gemeinsamen Menschlichkeit ermöglicht es uns, aus unseren Fehlern zu lernen. Um herauszufinden, wie wir unsere Fehler korrigieren können, brauchen wir *Verständnis:* Die

Überzeugung, dass Fehler dazugehören und wir hoffentlich an ihnen wachsen werden. Achtsamkeit sorgt für den *Weitblick,* der uns zeigt, was getan werden muss, und der uns hilft, zur Kenntnis zu nehmen, was uns nicht guttut, und wie wir handeln müssen, damit es uns besser geht. Wir sehen unsere nächsten Schritte klar vor uns und sind auf unsere Ziele fokussiert. Wenn Selbstmitgefühl darauf abzielt, uns zu motivieren, verkörpern wir *ermutigenden, verständnisvollen Weitblick.*

AUSDRUCKSFORMEN DES SELBSTMITGEFÜHLS			
Ziel	**Freundlichkeit zu sich selbst**	**Geteilte Menschlichkeit**	**Achtsamkeit**
sanft (halten)	Liebe	Verbundenheit	Präsenz
kraftvoll (beschützen)	Mut	Handlungsfähigkeit	Klarheit
kraftvoll (versorgen)	Erfüllung	Ausbalanciertheit	Authentizität
kraftvoll (motivieren)	Ermutigung	Verständnis	Weitblick

Die buddhistische Göttin des Mitgefühls, Avalokiteshvara (»Hörerin der Klagen der leidenden Lebewesen«) hat viele Arme, und in jedem hält sie ein anderes Mittel zur Linderung von Leid.[59] Die obige Tabelle zeigt einige der Formen des Selbstmitgefühls, auf die wir zurückgreifen können. Ich werde in den folgenden Kapiteln jede dieser vier Formen noch einmal einzeln vorstellen; Sie müssen sich also keine Gedanken machen, falls Sie gerade das Gefühl hatten, dass das jetzt ein bisschen viel auf einmal war.

Viele fragen sich, warum es drei Formen von kraftvollem Selbstmitgefühl gibt und nur eine Form des sanften Selbstmitgefühls. Das liegt einfach daran, dass das »Halten« unseres Schmerzes Ruhe impliziert. Es bedeutet, mit offenem Herzen die Dinge so akzeptieren, wie sie sind, und hat deshalb auch nur eine grundsätzliche Ausdrucksweise. Natürlich gibt es kleine Unterschiede in der konkreten

Artikulation (körperliches Besänftigen, das Sprechen freundlicher Worte etc.), aber letztlich gehören sie alle unter den großen Schirm der mitfühlenden Präsenz. Wenn wir aktiv werden, um Leid zu lindern, kann das dagegen sehr unterschiedliche Formen annehmen, und es gibt noch viel mehr Ausdrucksformen als die drei hier vorgestellten. Selbstmitgefühl in Aktion ist letztlich so variantenreich wie unsere Bedürfnisse. Schützen, Versorgen und Motivieren sind aber vielleicht die drei Hauptformen, mit denen sich selbstmitfühlende Handlungen zur Linderung unseres eigenen Leids erfassen lassen.

Gesten des Selbstmitgefühls

Die drei wesentlichen Elemente des Selbstmitgefühls können sich je nach Ziel ganz unterschiedlich anfühlen, und wir können der jeweiligen Energie in unserem Körper nachspüren. Die folgende Übung ist Teil unseres MSC-Kurses, mit ihrer Hilfe wollen wir unseren Teilnehmerinnen und Teilnehmern helfen, das kraftvolle und das sanfte Selbstmitgefühl direkt im Körper zu verorten. Die Übung wird am besten im Stehen durchgeführt, ist aber auch in einer sitzenden Position möglich.

Anleitung

Sie werden nun eine Reihe von Gesten durchführen, die Ihnen helfen, die verschiedenen Manifestationen von Selbstmitgefühl körperlich zu spüren. Anfangs sollten Sie unbedingt erkunden, wie sich die Abwesenheit von Selbstmitgefühl anfühlt:

- Ballen Sie beide Hände zu Fäusten und pressen Sie sie fest an Ihren Körper. Beobachten Sie, welche Gefühle in Ihnen hochkommen, wenn Ihre Fäuste geballt sind. Vielleicht bemerken Sie, dass Sie sich angespannt oder verhärtet, gestresst oder eingeengt fühlen. Diese Empfindung steht für *Selbstverurteilung* und *Abwehr:* So fühlt es sich an, wenn man sich selbst bekämpft, seinen Schmerz abwehrt oder seine Bedürfnisse ignoriert… und unbewusst verhalten wir uns ziemlich oft so.

Nun können Sie erkunden, wie sich sanftes Selbstmitgefühl anfühlt:

- Öffnen Sie die Hände, Handflächen nach oben. Wie fühlt sich das an, vor allem in Kontrast zu den geballten Fäusten? Viele Menschen bemerken, dass sie sich entspannter, friedlicher, ruhiger, akzeptierender fühlen. Diese Geste ist ein Symbol für die *Achtsamkeit* innerhalb des zärtlichen Selbstmitgefühls – so fühlt es sich an, wenn wir alles, was geschieht, mit einem offenen, großzügigen Gewahrsein annehmen. Auf diese Weise können wir unseren Schmerz halten und anerkennen.
- Strecken Sie nun die Arme aus, wie nach einem anderen Menschen. Sie können sich vorstellen, dass Sie eine Freundin oder einen geliebten Menschen umarmen. Was spüren Sie dabei? Vielleicht haben Sie ein Gefühl von Verbundenheit, Zusammengehörigkeit oder Ausdehnung. Diese Geste ist eine Metapher für das Element der *geteilten Menschlichkeit* im sanften Selbstmitgefühl. So fühlt es sich an, wenn wir über unser abgetrenntes Ich hinausblicken und andere Menschen mit ins Boot holen, wenn wir uns vergewissern, dass wir nicht allein sind.
- Legen Sie nun eine Hand über die andere und führen Sie sie in die Mitte der Brust. Spüren Sie die Wärme und den leichten Druck Ihrer Hände auf Ihrem Herzen. Atmen Sie sanft. Wie fühlt sich das an? Viele Menschen sagen, dass sie sich sicher, beruhigt, warm und entspannt fühlen, wenn sie diese Geste machen. Sie ist ein Bild für die Freundlichkeit, die im sanften Selbstmitgefühl enthalten ist – so fühlt es sich an, wenn man sich selbst mit Liebe begegnet. Es kann ein richtig gutes Gefühl sein (wenn man nicht gerade mit einer Rauchgasexplosion zu kämpfen hat, aber auch das wäre okay).
- Drehen Sie dann in einer einzigen, zusammengehörigen Bewegung die Handflächen nach oben, strecken Sie die Arme aus und führen Sie sie von dort zu Ihrem Herzen.

  So fühlt sich sanftes Selbstmitgefühl als Einheit an – *liebevolle, verbundene Präsenz.*

Kraftvolles Selbstmitgefühl manifestiert sich anders, und die Art und Weise, wie es sich ausdrückt, hängt davon ab, zu welchem Zweck es eingesetzt wird.

- Wenn es Ihnen möglich ist, stehen Sie auf und nehmen Sie eine Haltung ein, die im Kampfsport »Grundstellung« oder »Hauptposition« genannt wird: Stellen Sie die Füße hüftbreit auseinander, beugen Sie leicht die Knie und kippen Sie das Becken nach vorne. (Sie können sich aber auch einfach aufrecht hinsetzen.) Die Grundstellung ist eine ausbalancierte, stabile Körperhaltung mit tiefem Schwerpunkt. Aus dieser Position heraus kann man jederzeit handeln – so wie es die jeweilige Situation erfordert.

Manchmal muss man sich selbst schützen:

- Strecken Sie einen Arm so aus, dass die Handfläche nach vorne zeigt, und sagen Sie laut und deutlich: »Nein!« Machen Sie das Ganze dreimal.
- Beobachten Sie, ob Sie spüren können, wie sich die Energie dieser Bewegung vertikal an der Wirbelsäule auf- und abbewegt. Wie fühlt sich das an? Viele Menschen sagen: stark, machtvoll, mutig. Mit dieser Form kraftvollen Selbstmitgefühls verkörpern wir *mutige, handlungsfähige Klarheit.*

Manchmal muss man für sich sorgen, sich selbst das geben, was man zum Glücklichsein braucht:

- Strecken Sie die Arme aus und tun Sie so, als sammelten Sie alles zusammen, was Sie im übertragenen Sinne brauchen, und legen Sie dann die Hände auf dem Solarplexus, Ihrem Energiezentrum, ab. Während Sie Ihre Hände nach Innen führen, sagen Sie: »Ja!« Machen Sie das Ganze dreimal.
- Beobachten Sie, wie diese Bejahung Ihren Körper aktiviert. Wie fühlt es sich an, wenn Sie auf diese Weise Ihr Recht einfordern? Vielleicht im ersten Moment etwas seltsam, aber möglicherweise auch befriedigend. Mit dieser Form des kraftvollen Selbstmitgefühls bringen wir *erfüllte, ausbalancierte Authentizität* zum Ausdruck.

Manchmal muss man sich motivieren, etwas Schwieriges anzupacken. Man muss sich selbst bestärken und aufbauen, um etwas verändern zu können:

- Machen Sie eine Siegergeste, indem Sie die Faust in die Luft recken und dreimal voller Begeisterung rufen: »Ich schaffe das!«
- Beobachten Sie, ob Sie die Vorwärtsbewegung dieser aufbauenden Energie spüren können. Welche Gefühle haben Sie dabei? Sind Sie positiv, hoffnungsvoll, inspiriert? Mit dieser Form des kraftvollen Selbstmitgefühls bringen wir *ermutigenden, verständnisvollen Weitblick* zum Ausdruck.

Diese Gesten sind nicht dazu gedacht, sie im Alltag zu wiederholen. Sie dienen eher dazu, dass Sie die verschiedenen Varianten des Selbstmitgefühls verstehen und auch erlebt haben, wie sie sich körperlich anfühlen. Wenn Sie aber eine dieser Gesten besonders hilfreich fanden, können Sie sie immer nutzen, um den Typ von Selbstmitgefühl hervorzurufen, den Sie gerade brauchen.

Yin und Yang ausbalancieren

Damit man die ganze Kraft des Selbstmitgefühls nutzen kann, müssen Yin mit Yang so zusammen auftreten, dass sie sich im Gleichgewicht befinden. Ist das nicht der Fall, kann es passieren, dass das Selbstmitgefühl ungesund wird. »Der nahe Feind« ist ein hilfreiches buddhistisches Konzept, das auf einen Bewusstseinszustand anspielt, der dem erwünschten Zustand sehr ähnlich ist – insofern »nahe« –, doch ihn in Wirklichkeit unterminiert, also »feindlich« ist.[60] Die verschiedenen Formen des Selbstmitgefühls können sich allesamt in einen »nahen Feind« verwandeln, wenn Yin und Yang nicht im Gleichgewicht sind. Zum Beispiel kann der Yin-Zustand des Hinnehmens ohne den Yang-Willen zu handeln, in Passivität und Selbstzufriedenheit ausarten. Der tibetanische Lehrer Chögyam Trungpa nannte dies »Idioten-Mitgefühl«. Zwar ist es wichtig, dass man sich selbst liebt und so akzeptiert, wie man in diesem Augenblick ist, aber das bedeutet nicht, dass man immer so *bleiben* möchte, wie man in diesem Augenblick ist. Wenn eine Viehherde auf Sie zugaloppiert, ist das nicht der richtige Zeitpunkt, die Situation einfach zu akzeptieren. Wenn wir uns gesundheitsschädigende Verhaltensweisen, zum Beispiel das Rauchen, angewöhnt haben oder uns zum Beispiel in einer emotional missbräuchlichen Beziehung befinden, sollten wir unseren Schmerz nicht nur akzeptieren, sondern auch etwas dagegen tun.

So kann sich auch die beschützende Kraft ohne Gefühle der liebevollen, verbundenen Präsenz in Feindseligkeit und Aggression gegenüber anderen Menschen verwandeln. Plötzlich heißt es »Wir gegen sie«, »Ich habe recht, und du irrst dich«. Mitgefühl muss immer fürsorglich sein. Es kann kraftvoll und mutig sein, aber niemals aggressiv. Es kann zum Handeln ermächtigen, aber es ist nie übermächtig. Wenn es darum geht, die Wahrheit auszusprechen, ist es klar, aber blinde Selbstgerechtigkeit ist ihm fremd. Genauso kann der Versuch, sich seine Bedürfnisse zu erfüllen, egoistisch werden, beziehungsweise die Motivation, sich zu verbessern, perfektionistisch.

All das wird im Laufe des Buches noch genauer behandelt werden, an dieser Stelle reicht vielleicht der Hinweis, dass es konstruktiver ist, wenn Yin und Yang im Gleichgewicht und miteinander verbunden sind. Wir lassen alte Verhaltensmuster, die uns nicht gut tun, hinter uns und beginnen mit dem Ziel einer positiven Veränderung zu handeln – nicht, weil wir so, wie wir sind, nicht akzeptabel wären, sondern weil wir uns selbst wichtig nehmen und weil wir nicht leiden wollen. Je sicherer wir uns in dieser bedingungslosen Selbstakzeptanz fühlen, desto mehr Energie werden wir haben, um uns selbst zu schützen, unsere Bedürfnisse zu erfüllen und unsere Ziele zu erreichen. Eine gute Freundin, die seit etwa einem Jahr mit mir zusammen das kraftvolle und das sanfte Selbstmitgefühl praktiziert, sagt, dass sie seitdem ein anderer Mensch geworden ist. Ich habe Jess kennengelernt, kurz nachdem ich nach Texas gezogen bin.

Sie ist ungefähr so alt wie ich, meditiert regelmäßig und hat einen Sohn namens Billy, der unter einer schweren Form von ADHS leidet. Jess und ich haben also einiges gemeinsam. Sanftes Selbstmitgefühl half ihr, mit der neurologischen Krankheit ihres Sohnes umzugehen, indem sie sich selbst die Freundlichkeit und Unterstützung zukommen ließ, die sie brauchte, wenn Billy ausflippte. Auch ihre eigenen Unzulänglichkeiten als Mutter konnte sie nun besser akzeptieren, indem sie sich selbst sagte, dass sie nun einmal auch nur ein Mensch sei und ihr Bestes tue. Das alles aber half ihr nichts im Umgang mit einer Person, deren Verhalten ihr noch viel mehr Schwierigkeiten machte: ihrer Mutter Samantha.

Verstehen Sie mich nicht falsch. Jess liebt ihre Mutter, aber sie macht sie nun einmal wahnsinnig. Samantha hat das Gefühl, dass es ihr Recht als älteres Familienmitglied ist, ihrer (auch nicht mehr ganz jungen) Tochter zu erklären, was sie alles falsch macht und wie sie es besser machen kann. Man kann nicht wirklich sagen, dass sie Grenzen überschreitet, weil sie nicht einmal akzeptiert, dass es überhaupt welche gibt. Obwohl Jess weiß, dass sie ihrer Mutter wirklich am Herzen liegt, sind deren unerwünschte Ratschläge für sie immer wieder verletzend: »Warum kann sie mich nicht meine eigenen Fehler machen lassen, anstatt sich dauernd einzumischen?«

Normalerweise schaffte Jess es, halbwegs den Frieden zu wahren, indem sie ihrer Mutter erklärte, dass sie ihren Rat gehört habe und ihre Fürsorge schätze, herzlichen Dank dafür, dass sie aber nun einmal ihre Entscheidungen eigenständig treffe. In solchen Situationen zahlte sich meistens ihre jahrelange Übung im Meditieren aus. Meistens. Das Problem war nur, dass ihr Ärger trotzdem weiterköchelte, und an irgendeinem Punkt ging sie dann eben doch in die Luft, meistens wegen einer Kleinigkeit. So hat sie ihrer Mutter einmal bei einem Thanksgiving-Dinner ein »F*** you!« an den Kopf geworfen und ist wutentbrannt hinausgestürmt, nachdem ihre Mutter ihr subtil zu verstehen gegeben hatte, dass es besser für sie wäre, auf eine zweite Portion von der Truthahnfüllung zu verzichten. Danach fühlte sich Jess natürlich schrecklich und schämte sich, dass sie so wütend geworden war – ausgerechnet an einem Tag, an dem man dankbar für seine Familie sein soll! Sie begann ein wenig die Hoffnung zu verlieren, weil sie nach all den Jahren des Meditierens immer noch ausrasten konnte – wegen einer Essensbeilage!

Als wir anfingen, über kraftvolles Selbstmitgefühl zu sprechen, fragte ich sie, wie es sich anfühlen würde, wenn sie ihre Wut nicht als etwas betrachtete, was sie in Schach halten müsse, sondern als etwas, das sie aus vollem Herzen bejahte? Wenn sie ihre innere Mama Bär immer dann, wenn sie zum Vorschein käme, um sie vor Grenzüberschreitungen zu schützen, freudig begrüßte? »Hört sich irgendwie beängstigend an«, meinte sie. »Ich könnte *so richtig* ausflippen und irgendwas sagen, das sich nicht mehr zurücknehmen lässt. Ich liebe meine Mutter, und ich weiß, dass sie mir wirklich helfen möchte.«

»Aber könnte es nicht sein, dass du deshalb so sauer wirst, weil du diesen Teil von dir, der so wahnsinnig wichtig ist, verurteilst und abwertest?«, fragte ich sie. »Was würde passieren, wenn du deine innere Kriegerin, sobald du sie in dir aufsteigen fühlst, willkommen heißt und gleichzeitig in Kontakt mit dem Teil von dir selbst bleibst, der freundlich und liebevoll ist?« Jess beschloss es auszuprobieren.

Der Anfang verlief ziemlich holprig. Als ihre Mutter ihr bei ihrem wöchentlichen gemeinsamen Mittagessen mal wieder sagen wollte, was sie tun und lassen solle, gab Jess sich jedes Mal die größte Mühe, auf ihre sorgende Kraft zurückzugreifen, um ihr eine Grenze aufzuzeigen, aber irgendwann wurde sie dann doch getriggert, und manchmal putzte sie ihre Mutter daraufhin regelrecht herunter. Nach einiger Zeit wurde es einfacher, diese beiden Energien zusammenzuhalten. Irgendwann rief sie mich an, um mir zu erzählen, wie stolz sie auf sich selbst sei, weil sie es viel besser geschafft habe, mit einer von Samanthas üblichen Grenzüberschreitungen umzugehen. »Ich erzählte ihr, wie ich mit einem Vorfall in der Schule umgegangen war, als Billy Ärger bekommen hatte, und sie sagte mir, dass ich es ganz anders hätte machen sollen. Da kam ganz tief aus meinem Innersten ein kraftvolles ›NEIN! Es ist nicht okay, dass du mir sagst, wie ich meinen Sohn behandeln soll!‹ Wir waren beide überrascht von dieser Kraft, von diesem Nein, aber es war glasklar aus mir herausgekommen, und es gab nichts weiter dazu zu sagen.« Eine Stunde später rief Samantha bei Jess an, um sich zu entschuldigen. »Du hast recht«, sagte sie. »Das steht mir nicht zu. Du machst das ganz toll mit Billy. Es tut mir wirklich leid.« Jess leuchtete vor Stolz, weil es ihr gelungen war, ihrer Mutter derartig kraftvoll die Stirn zu bieten, ohne dabei gemein zu werden.

Ich bin fest davon überzeugt, dass die Praxis sowohl des kraftvollen als auch des sanften Selbstmitgefühls eine lebensverändernde Methode sein kann, um mit dem Ungleichgewicht umzugehen, das so häufig die Ursache für unser Leid ist. Zum Glück ist Selbstmitgefühl nicht nur eine Idee, sondern auch etwas ganz Praktisches. Wenn wir Frauen uns diese Kraft aneignen, können wir lernen, beide Seiten des Selbstmitgefühls voll auszubilden und miteinander in Einklang zu bringen, sodass wir die akuten Probleme in unserer Welt anpacken können. Wir Frauen werden so sozialisiert, dass wir es lieber vermeiden, andere Menschen vor den Kopf zu stoßen. Aber wir können nur um des lieben Friedens willen nicht länger untätig bleiben. Es ist sogar unerlässlich, für Unruhe zu sorgen! Selbstmitgefühl ist eine Superkraft, auf die wir jederzeit zurückgreifen können – wir haben sie sozusagen in unserer Hosentasche immer dabei. Wir dürfen nur nicht vergessen, dass wir tatsächlich im Besitz dieser Superkraft sind – und dann müssen wir uns nur noch erlauben, sie auch einzusetzen.

KAPITEL 2

Was hat das alles mit Geschlecht zu tun?

Warum sagen die Leute »wir brauchen Eier«?
Eier sind weich und empfindlich. Wer robust sein will, sollte
sich eine Vagina zulegen. So etwas ist unverwüstlich.[61]
—Betty White, Schauspielerin und Komikerin

Wir Frauen müssen schon deshalb unbedingt an der Entwicklung unseres kraftvollen Selbstmitgefühls arbeiten, weil uns ein nennenswerter Zugang zur Macht durch stereotype Vorstellungen von Geschlechterrollen verstellt wird, die klischeehaft festlegen, wie Männer und Frauen »sind«. Die meisten Kulturen betrachten weibliche Menschen als »beziehungsorientiert«, männliche Menschen als »handlungsorientiert«.[62] Diese Vorstellung deckt sich ziemlich genau mit den Eigenschaften von Yin und Yang: Sanftheit und Kampfkraft. Frauen seien sensibel, warmherzig, kooperativ und um das Wohl der anderen besorgt, Männer dagegen stark, aggressiv, zielorientiert und unabhängig. Für Sanftheit sind die Mädels zuständig, für Stehvermögen die echten Kerle.

Aber Geschlechterstereotype widersprechen dem tatsächlichen Fühlen und Handeln von Menschen. Einige sind eher beziehungs- als handlungsorientiert (»feminin«), andere eher handlungsorientiert als beziehungsorientiert (»maskulin«), wieder andere sind weder handlungsorientiert noch beziehungsorientiert (»unbestimmt«) und manche sind beides (»androgyn«). All diese Eigenschaften sind nicht identisch mit der Geschlechtsidentität, die eher damit zusammenhängt, ob Individuen das Gefühl haben, dass ihr soziales Geschlecht mit der Anatomie ihrer Geschlechtsorgane übereinstimmt (»cisgender«), oder das Gegenteil davon ist (»transgender«) oder beides (»gender fluid«) oder keins von beiden (»nonbinary«). Menschen mit ein und derselben Geschlechtsidentität können sich darüber hinaus, was das Ausmaß ihrer Handlungsorientierung und Beziehungsorientierung angeht, untereinander erheblich unterscheiden. Wir Menschen sind nun einmal unglaublich komplex und unterschiedlich. Zum Problem wird das erst, wenn die Gesellschaft versucht, uns in klar definierte Schubladen zu stecken.

In unserer Kultur dürfen Frauen ihre sanften Eigenschaften entwickeln, ihre kraftvollen jedoch nicht. Männer dagegen werden dazu erzogen, ihre sanfte Seite zu unterdrücken und durch Kampfkraft zu ersetzen. Wenn die Balance von Yin und Yang, ihr gleichzeitiges Eingebundensein in unser Ich, die Voraussetzung dafür ist, dass wir ganzheitliche Menschen sein können, dann bedeutet die Sozialisation entlang von Geschlechterrollen, dass Männer und Frauen nur zur Hälfte Mensch sein dürfen. Dass Geschlechterrollen die integrierte Entwicklung von Yin und Yang unmöglich machen, bedeutet auch, dass sie als Einzelne ins Extreme tendieren. Yin verkommt zu »Friede, Freude, Eierkuchen«, während Yang zur Super-Rambo-Eigenschaft mutiert. Wenn Yin und Yang – unabhängig vom Geschlecht – frei fließen und auf gesunde und harmonische Weise zusammenwirken sollen, müssen wir genau diese Grenzen überwinden.

Strikte Verhaltenserwartungen entlang von Geschlechterrollen sind immer für beide Seiten problematisch. Auch Männern schadet eine Kultur der toxischen Männlichkeit, die sie an den Pranger stellt, wenn sie sich weich, sensibel oder verletzlich zeigen.[63] Diese Normen, die Aggressivität bei Männern höher bewerten als zwischenmenschliche Fähigkeiten, können nach Aussage der psychologischen

Forschung die emotionale Intelligenz von Männern massiv hemmen.[64] Männern würde es also durchaus guttun, verstärkt ihre sanften Yin-Qualitäten zu entwickeln. Aber dass Frauen umgekehrt ihre kraftvollen Yang-Eigenschaften kultivieren, ist noch wichtiger. Zwar schaden aus psychologischer Sicht eng definierte Geschlechterrollen *beiden* Geschlechtern, Männer jedoch profitieren gleichzeitig überproportional von diesen Stereotypen, weil sie ihnen Führungspositionen und Zugang zu Ressourcen verschaffen. Weibliche Geschlechternormen, die Sanftheit für wichtiger erklären als kraftvolle Handlungsfähigkeit, beschränken nicht nur die Macht von Frauen insgesamt, sondern nehmen ihnen auch noch ihre Fähigkeit, sich gegen unfaire Behandlung zu wehren.

Wenn die eigentlich so schönen und wesentlichen Yin-Eigenschaften der Kooperation und der Sorge für andere nicht mit den Yang-Eigenschaften der Durchsetzungs- und Handlungsfähigkeit im Gleichgewicht sind, dienen sie dazu, soziale Ungleichheit zu zementieren.[65] Wenn man von Frauen erwartet, dass sie »nett sind« und für andere sorgen, aber bloß nicht den Mund aufmachen und zu viel fordern, werden dadurch Strukturen aufrechterhalten, in denen Frauen verweigert wird, was sie brauchen, und Männer alles bekommen, was sie wollen. Das Ideal der weiblichen Selbstaufopferung perpetuiert die Erwartung, dass heterosexuelle Frauen die Bedürfnisse von Männern zu befriedigen haben – durch Sex, durch das Gebären von Kindern, durch Haushalts- und Erziehungsarbeit –, ohne dass sie darüber nachdenken, was ihnen zusteht von ihren Partnern, von der Gesellschaft und von ihnen selbst.

Wenn wir Frauen die Gleichstellung mit den Männern jemals erreichen wollen, dann ist es unabdingbar, dass wir gut hörbar einfordern, was wir wollen und brauchen. Zwar können Frauen die Gesellschaft nicht alleine verändern – auch Männer müssen ihren Teil beitragen –, aber tatsächlich kann das Ausbrechen aus einengenden Rollenmustern ein wichtiger Schritt sein, um gesellschaftliche Veränderung herbeizuführen. Wir wollen Gleichberechtigung nicht dadurch erreichen, dass wir aggressiv und egoistisch werden und eine Streitbarkeit kultivieren, der die Sanftheit fehlt. Wenn wir die Welt von weißer Dominanz, von der extremen Ungleichheit bei der Gesundheitsversorgung und Reichtumsverteilung befreien und gegen die globale Erwärmung kämpfen wollen, brauchen wir dringend unsere sorgende Kraft. Angesichts dieser immensen Aufgabe rückt also unsere Fähigkeit ins Zentrum, kraftvolles und sanftes Selbstmitgefühl in unser Ich zu integrieren und ins Gleichgewicht zu bringen.

Die drei kleinen (sexistischen) Schweinchen

Auch wenn man auf den ersten Blick annehmen könnte, dass die Asymmetrie zwischen den Geschlechtern schlicht auf männliche Vorurteile zurückzuführen ist, muss man bei genauerem Hinsehen zugeben, dass die Realität etwas komplizierter aussieht. Die Forschung zeigt, dass es mindestens drei Formen von Sexismus gibt, die sich häufig gegenseitig stützen.[66] Der feindselige Sexismus propagiert den Glauben, dass Männer Frauen überlegen sind; sein Zusammenhang mit Einseitigkeiten und Diskriminierungen ist offensichtlich.[67] Männer mit einer solchen Weltsicht lehnen Frauen, die die überlieferten Geschlechterrollen durch ihr Verhalten infrage stellen, aktiv ab: zum Beispiel Feministinnen oder weibliche Führungspersonen. Zur Anschauung führen Sie sich bitte die Worte des Fernsehpredigers Pat Robertson zu Gemüte: »Das feministische Programm zielt nicht auf weibliche Gleichberechtigung. Es ist eine sozialistische, antifamiliäre politische Bewegung, die Frauen dazu ermutigt, ihre Ehemänner zu verlassen, ihre Kinder zu töten, sich der Hexerei zu verschreiben, den Kapitalismus zu zerstören und lesbisch zu werden.«[68] Solche Ansichten sind seit dem 17. Jahrhundert Teil der amerikanischen Geschichte, als man Frauen, die sich den sozialen Normen nicht unterordneten, tatsächlich als Hexen hinrichtete.[69] In bestimmten Segmenten unserer Gesellschaft sind sie, wie man sieht, noch immer virulent.

Ein besonders gutes Beispiel dafür ist die »Make-Women-Great-Again«-Konferenz, die vor dem Ausbruch der Pandemie eigentlich für Oktober 2020 geplant war.[70] Obwohl die Konferenz letztendlich nicht durchgeführt wurde und vielleicht ohnehin nicht mehr geworden wäre als eine hohle Inszenierung zu Propagandazwecken, ist sie ein Paradebeispiel für feindseligen Sexismus. Diese dreitägige, von Männern organisierte Konferenz, auf der männliche Referenten einem vollständig aus Frauen bestehenden Publikum die Welt erklären wollten, wurde von der *New York Post* als Uterus mit »Make America Great Again«-Kappe verspottet.[71] Die Riege von ultrarechten Referenten hatte sich zum Ziel gesetzt, Frauen beizubringen, wie sie es zur Freude ihrer Ehemänner schaffen könnten, wieder femininer (also gefügiger) zu werden und »unbegrenzt Kinder [zu] bekommen«. Den Teilnehmerinnen wurde versprochen: »Nun müssen Sie sich nicht länger dem tyrannischen und vergifteten feministischen Dogma beugen, das Ihnen vorschreiben wollte, Ihre uralte, biologisch festgelegte weibliche Natur zu verneinen. Wir Männer sind jetzt da, um Ihnen zu helfen.« Die Organisatoren der Veranstaltung waren Führungsfiguren der »Manosphere« – einer Ansammlung von antifeministischen Blogs, Webseiten und Onlineforen, die Misogynie und sexuelle Gewalt gegen Frauen propagieren.[72] Zwar sind nicht alle feindseligen Sexisten so radikal, aber sehr oft greifen sie zur Rechtfertigung von sexuellen Übergriffen auf die übelsten Vergewaltigungsmythen zurück (etwa: »Wenn sie es nicht wollte, hätte sie es doch beenden können.«)[73]

Im Gegensatz dazu ist gutwilliger Sexismus eine »positive« Form des Vorurteils, die Frauen in Schutz nehmen möchte. Das sehr wohlwollende Bild von Frauen (zumindest der Frauen, die sich an die herrschenden Geschlechterstereotype anpassen), das dieser Ideologie zugrunde liegt, betrachtet Frauen als von Natur aus freundlicher, warmherziger und fürsorglicher als Männer. In dieser Sichtweise sind Männer dazu verpflichtet, Frauen zu beschützen, zu ehren und zu versorgen. Gutwilliger Sexismus sorgt für eine feste Zementierung einer Zweisphärenideologie, die Frauen als besonders geeignet für den privaten, häuslichen Bereich betrachtet, während Männern eine besondere Fähigkeit für öffentliche Führungspositionen zugesprochen wird. Die Idee lautet, dass Männer und Frauen »unterschiedlich aber gleichberechtigt« sind (eine rechtliche Konstruktion, die zumindest in Bezug auf die Hautfarbe noch im Jahr 1954 vom Supreme Court zurückgewiesen wurde). In dieser Weltsicht muss der Mann vorangehen und die Frau folgen. Er soll Leistung bringen, sie ihn unterstützen. Er schützen, sie nähren. Ein Mann, der seine Frau als seine »bessere Hälfte« beschreibt, mag ihre beziehungsorientierten Eigenschaften tatsächlich bewundern, ist aber gleichzeitig der Ansicht, dass diese Fähigkeiten mit ihm nichts zu tun haben. Eine Frau mag umgekehrt stolz auf ihr freundliches und sanftes Gemüt sein, hat aber gleichzeitig das Gefühl, von den handlungsorientierten Eigenschaften ihres Mannes komplett abhängig zu sein, wenn es um ihre Sicherheit, ihr Versorgtsein und den Erfolg geht, den er stellvertretend für sie erringen muss. Diese Weltsicht erkennt die Wichtigkeit und Komplementarität von Yin und Yang an, aber anstatt diese Dualität in den einzelnen Individuen selbst zu verorten, verteilt sie sie auf die beiden Seiten des heterosexuellen Ehepaares. Die geschlechtsspezifische Trennung von Yin und Yang ist der ultimative Kitt, der das Patriarchat (und die Heterosexualität) zusammenhält.[74]

Der feindselige Sexismus wird fast nur von Männern vertreten, aber der gutwillige Sexismus hat auch unter den Frauen viele Fürsprecherinnen. Die berühmteste von ihnen war Phyllis Schlafly, die erfolgreich gegen das Equal Rights Amendment gekämpft hat, einen Verfassungszusatz, der die Gleichberechtigung der Geschlechter in der US-Verfassung festschreiben sollte. Sie war der Meinung, dass der Feminismus nicht nur die Struktur der Familie bedrohe, sondern auch die Vorteile, die Frauen in diesem traditionellen Wertesystem genössen: das Beschützt- und finanziell Versorgtwerden. Aber natürlich ist einseitige Abhängigkeit unter keinen Umständen mit umfassender Gleichstellung zu vereinbaren, denn der Preis des Versorgtwerdens ist der Verzicht auf Macht, Authentizität und

Wahlmöglichkeiten. Wenn sie den Schutz eines Mannes genießen will, darf eine Frau ihn nicht aktiv herausfordern. Im Gegenteil muss sie seine Identität als Anführer permanent stützen, um ihren Platz innerhalb der sozialen Ordnung behalten zu dürfen. In solchen Fällen ist eben *gleich* nicht gleich *gleich*.

Der dritte Typ, der moderne Sexismus, bestreitet einfach, dass es Sexismus überhaupt gibt.[75] Er ist letztendlich die heimtückischste Form des Sexismus, weil er, statt offen für die Ungleichbehandlung von Männern und Frauen einzutreten, die Behauptung aufstellt, Männer und Frauen seien *schon jetzt* gleichberechtigt. Diese Art des Sexismus gesteht zwar zu, dass Ungleichheiten existieren (die Fakten wären auch wirklich schwer zu leugnen), ist aber der Ansicht, dass sie nicht auf systematischer Benachteiligung von Frauen beruhen. Ob eine Person Erfolg habe oder nicht, hänge von ihren individuellen Fähigkeiten und ihrer Motivation ab. Die männliche Handlungsorientierung führe dazu, dass viele Männer hart arbeiten, um sich ihren Erfolg zu erkämpfen, während die weibliche Beziehungsorientierung viele Frauen dazu verleite, ihre Karriere zu unterbrechen und sich auf die Mutterschaft und andere zwischenmenschliche Beziehungen zu konzentrieren.

Der moderne Sexismus betrachtet Feministinnen, die für Gleichbehandlung auf die Straße gehen, als Nörglerinnen, die versuchten, sich im System zurechtzufinden, indem sie sich besondere Vorteile erschlichen, anstatt sich einfach an die Regeln zu halten. Männer, die sich im Blick auf Gleichstellungsbestimmungen als Opfer einer umgekehrten Diskriminierung betrachten, bedienen sich genau dieses Arguments.[76] In dieser Lesart ist eine Frau mit starken handlungsorientierten Fähigkeiten also theoretisch in der Lage, genauso viel zu erreichen wie ein Mann, weil ja die Ausgangsbedingungen die gleichen seien.

Auch hier wird also die Geschlechterungleichheit nicht als Resultat von Diskriminierung, sondern von angeborenen Unterschieden betrachtet, sprich männlicher Handlungsorientierung und weiblicher Beziehungsorientierung. Jordan Petersen, Professor an der University of Toronto und einer der Protagonisten des rechten Konservativismus in Kanada, vertritt diese These in Reinform: Er ist der Meinung, dass Geschlechterunterschiede bezüglich des beruflichen Erfolgs darauf zurückzuführen seien, dass »Frauen mit großer Wahrscheinlichkeit ihre Kinder wichtiger finden als ihre Karriere« und behauptet, dass »Leute, die glauben, dass wir in einer repressiven, patriarchalen Kultur leben … eigentlich nur nicht zugeben wollen, dass die gegenwärtigen Hierarchien vielleicht doch einfach auf Kompetenzunterschieden beruhen.«[77]

Die Gemeinsamkeit aller drei Sexismen besteht also darin, dass sie den Status Quo stur mit dem Argument rechtfertigen, Männer seien nun einmal handlungsorientiert und Frauen beziehungsorientiert.

Sexismus und Biologie

Die typische Argumentation von Menschen mit einem sexistischen Weltbild lautet, dass der geschlechtsspezifische Unterschied von Handlungsorientierung und Beziehungsorientierung angeboren sei. Es gibt einige Studien, die nahelegen, dass es zwischen den Geschlechtern in Bezug auf diese beiden Tendenzen tatsächlich minimale biologische Unterschiede gibt.[78] Möglicherweise spielen dabei die verschiedenen Oxytocin- und Testosteronspiegel von Männern und Frauen eine Rolle. Das Hormon Oxytocin wird mit Fürsorglichkeit, Zusammengehörigkeit und sozialem Bindungsverhalten in Zusammenhang gebracht, während Testosteron eher mit handlungsorientierten Merkmalen wie Konkurrenzverhalten, Motivation und Aggression verbunden wird. Es gibt außerdem neurologische Hinweise darauf, dass weibliche Gehirne etwas bessere Voraussetzungen für Empathie und Kooperation haben, was auch aus evolutionärer Sicht Sinn ergibt, wenn man bedenkt, dass die Fähigkeit einer Mutter, die Bedürfnisäußerungen eines Babys richtig zu deuten, für das Überleben der Gattung wesentlich sind.[79]

Nun ist es aber so, dass biologische und gesellschaftliche Faktoren immer zusammenwirken. So steigt sowohl bei Männern als auch bei Frauen der Testosteronspiegel, wenn sie mit Macht in Berührung kommen.[80] In einer Studie wurden Teilnehmerinnen und Teilnehmer in einer simulierten Arbeitsplatzsituation dazu aufgefordert, einen Untergebenen zu entlassen, und anschließende Labortests zeigten, dass der Testosteronspiegel bei Frauen daraufhin erheblich anstieg.[81] Umgekehrt lässt sich sowohl bei Männern als auch bei Frauen ein Zusammenhang zwischen der Zeit, die sie mit der Säuglingspflege verbringen und dem Oxytocinspiegel beobachten.[82]

Die Art und Weise, in der sich in der Biologie verankerte genetische Voreinstellungen in Verhaltensweisen manifestieren, hängt ganz von der Umgebung ab. So sind biologisch betrachtet Jungen beispielsweise tendenziell körperlich etwas aktiver als Mädchen, Mädchen dagegen etwas fokussierter.[83] Doch diese minimalen biologischen Tendenzen werden durch das Verhalten von Eltern enorm verstärkt, wenn sie mit ihren Söhnen eher wilde, körperliche Bewegungsspiele spielen und mit ihren Töchtern Rollenspiele, die Konzentration erfordern.[84]

Im Großen und Ganzen waren den Forschern zufolge die Unterschiede zwischen den Individuen einer Geschlechtergruppe ausgeprägter als die zwischen den Geschlechtergruppen selbst, wo sie insgesamt erstaunlich gering waren. Das zeigt, dass nicht die Biologie für Geschlechterunterschiede verantwortlich ist.[85] Falls Geschlechterstereotype überhaupt einen wahren Kern haben, ist dieser Kern winzig – und erhält erst durch gesellschaftliche Faktoren seine enorme Größe.[86] Entsprechend muss jede Auseinandersetzung mit Geschlechterunterschieden bezüglich Handlungs- und Beziehungsorientierung die Rolle der Sozialisierung mit einbeziehen.

Das Drehbuch der Geschlechterrollen

Schon als ganz kleine Kinder werden Mädchen in Rosa gekleidet, mit Puppen beschenkt und wieder und wieder der Botschaft ausgesetzt, dass eine echte Frau lieb, nährend und fürsorglich zu sein hat. Jungen bekommen blaue Kleidung, Lastwagen und Pistolen, und man vermittelt ihnen immer wieder, dass ein echter Mann stark und aktiv ist. Wenn wir schließlich erwachsen sind, hat sich unsere Identität um diese geschlechtsspezifischen, fast jeden wichtigen Lebensbereich betreffenden Ideale herumgruppiert:[87] Sie formen sowohl die Interpretation unseres eigenen Verhaltens als auch des Verhaltens von anderen. Genau zu verstehen, wie geschlechtsspezifische Sozialisierung funktioniert, kann jedoch sehr hilfreich sein, wenn man sich fragt, ob und wie es möglich ist, sich von ihren Zwängen zu befreien.

Als Kinder verinnerlichen wir detaillierte – aber meist unausgesprochene – Regieanweisungen für geschlechtsspezifische Rollenbilder, Eigenschaften und Aktivitäten, die man auch Genderschemata nennt.[88] Schemata sind geordnete Wissensstrukturen: so etwas wie innere Landkarten.[89] Sie funktionieren unbewusst und filtern unsere Wahrnehmungen, um uns bei der Interpretation der Welt zu helfen.[90] Wenn man irgendwo in Nordamerika zu einer Geburtstagsparty eingeladen wird, weiß man zum Beispiel, was einen erwartet – einfach weil man ein Geburtstagsparty-Schema im Kopf hat. Wir wissen, dass wir ein Geschenk mitbringen müssen, wir erwarten Torte und Kerzen und sind uns, wenn es sich um eine Überraschungsparty handelt, im Klaren darüber, dass wir nichts verraten dürfen, jedenfalls nicht, bis das Geburtstagskind zur Tür hereinkommt und wir zusammen mit den anderen Gästen »Überraschung!« rufen. Schemata helfen uns also, uns einen Reim auf die Dinge zu machen. Entsprechend nutzen wir Geschlechterschemata zur Kategorisierung von Menschen: um ihr Verhalten zu antizipieren. Und das hilft uns wiederum, bestimmte Erwartungen darüber zu formen, welche Garderobe erwartet wird, wie die anderen Gäste sich verhalten werden, welches Geschenk passend wäre und so weiter.

Wenn etwas nicht in eines dieser Schemata passt, fühlen wir uns unbehaglich – ein Phänomen, das als kognitive Dissonanz bekannt ist.[91] Eine Kollegin von mir hat diese kognitive Dissonanz einmal positiv genutzt. Sie wollte ihren Freund zu seinem Geburtstag überraschen, also sorgte sie dafür, dass alle seine Freunde in dem Moment, in dem er den Raum betrat und sie »Überraschung!« brüllten, nackt waren. Er soll *wirklich* überrascht gewesen sein! (Ich hätte zu gern sein Gesicht gesehen.) Weil wir aber eine solche Dissonanz im Allgemeinen nicht mögen, strengt sich unser Gehirn wie verrückt an, um uns in den Genuss der Beruhigung zu bringen, die von einem passenden Schema ausgeht. Wenn es irgendwie zu machen ist, verzerren wir Informationen sogar, um sie mit unserem Schema in Übereinstimmung zu bringen – sodass wir beispielsweise das Bild eines kochenden Jungen als Bild eines kochenden Mädchens im Gedächtnis abspeichern.[92]

Das Ignorieren von Informationen, die nicht in unser Weltbild passen, trägt wiederum zu einer Verfestigung der Schemata bei. Wissenschaftliche Untersuchungen haben gezeigt, dass weibliche Schülerinnen bezüglich ihrer mathematischen Fähigkeiten weniger selbstsicher sind[93], und dass sie von ihren männlichen Mitschülern auch als weniger talentiert auf dem Gebiet der Naturwissenschaften betrachtet werden, selbst wenn sie bessere Noten bekommen.[94] Die Information über die Zensuren wird einfach ignoriert, denn sie passt nicht in das Schema, das besagt, dass Männer besser in Mathe und Naturwissenschaften sind als Frauen, übrigens ein Vorurteil, das in diesem Fall nicht auf der Annahme beruht, dass Frauen insgesamt weniger intelligent seien als Männer.[95] Was ihre Lese- und Schreibkompetenzen angeht, sind Mädchen ebenso selbstbewusst wie Jungen, die in diesem Fall schon deshalb keine Einwände haben, weil ein Schema, das besagt, dass männliche Schüler in den geisteswissenschaftlichen Fächern besser abschneiden, schlicht nicht existiert.

Weil wir unsere Schemata sehr oft unbewusst verinnerlicht haben, merken wir selbst nicht, wie umfassend der Einfluss ist, den sie auf uns ausüben. Selbst Menschen, die der Meinung sind, dass die Geschlechter gleichberechtigt sein sollten, werden von diesen unsichtbaren Wahrnehmungsfiltern beeinflusst.[96] Es kann durchaus sein, dass wir auf der bewussten Ebene Frauen als ebenso kompetent wie Männer einschätzen, aber gleichzeitig weiterhin auf unsere Stereotype von handlungsorientierten Männern und beziehungsorientierten Frauen zurückgreifen, wenn wir etwas beurteilen. Das geschieht besonders häufig, wenn wir nur wenige eindeutige Informationen haben, auf die wir unser Urteil stützen könnten. Wir haben uns diese unbewussten Stereotype nicht ausgesucht, und sie kommen nicht aus der rationalen Ecke unseres Verstandes. Vielmehr haben wir sie ein Leben lang über Bücher, Filme, Serien und Musik eingeatmet, wo Männer als mächtig und handlungsorientiert erscheinen und Frauen als fürsorglich und nährend. Diese Vorurteile sind so tief verwurzelt, dass sie nur sehr schwer zu identifizieren sind – man könnte sagen, sie sind das Wasser, in dem wir schwimmen.

Eine gängige Methode, die Wissenschaftler zur Untersuchung von unbewussten Vorurteilen über die Geschlechter nutzen, besteht darin, die Teilnehmerinnen und Teilnehmer Beschreibungen von Menschen lesen zu lassen, die, abgesehen davon, dass sie entweder einen männlichen oder weiblichen Vornamen tragen, identisch sind. Die Frage, die sie interessiert, ist, inwiefern sich die Reaktionen unterscheiden. Forscherinnen und Forscher der Duke University School of Business kamen zu dem Ergebnis, dass Häuserentwürfe für innovativer gehalten wurden, wenn der angebliche Architekt den Namen John und nicht Katherine trug.[97] Forscherinnen und Forscher von der New York University entdeckten, dass Geschäftsideen für origineller gehalten wurden, wenn der Zuständige einen männlichen Vornamen trug; solchen Führungskräften wurden außerdem eher ein Bonus, eine Gehaltserhöhung oder eine Beförderung zugestanden.[98] Das Gleiche ergab sich bei Gemeinschaftsprojekten mit mehreren Teammitgliedern: Der Erfolg des Teams wurde öfter auf die männlichen Mitglieder zurückgeführt, jedenfalls immer dann, wenn es keine sehr klaren und eindeutigen Informationen über den Beitrag einer Frau gab. (Die negativen Auswirkungen solcher unbewussten Vorurteile werden genauer in Kapitel 9 untersucht, wo es darum geht, inwiefern kraftvolles Selbstmitgefühl Frauen am Arbeitsplatz unterstützen kann.)

Leider sind Geschlechterstereotype tief in unserer Psyche verankert und dadurch sehr resistent gegen Veränderung. Obwohl in den letzten drei Jahrzehnten in gesellschaftlicher Hinsicht viel für Frauen gewonnen wurde und die Leute im Allgemeinen egalitärere Ansichten vertreten als früher, gab es einer Studie zufolge im Zeitraum zwischen 1983 und 2014 beinahe keine Veränderung in Bezug auf das Vorurteil, dass Männer handlungsorientiert und Frauen beziehungsorientiert seien.[99] Diese Klischees halten sich über die Zeit erstaunlich hartnäckig und scheinen sich mit dem Alter eher noch zu verfestigen.

Kurz nach meiner Ankunft an der University of Texas in Austin führte meine Forschungsgruppe eine Studie durch, die die Entwicklung von Geschlechtervorurteilen in der Phase zwischen der frühen Adoleszenz und dem frühen Erwachsenenalter zum Gegenstand hatte, und wir richteten einen besonderen Fokus auf die Wahrnehmung von Eigenschaften, die mit Dominanz (»hat Führungsqualitäten«, »ist unabhängig«) und Unterordnung (»entgegenkommend«, »sensibel für die Bedürfnisse anderer«) assoziiert werden.[100] Wir fanden heraus, dass die wahrgenommenen Geschlechtsunterschiede mit dem Alter größer werden: Viel mehr junge Erwachsene als Menschen in der frühen Adoleszenz betrachteten Männer als dominant und Frauen als untergeordnet. Dies könnte das Resultat eines längeren Medienkonsums und einer größeren Vertrautheit mit der amerikanischen Kultur sein. Außerdem entdeckten wir, dass junge Frauen mit größerer Wahrscheinlichkeit zu Protokoll gaben, dass diese Wahrnehmungen auf die Unterschiede in der Erziehung von Mädchen und Jungen zurückzuführen seien, während junge Männer mit größerer Wahrscheinlichkeit der Ansicht waren, dass diese Wahrnehmungen auf biologische, also genetische oder hormonelle Unterschiede zurückzuführen seien. Darüber hinaus hatten junge Frauen insgesamt eine egalitärere Grundhaltung – sie waren der Meinung, dass Frauen im Arbeitsleben und in der Politik stärker gefördert werden müssten, was zum Teil daran lag, dass sie die Geschlechterhierarchien auf die Art und Weise zurückführten, in der Frauen sozialisiert werden. Das bedeutet, dass Frauen sich des Stereotyps der weiblichen Unterordnung zwar sehr stark bewusst waren, das Machtungleichgewicht zwischen Männern und Frauen aber als zutiefst ungerecht empfanden. In Bezug auf die Frage, ob wir es schaffen können, das unterdrückerische Geschlechtersystem zu verändern, stimmt das immerhin ziemlich hoffnungsvoll.

Wer bin ich?

Ein Grund dafür, dass es so schwierig ist, verinnerlichte Stereotype zu überwinden, liegt darin, dass sie quasi von Geburt an in uns Wurzeln schlagen und unser Selbstgefühl sich ganz konkret in Verbindung mit einer entweder als beziehungsorientiert oder als handlungsorientiert definierten Geschlechtsidentität ausbildet.[101] Geschlecht ist eine der ersten Kategorien, die Säuglinge lernen – schon im Alter von drei bis acht Monaten beginnen sie, Männer und Frauen unterschiedlich wahrzunehmen.[102] Spätestens im Alter von vier bis fünf Jahren hat sich das Vorurteil, dass Männer robust und mutig, also handlungsorientiert, und Frauen sanft und freundlich, also beziehungsorientiert sind, tief eingenistet.[103]

Diese Stereotype werden verstärkt durch die Beobachtung der sozialen Reaktionen auf diejenigen, die mit der ihnen zugewiesenen Geschlechterrolle nicht komplett übereinstimmen. Jungen, die ihre sanften, beziehungsorientierten Eigenschaften zum Ausdruck bringen, werden Weicheier genannt. Man lacht sie nicht nur aus, weil sie sich nicht anpassen, sondern auch, weil »sich wie ein Mädchen« zu benehmen mit Machtverlust gleichgesetzt wird. Umgekehrt werden

Mädchen, die ihre handlungsorientierten Eigenschaften zeigen, zumindest in ihrer frühen Kindheit meistens zunächst nicht lächerlich gemacht. Man akzeptiert sie auch deshalb als »jungenhaft«, weil ihr Verhalten mit einem Statuszuwachs statt mit einem Statusverlust in Verbindung gebracht wird.[104] Doch allein die Tatsache, dass ein handlungsorientierteres Mädchen als »jungenhaft« bezeichnet wird, zeigt, dass es als nicht »normal« betrachtet wird. Mit Beginn der Pubertät wird der Druck besonders auf heterosexuelle Mädchen größer, sich an die für sie vorgesehene Geschlechterrolle anzupassen, um gemocht und akzeptiert zu werden und in dem berühmten »Wer-liebt-wen«-Spiel zu bestehen.[105] So fangen Mädchen aus genau diesen Gründen häufig an, sich eine schüchternere Ausdrucksweise anzugewöhnen, sich vor allem um ihre sexuelle Anziehungskraft zu kümmern und ihre Kompetenzen herunterzuspielen.[106]

Kraftvolle oder dominante Frauen sind ganz unabhängig von ihrer sexuellen Orientierung immer wieder mit sozialen Abwehrreaktionen konfrontiert.[107] Ein selbstbewusstes Auftreten, das bei Männern vollkommen akzeptabel wäre, führt bei Frauen häufig dazu, dass man sie ablehnt, beleidigt und ihnen nicht über den Weg traut. Wenn ein Mann klar und entschieden den Vorschlag einer anderen Person ablehnt, weil er ihn für ungeeignet hält, wird er als entscheidungsfreudig und selbstsicher wahrgenommen. Eine Frau ist im selben Fall eine dominante Zicke. Die Angst vor solchen Reaktionen bringt viele Frauen bei der Suche nach sozialer Anerkennung dazu, ihre kraftvolle Seite zu unterdrücken. (Auch dieses Thema soll später noch genauer behandelt werden.)

Leider ist es aber so, dass es bei Frauen die handlungsorientierten und eben nicht die beziehungsorientierten Eigenschaften sind, die auf psychische Gesundheit verweisen.[108] Authentische, energische Frauen sind glücklicher und mit ihrem Leben zufriedener. Frauen, die sich nicht selbst behaupten können, verhalten sich, wenn sie mit Herausforderungen konfrontiert sind, ängstlicher.[109] Ohne die Fähigkeiten, Grenzen zu ziehen, Nein zu sagen, und um das, was man möchte, selbstbewusst zu bitten, fühlen sich Frauen schnell gestresst und überrannt. Vor allem diejenigen Frauen, die tatsächlich eher beziehungsorientiert als handlungsorientiert sind, haben oft doppelt zu leiden: Sie fühlen sich nicht nur von ihren eigenen Schwierigkeiten überwältigt, sondern identifizieren sich manchmal so stark mit der Rolle der Versorgerin, dass ihnen zusätzlich noch die Probleme derjenigen zu schaffen machen, um die sie sich kümmern.[110]

Androgyne Frauen dagegen, die sich selbst sowohl als sehr handlungsorientiert wie auch als sehr beziehungsorientiert einschätzen, haben tendenziell eine bessere psychische Gesundheit als Frauen, bei denen eine von beiden Eigenschaften unterentwickelt bleibt. Wissenschaftliche Untersuchungen zeigen, dass Frauen mit beiden Eigenschaften[111] besser mit Stress zurechtkommen und sich nach einem Misserfolg schneller wieder aufrappeln.[112] Das liegt daran, dass sie gleich zwei Wege kennen, mit Schwierigkeiten umzugehen[113]: Wenn es möglich ist, die Situation zu verbessern, gehen sie das Problem proaktiv an, was dagegen nicht zu ändern ist, nehmen sie gelassen hin. Diese Frauen sind außerdem häufiger authentisch und fühlen sich insgesamt wohler damit zu zeigen, wer sie wirklich sind.[114]

Frauen, die in Bezug auf Handlungs- und Beziehungsorientierung »unbestimmt« sind – also in beiden Kategorien niedrige Punktzahlen erreichen –, haben tendenziell die meisten Schwierigkeiten, weil sie weder besonders fürsorglich noch besonders selbstsicher sind, was zu persönlichen und zwischenmenschlichen Problemen führen kann. Auch hier wird deutlich, dass das gleichwertige Zusammenspiel unserer sanften und unserer kraftvollen Seite für uns Frauen die Voraussetzung dafür ist, dass wir uns gesund und als ganze Menschen entfalten können.

Testen Sie Ihre Handlungsorientierung und Beziehungsorientierung

Die unten stehende Skala ist eine angepasste Version des Personal Attributes Questionnaire (PAQ), der von Janet Spence und Robert Helmreich von der University of Texas in Austin entwickelt wurde.[115] In der gegenwärtigen Forschung ist sie eine der gängigsten Methoden, um Maskulinität und Femininität zu messen.

Anleitung

Entscheiden Sie sich bei jedem Eigenschaftenpaar für die Zahl, die am besten beschreibt, wo Sie sich auf der Skala sehen. Wählen Sie die 1, wenn die Option auf der linken Seite Sie gut beschreibt, und die 5, wenn das Wort auf der rechten zu Ihnen passt. Wenn Sie sich zum Beispiel auf einer Skala zwischen »überhaupt nicht künstlerisch« und »sehr künstlerisch« verorten müssten, dann wählen Sie die 1, wenn Sie der Meinung sind, dass sie keinerlei künstlerische Begabung haben. Wenn Sie glauben, in künstlerischen Dingen ziemlich gut zu sein, entscheiden Sie sich vielleicht für die 4, wenn Sie nur mittelmäßig sind, nehmen Sie die 3 usw.

1	Überhaupt nicht unabhängig	1 2 3 4 5	Sehr unabhängig
2	Überhaupt nicht emotional	1 2 3 4 5	Sehr emotional
3	Sehr passiv	1 2 3 4 5	Sehr aktiv
4	Überhaupt nicht in der Lage, sich intensiv um andere Menschen zu kümmern	1 2 3 4 5	Gut in der Lage, sich intensiv um andere Menschen zu kümmern
5	Überhaupt nicht konkurrenzorientiert	1 2 3 4 5	Sehr konkurrenzorientiert
6	Sehr ruppig	1 2 3 4 5	Sehr behutsam
7	Nicht entscheidungsfreudig	1 2 3 4 5	Entscheidungsfreudig
8	Überhaupt nicht hilfsbereit	1 2 3 4 5	Sehr hilfsbereit
9	Schnell bereit aufzugeben	1 2 3 4 5	Niemals bereit aufzugeben
10	Überhaupt nicht freundlich	1 2 3 4 5	Sehr freundlich
11	Überhaupt nicht selbstsicher	1 2 3 4 5	Sehr selbstsicher
12	Überhaupt nicht sensibel für die Gefühle anderer Menschen	1 2 3 4 5	Sehr sensibel für die Gefühle anderer Menschen
13	Starke Minderwertigkeitsgefühle	1 2 3 4 5	Starke Überlegenheitsgefühle
14	Überhaupt nicht verständnisvoll	1 2 3 4 5	Sehr verständnisvoll
15	Kann gegenüber Druck nicht standhalten	1 2 3 4 5	Kann gegenüber Druck gut standhalten
16	In zwischenmenschlichen Beziehungen sehr kühl	1 2 3 4 5	In zwischenmenschlichen Beziehungen sehr warmherzig

Auszählungsanleitung:
Gesamtpunktzahl Handlungsorientierung (Summe der acht Aspekte, die vorne eine ungerade Zahl haben) = __________
Durchschnitt Handlungsorientierung (Summe/8) = __________
Gesamtpunktzahl Beziehungsorientierung (Summe der acht Aspekte, die vorne eine gerade Zahl haben) = __________
Durchschnitt Beziehungsorientierung (Summe/8) = __________

Grob lässt sich sagen, dass eine Durchschnittspunktzahl von unter 3,0 auf eine schwache Ausbildung des jeweiligen Aspektes (Handlungsorientierung / Beziehungsorientierung) hinweist, eine Durchschnittspunktzahl von über 3,0 auf eine starke Ausbildung. Menschen, die bei Handlungsorientierung schwach abschneiden und bei Beziehungsorientierung stark, werden als feminin klassifiziert, wer bei Handlungsorientierung eine hohe und bei Beziehungsorientierung eine niedrige Punktzahl erreicht, gilt als maskulin, eine niedrige Punktzahl in beiden Aspekten steht für Unbestimmtheit, eine hohe in beiden für Androgynität.

Geschlecht und Selbstmitgefühl

Was ist also die Verbindung zwischen sozialem Geschlecht und Selbstmitgefühl? Diese Frage, die für mich von so großem Interesse ist, beschäftigt mich bis heute in meiner Forschung. Man könnte annehmen, dass Frauen, weil sie in Richtung Fürsorglichkeit und Warmherzigkeit sozialisiert wurden, mehr Mitgefühl mit sich selbst haben als Männer. Aber die Forschung zeigt das genaue Gegenteil: Frauen haben weniger Selbstmitgefühl als Männer. In einer Metastudie, in der wir 71 Untersuchungen ausgewertet haben, fanden wir heraus, dass Frauen durchgängig niedrigere Werte bei Selbstmitgefühl hatten, wenn auch nur mit geringem Abstand.[116] Der Grund, aus dem wir weniger Selbstmitgefühl aufbringen können, liegt zum Teil wohl darin, dass wir selbstkritischer sind als Männer.[117] Wie oben erwähnt, äußert sich unsere Gefahrenabwehrreaktion häufig in Form von Selbstkritik, als Isolationsgefühl oder in der Überidentifikation. Wer sich in einer untergeordneten Position befindet, muss gegenüber Gefahren wachsamer sein als Menschen in Machtpositionen, und das führt dazu, dass eine kritische Haltung sich selbst gegenüber für Frauen ein Mittel wird, das eigene Sicherheitsgefühl zu erhöhen.

Obwohl Frauen weniger Selbstmitgefühl aufbringen können als Männer, sind sie anderen Menschen gegenüber mitfühlender.[118] Das fanden wir heraus, indem wir den SCS-Test mit beinahe 1400 Erwachsenen[119] durchführten und ihnen zusätzlich einen analog konzipierten Test[120] zur Messung ihres Mitgefühls aushändigten, in dem ihre Freundlichkeit, ihr Gefühl für gemeinsame Menschlichkeit und ihre Sensibilität für das Leid anderer gemessen wurden. Frauen schnitten auf der Skala des Selbstmitgefühls leicht niedriger ab als Männer, auf der Mitgefühlsskala jedoch sehr viel höher. Zwar hatten sowohl Frauen als auch Männer die Tendenz, mehr Mitgefühl mit anderen als mit sich selbst aufzubringen, jedoch war diese Diskrepanz bei Frauen sehr viel größer. Unsere Ergebnisse zeigen, dass 67 Prozent der Männer signifikant mehr Mitgefühl mit anderen haben als mit sich selbst. 12 Prozent hatten mehr Selbstmitgefühl als Mitgefühl mit anderen und bei 21 Prozent hielten sich Mitgefühl und Selbstmitgefühl die Waage. Unter Frauen waren 86 Prozent signifikant mitfühlender mit anderen als mit sich selbst, 5 Prozent hatten mehr Mitgefühl mit sich selbst als mit anderen und 9 Prozent waren genauso mitfühlend mit sich wie mit anderen.

Diese Ergebnisse spiegeln wider, wie sehr Frauen lernen, die Bedürfnisse anderer Menschen über ihre eigenen zu stellen. Wessen Bedürfnisse erfüllt werden, war schon immer eine Frage der Macht, und historisch gesehen mussten Frauen, um den Frieden zu wahren, ihre Bedürfnisse häufig denen von Männern unterordnen. Männer, die meinen, ein Recht darauf zu haben, dass ihre Bedürfnisse erfüllt werden, scheinen genau aus diesem Grund ein geringeres Problem damit zu haben, sich selbst mitfühlend zu begegnen.

Die Unterschiede bezüglich des Selbstmitgefühls von Männern und Frauen sind aber natürlich nicht auf das biologische Geschlecht zurückzuführen, sondern auf unsere Sozialisation. In einer weiteren Studie mit ungefähr 1000 Erwachsenen fanden wir heraus, dass androgyne Frauen, die sowohl handlungs- als auch beziehungsorientiert sind, genauso viel Selbstmitgefühl aufbringen wie Männer.[121] Sie sind selbstsicher und fühlen sich wertvoll, was es ihnen ermöglicht, ihre ebenfalls gut entwickelten Fürsorgefähigkeiten in schwierigen Zeiten nach innen zu richten. Frauen, die in beiden Bereichen am niedrigsten abschneiden, haben auch die niedrigsten Selbstmitgefühlswerte, weil sie weder aus Warmherzigkeit noch aus Stärke schöpfen können, um für sich selbst zu sorgen. Diese Resultate zeigen sehr deutlich, dass wir Frauen unsere Beziehungsorientierung keineswegs über Bord werfen müssen, um unser Selbstmitgefühl voll zu entfalten. Im Grunde kommt es nur darauf an, dass wir uns auf unsere Handlungsfähigkeit besinnen, um unser Yang besser mit unserem Yin in Balance zu bringen.

Weil aber Frauen so sozialisiert wurden, dass ihnen Mitgefühl wichtig ist, haben sie glücklicherweise weniger Angst vor dem Thema Selbstmitgefühl als Männer und sind viel offener dafür, es zu erlernen.[122] Zwar haben wir keine entsprechenden Zahlen, aber ich würde schätzen, dass etwa 85 bis 90 Prozent unserer Teilnehmerinnen und Teilnehmer an den MSC-Workshops Frauen sind. Die Idee, Mitgefühl als Basis für Problemlösungskompetenz und Resilienz zu betrachten, scheint Frauen mehr einzuleuchten als Männern. Und weil wir Frauen schon sehr früh darauf trainiert wurden, für andere zu sorgen, sind wir in Sachen Mitgefühl so etwas wie Expertinnen. Unsere Ausgangsposition für die Entwicklung von Selbstmitgefühl ist damit besser als die von Männern: Denn wir wissen bereits, wie man warmherzig, sensibel und unterstützend ist.

Zwar geht die Beziehungsorientierung, die qua Geschlechterrolle von Frauen erwartet wird, insgesamt eher in eine sanfte Richtung, aber einen Kontext gibt es, in dem wir kraftvoll sein dürfen. Wenn es um den Schutz unserer Kinder geht, werden wir ermutigt, uns an einer riesigen und starken Bärenmutter zu orientieren. Handlungsfähigkeit im Dienste der Beziehungsorientierung – wenn wir energisch intervenieren, um unseren Kindern zu helfen – ist nicht nur akzeptabel, sondern sogar der Stoff von Legenden. Unabhängig davon, ob sie Kinder haben oder nicht, können die meisten Frauen diese Mama-Bär-Energie in sich fühlen. Der Trick besteht nun einfach darin, bewusst eine 180-Grad-Wendung zu machen und die sorgende Kraft nach innen zu richten.

Jenseits der Geschlechterordnung

Die strikte Aufteilung von Beziehungsorientierung auf der einen und Handlungsorientierung auf der anderen Seite (von Yin und Yang) auf das weibliche beziehungsweise männliche Geschlecht schadet allen Menschen. Wann immer man in der Ausübung einer dieser beiden wesentlichen Fähigkeiten eingeschränkt wird, ist Entwicklung blockiert, und es kann passieren, dass die jeweils isolierte Energie verfälscht wird. Die Yin-Eigenschaften Sensibilität, Akzeptanz und Verständnis können zu Ohnmacht und Abhängigkeit mutieren, wenn sie von der kraftvollen Yang-Energie getrennt werden. Und die Yang-Eigenschaften Tapferkeit und Handlungsfreude können sich in Aggression, Dominanz und emotionale Ahnungslosigkeit verwandeln, wenn sie von der sanften Yin-Energie abgetrennt werden.

Was wäre, wenn Yin und Yang nicht an männlich und weiblich geknüpft wären? Wenn jedes Individuum mit seiner ganz eigenen Stimme zu Wort kommen dürfte? Anstatt uns künstlich für eine der beiden Eigenschaften zu entscheiden, könnten wir sie wieder zusammenbringen und auf diese Weise besser für uns nutzen. Wenn Yin und Yang aus der Dynamik von Dominanz und Unterordnung befreit würden, könnten wir unsere sorgende Kraft nutzen, um uns selbst und gleichzeitig unsere zerrüttete Gesellschaft grundlegend zu verändern.

In den vergangenen Jahren habe ich mich intensiv damit beschäftigt, mein eigenes Yin und Yang ins Gleichgewicht zu bringen. Zwar wird in unserer Kultur im Allgemeinen die kraftvolle Seite von Frauen unterdrückt, aber natürlich ist jeder Mensch anders. Ich selbst musste mir nämlich eher meine sanfte Seite zurückerobern und ganz neu lernen, diese Seite in mein Selbstbild zu integrieren. Meistens bin ich in meinem Leben mehr Yang als Yin gewesen, aber das war keine bewusste Entscheidung. Ich weiß noch genau, wie ich mit etwa 16 Jahren den Schulflur hinunterging. Es war die Zeit, als die Jungs langsam anfingen, Notiz von mir zu nehmen, und ich fühlte mich unglaublich angespannt und spürte, wie wichtig es für mein Selbstwertgefühl war, attraktiv gefunden zu werden und beliebt zu sein. Das war der Augenblick, in dem ich mir sagte: »Scheiß drauf! Ich werde ganz bestimmt nicht durchs Leben gehen und mich auf mein Äußeres verlassen! Was für mich zählt, ist, dass ich klug bin!« Die Ohnmacht, die folgte, nachdem man sich auf die Unterstützung eines Mannes verlassen hatte, kannte ich nur zu gut, denn mein Vater hat unsere Familie verlassen, als ich zwei Jahre alt war. Der Traum meiner Mutter, mit den Kindern zu Hause zu bleiben und sich von einem netten Ehemann unterstützen zu lassen, war also geplatzt, und sie musste eine Stelle als Sekretärin annehmen, (die ihr keinen Spaß machte), um unsere Rechnungen zu bezahlen. Genau *das* wollte ich für mein Leben nicht.

Also konzentrierte ich mich aufs Lernen, ergatterte mir ein Vollstipendium an der UCLA, dann einen Doktortitel in Berkeley, eine Postdoc-Stelle an der Denver University und schließlich eine Professur an der UT Austin. Im Grunde habe ich die Schule nie verlassen. Intelligenz wurde meine Sicherheit. In Diskussionen konnte ich den Besten Kontra geben, und meine kraftvolle Seite entfaltete sich ganz von selbst. Auch meine sanfte Seite war gut ausgebildet und kam in unseren Kursen zum Thema Selbstmitgefühl und in meiner Mutterschaft ständig zum Einsatz. Aber in mir fühlten sich diese beiden Seiten extrem getrennt an. Ich verbrachte so viel Zeit mit *handeln* – forschen, Artikel schreiben, Trainingsprogramme entwerfen, Vorträge halten –, dass mein Yin und Yang komplett aus dem Gleichgewicht geraten waren.

Seit mir das klargeworden ist, habe ich mich bewusst darauf konzentriert, meine weichere, intuitivere Seite kennenzulernen, die sich manchmal von meinem Intellekt geradezu überrannt fühlte. Ich mache furchtbar unwissenschaftliche Dinge, wie zum Beispiel zu meinen weiblichen Ahnen beten und sie um Rat fragen. Ich übe mich darin, nicht immer alles wissen zu müssen, dem Leben zu vertrauen und mich gegenüber der Ungewissheit zu öffnen. Ich nehme beide Seiten an und lade sie ein, in mir zu verschmelzen und ein Teil von mir zu werden.

Mir ist aufgefallen, dass ich mich vollständiger und erfüllter fühle, wenn ich ganz bewusst das kraftvolle und das sanfte Selbstmitgefühl gleichzeitig in mir hervorrufe. Ich gehe viel ausgeglichener durch die Welt. Und dann vergesse ich es wieder und komme aus meiner Mitte heraus, und dann fällt es mir wieder ein, und ich versuche es noch einmal. Es gibt keinen linearen Fortschritt in dem Sinne, dass wir Yin und Yang zusammenbringen und dann damit fertig sind. Es ist ein ständig wiederkehrender Prozess, der immer wieder von neuem hervorgerufen werden muss. Manchmal brauchen wir mehr von der kraftvollen, manchmal mehr von der sanften Seite, aber brauchen tun wir immer beides.

Yin und Yang atmen

Diese Übung, die Yin und Yang ins Gleichgewicht bringen soll, basiert auf der klassischen Atemmeditation. Ich habe sie mir ausgedacht, um die beiden Seiten, die in mir selbst so weit auseinanderklafften, besser zu integrieren. Inzwischen ist diese Übung auch Teil meiner Workshops. Ich bekomme oft die Rückmeldung, dass man das Ergebnis dieser Übung sofort im Körper spürt: man fühle sich vollständiger und zentrierter. (Eine angeleitete Audioversion dieser Übung findet sich unter FierceSelf-Compassion.org).

Anleitung

- Setzen Sie sich bequem hin und achten Sie darauf, dass Ihr Rücken gerade ist. Legen Sie beide Hände auf Ihren Solarplexus oder an eine andere Stelle, die Ihnen hilft, sich stark und unterstützt zu fühlen.
- Beginnen Sie, Ihre Atmung wahrzunehmen. Versuchen Sie nicht, sie zu ändern oder zu kontrollieren, atmen Sie einfach ganz natürlich.
- Ihre Gedanken werden wandern. Wenn das geschieht, holen Sie Ihre Aufmerksamkeit zurück zu Ihrer Atmung, ohne zu urteilen.
- Konzentrieren Sie sich nun besonders aufs Einatmen, spüren Sie, wie die Luft hereinströmt.
- Stellen Sie sich vor, dass kraftvolle Yang-Energie hereinströmt. Spüren Sie, wie die Kraft an Ihrer Wirbelsäule nach oben steigt.
- Wenn Sie möchten, können Sie sich die kraftvolle Energie als leuchtend weißes Licht vorstellen, das Ihren gesamten Körper durchströmt.
- Machen Sie diese Übung zwei Minuten lang oder länger.
- Nehmen Sie einen tiefen Atemzug und halten Sie für etwa fünf Sekunden die Luft an, bevor Sie ausatmen.
- Legen Sie nun Ihre Hände aufs Herz oder eine andere beruhigende Stelle.
- Konzentrieren Sie sich nun aufs Ausatmen. Spüren Sie, wie Sie sich bei jedem Ausatmen entspannen.
- Lassen Sie los, während Sie ausatmen: Lassen Sie alles so sein, wie es ist.
- Stellen Sie sich vor, dass mit jedem Ausatmen sanftes Yin-Mitgefühl aus Ihnen hinausströmt – liebevolle, verbundene Präsenz. Lassen Sie sich davon nähren und heilen.
- Wenn Sie möchten, können Sie sich diese sanfte Energie als mildes, goldenes Licht vorstellen, das Sie durchströmt.
- Machen Sie dies für zwei Minuten oder länger.
- Nehmen Sie noch einmal einen tiefen Atemzug und halten Sie, bevor Sie wieder ausatmen, für etwa fünf Sekunden die Luft an.

- Bringen Sie nun Yin und Yang zueinander, indem Sie sich eine Hand aufs Herz legen und die andere auf den Solarplexus oder jeweils an eine andere Stelle, die sich richtig anfühlt.
- Während Sie einatmen, stellen Sie sich vor, dass Sie kraftvolle Energie in sich aufnehmen, beim Ausatmen stellen Sie sich vor, dass Sie Sanftheit hinausströmen lassen.
- Erlauben Sie beiden Energien, frei durch Ihren Körper zu fließen, um sich zu vereinigen und Teil Ihrer selbst zu werden. Lassen Sie das Herein- und Hinausfließen so natürlich sein wie die Bewegung des Ozeans, wie das Auf und Ab der Wellen.
- Wenn es sich richtig anfühlt, können Sie sich entweder mehr auf das Einatmen oder mehr auf das Ausatmen konzentrieren, je nachdem, was Sie im Augenblick mehr brauchen.
- Machen Sie dies etwa fünf Minuten lang oder länger, wenn Ihnen danach ist.
- Öffnen Sie vorsichtig die Augen, wenn Sie bereit sind.

Es sollte erwähnt werden, dass es keinen *richtigen* Weg gibt, diese Übung durchzuführen. Manche mögen es, mit dem Einatmen Sanftheit in sich zu sammeln und kraftvolle Energie mit dem Ausatmen in die Welt strömen zu lassen. Auch die Reihenfolge des Ein- und Ausatmens kann vertauscht werden. Experimentieren Sie einfach mit dieser Übung, um zu sehen, was für Sie am besten funktioniert.

KAPITEL 3

Wütende Frauen

Die Wahrheit macht dich frei, aber erst mal macht sie dich sauer.

—Gloria Steinem, Autorin und Aktivistin[123]

Nachdem ein knappes Votum entlang der Parteilinien Brett Kavanaugh als Richter am Obersten Gerichtshof der Vereinigten Staaten bestätigt hatte, stellten viele Kommentatoren Überlegungen darüber an, welche Rolle Wut bei den Anhörungen im Justizausschuss gespielt hatte. Christine Blasey Ford, die sich freiwillig bereit erklärt hatte, als Zeugin auszusagen, erwies sich als unfassbar mutig, als sie vor dem Senatsausschuss sehr detailliert von Kavanaughs sexuellem Übergriff auf sie als Teenager berichtete. Ebenso beeindruckend war ihr Auftreten während der Anhörung selbst. Wenn sie über ihr Fachgebiet – die Psychologie des Traumas – Auskunft gab, machte sie einen ausgesprochen selbstbewussten Eindruck – bei anderen Gelegenheiten aber sprach sie wie ein junges Mädchen, das die mächtigen Männer, von denen sie umgeben war, besänftigen musste. Das verringert ihre Leistung, dort überhaupt aufzutreten, nicht im Geringsten. Sie war einfach großartig. Aber man konnte deutlich sehen, dass sie das Gefühl hatte, sanft und lieb sein zu müssen, wenn sie auch nur hoffen wollte, dass ihr irgendjemand zuhörte.

Wahrscheinlich hatte sie mit dieser Einschätzung recht. Wenn sie ihre Wut auf Kavanaugh offen gezeigt hätte, wäre sie höchstwahrscheinlich mit der Gegenwehr konfrontiert gewesen, die all denen entgegenschlägt, die das Rollenklischee der »braven« Frau nicht erfüllen. Ein Wutausbruch hätte ihre Aussage in den Augen der Mehrheit wahrscheinlich gründlich diskreditiert. Sie durfte zum Ausdruck bringen, wie schmerzhaft es war, zum Opfer geworden zu sein – mehr jedoch nicht.

Kavanaugh dagegen wurde von einem Großteil der Öffentlichkeit und vielen Senatoren für den gerechten Zorn gefeiert, den er zur Schau stellte. Die Inszenierung seiner Wut trug dazu bei, dass er für den Obersten Gerichtshof bestätigt wurde.

Nette Mädchen werden nicht wütend

Wut ist ein kraftvoller Ausdruck von Yang-Energie. Sie ist wie eine Alarmglocke und signalisiert, dass Gefahr droht. Und sie motiviert uns, unverzüglich etwas zu unternehmen, um die Bedrohung einzudämmen. Obwohl Jungen und Mädchen während ihrer frühen Entwicklung gleich viel Wut empfinden, wird die Wut von Mädchen ganz anders behandelt als die von Jungen.[124] Ungefähr in dem Alter, in dem sie laufen und sprechen lernen, werden Mädchen von Eltern und Erzieherinnen und Erziehern immer öfter dazu ermutigt, ihre sanften Eigenschaften zu zeigen – angenehm, hilfsbereit und kooperativ zu sein –, und gleichzeitig aktiv davon abgebracht, die kraftvolle Seite ihrer Wut zu zeigen.[125] Erwachsene zeigen mit solchen Reaktionen, dass sie Wut bei Jungen akzeptabel finden, bei Mädchen jedoch nicht.[126] Kleine Mädchen werden dreimal so häufig wie Jungen dazu aufgefordert, mit einer »freundlicheren« Stimme zu sprechen[127]: Die unmissverständliche Botschaft lautet, dass unsere Rolle darin besteht, den Frieden zu wahren, anstatt Unruhe zu stiften.[128]

Die Vorstellung, dass Wut bei Jungen angemessen ist, bei Mädchen jedoch nicht, sitzt so tief, dass viele Mütter die Tendenz haben, ihrem weinenden Kind Traurigkeit zu unterstellen, wenn es ein Mädchen ist, aber Wut, wenn es ein Junge ist.[129] Da ist es wenig überraschend, dass auch schon ganz kleine Kinder glauben, dass es für Jungen normal ist, wütend zu werden, für Mädchen aber nicht.[130] Für die kleinen Mädchen selbst ist das ziemlich verwirrend. Die Abwertung und das Unverständnis, die wir Frauen schon in der Kindheit in Bezug auf unsere Gefühle erleben, sind der erste Schritt zur Unterdrückung unserer Fähigkeit, uns energisch zu äußern und durchzusetzen.

Sandra Thomas führte zusammen mit ihren Kolleginnen und Kollegen von der University of Tennessee schon in den 1990er-Jahren eine wegweisende Studie über die Wut von Frauen durch.[131] Für die Studie wurde 535 Frauen im offenen Frageformat die Gelegenheit gegeben, über ihre Erfahrungen mit Wut zu sprechen. Es stellte sich heraus, dass viele Teilnehmerinnen mit ihrer Wut überhaupt nicht in Kontakt waren oder sich zutiefst unwohl mit ihr fühlten. Eine Frau drückte es so aus: »Ich glaube, ich bin so sozialisiert worden, dass ich nicht anerkennen kann, dass Wut ein wertvolles menschliches Gefühl ist.[132] Als Ergebnis dieser Sozialisierung weiß ich es häufig nicht einmal, wenn ich wütend bin, und ich kenne kaum gute Wege, meine Wut zum Ausdruck zu bringen. Wenn ich wütend bin, fühle ich mich machtlos. Ich fühle mich hoffnungslos. Ich fühle mich albern. Ich fühle mich ängstlich. Wütend zu sein, kann mir tatsächlich Angst einjagen.« Die häufigsten Ursachen für Wut bei Frauen waren laut der Studie Gefühle der Hilflosigkeit, Situationen, in denen niemand zuhörte, Ungerechtigkeit, Verantwortungslosigkeit bei anderen sowie das eigene Unvermögen, Veränderungen herbeizuführen.

Darüber hinaus kamen die Forscherinnen und Forscher zu dem Ergebnis, dass Frauen, die ihre Wut unterdrücken und sie als physische Anspannung im Körper festhalten, sich häufig ohnmächtig, klein und abgewertet fühlen. Wenn Frauen ihre Wut in sich hineinfressen, kommt es zudem immer wieder zu Explosionen, die diesen Frauen dann das Gefühl geben, endgültig die Kontrolle zu verlieren – wodurch sich wiederum die Ohnmachtsgefühle verstärken. Eine Frau schrieb: »Mein Mann sagt, ich bin wie Dr. Jekyll und

Mister Hyde.[133] Eben noch spreche ich mit ganz normaler lieber Stimme, und plötzlich explodierte ich … Ich fange an zu kreischen, und mein Gesicht verzerrt sich in purem Hass ... Ich merke das dann gar nicht. Es ist ein bisschen so, als wäre ich jemand anders. Ich bin einmal so wütend auf ihn geworden, dass ich seine Teetasse nahm und ihm den Tee ins Gesicht schüttete. Er konnte gar nicht glauben, dass ich das getan hatte. Und ich fing an zu weinen, weil ich es auch nicht glauben konnte.« Es ist paradox, dass das unglaublich kraftvolle Gefühl der Wut bei uns Frauen ausgerechnet Ohnmachtsgefühle auslöst, nur weil man uns nicht gestattet, die Wut als Teil unseres Selbst anzuerkennen. Stattdessen fühlt es sich so an, als hätte eine fremde Macht Besitz von uns ergriffen – hinterher sagen wir dann: »Ich habe die Kontrolle verloren« oder »Ich war nicht mehr ich selbst.« Das liegt daran, dass wir Frauen gelernt haben, unsere Wut zu verleugnen und sie als fremd zu betrachten.

Und der Glaube, dass Wut für Frauen nichts Natürliches ist, wird von den Reaktionen anderer Menschen bestätigt. Wütende Frauen gelten schnell als verrückt, irrational und verwirrt. Sehr viele Menschen haben das Gefühl, dass eine Frau psychisch verwirrt sein muss, wenn sie wütend ist oder als »Störfaktor« empfunden wird. Bestimmt ist sie emotional, wenn nicht auch hormonell aus dem Lot – sie hat ihre Tage. (Es gibt einen berüchtigten Ausspruch von Donald Trump über die Nachrichtenjournalistin Megyn Kelly, die ihn in einer Diskussion aggressiv mit Fragen bombardiert hatte: »Man konnte sehen, dass das Blut nur so aus ihren Augen spritzte, und wahrscheinlich nicht nur aus ihren Augen.«) Das Vorurteil, dass Frauen beziehungsorientierte Fürsorgefiguren sind, sitzt so tief, dass jedes andere Verhalten als abnormal oder sogar abartig empfunden wird.[134] Traurig dürfen Frauen sein, aber Traurigkeit ist ja auch ein sanftes, nachgiebiges Gefühl, das sich mit den Gegebenheiten abfindet. Es kann einfach nicht sein, dass wir wütend sind. Dagegen werden Männer, wenn sie in Rage kommen, als leidenschaftlich, gerechtigkeitsliebend und engagiert empfunden. Die Wut passt zum männlichen Rollenklischee, das besagt, dass Männer zupacken und für Veränderung sorgen. Wenn ein Mann wütend ist, zeigt das, dass er Eier hat. Wenn eine Frau wütend ist, unterstellt man ihr, dass sie gleich jemandem in die Eier tritt.

Schwarze Frauen und Wut

Obwohl fast alle Frauen, die an Thomas' Studie zum Thema weibliche Wut teilnahmen, weiß waren, führten sie und ihr Team auch einige Tiefeninterviews mit schwarzen Teilnehmerinnen, um herauszufinden, ob sich ihre Erfahrungen von denen weißer Frauen unterschieden.[135] Es zeigte sich, dass zwar auch schwarze Frauen manchmal befürchteten, von der Intensität ihrer Wut überwältigt zu werden, ihnen aber die nützlichen Eigenschaften dieses Gefühls viel bewusster waren. Weil sie gleich doppelt bedroht waren – durch Sexismus und durch Rassismus –, hatten ihnen ihre Mütter und Großmütter beigebracht, dass Wut in einer ungerechten Welt ein Mittel der Sicherheit und des Überlebens sein kann. Dennoch waren schwarze Frauen im Alltag nicht wütender als andere Frauen[136], jedenfalls nicht, wenn man darunter akute Wutgefühle, ein aufbrausendes Temperament, die verbalen und körperlichen Ausdrucksformen von Wut oder einen alles beherrschenden Ärger versteht, wie Forscherinnen und Forscher der Clayton State University herausfanden. Wenn sie kritisiert, respektlos behandelt oder negativ bewertet wurden, kam eine reflexhaft darauf reagierende Wut bei schwarzen Frauen sogar weniger häufig vor als bei weißen. Diese Ergebnisse wurden so interpretiert, dass schwarze Frauen, die tagtäglich mit Rassismus und Sexismus konfrontiert sind, um die Schutzfunktion der Wut wissen und gleichzeitig besser in der Lage sind, ihre Wut zu regulieren.

Leider hat das die Gesellschaft nicht davon abgehalten, schwarze Frauen als wütend und feindselig abzustempeln. Der Ausdruck »Angry Black Women« wird manchmal auf das »Sapphire-Klischee« zurückgeführt[137], das seinen Namen der Sitcom »Amos 'n'

Andy« verdankt, in der die Figur der Sapphire ununterbrochen und ausgesprochen feindselig an ihrem Ehemann herummäkelt. Wissenschaftler haben inzwischen gezeigt, dass dieses Negativklischee dazu diente, die schlechte Behandlung von schwarzen Frauen zu rechtfertigen, und es hat bis heute zerstörerische Folgen.[138] So untersuchte eine Studie mit beinahe 300 weißen Studierenden im Grundstudium, wie viel Schuld Frauen an der Provokation von häuslicher Gewalt zwischen Ehepartnern der gleichen Hautfarbe zugesprochen wurde.[139] Die Forscherinnen und Forscher fanden heraus, dass nach dem Lesen von identischen Berichten über häusliche Gewalt, in denen jeweils entweder ein schwarzes oder ein weißes Paar im Mittelpunkt stand, den schwarzen Frauen mehr Verantwortung an der Gewalt zugesprochen wurde als den weißen, was vermutlich auf das Vorurteil zurückzuführen ist, sie seien wütender und aggressiver. Diese Tendenz war unter denjenigen Teilnehmerinnen und Teilnehmern, die bezüglich des Geschlechterverhältnisses eine eher konservative Haltung einnahmen, sogar noch ausgeprägter. Diese erschreckenden Ergebnisse decken sich mit Statistiken, die zeigen, dass die Polizei tendenziell Berichte von schwarzen Opfern häuslicher Gewalt weniger ernst nimmt als Berichte von weißen Opfern.[140] Zwar wird jede Frau, die den Rahmen des gängigen Weiblichkeitsideals sprengt, von der Gesellschaft verstoßen, aber am stärksten trifft das zerstörerische Urteil schwarze Frauen.

Wut, soziales Geschlecht und Macht

Die Unterdrückung von weiblicher Wut trägt dazu bei, asymmetrische Machtverhältnisse aufrechtzuerhalten. Die gleiche Wut, die in den Augen der meisten Menschen die Macht eines Mannes vergrößert, indem sie das uralte Klischee männlicher Stärke und männlichen Selbstvertrauens bedient, verkleinert die Macht einer Frau. Eine Studie, die an der Arizona State University durchgeführt wurde, untersuchte diese Voreingenommenheit in der

Wahrnehmung, indem den Teilnehmenden erklärt wurde, sie würden am Entscheidungsprozess der Geschworenen in einem Mordfall teilnehmen.[141] Das eigentliche Experiment fand im Internet statt und war so konzipiert, dass vier der Geschworenen in schriftlichen Stellungnahmen das Urteil, das die an der Studie Teilnehmenden in diesem Fall fällten, bestätigten, ein fünftes Jurymitglied jedoch davon abwich und eine andere Meinung vertrat. Die anderen Geschworenen existierten nur auf dem Papier; das Experiment war so konzipiert worden, dass es um die Reaktionen der Teilnehmenden auf die online stattfindende Urteilsbegründung des fünften Jurymitglieds ging. Wenn der Abweichler einen männlichen Namen trug und während seiner Stellungnahme Wut erkennen ließ, fühlten sich die Teilnehmenden im Anschluss in ihren eigenen Ansichten weniger sicher und wurden von der abweichenden Meinung stärker ins Schwanken gebracht. Wenn das abweichende Jurymitglied einen weiblichen Namen trug und den eigenen Dissens ebenfalls wütend zum Ausdruck brachte, fühlten sich die Teilnehmenden in ihrer Sichtweise sicherer und wurden vom Urteil der Abweichlerin weniger ins Schwanken gebracht – obwohl sie genau die gleichen Argumente vorbrachte und das gleiche Ausmaß von Wut zeigte wie der männliche Abweichler.

Wut, wenn sie von Männern zur Schau gestellt wird, flößt Respekt ein und lässt die wütende Person kompetenter erscheinen. Wut bei Frauen löst dagegen Hohn und Spott aus und lässt die wütende Person weniger kompetent erscheinen. Die Delegitimierung dieses so grundlegenden Gefühls nimmt uns Frauen die Fähigkeit, erfolgreich Einfluss auf andere Menschen auszuüben – davon abgesehen, dass sie unserer psychischen Gesundheit massiv schadet.

Frauen, Wut und Wohlbefinden

Weil man uns Frauen verbietet, unsere Wut nach außen hin auf die gleiche Weise zu zeigen wie Männer, neigen wir dazu, sie in Form von Selbstkritik nach innen zu richten. Wenn wir uns bedroht fühlen und der Gefahr nicht mithilfe äußerer Handlungen entgegentreten können, wird die Kampfreaktion nach innen gerichtet. Wir versuchen, durch Selbstkritik die Kontrolle zurückzugewinnen in der Hoffnung, dass sie uns zu Veränderungen zwingt und auf diese Weise dafür sorgt, dass unsere Sicherheit gewährleistet ist. Wir sind darüber hinaus viel eher als Männer geneigt, uns selbst für unsere Wut zu verurteilen, was zu noch härterer Selbstkritik führt.[142] Verinnerlichte Wut in Form von Selbstkritik ist einer der wichtigsten Gründe dafür, dass Frauen nachweislich weniger Mitgefühl mit sich selbst haben als Männer[143] – das gilt vor allem für diejenigen unter uns, die stark mit ihrer weiblichen Geschlechterrolle identifiziert sind.

Diese verinnerlichte Wut ist ein Grund dafür, warum die Wahrscheinlichkeit, depressiv zu werden, bei Frauen doppelt so hoch ist wie bei Männern.[144] Irgendwann brechen wir einfach unter dem Druck der Selbstkritik zusammen, geradezu traumatisiert von den permanenten Angriffen auf uns selbst. Die erhöhten Cortisol- und Entzündungswerte, die auf die dauerhafte Aktivierung unseres sympathischen Nervensystems zurückzuführen sind, verursachen einen körperlichen und geistigen Shutdown.[145] Selbstkritik kann auf Dauer auch zu Angststörungen, zum Beispiel zu Panikattacken[146] oder zu Essstörungen wie Anorexie führen.[147]

Die Unfähigkeit, Wut zu zeigen, kann Grübeleien auslösen, die ebenfalls zu Depressionen beitragen können.[148] Wie weiter oben gezeigt wurde, ist Grübeln eine Art, mit Erstarrung auf eine Bedrohung zu reagieren, und gehört, genau wie Selbstkritik, zu dem grundlegenden Instrumentarium, mit dem wir auf Gefahren reagieren. Es ist eine Form des Widerstands gegen das, was passiert, und wurzelt letztendlich in dem Wunsch, Schmerz zu vermeiden. Anstatt ganz natürlich hochzukommen und dann auch wieder zu verfliegen, wird unsere Wut von unserer Abwehr (schließlich sollen Frauen nicht wütend sein) fixiert. Unsere Gedanken bleiben an ihr hängen wie an einem Klettverschluss, und die wütenden Grübeleien wiederholen sich in Endlosschleife.

Im Rahmen einer landesweiten repräsentativen Studie mit 1125 Amerikanerinnen und Amerikanern konnten Robin Simon von der Wake Forest University und Katryn Lively von der Dartmouth University zeigen, dass die Wut von Frauen stärker ist und länger anhält als die von Männern – und das auch dann noch, wenn man soziodemographische Faktoren wie Bildung, Einkommen und Hautfarbe herausrechnete.[149] Die Wissenschaftlerinnen und Wissenschaftler kamen zu dem Ergebnis, dass das gehäufte Auftreten von Depressionen bei den Frauen der untersuchten Gruppe unter anderem auf die größere Intensität und das längere Anhalten von weiblicher Wut erklärt werden kann. Indem die Gesellschaft uns das Recht abspricht, unsere Wut offen zu zeigen, zwingt sie uns dazu, sie herunterzuschlucken, und macht uns dadurch krank.[150]

Die guten Seiten der Wut

Die gesellschaftlichen Normen, die weibliche Wut tabuisieren, schaden nicht nur unserer seelischen Gesundheit, sondern verstellen uns auch den Zugang zu einer wichtigen, kraftvollen Ressource. Professor Raymond Novaco von der University of California, Irvine, hat beschrieben, dass Wut auf mindestens fünf verschiedene Weisen ein hilfreiches Gefühl sein kann[151].

Erstens: Wut aktiviert uns. Wenn wir wütend sind, ist unser Rücken gerade, und wir können spüren, wie die Energie in unseren Adern pulsiert. Diese Energie motiviert uns zum Handeln und vertreibt Trägheit und Bequemlichkeit. Von ihr bekommen wir den Schub, den wir brauchen, um uns gegen Rechtsverletzungen oder Ungerechtigkeiten zu wehren. Sei es die Auseinandersetzung mit Autoritäten, der Gang zur Wahlurne oder die Beteiligung an Demonstrationen, wie es so vielen von uns nach der Wahl Donald Trumps beziehungsweise dem Tod von George Floyd zur Gewohnheit geworden ist: Wenn wir etwas verändern wollen, müssen wir wütend sein.

Zweitens: Wut fokussiert uns mit großer Intensität auf das, was uns Schaden zufügen könnte. Sie ist wie ein Laserstrahl, der die aktuelle Gefahr präzise lokalisiert. Das kann zwar auch lähmend wirken, wenn es die Form von ängstlichen Grübeleien annimmt, aber das Vermögen der Wut, ein Problem zu beleuchten, das dringend Aufmerksamkeit benötigt, ist etwas ganz Besonderes. Immer wenn es bitter nötig ist, sorgt Wut dafür, dass plötzlich alles glasklar ist.

Drittens: Wut ist ein wichtiges Mittel der Selbstverteidigung und des Selbstschutzes. Sie hilft uns, die instinktive Angstreaktion zu überwinden und uns gegen die zu wehren, die uns verletzen oder unfair behandeln. Manchmal müssen wir wütend werden, um den Mut zu haben, uns mit Drohungen und Respektlosigkeit auseinanderzusetzen. Ohne diese Wut wäre die Wahrscheinlichkeit geringer, dass wir für uns selbst einstehen. Weil Wut uns Energie und Konzentration gibt, ist sie das ideale Rüstzeug für Aktionen, die dem Selbstschutz dienen.

Viertens: Ein ebenfalls nützlicher Aspekt der Wut ist ihre klare kommunikative Funktion. Sie warnt uns, wenn etwas falsch läuft, und lässt auch andere Menschen wissen, dass wir darüber nicht glücklich sind. Wenn uns die subtile und abfällige Bemerkung eines Kollegen über unsere Arbeitsleistung nicht wütend machen würde, würden wir vielleicht nicht einmal merken, wie unpassend und verletzend sein Kommentar gewesen ist. Während Schreien und Brüllen keinem nützlichen kommunikativen Zweck dient, weil es das Gegenüber lediglich zum Schweigen bringt, kann Wut, wenn sie als klares Urteil ausgedrückt wird (»deine Bemerkung eben fand ich nicht besonders hilfreich«), unser Gegenüber dazu bringen, uns mehr Aufmerksamkeit zu schenken, und zwar sowohl für den Moment als auch in näherer Zukunft.

Selbst wenn Wut erst einmal nichts anderes ist als eine Reaktion auf Schmerz und sich, nachdem man sich den Zeh gestoßen hat, in wildem Fluchen äußert, hat sie eine wichtige kathartische Funktion. Tatsächlich zeigt eine Studie, dass die Teilnehmerinnen und Teilnehmer, die gebeten worden waren, ihre Hände in eiskaltes Wasser zu halten, eine größere Schmerztoleranz hatten und ihre Hände länger im Wasser behalten konnten, wenn sie dabei fluchten. Dieser Effekt war bei Frauen, die im Allgemeinen weniger fluchen als Männer, besonders sichtbar. Weil sie mit dem kathartischen Potenzial der Wut weniger vertraut waren, erschien sie ihnen im Umgang mit Schmerzen als besonders hilfreich.[152]

Fünftens: Wut sorgt für ein Gefühl von Kontrolle und Ermächtigung. Wenn wir wütend sind und uns dafür einsetzen, dass sich etwas zum Guten ändert, hören wir auf, Opfer zu sein. Aber selbst dann, wenn unsere Situation nicht zu ändern ist, bewahrt Wut uns davor, unter einem Berg von Angst und Scham zusammenzubrechen. Wir werden zu Überlebenskünstlern. Wut erinnert uns daran, dass es auch unsere eigene Entscheidung ist, wie wir leben wollen.

Konstruktive und destruktive Wut

Natürlich ist nicht jede Wut hilfreich. Wissenschaftliche Untersuchungen zeigen, dass es zwei Arten von Wut gibt: konstruktive und destruktive.[153] Destruktive Wut wird persönlich, lehnt ab und beschuldigt: *Ihr* seid die Schlimmen! Ihre Energie ist feindselig und aggressiv, nicht selten geht es um Rache und Zerstörung. Destruktive Wut ist selbstgerecht und kümmert sich nicht um die möglichen Folgen für ihre Empfänger: Sie haben es ja verdient! Das Wichtigste ist die Verteidigung des Ego, der Schutz des eigenen Selbstbilds – als ginge es um Leben und Tod. Diese Wut ist abwehrend und gedankenlos und führt zu falschen Entscheidungen. Kalter Zorn macht uns blind und verhindert, dass wir klar sehen, konzentriert sich nur darauf, das bedrohliche Gegenüber zu strafen. Diese Beschreibung gilt auch für den Fall, dass wir, sobald uns irgendein Fehler unterlaufen ist, mit harscher Kritik auf uns selbst losgehen. Diese Form von Wut kann Beziehungen zerstören und zu verbaler und körperlicher Gewalt führen.[154] Durch die permanente Aktivierung des sympathischen Nervensystems kann es außerdem zu Verspannungen[155], Fehlfunktionen des Immunsystems[156] und schweren gesundheitlichen Problemen wie Bluthochdruck und koronaren Herzerkrankungen kommen.[157]

Wer auf destruktive Weise wütend ist, schüttet das sprichwörtliche Kind mit dem Bade aus, sägt an dem Ast, auf dem er sitzt. Wenn wir in dieser Weise auf uns selbst oder jemanden anders wütend sind, durchtrennen wir das Band, das uns mit allen anderen Menschen verbindet. Das Gegenüber, auf das wir so wütend sind, wird zum Feind. Wir untergraben damit unser Mitgefühl, wodurch das Gefühl der Isoliertheit und des Hasses zunimmt. Mit all dem tun wir uns selbst (und anderen) nur weh.

Konstruktive Wut dagegen ist der Anfangspunkt eines Prozesses, in dem eine Person für sich selbst einsteht und ihre Rechte einklagt, ohne feindselig oder aggressiv zu werden.[158] Im Mittelpunkt steht der Schutz gegen verletzendes und unfaires Verhalten. Konstruktive Wut legt den Fokus auf das, was falsch gemacht wurde, aber nicht, um den Übeltäter anzugreifen, sondern um zu verstehen, welche Bedingungen zu dem Desaster geführt haben. Konstruktive Wut denkt darüber nach, welche Auswirkungen sie auf andere hat. Indem sie darauf abzielt, Leid zu reduzieren, verzichtet sie darauf, die Probleme zu übertreiben, sondern versucht stattdessen, sie zu entwirren. Konstruktive Wut ist der Ausgangspunkt von Aktionen, die darauf abzielen, Ungerechtigkeit zu verhindern und Nein zu sagen.

Konstruktive Wut hat positive Auswirkungen auf unsere psychische und körperliche Gesundheit. In einer groß angelegten Studie der University of Alabama mit fast 2000 erwachsenen Männern und Frauen wurde mithilfe von Videointerviews untersucht, wie die Teilnehmerinnen und Teilnehmer ihre Wut ausdrückten.[159] Sie waren ihrer Definition nach auf konstruktive Weise wütend, wenn eines der folgenden vier Kriterien auf sie zutraf: Sie traten energisch auf und richteten sich direkt an die Person, auf die sie wütend waren; sie machten sich die Mühe zu erklären, warum sie wütend waren; sie versuchten, den Standpunkt ihres Gegenübers zu verstehen; oder sie sprachen mit anderen über ihre Wut, um herauszufinden, welche anderen Möglichkeiten es gab, die Situation zu interpretieren. Die Ergebnisse der Studie zeigten, dass, wer auf diese konstruktive Weise wütend sein konnte, anderen gegenüber weniger zynisch, aggressiv und feindselig war und auch weniger mit Angst und Depressionen zu tun hatte, als derjenige, dessen Wut nicht konstruktiv war.

Wut, die eher verstehen als zerstören möchte, kann der effektiven Konfliktlösung dienen. Ein wichtiges Ziel von Wut ist das Wiedergutmachen in Situationen, in denen Rechte oder die Gesetze der Fairness verletzt wurden.[160] Wenn die Wut konstruktiv ist, motiviert sie die Beteiligten zu einer fairen Lösung des Konflikts.[161] So untersuchte eine Gruppe von Wissenschaftlerinnen und Wissenschaftlern die Zustimmung von Israelis zu einem Kompromiss über den Status von Jerusalem und über das palästinensische Flüchtlingsproblem.[162] Es zeigte sich, dass Wut, die von Hass begleitet war, die Unterstützung eines Kompromisses weniger wahrscheinlich machte. Dort aber, wo Wut ohne Hass zum Ausdruck gebracht werden konnte – bei denjenigen, die die Palästinenser als Menschen betrachteten und nicht als Feinde –, nahm die Befürwortung von Kompromissen deutlich zu. Konstruktive Wut kann eine Macht des Guten sein, wenn sie aufhört, persönlich zu werden und anfängt, sich auf die Verhinderung von Unrecht zu konzentrieren.

Wut und soziale Gerechtigkeit

Wut benennt die Dinge so, wie sie sind. Durch sie können wir erkennen, wenn wir diskriminiert oder ungerecht behandelt werden, und sie ermöglicht es uns auch, dagegen anzukämpfen. Wenn Frauen ihre Wut nicht zeigen, hat das häufig zur Folge, dass ihre Bedürfnisse, Ansprüche und Wünsche übergangen werden. Es heißt, dass alles so bleibt, wie es ist. Frauen ihre Wut zu verbieten, sie als »unziemlich« zu denunzieren, als etwas, das »eine Dame nicht tut«, ist eine Form von sozialer Kontrolle, eine Methode, uns in unsere Grenzen zu verweisen. Insofern ist die Bereitschaft einer Frau, ihre Wut zu zeigen, sowohl ein politischer Akt als auch ein Akt der persönlichen Selbstbehauptung. Soraya Chemaly, Autorin des Buches *Speak out! Die Kraft weiblicher Wut*, schreibt: »Denn es ist nicht die Wut, die uns Steine in den Weg legt. In Wahrheit ist die Wut unser *einziger* Weg. Wir müssen diesen Weg nur selbstbewusst gehen.«[163] Wut entsteht, wenn wir über unsere Lebensbedingungen mitbestimmen wollen. Ihre kraftvolle Energie motiviert uns zum Handeln, befeuert unseren Willen zur Selbstbehauptung und gibt uns ein Gefühl der Handlungsfähigkeit. Sie ermöglicht es uns, laut und authentisch darüber zu sprechen, was es bedeutet, fair behandelt zu werden, und mit ihrer Hilfe können wir dafür sorgen, dass unsere Bedürfnisse erfüllt werden. Natürlich ist mutwilliger Zorn, mit dem wir uns gedankenlos auf andere stürzen, nicht besonders hilfreich, aber richtig eingesetzt und mit dem Fokus auf systemisch verursachtes Leid kann die Energie der Wut unglaublich nützlich sein.

Eine Frau, die Angst vor ihrer eigenen Wut hat, könnte weniger bereit sein, angesichts von Ungerechtigkeit den Mund aufzumachen. In einer Studie von Diana Leonard und Kollegen von der University of California, Santa Barbara, wurde untersucht, welchen Einfluss Vorurteile gegenüber der Wut von Frauen auf den Wunsch haben, gegen Ungerechtigkeit vorzugehen.[164] Studentinnen aus dem Grundstudium wurden mit einer hypothetischen Situation konfrontiert: »In einem Kickboxtraining, das hauptsächlich von Männern besucht wird, kündigt der Trainer an, dass er in Zukunft sehr viel mehr Krafttraining machen wird. Nach dem Training ruft er Jessica zu sich und sagt ihr, dass sie unbedingt darüber nachdenken sollte, in einen Aerobic-Kurs zu wechseln.« Diejenigen Teilnehmerinnen, die negativen Klischees über weibliche Wut zugestimmt hatten, wurden in Bezug auf diese spezifische Situation mit geringerer Wahrscheinlichkeit wütend als andere. Auch dass sie die Situation als diskriminierend einschätzten oder das Bedürfnis verspürten, sich mit anderen Frauen zu verbünden, um dem Kickboxtrainer die Meinung zu sagen, war bei diesen Teilnehmerinnen weniger wahrscheinlich. Über sexistische Bemerkungen wie diese hinwegzugehen bedeutet aber letztendlich, die Ungerechtigkeit unwidersprochen stehenzulassen.

Im Protest gegen die Ungerechtigkeiten des Geschlechterverhältnisses ist Wut ein Schlüssel: Sie motiviert Frauen, sich zusammenzutun und in Aktion zu treten. Kollektive Aktionen sind Schritte, die von einer Gruppe unternommen werden, um gegen Ungerechtigkeit und Diskriminierung zu kämpfen. Das können Protestaktionen, Demos, Boykotte, Petitionen oder Wahlen sein; oder es bedeutet einfach, dass man den Mund aufmacht, um Übergriffe öffentlich zu machen. Historisch gesehen war kollektives Handeln für Frauen eine der effektivsten Methoden, gesellschaftliche Veränderung herbeizuführen.[165] Denken Sie an die Proteste der amerikanischen Frauenrechtlerinnen, durch die im Jahr 1920 das Wahlrecht für Frauen eingeführt wurde, oder an die Organisation »Mothers Against Drunk Driving«, die den Kongress per Petition erfolgreich dazu brachte, das Mindestalter für das Trinken von Alkohol auf 21 Jahre anzuheben und die Strafen für Trunkenheit am Steuer zu verschärfen, wodurch sich die Zahl der Todesfälle durch Autofahren unter Alkoholeinfluss halbierte. Die gegenwärtige politische Landschaft in Amerika ist von »Rage Moms«[166] geprägt, ein Ausdruck, den die *New York Times*-Journalistinnen Lisa Lerer und Jennifer Medina geprägt haben, um Protestgruppen zu charakterisieren, deren Ausgangspunkt Wut war, wie zum Beispiel die über eine Million Mitglieder zählende politische Gruppe »MomsRising«[167] oder die Organisation »Moms Demand Action«[168], die sich für die Kontrolle von Schusswaffen einsetzt. Auch die »Black Lives Matter«-Bewegung wurde von drei Frauen gegründet – Alicia Garza, Patrisse Cullors und Opal Tometi –, die über die Gewalt, die ihren Kindern, Familien und Gemeinschaften angetan wurde, in Rage geraten waren.[169] Wut erweist sich hier als die wieder aufladbare Batterie, die die sozialen Bewegungen mit Energie versorgt.

Selbstmitgefühl und Wut

Der Zusammenhang von Selbstmitgefühl und Wut ist noch nicht eingehend erforscht worden, aber die wenigen wissenschaftlichen Ergebnisse legen nahe, dass Selbstmitgefühl helfen kann, die negativen Auswirkungen von Wut zu verkleinern. Zu diesem Zweck untersuchte eine Studie von Ashley Borders und Amanda Fresnics (vom College of New Jersey) den Zusammenhang zwischen Selbstmitgefühl und Wut bei mehr als 200 Studierenden im Grundstudium.[170] Zunächst fanden sie heraus, dass Menschen mit mehr Selbstmitgefühl nur geringfügig seltener von Situationen berichteten, in denen sie wütend geworden waren – zum Beispiel in dem Sinne, dass sie extrem genervt von jemandem waren oder jemanden anschreien wollten. Selbstmitgefühl und Wut schließen sich nicht aus. Selbstmitgefühl hilft uns allerdings, mit unserer Wut besser umzugehen, was unter anderem dadurch dokumentiert ist, dass Menschen, die Mitgefühl mit sich selbst haben, mit geringerer Wahrscheinlichkeit in Grübeleien verfallen oder sich von wütenden Gedanken, Erinnerungen oder Rachefantasien überwältigen ließen. Weil Selbstmitgefühl uns erlaubt, wütend zu werden, ohne uns selbst zu verurteilen oder die Wut zu verstecken, kommen wir gar nicht erst in Versuchung, uns in ungesunder Weise auf unsere Wut zu fixieren. Teilnehmerinnen und Teilnehmer mit mehr Selbstmitgefühl berichteten außerdem seltener davon, dass sie in den vergangenen sechs Monaten körperlich oder verbal aggressiv geworden waren, und dieses Weniger an Aggressionen führte man in der Untersuchung auf die Abwesenheit von Gedankenschleifen und Grübeleien zurück. Vor allem, wenn uns die eigene Wut überwältigt, ist das Risiko groß, dass wir andere angreifen. Wenn wir unsere Wutgefühle dagegen achtsam zur Kenntnis nehmen, indem wir uns daran erinnern, dass sie ein wichtiger Teil des menschlichen Lebens sind, können wir uns selbst behaupten, ohne Schaden anzurichten.

Ich sah den verändernden Einfluss von Selbstmitgefühl auf Wut im Leben einer Nachbarin, einer weißen Endsechzigerin, pensionierten Bibliothekarin mit zwei erwachsenen Kindern, drei Enkelkindern und einem neurotischen Pudel namens Tutu. Celeste war entsprechend der Vorstellung erzogen worden, dass Frauen immer lächeln müssen und nett, lieb und zuvorkommend sein sollten. Ihr Ehemann Frank hatte ein Autohaus gemanagt und war vor Kurzem pensioniert worden. Neuerdings verbrachten sie jede Menge Zeit miteinander. Frank konnte etwas langatmig und anstrengend sein. Celeste wurde, wenn sie etwas sagte, dauernd von ihm unterbrochen, oder er erklärte ihr eine politische Nachricht, als wäre sie ein kleines Kind. Aber sie sagte nie etwas dazu, weil sie keine Schreckschraube sein wollte. Mit der Zeit wurde sie immer unglücklicher. Eigentlich sollte ihr die Pensionierung Erleichterung bringen, aber Celeste wurde immer unruhiger und fahriger. Sie ging hart mit sich selbst ins Gericht, weil sie fand, sie sei undankbar, was alles nur noch schlimmer machte. Ihr Getriebensein verwandelte sich nach und nach in Angst, und sie fühlte sich immer unwohler in ihrer Haut.

Celeste wusste, dass ich mich mit Selbstmitgefühl beschäftige, wir hatten schon einige Male darüber gesprochen. Nachdem sie eins meiner Bücher gelesen hatte, wollte sie lernen, wie sie freundlicher zu sich selbst sein konnte. Ich hatte den Eindruck bekommen, dass eine Therapie gut für sie sein könnte, also versuchte ich vorsichtig, ihr die Idee nahezubringen, indem ich ihr erzählte, dass ich selbst bei einer in der Nähe praktizierenden Therapeutin namens Laura gewesen war, die mir extrem weitergeholfen hatte. Laura arbeitete mit dem von Richard Schwartz entwickelten Ansatz des Inneren Familien-Systems (IFS).[171] Dieser Ansatz kann Menschen helfen, mit unterschiedlichen Anteilen von sich selbst in Kontakt zu kommen und Mitgefühl für sie zu entwickeln. Ob Celeste Lauras Nummer haben wolle? Glücklicherweise war sie für meinen Vorschlag empfänglich.

Celeste sagte Laura, dass sie eine Therapie machen wolle, sie wolle sich im Umgang mit ihrer Unruhe und ihren Ängsten helfen lassen. Das Ganze sei nicht nur nervig, sondern habe langsam auch negative Auswirkungen auf ihre Ehe. Als Laura sie fragte, warum sie so beunruhigt sei, antwortete Celeste, es müsse wohl etwas mit dem Alter und irgendwelchen hormonellen Veränderungen zu tun haben. Laura fragte sie dann, in welchem Körperteil Celeste ihre Beunruhigung spüre. Celeste antwortete, im Bauch. Laura fragte weiter: »Wenn Ihr Bauch sprechen könnte, was würde er dann sagen?«

Zuerst dachte Celeste, Laura wäre verrückt geworden. »Bin ich hungrig?«, sagte sie schließlich, und versuchte dabei nicht die Augen zu verdrehen. Doch dann ließ sie sich darauf ein: »Mein Bauch würde sagen: Ich bin genervt.«

»Können Sie mir mehr von dieser Genervtheit erzählen?«, fragte Laura. Sei es eventuell möglich, dass sie wütend auf ihren Ehemann sei?

»Nein, natürlich nicht«, antwortete Celeste. Dann spürte sie, wie sie rot wurde. Als Laura sie darauf hinwies, begriff Celeste, dass es *durchaus* einen Teil von ihr gab, der wütend war, aber es war ihr peinlich. Als Kind hatte sie gelernt, dass Wut etwas Schlechtes sei, und sie konnte sich genau daran erinnern, wie eine ihrer Tanten zu ihr gesagt hatte, dass sie hässlich aussehe, wenn sie wütend sei.

»Wie alt waren Sie damals?«, fragte Laura.

Celeste schätzte, dass sie etwa sieben Jahre alt gewesen sein musste.

Unter Lauras Anweisung sprach Celeste nun mit dem Anteil ihrer selbst, den man für ihre Wut getadelt hatte, und sagte zu jenem kleinen Mädchen: »Alles gut. Ich bin jetzt erwachsen und kann mit meiner Wut umgehen. Aber ich danke dir für deine Bemühungen, mich zu schützen.« Danach konnte sich dieser kindliche Anteil von Celeste entspannen, was ihr selbst wiederum erlaubte, in einen intensiveren Kontakt mit ihrem wütenden Anteil zu treten, den sie als heißen brennenden Knoten im Magen erlebte. Als sie diesem Part ihres Ichs eine Stimme gab, war sie überrascht, wie viel Wut sich über die Jahre in ihr angestaut hatte. Sie fühlte sich von ihrem Mann gedemütigt, entwertet und bevormundet. Erst jetzt erkannte sie, dass ihre Wut versuchte, sie davor zu schützen, herablassend behandelt zu werden, dass sie aber immer wieder von dem kleinen Mädchen in ihr zurückgepfiffen wurde, das Angst davor hatte, wütend zu sein. Als Laura Celeste half, ihre Wut besser kennenzulernen, fühlte sich das für sie so an, als hätte sie ein Stück ihrer selbst wiedergefunden, das viele Jahre lang verborgen gewesen war.

Anfangs hatte Celestes Wut etwas Zerstörerisches. Wie ein Geist, der aus der Flasche gelassen worden war, wurde sie sofort rasend, wenn ihr Mann sie unterbrach oder an die Wand redete. Sie brüllte ihn an und benutzte dabei all die Schimpfworte, die sie nur aus Filmen kannte und sich selbst nie getraut hatte zu benutzen. Er wurde daraufhin still und zog sich zurück, was ihre Beziehung extrem belastete. Zwar war Celeste dankbar dafür, mit ihren Gefühlen mehr in Kontakt zu sein, aber sie liebte Frank wirklich, und die Spannungen drohten, ihre Ehe zu zerstören. Irgendeinen Weg mussten sie miteinander finden, das war ihr klar, aber sie wollte ihre Gefühle auch nicht mehr abtrennen, wie sie es die meiste Zeit ihres Lebens getan hatte.

Nach einigen Monaten Therapie hatte Laura Celeste beigebracht, ihre Wut anzunehmen: sie als eine Freundin und nicht als Feindin zu betrachten. Celeste lernte, wie sie mit ihrem wütenden Anteil sprechen und genau hinhören konnte, was er ihr zu sagen hatte. Sie fing an, die Energie, die von diesem Anteil ausging, zu schätzen und erlaubte ihrer Wut, frei durch ihren Körper zu strömen. Wenn sie sich verkrampfte, weil sie ihre Wut am liebsten bekämpfen oder unterdrücken wollte, versuchte sie, sich ganz bewusst zu entspannen. Nach einer Weile lernte sie, ihren Mann nicht sofort anzuschreien, wenn sein Verhalten sie wütend machte, sondern ihrer Wut im Stillen zu danken und sie dann gegen Franks Verhalten, aber nicht gegen seine Person zu richten. Sie bat ihren Mann ruhig, aber energisch, sie nicht zu unterbrechen und ihr nur dann etwas zu erklären, wenn sie ihn nach seiner Meinung gefragt hatte.

Es wäre gelogen, wenn ich behaupten würde, dass ihre Ehe sich rasant verbesserte oder Frank ihre neue Art akzeptierte. Das tat er nicht. Aber er verschloss sich ihr gegenüber auch nicht mehr vollständig und konnte mit der Wut seiner Frau immer besser umgehen. Außerdem hörte er auf, sie dauernd zu unterbrechen. Mit der Zeit fanden sie zu einer Art Waffenstillstand. Celeste fühlte sich viel authentischer und selbstbewusster, und nachdem sie aufgehört hatte, ihre Ehe als ihre wichtigste Glücksquelle zu betrachten, waren ihre Unruhe und ihre Angst irgendwann komplett verschwunden.

Die eigene Wut verstehen

Diese Übung baut auf den Grundprinzipien des Inneren Familien-Systems auf, die besagen, dass wir ein Gefühl wie Wut akzeptieren, würdigen und verstehen sollten und anerkennen müssen, dass solche Gefühle uns im Grunde helfen wollen, für unsere Sicherheit zu sorgen und die Ziele zu erreichen, die wir uns gesteckt haben. Es gibt Untersuchungen, die zeigen, dass dieser therapeutische Ansatz bei Depressionen und übermäßiger Selbstkritik wirksam ist.[172] Auch aus meiner persönlichen Erfahrung weiß ich, dass IFS funktioniert, und es ist aus meiner Sicht einer der besten Ansätze, um verleugnete Anteile unseres Selbst zu reintegrieren. Dies ist eine schriftliche Übung, legen Sie sich also einen Stift bereit.

Anleitung

Denken Sie an eine Situation in Ihrem Leben, die noch nicht lange her ist und in der Sie wütend auf jemand anders geworden sind. (Wählen Sie möglichst zunächst keine politische Situation von der großen Weltbühne und auch keine Gelegenheit, bei der Sie wütend auf sich selbst waren.) Wenn Sie sich für eine Situation entscheiden, die bei Ihnen sehr große Wut ausgelöst hat, besteht die Gefahr, dass Sie davon überwältigt werden könnten, was das Durchführen dieser Übung erschwert, aber wenn die Situation zu unbedeutend ist, stellt sie wiederum keine Herausforderung dar. Konzentrieren Sie sich also bitte auf eine Situation, die zwischen diesen beiden Extremen liegt.

Was genau ist passiert? (Hat beispielsweise Ihr Partner Ihnen etwas verheimlicht, hat Ihre Tochter einen unverschämten Ton angeschlagen oder hat einer Ihrer Angestellten eine wichtige Aufgabe in den Sand gesetzt?)

- Wie hat sich Ihre Wut geäußert? (Haben Sie beispielsweise geschrien, in kaltem Ton gesprochen oder scharfe Worte gewählt? Oder haben Sie geschwiegen und dabei innerlich gekocht?)
- Was war das Resultat Ihrer Wut? Hat sie etwas kaputt gemacht? Oder ist auch etwas Konstruktives aus ihr erwachsen?
- Wie haben Sie sich gefühlt, nachdem Sie so wütend geworden sind? Wie hat sich Ihre Wut auf Sie selbst ausgewirkt? (Fühlten sie sich plötzlich handlungsfähig, beschämt, verwirrt?)
- Gelingt es Ihnen, Ihrer Wut neugierig zu begegnen und sich zu fragen, was es war, was sie gern für Sie getan hätte? Ging es ursprünglich darum, Sie auf eine Gefahr hinzuweisen oder Sie in irgendeiner Weise zu schützen? Auch wenn das Ergebnis Ihres Wutausbruchs letztendlich nicht besonders hilfreich war? (Hat Ihre Wut beispielsweise versucht, dafür zu sorgen, dass Ihre Gefühle nicht verletzt werden, oder Ihnen zu helfen, für die Wahrheit einzustehen oder klare Grenzen zu setzen?)
- Versuchen Sie, Ihrer Wut ein paar dankende Worte dafür zu schreiben, dass sie immer wieder versucht, Ihnen zu helfen. Selbst wenn die Art, wie Ihre Wut zum Ausdruck kommt, nicht ideal ist, oder wenn das, was aus Ihrer Wut folgt, meistens nicht besonders hilfreich ist, können Sie vielleicht trotzdem die Energie schätzen, die Sie da in sich tragen und die immer wieder versucht hat, Sie zu beschützen? (Sie könnten zum Beispiel schreiben: »Vielen Dank, liebe Wut, dass du dich für mich einsetzt und versuchst, dafür zu sorgen, dass die Wahrheit ans Licht kommt. Ich weiß, wie wichtig es dir ist, dass ich gut geschützt bin …«)
- Nun, da Ihre Wut Dank und Wertschätzung erfahren hat, hat sie vielleicht umgekehrt auch einige weise Worte für Sie? Wie lauten diese Worte?

- Zum Schluss spüren Sie bitte in sich hinein, und wenn diese Übung doch ein bisschen viel für Sie war, können Sie die Fußsohlenübung von Seite 44 durchführen, um sich zu erden. Wenn im Zusammenhang mit Ihrer Wut Gefühle von Selbstverurteilung oder Scham aufgetaucht sind (oder Sie es schon schwierig fanden, überhaupt mit Ihrer Wut in Kontakt zu kommen), versuchen Sie mithilfe von sanftem Selbstmitgefühl, sich selbst freundlich und akzeptierend gegenüberzutreten. Können Sie sich in diesem Augenblick selbst erlauben, genauso zu sein, wie sie sind?

Die sorgende Kraft der Wut

Kraftvolles Selbstmitgefühl äußert sich manchmal als Wut. Im Hinduismus gibt es eine Göttin namens Kali – ein wunderschönes Symbol für die Kampfkraft von Frauen –, die in diesem Zusammenhang sehr inspirierend ist.[173] Häufig wird sie in Blau und Schwarz dargestellt, mit herausgestreckter Zunge und einer Kette aus Totenköpfen um den Hals, wie sie auf einem hilflosen, strampelnden Mann steht (ihrem Ehemann Shiva). Sie ist nackt und hat auch ihre großen Brüste stolz entblößt. Ihre zahlreichen Arme halten unter anderem ein Schwert und einen abgehackten Kopf. Kali steht für Zerstörung, aber gleichzeitig betrachtet man sie als Mutter des Universums, als höchste Schöpferin. Denn was Kali zerstört, sind Trugbilder, vor allem das Trugbild des Getrenntseins. Ihre Wildheit ist damit ein Instrument der Liebe und Gerechtigkeit. Sie fegt die trennenden, unterdrückerischen Strukturen beiseite und schafft Platz für Gleichheit und Freiheit.

Wir Frauen haben Zugang zu Kalis Macht. Das ist keine wissenschaftlich erwiesene Tatsache, aber die meisten von uns wissen es einfach. Wir müssen aufhören, so viel Angst vor dieser Macht zu haben beziehungsweise davor, wie andere Menschen auf sie reagieren. Statt unsere innere Kali zu verurteilen oder zu verleugnen, sollten wir sie annehmen. Je mehr wir nämlich ihre Energie unterdrücken, auf umso ungesündere Weise wird sie sich Bahn brechen, und wir tun uns selbst und anderen damit nur weh. Wenn sie sich als konstruktive statt als destruktive Wut äußert, kann Kalis Macht für das Gute eingesetzt werden.

Außerdem ist Kali weise (schließlich ist sie eine Göttin), und ihre Fähigkeit, die Illusion der Trennung zu zerstören, bedeutet auch, dass sie zutiefst mitfühlend ist. Mitgefühl würdigt die Wechselbeziehungen zwischen Menschen, Ursachen und Bedingungen. Es versteht, dass unser schädliches Verhalten häufig auf Bedingungen beruht, die außerhalb unseres Einflusses liegen: auf unseren Genen, unseren Familiengeschichten, auf sozialen und kulturellen Einflüssen. Für Menschen, die sich nicht gut verhalten, können wir also Mitgefühl haben, weil sie Teil des kollektiven Ganzen sind. Was wiederum nicht bedeutet, dass ihr Fehlverhalten uns nicht wütend macht. Die Anerkennung der wechselseitigen Abhängigkeiten ermöglicht es uns darüber hinaus, besser zu erkennen, dass immer, wenn ein individueller Mensch verletzt wird, wir alle verletzt werden. Wir müssen also gegen das Schlechte ankämpfen, ohne ihm durch unseren Hass auf die Täter mehr Zunder zu geben. Für Wut, die sich auf Selbstmitgefühl stützt, steht immer Sicherheit im Mittelpunkt, jedoch ohne jede Feindseligkeit denen gegenüber, die diese Sicherheit bedrohen.

Die wichtigste Voraussetzung dafür, unsere Wut mitfühlend einzusetzen, ist das Gleichgewicht von Yin und Yang. Wenn die Kraft von Yang nicht durch Yin-Sanftheit gemäßigt wird, bekommt sie eine reizbare und schroffe Note. Wut kann uns stark aktivieren, während uns gleichzeitig das Wohlbefinden des Menschen, auf den wir wütend sind, einerlei ist – eine Kombination, die zu destruktiven Handlungen führen kann. Wenn wir dagegen uns selbst und andere akzeptieren und unser Herz offen halten, kann die Wut auf das Lindern von Leid gerichtet werden. Der Dichter David Whyte schreibt in seinem Buch *Consolations:* »Wut ist die tiefste Form des Mitgefühls: für einen anderen Menschen, für die Welt, für das eigene Ich, für ein Leben, für den Körper, für eine Familie und für all unsere

Ideale, die so angreifbar sind und jederzeit verletzt werden könnten. Wenn man Wut von dem Gefühl der körperlichen Einengung und von der Neigung zur Gewalt befreit, ist sie die reinste Form der Fürsorge; die innere, lebendige Flamme der Wut zeigt uns, wohin wir gehören und was wir um jeden Preis beschützen möchten: wofür wir bereit sind, uns selbst in Gefahr zu bringen.«[174]

Das chinesische Wort für Wut ist 生气. Die direkte, wörtliche Übersetzung lautet: »Qi erzeugen«. *Qi* ist das chinesische Wort für »Energie«, und Wut ist die Yang-Form von Qi. Wie schon erwähnt, geht die chinesische Medizin davon aus, dass Gesundheit, Wohlbefinden und Zufriedenheit nur dann möglich sind, wenn sich die Yin- und Yang-Aspekte von Qi im Gleichgewicht befinden.[175] Wenn das nicht der Fall ist, führt das zu Krankheit, Schmerz und Leid. Solange sich der Yang-Ausdruck der Wut mit der sorgenden Aufmerksamkeit von Yin im Gleichgewicht befindet, kann Wut eine gesunde und konstruktive Kraft sein. Nur wenn die kraftvolle Energie der Wut nicht mit der sanften Energie der Sorge zusammenspielt, wird unsere Wut schädlich und destruktiv. Unsere Kraft muss sorgend sein, damit sie tragfähig und wirksam wird.

Wut ohne Liebe wird zu Hass, aber Liebe ohne Wut ist hohl und klebrig. Wenn Liebe auf Ungerechtigkeit trifft, wird sie wütend. Zen Roshi Bernie Glassman schreibt: »Wut gilt als Gift, wenn sie egozentrisch ist. Wenn man aber die Wut aus der egozentrischen Fixierung löst, dann wird genau dieses Gefühl zu einer extrem positiven Kraft: der kraftvollen Energie der Entschlossenheit.«[176] Wir sind beides: sanfte Göttin und kraftvolle Kriegerin. Die eine wäre unvollständig ohne die andere.

Mein persönlicher Weg mit der Wut

Bevor ich regelmäßig anfing, kraftvolles Selbstmitgefühl zu praktizieren, neigte ich dazu, in meinem Verhalten anderen gegenüber zwischen Freundlichkeit und Wut hin- und herzuschwanken, und ich fand es unglaublich schwierig, die beiden zu integrieren. Wenn ich ganz ehrlich bin, fällt es mir noch heute schwer. Vor allem in meinem Arbeitsleben – wo ich sehr viel aus Yang-Energie schöpfe – bin ich tendenziell eher Bulldogge als Mama Bär. Damit will ich andeuten, dass meine Kraft durchaus nicht immer sorgend ist. Zwar bin ich anderen gegenüber nicht direkt beleidigend oder aggressiv, aber ich spreche die Wahrheit (so, wie ich sie sehe) aus und denke nicht immer über die Konsequenzen nach. Meine Schonungslosigkeit und die Tatsache, dass es mir egal ist, ob andere Leute mich mögen oder nicht, können eine gefährliche Kombination bilden. Wenn jemand ungenau argumentiert, wichtige Fakten ausblendet oder schwere methodische Fehler macht, reagiere ich gereizt. Tatsächlich nenne ich diesen Teil von mir inzwischen »Reizometer«. Dieses spezielle, gereizte Gefühl bedeutet, dass irgendetwas nicht richtig ist: mein Reizometer ist also eine wichtige Informationsquelle. Wenn dann aber aus irgendwelchen Gründen gerade Bulldogge am Drücker ist und ich im Eifer des Gefechts vergesse, achtsam und mitfühlend zu sein, hat das ungute Folgen. Für mich fühlt es sich in solchen Augenblicken an, als hätte ich einfach keine Zeit, nett zu sein: Es gibt Bücher, die geschrieben, Studien, die durchgeführt, und Workshops, die geleitet werden müssen. Aber das wahre Problem ist natürlich, dass ich in dem Moment nicht auf dem Schirm habe, wie sich mein Verhalten auf andere Menschen auswirkt.

So hat mir ein Kollege kürzlich einen Artikel über die Studie zum Thema Selbstmitgefühl geschickt, an der er seit einigen Jahren arbeitete. Er hatte den Artikel gerade fertig und brauchte mein Feedback, bevor er ihn zur offiziellen Begutachtung abschickte. Meine schonungslose Antwort per E-Mail lautete: »Methodisch ist das Ganze extrem konfus«, und dann wies ich ihn auf sämtliche Probleme seiner Studie hin, ohne die positiven Aspekte auch nur zu erwähnen. Eigentlich weiß ich, wie man konstruktiv Rückmeldung gibt, aber wenn mein Reizometer im roten Bereich ausschlägt und Bulldogge das Ruder übernommen hat, ist dieses Wissen wie weggeblasen. Meine Schonungslosigkeit kann tatsächlich fies werden. Als mir dämmerte, was ich getan hatte, schrieb ich sofort eine zweite E-Mail, in der ich dem Kollegen Vorschläge machte, wie er versuchen könnte, seine Auswertung zu verbessern, und schrieb auch etwas über die positiven Aspekte seines Artikels. Er antwortete: »Okay, jetzt wird mir klar, dass du mir *helfen* möchtest. Ehrlich gesagt hat mich deine erste E-Mail ziemlich geschockt.« Ich entschuldigte mich und bat ihn um Vergebung.

Leute, die die volle Ladung meiner kraftvollen Energie zu spüren bekommen und mich nicht besonders gut kennen, fühlen sich oft regelrecht zurückgestoßen und wissen nicht, wie sie reagieren sollen, was zum Teil auch daran liegt, dass ich eben meistens warmherzig und freundlich bin. Außerdem gehen sehr viele Menschen davon aus, dass kraftvolle Energie immer zu körperlicher oder emotionaler Gewalt führt und machen sich vor lauter Angst ganz klein, ohne dass ich sie auch nur ansatzweise bedroht hätte. Schon allein mit einer solch intensiven Energie konfrontiert zu sein macht vielen Menschen Angst. Früher, wenn so etwas passierte, merkte ich irgendwann, dass ich zu weit gegangen war, und entschuldigte mich, schämte mich aber auch. Ich kämpfe schon so lange mit diesem Thema und fand es einfach unglaublich frustrierend, dass ich nach all den Jahren des praktizierten Selbstmitgefühls auf bestimmte Reize noch immer so ansprang. Obwohl ich versuchte, Bulldogge zu akzeptieren und mir selbst meine Unvollkommenheit zu vergeben, neigte ich noch immer dazu, diesen Teil meiner selbst als Makel und nicht als Stärke zu empfinden.

Glücklicherweise ändert sich das langsam, seit ich ganz bewusst kraftvolles Selbstmitgefühl praktiziere. Mir ist inzwischen klar geworden, dass Bulldogge eigentlich eine fehlgeleitete Kali ist, die versucht, die Trugbilder zu durchschauen und das, was sie unter der Wahrheit versteht, zu verteidigen. Die kraftvolle Energie, die mich manchmal dazu brachte, andere herunterzuputzen, war dieselbe Energie, die es mir ermöglichte, eine gute Wissenschaftlerin zu sein und im konkurrenzgeprägten Wissenschaftsbetrieb erfolgreich zu bestehen. So gab es eine Zeit lang über die Eignung des SCS als Messinstrument für Selbstmitgefühl[177] ziemlich aufgeheizte Debatten (die ich immer die »Skala-Kriege« nenne), und meine Lust auf Auseinandersetzung trieb mich an, tonnenweise solide empirische Daten zusammenzutragen, die die Gültigkeit der Skala bestätigten.[178] Nachdem ein Kollege diese Ergebnisse als »wissenschaftliche Nebelwand« bezeichnet und mich persönlich angegriffen hatte, um seinen Standpunkt zu verdeutlichen[179], war ich so erbost, dass ich als Antwort auf diesen Kollegen in lediglich drei Tagen eine Zusammenfassung[180] schrieb, in der ich darlegte, inwiefern das empirische Material in neuer und (meiner Überzeugung nach) hochgradig überzeugender Weise meine Position bestätigte und seine widerlegte. Ich war motiviert! Meine Wut diente einem konstruktiven Zweck, indem sie mir half, meine Gedanken zu schärfen und meine Beiträge auf diesem Gebiet zu verbessern.

Ich verstehe inzwischen, dass meine innere Kriegerin ein Teil meiner selbst ist, über den ich mich freuen sollte, anstatt ihn abzuwerten und zu gängeln. Sie ist ein kraftvoller Antrieb, der auf extrem produktive Weise für Konzentration sorgt. Aber alles Kraftvolle wird nutzlos, wenn es nicht mit Sanftheit ausbalanciert ist. Um meine Suche nach dieser Art von Ausgewogenheit zu veranschaulichen, kaufte ich mir ein japanisches Rollbild, dass die göttliche Weiblichkeit als schwangere Frau darstellte, deren Bauch die Erdkugel war, und hängte es in mein Schlafzimmer. An die gegenüberliegende Wand, genau über mein Meditationskissen, hängte ich ein Bild von Kali in all ihrer zerstörerischen Pracht. Wenn ich heute wütend bin, setze ich mich darunter und erlaube Kalis wütender Energie, frei durch meinen Körper zu strömen. Ich danke ihr dafür, dass sie mir Kraft und Mut gibt, und bitte sie, mir ihre Macht zur Verfügung zu stellen, damit die notwendigen Aufgaben in Angriff genommen werden können. Und ich danke der schwangeren Frau an der gegenüberliegenden Wand, dass sie mir ein sanftes Herz geschenkt hat, und bitte sie, mich mit Frieden und Liebe zu erfüllen, damit meine Handlungen keinen Schaden anrichten. Und schließlich stelle ich mir vor, wie diese beiden Energien in meinem Körper, meinem Geist und meiner Seele zusammenfließen und eins werden, sodass ich im Gleichgewicht und »ganz« bin.

Mit der Wut arbeiten

Um unsere Wut gut einsetzen zu können, müssen wir sie uns vollständig aneignen. Unsere kraftvolle Energie muss frei fließen können, denn sie ist, wie wir wissen, zu unserem Schutz da. Damit unsere Wut nicht destruktiv wird, ist es aber gleichzeitig wichtig, dass wir auch mit dem Gefühl sanfter Anteilnahme in Kontakt sind, das sowohl nach innen als auch nach außen gerichtet werden kann. Irgendwann werden wir auch lernen müssen, wie wir denen verzeihen können, die uns verletzen – auch wenn wir das selbst sind –, aber das Thema Vergebung kommt erst später und braucht etwas Zeit. (Im Übungsbuch *Achtsames Selbstmitgefühl* gibt es Übungen, mit deren Hilfe man lernen kann, sich selbst und anderen zu verzeihen.) Der Zweck der folgenden Übung besteht zunächst darin, direkt bei der kraftvollen Energie der Wut anzusetzen und sie mit sanfter Energie zu vereinigen.

Für diese Übung sollten Sie bitte keine traumatische Situation auswählen: Sofern Sie nicht gerade auf die Hilfe eines Therapeuten oder einer anderen ausgebildeten Person auf dem Gebiet der seelischen Gesundheit zählen können, könnte diese Situation Sie im Laufe der Übung überwältigen. Vielleicht fangen Sie besser mit etwas Kleinerem an: einem Bekannten, der unhöflich zu Ihnen war, oder einem Freund, der sich unverantwortlich verhalten hat, oder einem Verkäufer, von dem Sie schlecht beraten wurden. Machen Sie immer sofort eine Pause, wenn Unsicherheit in Ihnen hochkommt. Sie können die Übung jederzeit wieder aufnehmen, wenn es Ihnen besser geht.

Anleitung

- Denken Sie an eine Situation aus der Vergangenheit oder Gegenwart, die Sie wütend gemacht hat. Bitte treffen Sie eine verantwortungsbewusste Wahl und suchen Sie etwas, womit Sie im Moment sicher arbeiten können.

- Rufen Sie sich die Situation ins Gedächtnis und versuchen Sie, sich die Einzelheiten so lebendig wie möglich in Erinnerung zu rufen. Was ist passiert? Hat jemand Ihre Grenzen verletzt? Wurde Ihnen Respekt verweigert, oder sind Sie übergangen worden? Ist etwas Ungerechtes geschehen?
- Lassen Sie die Gefühle der Wut in sich aufsteigen.
- Legen Sie beide Hände auf Ihren Solarplexus oder eine andere Stelle, die Sie dabei unterstützt, sich selbst stabil zu halten, während Sie Ihre Wut spüren.
- Spüren Sie, wie Ihre Füße den Boden berühren. Erden Sie sich durch Ihre Fußsohlen hindurch.
- Versuchen Sie nun, sämtliche Erzählungen darüber, wer oder was die Wut ausgelöst hat, loszulassen und Ihre Wut einfach als körperliche Empfindung wahrzunehmen. Wo ist sie lokalisiert? Was für Empfindungen sind das? Heiß, kalt, pulsierend, pochend, taub?

Von der eigenen kraftvollen Seite Besitz ergreifen

- Machen Sie sich bewusst, dass es völlig normal ist, so zu empfinden, wie Sie empfinden. Dies ist Mama Bär, die sich sehr kraftvoll darum bemüht, Sie zu beschützen. Es handelt sich hier um eine Form von Selbstmitgefühl. Wenn Sie mögen, können Sie etwas in dieser Richtung zu sich selbst sagen: »Es ist in Ordnung, wütend zu sein! Dahinter steht der natürliche Wunsch, mich zu schützen.«
- Erkennen Sie die Erfahrung, wütend zu sein, als vollkommen real an und versuchen Sie gleichzeitig, sich nicht zu viel damit zu beschäftigen, was genau passiert ist: Bleiben Sie ganz bei Ihrer Wut.
- Wenn die Wut Sie doch einmal überwältigen sollte, konzentrieren Sie sich auf Ihre Fußsohlen, bis Sie wieder fokussiert sind und zum Wahrnehmen der Wut als körperlicher Empfindung zurückkehren können.
- Versuchen Sie, die kraftvolle Energie frei durch Ihren Körper fließen zu lassen. Es gibt keinen Grund, sie zu unterdrücken oder zu

steuern oder zu bewerten. Auch dies ist ein wichtiger Aspekt des mitfühlenden Herzens.

- Bleiben Sie weiter über Ihre Fußsohlen und mithilfe Ihrer Hände geerdet und versuchen Sie dann, sich für Ihre Wut zu öffnen (so weit, wie sich das sicher anfühlt). Vielleicht können Sie sogar spüren, wie die Wut an ihrer Wirbelsäule hoch- und wieder hinunterfließt und Ihnen Stärke und Entschlossenheit verleiht. Vielleicht möchte Ihre Wut Ihnen etwas sagen, vielleicht hat sie eine Botschaft, die sie loswerden möchte. Was hat Ihre Wut Ihnen im Zustand der Stabilität und des Zentriertseins zu sagen?
- Können Sie diesem Teil Ihrer selbst zuhören und ihm für seine Bemühungen, Sie zu schützen, danken?

Sanftheit integrieren

- Lassen Sie die beschützende, kraftvolle Energie weiterfließen, während Sie durch Ihre Fußsohlen hindurch mit der Erde verbunden bleiben.
- Wenn Sie das Gefühl haben, dass es im Moment am besten ist, einfach bei Ihrer Wut zu bleiben, dann erlauben Sie sich, genau dies zu tun.
- Wenn Sie jedoch gern ein wenig Sanftheit integrieren möchten, legen Sie sich eine Hand auf den Solarplexus und die andere aufs Herz oder eine andere tröstliche Stelle. Nehmen Sie den Abstand zwischen Ihren beiden Händen wahr.
- Bleiben Sie in Kontakt mit der Stärke und Entschlossenheit Ihrer kraftvollen Seite, die immer dann zum Vorschein kommt, wenn Sie beschützt werden müssen, und wenden Sie sich von diesem Zustand der Stärke aus Ihrem Herzen zu.
- Erkennen Sie, dass Ihre Wut ein Ausdruck der Liebe ist: der Wunsch, sich selbst zu beschützen.
- Versuchen Sie, Kontakt zu jenen Gefühlen der Fürsorge und Anteilnahme sich selbst gegenüber aufzunehmen, die einen etwas sanfteren Charakter haben, aber ebenfalls Ausdruck des Wunsches sind, sich selbst zu beschützen.

- Wenn Sie sich wegen Ihrer Wut schämen und sie abwerten möchten, schaffen Sie es, auch diese Gefühle sanft zu halten?
- Laden Sie die liebende, verbundene Präsenz ein, mit der Wut zusammenzufließen und eins zu werden.
- Erlauben Sie sich selbst, gleichzeitig kraftvoll und sanft zu sein. Lassen Sie beide Energien in dem Rhythmus zusammenfließen, der Ihnen in diesem Augenblick richtig vorkommt.
- Versuchen Sie, dieses Gefühl von Ganzheit zu begrüßen und zu bejahen.
- Nehmen Sie Ihren Wunsch wahr, Leid zu lindern. Gibt es von diesem Zustand des Mitgefühls aus betrachtet etwas, das Sie gern tun würden, um mit der Situation der Wut umzugehen; und sei es, dass Sie einfach nur beschließen, sich in Zukunft selbst zu beschützen?
- Beenden Sie die Übung, wenn Ihnen danach ist, und spüren Sie noch einen Augenblick der Erfahrungen nach, die Sie gerade gemacht haben, indem Sie den Augenblick und sich selbst einfach so lassen, wie Sie sind.

Diese Übung kann ziemlich intensiv sein, achten Sie also darauf, dass Sie gut für sich sorgen, wenn Sie sie beendet haben; vielleicht indem Sie einen Spaziergang machen, eine Tasse Tee trinken oder sich etwas anderes vornehmen, das Sie beruhigt.

Wenn Sie eine Zeit lang auf diese Weise bewusst mit Ihrer Wut gearbeitet haben, wird alles etwas leichter. Ich reagiere manchmal immer noch gereizt und reflexhaft auf andere Menschen, aber die Intensität und die Häufigkeit sind (zumindest ein wenig) zurückgegangen. Ich habe mir vorgenommen zu versuchen, die Konsequenzen, die meine Wut für andere hat, in Zukunft mitzubedenken und so wenig Schaden anzurichten wie möglich. Ich erinnere mich im Laufe des Tages immer wieder selbst an diesen Vorsatz, damit er mich auch in den Momenten unterstützt, in denen ich getriggert bin und nicht mehr ganz so klar denken kann. Obwohl der Weg in

Richtung einer solchen Integration der beiden Seiten lang ist und ich bisher nur mit Tippelschritten vorankomme, bin ich davon überzeugt, dass dies der einzige Weg ist, der überhaupt wirklich nach vorne führt – nicht nur für mich, sondern auch für uns Frauen insgesamt. Wir befinden uns an einem wichtigen Scheideweg in der Geschichte der Menschheit. Nachdem wir klar erkannt und in verschiedenster Weise formuliert haben, auf welche Weise Frauen, Minderheiten und so viele andere Menschen bis heute unterdrückt, ausgebeutet und missbraucht werden, müssen wir wütend sein. Wenn wir nicht wütend sind, schlafen wir. Aber was machen wir mit dieser Wut? Weiße Männer, die Macht haben, hassen, sie niederschreien und verbittert werden und potenzielle Verbündete zurückstoßen? Werden wir die bei uns so gut entwickelten freundlichen, fürsorglichen und liebevollen Eigenschaften verneinen – nur weil unsere beziehungsorientierten Ressourcen immer wieder benutzt worden sind, um uns zu unterdrücken?

Wir Frauen können einiges anders machen. Wir können für unsere Wut dankbar sein – für den Schwung und die Entschlossenheit, die sie uns gibt, und wir können lernen, vollständig Besitz von ihr zu ergreifen und sie als Teil unserer wahren Natur anzunehmen. Wir können anfangen, uns in ihrer Anwesenheit wohler zu fühlen und uns weniger vor ihr zu fürchten. Aber vor allem können wir unsere Wut mit Liebe kombinieren, sodass diese sorgende Kraft ein effektives Mittel zur Bekämpfung von Ungerechtigkeit wird. Für unser Ziel, Leid zu lindern, ist kraftvolles Selbstmitgefühl eine starke Ressource, aus der wir verlässlich schöpfen können, um uns selbst und allen lebendigen Wesen zu helfen.

KAPITEL 4

#MeToo

Handlungsfähigkeit ist eine Form von Stärke.
Bei #MeToo geht es in vieler Hinsicht um Handlungsfähigkeit.[181]
—Tarana Burke, Gründerin der #MeToo-Bewegung

Im Oktober 2017 wurde bekannt, dass der prominente Filmproduzent Harvey Weinstein Dutzende von Frauen sexuell belästigt oder missbraucht hatte. Daraufhin twitterte die Schauspielerin Alyssa Milano einen Aufruf an alle Frauen, die sexuelle Belästigungen oder Übergriffe erlebt hatten, dies unter dem Hashtag #MeToo öffentlich zu machen. Innerhalb weniger Tage war mindestens eine Freundin von beinahe der Hälfte aller Facebook-Nutzerinnen und -Nutzer dem Aufruf gefolgt. Hunderte von Männern in Machtpositionen sind seitdem öffentlich beschuldigt worden, Frauen sexuell belästigt oder missbraucht zu haben. Politiker wie Roy Moore, Schauspieler wie Louis C.K., Musiker wie Ryan Adams, Fernsehmoderatoren wie Charlie Rose, Firmenchefs wie Les Moonves, Milliardäre wie Jeffrey Epstein und Selbsthilfegurus wie Tony Robbins. Die Liste wird von Tag zu Tag länger. Viele dieser prominenten Männer sind für ihre Taten zur Rechenschaft gezogen worden, aber viele andere – ganz besonders Donald Trump – bisher nicht. Natürlich war sexualisierte Gewalt gegen Frauen in unserer Gesellschaft auch schon vorher gang und gäbe. Tarana Burke, die Frau, die in Vor-Twitter-Zeiten die #MeToo-Bewegung ursprünglich ins Leben gerufen hat, wollte damals auf den weitverbreiteten sexuellen Missbrauch an schwarzen Frauen aufmerksam machen. Der entscheidende Unterschied ist, dass wir heute in der Öffentlichkeit mehr über das Thema sprechen. In vieler Hinsicht steht die Bewegung für das kollektive Aufbegehren von Frauen, die voller kraftvollen Selbstmitgefühls sagen: »Schluss damit!«

Im Jahr 2018 versuchte die groß angelegte Studie »The Facts behind the #MeToo Movement«[182], das Ausmaß von sexuellen Belästigungen und Missbräuchen in den Vereinigten Staaten genauer zu quantifizieren. Die Ergebnisse sind erschreckend: Eine große Mehrheit der Frauen (81 Prozent) gab an, in der Öffentlichkeit oder am Arbeitsplatz schon einmal mit unangemessenem Verhalten konfrontiert worden zu sein. Am häufigsten sind verbale Herabwürdigungen (77 Prozent), aber viele Frauen haben auch unerwünschte Berührungen (51 Prozent), Belästigung im Internet, zum Beispiel durch die Zusendung von Nacktbildern (41 Prozent), Stalking oder aggressive Nachstellung (34 Prozent) oder die plötzliche Entblößung von Genitalien (30 Prozent) erlebt.

Darüber hinaus musste eine von drei Frauen am Arbeitsplatz schon einmal Belästigungen über sich ergehen lassen[183], eine Situation, die extremen Stress auslöst und für eine feindselige Atmosphäre sorgt, wodurch auch die Arbeitsfähigkeit der Opfer beeinträchtigt wird. Man könnte meinen, dass vor allem Frauen in niedrigeren Positionen davon betroffen sind, aber die wissenschaftlichen Ergebnisse zeigen, dass für Frauen in Führungspositionen das Risiko sogar noch höher ist.

Einer Studie zufolge gaben 58 Prozent der weiblichen Vorgesetzten in männlich dominierten Arbeitsumgebungen zu Protokoll, dass sie schon einmal belästigt worden sind.[184] Offenbar scheint gerade die Tatsache, dass diese Frauen Macht haben, auf unsichere Männer identitätsbedrohend zu wirken, woraufhin sie glauben, die entsprechenden Frauen demütigen und herabsetzen zu müssen. Und in der Tat geht es bei sexueller Belästigung ja auch nicht um Sex, sondern um Macht.

Organisationen wie »Time's Up«, die daraufhin gegründet wurden, haben sich zum Ziel gesetzt, Frauen dabei zu unterstützen, sexueller Misshandlung am Arbeitsplatz entgegenzutreten. Ursprünglich von Künstlerinnen, Filmproduzentinnen und weiblichen Führungskräften aus der Unterhaltungsindustrie ins Leben gerufen, breitete sich die Bewegung aus wie ein Lauffeuer und war bald in allen Arbeitsfeldern präsent, von der Farmarbeit bis zur Universität. Zusätzlich wurde eine Stiftung gegründet, die jeder Frau einen Rechtsbeistand organisiert, die am Arbeitsplatz sexualisierte Gewalt erlebt hat, also Übergriffe, Belästigungen, Missbrauch und die damit zusammenhängenden eventuellen Vergeltungsaktionen.

Doch leider ist die Plage der sexualisierten Gewalt nicht auf die Arbeitswelt begrenzt. Über 25 Prozent der Frauen berichten davon, irgendwann in ihrem Leben schon einmal zu einem sexuellen Kontakt gezwungen worden zu sein.[185] Bei Frauen aus marginalisierten Gruppen, zum Beispiel Lesben, Bisexuellen oder Frauen, die von Armut oder einer geistigen Behinderung betroffen sind, ist der Prozentsatz sogar noch höher. Ungefähr eine von fünf Frauen ist in ihrem Leben schon einmal vergewaltigt worden (im Sinne von nicht einvernehmlichem Geschlechtsverkehr) oder hat eine versuchte Vergewaltigung erlebt.[186] Beinahe die Hälfte dieser Frauen war zum Tatzeitpunkt unter 17 Jahre alt. In vier von fünf Fällen kannte das Oper den Täter: Er war beispielsweise ein Freund, ein Familienmitglied oder ein Liebespartner. Die meisten Vergewaltigungen, vor allem die, die nicht von Fremden begangen worden sind, werden aus Scham oder aus Angst, selbst für den Vorfall verantwortlich gemacht zu werden, nicht bei der Polizei gemeldet. Von den zur Anzeige gebrachten Vergewaltigungen enden zudem nur extrem wenige mit einer strafrechtlichen Verurteilung.[187] Das ist die Realität, mit der wir Frauen tagtäglich leben.

Ihre persönlichen Erfahrungen mit sexueller Belästigung

Diese Übung ist so konzipiert, dass sie Ihnen helfen soll, Fälle von sexueller Belästigung zu identifizieren. Manchmal sind solche Ereignisse völlig eindeutig, in anderen Fällen spielen sie sich sehr subtil ab. Wenn wir unsere Aufmerksamkeit auf die unterschiedlichen Varianten sexualisierter Gewalt richten, bekommen wir ein besseres Gefühl dafür, was gerade passiert, und können uns besser schützen.

Wenn Sie in der Vergangenheit sexuell traumatisiert worden sind, sollten Sie darüber nachdenken, diese Übung zu überspringen oder sie zusammen mit einer Therapeutin oder Beraterin durchzuführen. Wenn Sie derzeit von sexueller Belästigung am Arbeitsplatz betroffen sind oder etwas Derartiges erst vor Kurzem erlebt haben, sollten Sie diesen Vorfall unbedingt so weit wie möglich dokumentieren und an einen Vorgesetzten weitergeben. Gehen Sie aber sicher, dass Sie jemanden auswählen, der ihnen zuhört, ohne später zum Gegenschlag auszuholen. Wenn daraufhin nichts unternommen wird, sollten Sie sich bei entsprechenden Beratungsstellen Hilfe holen.

Typische Formen von sexueller Belästigung sind (laut RAINN.org):

- Verbale Belästigungen sexuellen Inhalts, einschließlich Witzen über sexuelle Handlungen oder sexuelle Orientierungen.
- Unerwünschtes Berühren oder unerwünschter Körperkontakt.
- Nicht willkommene sexuelle Avancen.
- Das Thematisieren sexueller Beziehungen/Geschichten/Fantasien bei der Arbeit, in der Schule oder an anderen unpassenden Orten.
- Unerwünschte, sexuell explizite Fotos, E-Mails oder Textnachrichten.

Anleitung

- Rufen Sie sich Ihre Zeit in der Schule, im Elternhaus und im Beruf ins Gedächtnis. Schreiben Sie alle Vorfälle von sexueller Belästigung auf, an die Sie sich erinnern können.

- Schreiben Sie nun auf, wie Sie sich kurz nach dem Vorfall gefühlt haben. Wütend? Verwirrt? Eingeschüchtert? Genervt?
- Falls Sie nach dem Vorfall etwas unternommen haben, was war das?
- Oft werden wir vollkommen unvorbereitet von solchen Situationen überrascht. Auch die Angst vor Vergeltungsaktionen kann verhindern, dass wir so reagieren, wie wir es eigentlich für richtig hielten.
- Jetzt, wo die Gefahr vorbei ist: Schreiben Sie auf, wie Sie im Idealfall gern auf den Vorfall reagiert hätten.

Es kommt nicht selten vor, dass Frauen einen sexualisierten Übergriff als bedeutungslos oder als schlechten Scherz abtun, vor allem, wenn das Verhalten des Täters auf den ersten Blick nicht besonders krass wirkt. Es ist jedoch wichtig, dass wir sämtliche Situationen, in denen wir uns unwohl fühlen, auch als solche erkennen, sodass wir endlich laut und deutlich über solche Taten sprechen und alle wissen lassen können, dass sie vollkommen inakzeptabel sind. Wenn Sie an Ihre Erlebnisse auf diesem Gebiet denken, kann es sein, dass einer dieser Vorfälle Sie im Rückblick noch einmal besonders beschäftigt. Schreiben Sie in diesem Fall über das, was damals geschehen ist, einen mitfühlenden Brief an sich selbst (siehe die Übung auf Seite 141).

Bleibende Narben

Welche Auswirkungen hat das männliche sexuelle Missverhalten auf die davon betroffenen Frauen? Untersuchungen zeigen, dass sie sich als chronischer Stress, in Ängsten, Depressionen und Vertrauensproblemen niederschlagen.[188] Am Arbeitsplatz können solche Erlebnisse zu einer deutlich herabgesetzten Zufriedenheit führen, zu einer schwächeren Identifikation mit dem jeweiligen Unternehmen, zu weniger Engagement und insgesamt zu einer deutlich verschlechterten seelischen und körperlichen Gesundheit.[189] Die Folgen von sexuellen Übergriffen sind sogar noch schlimmer[190]:

posttraumatische Belastungsstörungen, Schlaf- und Essstörungen, Drogenkonsum und Drogenmissbrauch – sogar Selbstmord. Für uns Frauen ist die #MeToo-Bewegung die Chance, das Blatt zu wenden: Endlich können wir der Wahrheit ins Auge blicken und einen Heilungsprozess in Gang setzen.[191]

Zwar werden auch Männer, vor allem schwule, bisexuelle oder transsexuelle Männer, Opfer von sexueller Belästigung und sexuellen Übergriffen, aber die allermeisten Opfer sind nun einmal Frauen, und die überwältigende Mehrheit der Täter sind Männer. Frauen für ihre sexuelle Befriedigung zu benutzen, erscheint manchen Männern als ihr gutes Recht, auch weil die Gesellschaft und die Medien ihnen diese Botschaft wieder und wieder vermitteln. Viel zu oft werden Frauen als Sexualobjekte dargestellt[192] – als hübsche Partybegleitung, verführerische Angebetete in einem Actionfilm oder als die Beigabe, die eine Werbeanzeige attraktiver und das jeweilige Produkt verlockender macht. Der Wert einer Frau wird permanent an ihrer Fähigkeit gemessen, die sexuellen Bedürfnisse eines Mannes zu befriedigen. Umgekehrt werden Männer durch die Geschlechterrollensozialisation oft so gründlich von der Yin-Energie der Fürsorglichkeit und des Mitgefühls abgeschnitten, dass manche von ihnen glauben, Frauen zu benutzbaren Objekten degradieren, sie entmenschlichen zu dürfen. Hypermaskulinität – definiert als aggressionsverherrlichendes Machoverhalten[193], das sanftere Gefühle als schwach und weiblich denunziert – ist nachweislich eine der direkten Voraussetzungen für sexuelle Belästigung und sexuellen Missbrauch.[194] Eine Metastudie, die 39 Einzeluntersuchungen auswertete, kam zu dem Schluss, dass Hypermaskulinität zu den Faktoren gehört, mit denen am besten vorausgesagt werden kann, wie groß die Wahrscheinlichkeit ist, dass ein Mann einen sexuellen Übergriff begeht.[195]

Das zeigt zwar, wie bitter nötig es für Männer ist, ihr Yin und Yang besser ins Gleichgewicht zu bringen, aber mir geht es hier hauptsächlich um die Implikationen, die die Kultivierung eines solchen Gleichgewichts für Frauen haben könnte. Ich bin unter anderem deshalb eine so leidenschaftliche Verfechterin des kraftvollen Selbstmitgefühls für Frauen, weil ich weiß, dass die sorgende Kraft, die dieses Gefühl freisetzt, einen wichtigen Beitrag dazu leisten könnte, das grauenvolle Erbe des Patriarchats wirkungsvoll zu bekämpfen. Wenn wir Frauen uns kraftvolles Selbstmitgefühl zugestehen, es kultivieren und noch konsequenter in unser Ich integrieren, dann werden wir die Kraft haben, uns gegen jede Form von sexualisierter Gewalt zu erheben: »Schluss damit!«

Ein Blender aus Texas

Mein Entschluss, dieses Buch zu schreiben, entstand, als ich erleben musste, wie es ist, wenn einem eine nahestehende Person offenbart, dass sie sexuell missbraucht worden ist. Weil in diesem Fall der Täter jemand war, dem ich viele Jahre lang vertraut hatte und der immer wieder von mir unterstützt worden war, traf mich die Enthüllung besonders hart. Damals hätte ich ihn sogar als engen Freund bezeichnet. Und trotz all der Jahre des Achtsamkeitstrainings hat mich mein Wunsch, in ihm nur das Beste zu sehen, gegenüber der grauenvollen Wahrheit blind gemacht: Er war ein Sexualstraftäter. Während ich versuchte, mit der Situation zurechtzukommen, wurde mir klar, wie verzweifelt wir sowohl das kraftvolle als auch das sanfte Selbstmitgefühl brauchen, um mit dem grauenvollen Thema des sexuellen Missbrauchs umzugehen. Das sanfte Selbstmitgefühl brauchen wir, um den Schmerz und die Scham zu halten, die in solchen Situationen unweigerlich in uns hochkommen, aber wir brauchen auch unsere kraftvolle Seite, um den Mund aufzumachen und dafür zu sorgen, dass der Schrecken ein Ende hat. Um die Opfer zu schützen, habe ich die Namen und Erkennungsmerkmale von diversen Menschen, die in dieser Geschichte vorkommen, verändert.

George war ein charmanter, gut aussehender und kultivierter Südstaatler Ende 40 mit melodiösem Dialekt, der eine gemeinnützige Organisation am Stadtrand von Austin leitete, die sich um autistische Kinder und ihre Familien kümmerte. Das Zentrum war nur eine halbe Autostunde von Elgin entfernt, wo ich damals lebte, weshalb ich oft mit Rowan dorthin fuhr, als er noch klein war. Rowan sprach gut auf die Kunst-, Musik- und Spielangebote an, die zu Georges unkonventionellem Ansatz gehörten, mit Kindern mit Autismus-Spektrum-Störungen zu arbeiten. Damals fand ich George brillant und inspirierend, und es entwickelte sich eine enge Beziehung. Ich war sehr froh, die Organisation dann und wann unterstützen zu können, indem ich Veranstaltungen zum Thema Selbstmitgefühl durchführte, um Geld für das Zentrum zu sammeln, und auch zu den jährlichen Spenderinnen gehörte.

Georges Mitarbeiterinnen bestanden zum Teil aus Ehrenamtlichen und zum Teil aus bezahlten Angestellten – eine altruistische Truppe von strahlenden, abenteuerlustigen (und hauptsächlich weiblichen) Jugendlichen und jungen Erwachsenen aus den USA und dem Rest der Welt. In Bezug auf ihr Ziel, autistischen Kindern und ihren Familien zu helfen, waren sie eifrig und hochengagiert. Sie wollten wirklich etwas bewirken. Viele der Mitarbeiterinnen und Mitarbeiter lebten in einem der Gebäude direkt auf dem kleinen Gelände des Zentrums. George wurde von allen angebetet. Er war die charismatische Führungsfigur, die den Laden am Laufen hielt: ein witziger, intelligenter, gefühlsintensiver Rebell, der mit seinem ungewöhnlichen Herangehen an das Thema Autismus der herkömmlichen Auffassung die Stirn bot.

Zugegebenermaßen hatte George schon ein bisschen etwas von einem Lüstling. Manchmal machte er unangebrachte Bemerkungen über das Aussehen von Frauen, und er klagte dauernd über Schulterschmerzen und wollte eine Rückenmassage haben. »So ist George eben«, sagten wir dann. »Er schäkert nun einmal wahnsinnig gerne, aber er ist ein toller Kerl und tut so viel für die Kinder.« George war mit einer hübschen Frau aus Irland verheiratet, die fast 20 Jahre jünger war als er. Sie hieß Eileen und leitete mit ihm zusammen das Zentrum. Die beiden hatten zwei kleine Kinder, zwei Mädchen. Eileen und ich standen uns nicht besonders nahe, sie war sehr auf ihre

Arbeit konzentriert, die unter anderem darin bestand, die gemeinnützige Organisation schuldenfrei zu halten. Ich hatte den Verdacht, dass George Affären hatte, sagte mir aber, dass es nicht meine Sache sei. Ich nahm an, dass sich diese Dinge außerhalb des Arbeitsplatzes abspielten, unter zustimmungsfähigen Erwachsenen.

Cassie, eine der strahlenden Jugendlichen im Zentrum, war die Tochter einer alleinerziehenden Freundin unserer Familie, die zwei Jobs annehmen musste, um halbwegs über die Runden zu kommen. Cassie hatte mir schon einige Jahre mit Rowan geholfen, und ich mochte sie wirklich sehr – sie war lebhaft, lustig und klug, und es war einfach eine Freude, sie um sich zu haben. Sie ging unglaublich gut mit Rowan um, und weil ich keine eigene Tochter habe, wuchs sie mir vielleicht besonders ans Herz. Cassie stellte fest, dass sie sehr gern mit autistischen Kindern arbeitete, und fing mit nur 14 Jahren an, als Ehrenamtliche in Georges Autismus-Zentrum zu arbeiten. Ich nahm sie manchmal mit dem Auto mit und unterstützte ihr neues Interesse. Etwas Sorgen machte ich mir schon wegen Georges Flirterei, aber es war insgesamt eine so aufregende Atmosphäre, und Cassie war dort wirklich glücklich. Ich ging davon aus, dass George die Grenze kannte und niemals eine Frau anbaggern würde, die bei ihm arbeitete, schon gar nicht die allerjüngste. Er hatte schließlich selbst Töchter, verdammt noch mal.

Bald verbrachte Cassie all ihre Wochenenden im Zentrum und wuchs sehr eng mit George und dem ganzen Team zusammen, manchmal passte sie auch auf seine Kinder auf. So ging das für ein paar Jahre. In Georges Augen war Cassie ein Naturtalent, und er schenkte ihr viel Aufmerksamkeit. Irgendwann bekam sie eine richtige Stelle im Zentrum und wurde einer seiner Schützlinge. In der Hoffnung, einmal beruflich auf dem Feld des Autismus arbeiten zu können, lernte sie auch seine Therapiemethode. Manchmal verschwanden George und Cassie zu zweit, um stundenlang Besorgungen zu machen. Eine Stimme in meinem Kopf flüsterte, das sei schon ein bisschen merkwürdig, aber eine andere Stimme schritt sofort ein und meinte: »Das geht ganz sicher in Ordnung. Er widmet ihr so viel Aufmerksamkeit, weil er ein guter Kerl ist. Für sie mit ihrem abwesenden Vater ist es gut, ein älteres männliches Gegenüber zu haben.«

Trotzdem erkundigte ich mich von Zeit zu Zeit bei Cassie, schließlich standen wir uns sehr nahe, und ich wollte einfach sichergehen. »Hat sich George dir gegenüber schon einmal unangemessen verhalten?«, fragte ich sie dann. Und sie antwortete wie aus der Pistole geschossen: »Natürlich nicht! Er ist für mich wie ein Vater, und außerdem ist er dreimal so alt wie ich.« Das kam immer so schnell und selbstverständlich, dass ich mich wegen meines Misstrauens schämte. Irgendwann schien sie mir ein wenig verändert, ein bisschen zurückgezogener; aber ich nahm an, dass das einfach pubertäre Stimmungsschwankungen waren.

Bei einer Party zu seinem Geburtstag betrank sich George ziemlich hemmungslos und fing an, mit einer sehr jungen Frau in demonstrativ erotischer Weise zu tanzen. Die ganze Situation war aus verschiedenen Gründen schrecklich unangebracht, vor allem aber deshalb, weil seine junge Frau und seine zwei kleinen Töchter nur wenige Meter entfernt saßen. Eileen hatte der Tanzfläche den Rücken zugedreht und sich so positioniert, dass sie ihre beiden Kleinen von dem Schauspiel abschirmte. Ich war mir nicht ganz sicher, ob sie es überhaupt bemerkt hatte – sie beugte sich einfach hinunter und konzentrierte sich auf ihre Kinder. Weil ich mich mit all dem sehr unwohl fühlte, fuhr ich früh nach Hause.

Cassie war auch auf der Party gewesen, und am nächsten Tag sprachen wir über Georges Verhalten. Sie fand auch, dass er ganz schön durchgedreht gewirkt hatte. Noch einmal fragte ich sie, diesmal sehr energisch, ob George sich ihr gegenüber jemals unangemessen verhalten habe. »Naja …«, begann sie zögernd. Und dann kam alles heraus. Sie erzählte mir, dass er etwa zwei Jahre, nachdem sie als Ehrenamtliche im Zentrum angefangen hatte, begonnen hatte, ihr nachzustellen.

Anfangs sprach er nur über Sex. Sie fühlte sich unwohl dabei, war aber gleichzeitig geschmeichelt, dass er ausgerechnet mit ihr diese

Erwachsenenthemen besprach. Irgendwann fing er an, sich vor ihr auszuziehen und in ihrer Gegenwart zu masturbieren. Später wurden sie auch miteinander körperlich, erst ging es nur um Berührungen, aber nach und nach um mehr. Das Ganze verwirrte sie sehr, und ihre Gefühle gegenüber ihrer Beziehung zu George waren überaus zwiespältig, aber er war nun einmal die einzige väterliche Liebesquelle in ihrem Leben, und die wollte sie nicht verlieren. An ihrem 18. Geburtstag schlief er schließlich mit ihr. Für sie war es das erste Mal überhaupt. »Danach beachtete er mich nicht mehr groß. Ich denke, das war wohl alles, was er wollte. Eigentlich war ich davon ausgegangen, dass es ihm wirklich um mich geht, aber jetzt kommt mir das gar nicht mehr so vor. Ich fühle mich total dumm.«

Schon während sie mir diese Geschichte erzählte, wurde ich vom Zorn Kalis gepackt. Die Skrupellosigkeit, mit der George sich an Cassie herangemacht hatte, erschütterte mich zutiefst. Innerlich tobte ich. Aber weil mir Cassie so wichtig war, wurde meine Wut von einem intensiven Gefühl der sanften Fürsorge abgemildert. Den Wunsch, sie zu beschützen, spürte ich als kraftvolle Entschlossenheit, die ein großes Ziel hatte: weiteres Leid zu verhindern.

»Es gibt nichts, wofür du dich schämen müsstest«, versicherte ich Cassie. »Er hat dich manipuliert und ausgenutzt.«

»Ja, wahrscheinlich«, sagte sie unsicher. »Was immer du vorhast, bitte erzähle es nicht meiner Mutter, sie wäre am Boden zerstört.«

Ich versprach ihr, dass ich ihr die Entscheidung selbst überlassen würde, schlug ihr aber vor, es einigen Kolleginnen zu erzählen, um George davon abzuhalten, sich an weitere Mitarbeiterinnen heranzumachen. Aber Cassie war wie gelähmt von ihrem Wunsch, keine Unruhe zu stiften. Sie wollte weder Georges Familie noch dem Ruf des Zentrums schaden. Das ist so typisch für uns Frauen – sogar für so junge Frauen wie Cassie: Wir wurden derart darauf trainiert, als Allererstes an die anderen zu denken und ihnen Leid zu ersparen, dass wir dafür sogar in Kauf nehmen, dass uns selbst Leid zugefügt wird. Was mich am meisten erschütterte, war jedoch, dass ich keine Wut bei Cassie spürte, nur eine seltsame Passivität. Es war schwer, in ihr noch das strahlende junge Mädchen zu sehen, dass ich vor ein paar Jahren kennengelernt hatte. Der Glanz in ihren Augen war verschwunden, so, als wäre niemand zu Hause.

Wir blieben im Gespräch, und während ich ihr zuhörte – ich sagte selbst nicht viel, sondern versuchte vor allem ihr zu signalisieren, dass ich sie unterstützte und bedingungslos akzeptierte –, begann ihr Ekel darüber, dass sie sich mit George eingelassen hatte, an die Oberfläche zu kommen. Sie erzählte mir, wie schmutzig und benutzt sie sich fühlte und wie schuldig, weil sie zugelassen hatte, dass das Ganze so lange anhielt. Es war einfach furchtbar, Zeugin dieser Selbstanklage zu sein. Ich versuchte ihr dabei zu helfen, diese hässlichen Empfindungen mitfühlend anzunehmen, auf die gleiche Weise, wie sie die autistischen Kinder, für die sie sich so engagierte, annahm. George war eine Vaterfigur für sie gewesen – *natürlich* hatte sie seine Liebe gewollt, das war nur menschlich. Dass sie in beruflichen Dingen sein Schützling gewesen war und ihren Job und ihre Karriereaussichten nicht gefährden wollte, spielte ebenfalls eine große Rolle. Das alles war nicht ihre Schuld. Als sie es schaffte, sich selbst mit liebevoller, verbundener Präsenz zu halten, taute sie langsam auf.

Mir war klar, dass für Cassie (wie für viele Menschen) sanftes Selbstmitgefühl eine notwendige Voraussetzung dafür war, dass ihre Selbstliebe die Form von Wut annehmen konnte. Mit der Zeit wurde ihr klar, dass ihr Verhalten verständlich war, seins aber verwerflich. Er wusste von ihrer emotionalen Verletzlichkeit und nutzte sie skrupellos aus – ganz davon zu schweigen, dass er ihr Chef war. Das Machtungleichgewicht zwischen den beiden war so groß, dass eine wirklich freie Zustimmung ihrerseits gar nicht möglich war. Irgendwann kam dann ihre eigene kraftvolle Seite doch zum Vorschein. Sie verstand nun, dass sie missbraucht worden war. Niemals hätte sie auf diese Weise ausgebeutet werden dürfen. Es war einfach nicht in Ordnung! Während sie sich ihre Wut aneignete, wurde ihr Rücken wieder gerade. Und als die Yang-Energie anfing, durch ihren Körper zu strömen, kehrte auch das Strahlen in ihren Augen zurück. Sie war wieder lebendig, und sie war stocksauer. Ihr Gesicht bekam einen gequälten, aber entschlossenen Ausdruck. »Du hast recht«, sagte sie. »Ich bin wahrscheinlich wirklich nicht die Einzige. Ich wette, er hat den anderen Mädchen im Zentrum auch nachgestellt! Wir müssen ihn aufhalten!«

Gemeinsam brüteten wir einen improvisierten Schlachtplan aus. Ich würde mich umhören, um herauszufinden, ob unser Verdacht richtig war, und danach würden wir überlegen, wie es weiterging. Nach ein paar Telefonaten mit ehemaligen Freiwilligen und Angestellten stellte sich heraus, dass die Wahrheit noch schlimmer war als befürchtet. Etliche Frauen, die eng mit George zusammengearbeitet hatten, waren von ihm sexuell belästigt, ausgebeutet oder erniedrigt worden – oder Schlimmeres. Und es betraf nicht nur die jungen Frauen. Im Zentrum hatte eine Zeit lang eine 60-jährige peruanische Nanny gearbeitet, die dann ganz plötzlich kündigte, und nun erfuhr ich, warum: George hatte sie gewaltsam begrabscht. Glücklicherweise arbeitete sie damals für eine Agentur, die ihr sofort einen neuen Job besorgte – und George auf eine schwarze Liste setzte.

Immer, wenn jemand das Zentrum ganz plötzlich verließ, dachte sich George eine Geschichte aus, in der er selbst als Opfer erschien. Die eine hatte Geld gestohlen, die andere gelogen, die Nächste war völlig inkompetent gewesen. Doch meine Nachforschungen offenbarten, dass viele weggegangen waren, weil sie sexuell misshandelt worden waren. Eine ehemalige Freiwillige gestand, dass George ihr Gewalt angetan hatte. Sie hatte dreimal Nein gesagt, aber er hatte nicht aufgehört. Weil er eher psychische als körperliche Gewalt eingesetzt hatte, um sie zu zwingen, war sie danach beschämt, verwirrt und voller Selbstzweifel gewesen. Letztlich ging sie dann eine einvernehmliche Beziehung mit George ein, um sich selbst weiszumachen, dass alles in Ordnung wäre. Dieses Muster ist durchaus üblich: Die Tatsache, vergewaltigt worden zu sein, ist so furchtbar, dass wir extreme psychische Verrenkungen in Kauf nehmen, damit sich diese Tatsache akzeptabel anfühlt.

George bekam Wind davon, dass ich begonnen hatte herumzufragen, und erzählte allen, die mit dem Zentrum zu tun hatten, dass ich verrückt geworden sei und irgendeine Art von psychischem Zusammenbruch gehabt habe. Er riet den Leuten, sich von mir fernzuhalten. Die meisten Teammitglieder, die gerade im Zentrum arbeiteten, glaubten ihm. Er war unglaublich überzeugend und aalglatt.

Außerdem konnte er extrem gut Staub aufwirbeln, um seine Spuren zu verwischen. Die Methode, mit der er es geschafft hatte, all die sexuellen Übergriffe so viele Jahre lang zu verbergen, bestand darin, seine Opfer aus der Fassung zu bringen und zu verwirren. Er konnte Menschen so manipulieren, dass sie verunsichert wurden (»alle beschweren sich über dich«, hatte er einer Frau gesagt), oder er mobbte sie direkt (»Du wirst in der Autismus-Community nie wieder einen Job finden«, erklärte er einer anderen), oder er gab ihnen das Gefühl, etwas ganz Besonderes zu sein (»Das Zentrum würde ohne dich zusammenbrechen«). Solche Psychospiele dienten ihm dazu, seine Opfer zum Schweigen zu bringen.

Erst jetzt wurde mir klar, dass George mit großer Wahrscheinlichkeit ein bösartiger Narzisst war.[196] Anders als die grandiosen Narzissten, die ununterbrochen prahlen und sich anderen Menschen meilenweit überlegen fühlen, benutzen bösartige Narzissten ihre Mitmenschen völlig skrupellos für ihre egoistischen Zwecke und lügen und manipulieren, was das Zeug hält, um das zu bekommen, was sie wollen. Sie benutzen Sex als Machtquelle, indem sie bei ihren Zielobjekten tief verwurzelte und unbewusste Minderwertigkeitsgefühle oder Unzulänglichkeit ausnutzen. Wie Vampire saugen sie die anderen aus, benutzen sie, um eine innere Leere zu füllen, oft, indem sie sie heruntermachen oder sie manipulieren, um das eigene Selbstwertgefühl zu stärken und die Kontrolle zu behalten.[197] Sie neigen zudem dazu, sich Opfer auszusuchen, die freundlich, fürsorglich und vertrauensvoll sind, um diese wunderbaren Eigenschaften zu ihrem Vorteil zu nutzen. Ich musste erkennen, dass ein enger Freund von mir, ein Mann, den ich jahrelang unterstützt hatte, ein besser aussehender Harvey Weinstein war. Der

Rebell, den ich für den Zauberer von Oz gehalten hatte, war in Wirklichkeit ein Blender aus Texas.

Es machte mich fassungslos, dass ich nicht bemerkt hatte, was da passierte. Warum hatte ich mich so an der Nase herumführen lassen? Wie hatte ich Cassie in eine derart gefährliche Situation bringen können? Und nicht nur das, ich hatte das Zentrum mitfinanziert und ihm durch meine Universitätszugehörigkeit und meine wissenschaftliche Reputation Glaubwürdigkeit verschafft. Unwissentlich hatte ich dazu beigetragen, die ganze Katastrophe am Laufen zu halten! Jetzt war es an der Zeit, für mich selbst zu tun, was ich für Cassie getan hatte. Zuerst schenkte ich mir bedingungslose Liebe und Unterstützung. Ich versuchte, meinen Schmerz und meine Scham mit sanfter Fürsorge zu halten und zu akzeptieren, dass ich einen Fehler gemacht hatte. Ich hatte mich von der monströsen Wahrheit abgewendet, weil ein Teil von mir sie einfach nicht wahrhaben wollte, und mich für den leichteren Weg entschieden. Und das war sehr menschlich.

Dann begrüßte ich meine Wut, die wie ein Vulkan in mir explodierte. Ich hatte Fantasien, in denen ich George gründlich die Meinung sagte, aber ich entschied mich dafür, ihn nicht direkt zu konfrontieren, weil ich begriffen hatte, dass er krank war und so etwas kontraproduktiv sein konnte. Außerdem wollte ich mir selbst eine Begegnung ersparen, die sicherlich traumatisch werden würde. Stattdessen handelte ich.

Vor meinem Haus steht eine unglaublich große alte Eiche, die etwas von einer weisen alten Frau hat. Ich gewöhnte mir an, mich unter ihre Äste zu setzen und um Heilung, Liebe und Selbstvergebung zu bitten. Als ich diesmal an ihrem Stamm lehnte, bat ich sie um vollen Zugang zur Wucht meines Zorns. Dann erlaubte ich der kraftvollen Energie meiner Wut, frei durch meinen Körper zu strömen. Ich nahm mir fest vor, nun nicht mehr den einfachsten Weg zu wählen, indem ich weitermachte, als wäre nichts passiert. Ich würde alles Erdenkliche dafür tun, um dem ganzen Horror ein Ende zu bereiten

Cassie hatte das Bedürfnis, Georges Frau Eileen zu erzählen, was geschehen war. Sie fand, dass Eileen das ganze Ausmaß seiner sexuellen Übergriffigkeit kennen musste, damit sie sich selbst und ihre Kinder schützen konnte. Sie schrieb Eileen also einen herzzerreißenden Brief, in dem sie sich dafür entschuldigte, dass sie sie verletzt hatte, und ihr alles erzählte. Sie bat mich, Eileen diesen Brief zu geben, eine Vorstellung, mit der ich mich extrem unwohl fühlte, besonders, weil Eileen und ich uns nicht nahestanden. Gleichzeitig befürchtete ich, dass sie als Co-Direktorin des Zentrums womöglich ebenfalls rechtlich belangt werden könnte, wenn jemand gerichtlich gegen George vorging. Doch dann hatte ich wieder das Gefühl, dass es meine Pflicht sei, sie von Frau zu Frau zu informieren, damit sie auf dieser Grundlage ihre Entscheidungen treffen konnte. Mir erschien es am klügsten zu warten, bis George einmal die Stadt verließ, damit sie die Wahrheit erfuhr, wenn sie nicht unter seinem direkten Einfluss stand.

Zusammen mit Cassies Brief übergab ich ihr mehrere ausgedruckte Stellungnahmen, die von einigen Frauen mit der Erlaubnis verfasst worden waren, sie weiterzugeben. Weil mir klar war, dass George sie vermutlich davon überzeugt hatte, dass ich verrückt geworden war, wollte ich ihr handfeste Beweise für sein Verhalten liefern. Doch Eileen reagierte vollkommen anders, als ich es erwartet hatte. Sie ging in die Defensive, weigerte sich, die Briefe auch nur zu öffnen, und wurde wütend auf mich. Sie beschuldigte mich sogar, dass ich versuchen würde, sie zu erpressen. Wahrscheinlich war das ihre Art, damit umzugehen. Für sie war es leichter, in mir den Bösewicht zu sehen, als in dem Mann, den sie liebte.

Cassie fand schließlich den Mut, ihrer Mutter zu erzählen, was passiert war, und diese schickte mir eine E-Mail, in der sie mich zum Tee einlud, damit wir die Situation besprechen konnten. Auch ihre Reaktion war völlig anders, als ich erwartet hatte. Ich hatte damit gerechnet, dass sie vor Wut kochte, aber das tat sie nicht. Weil George seine sexuellen Avancen begonnen hatte, bevor Cassie 17 Jahre alt gewesen war (dem Mündigkeitsalter in Texas), konnten wir vor Gericht ziehen, erklärte ich ihr. Aber Cassies Mutter wollte keine Anklage erheben; sie hatte Angst davor, ihre Tochter in einen öffentlichen Gerichtsprozess zu verwickeln. Außerdem befürchtete sie Vergeltungsaktionen von George, den sie inzwischen als gefährlich einschätzte. Aus genau diesem Grund bringen so viele Menschen sexuellen Missbrauch nicht zur Anzeige – aus Angst, dass dadurch alles nur noch schlimmer wird. Und angesichts der Tatsache, dass die Mehrheit der Täter nicht verurteilt wird, ist diese Angst auch berechtigt.

Irgendwann bekam ich eine Textnachricht von einer der aktuellen Mitarbeiterinnen des Zentrums, der man ebenfalls erzählt hatte, ich sei verrückt geworden. »Ich habe gehört, dass dir schriftliche Stellungnahmen vorliegen«, schrieb sie, »würdest du sie mir zeigen?« Ich war einverstanden, und wir trafen uns, und sie las alles, was ich ihr vorlegte. Entsetzt erzählte sie sämtlichen Kolleginnen, die auch im Zentrum wohnten, was sie erfahren hatte. Sie beschlossen, alle am selben Tag zu kündigen. Noch vor Sonnenaufgang packten sie ihre Sachen und machten sich davon, um George, vor dem sie inzwischen regelrecht Angst hatten, auf keinen Fall zu begegnen.

Einige der Mädchen fragten mich, ob sie bei mir wohnen dürften, bis sie wussten, wohin sie gehen konnten. Wir sprachen immer wieder lange und voller Wut über das, was passiert war. Alle gaben zu, ebenfalls eine sexuelle Beziehung mit George gehabt zu haben. Und alle waren bestürzt, als sie herausfanden, dass das, was sie für eine besondere und einzigartige (wenn auch verborgene) Beziehung gehalten hatten, keineswegs einzigartig gewesen war. Allen wurde klar, dass George mit beinahe jedem Mädchen beziehungsweise jeder Frau, an die er irgendwie herankommen konnte, ins Bett gegangen war, und dass sie letztlich zu einer Art Harem gehört hatten. Oder, was die Sache vielleicht etwas besser beschreibt, zu einer Sekte mit einem charismatischen und selbstherrlichen Anführer. Auch sie brauchten nun sanftes Selbstmitgefühl, um den Schock und die Trauer zu halten und schließlich zuzulassen, dass ihr kraftvolles Selbstmitgefühl aktiv wurde. Gemeinsam beschlossen sie, all diejenigen zu warnen, die Bescheid wissen mussten, und nach und nach waren in der Autismus-Community alle im Bild. Auch sein Charisma konnte George nun nicht mehr retten. Er schloss das Zentrum und zog mit seiner Familie in einen anderen Bundesstaat.

Eileen hat George nicht verlassen, wahrscheinlich wegen ihrer kleinen Kinder oder vielleicht auch, weil der emotionale Missbrauch ihren Lebensmut gebrochen hat. Ich kenne sie nicht gut genug, um das zu beurteilen, aber es passiert oft, dass Frauen bei missbräuchlichen Partnern bleiben. Bis heute hat sich George bei keiner von den Frauen, denen er so viel angetan hat, entschuldigt; er beschuldigt im Gegenteil Cassie und mich, sein Leben zerstört zu haben.

Was mich und die betroffenen Frauen in unseren Gesprächen am meisten beschäftigte, war die Frage, wie es möglich war, dass das Ganze so lange ging. Klar, es war tatsächlich schwierig gewesen zu durchschauen, was passierte, weil George so überaus geschickt darin gewesen war, einen an der eigenen Wahrnehmung zweifeln zu lassen – mithilfe der typischen Lügen und Manipulationen, die Narzissten eben einsetzen, um ihre Mitmenschen dauerhaft aus dem Gleichgewicht zu bringen. Aber es gab deutliche Signale, die wir hätten bemerken müssen, denen wir aber einfach nicht genügend Aufmerksamkeit geschenkt hatten. Ich erinnere mich daran, dass George Cassie an ihrem Geburtstag zum Essen ausführte. Ich hatte durchaus ein unbehagliches Gefühl dabei, aber ich schob meine Zweifel beiseite und ging einfach vom Besten aus. Ich beschloss, dass er es einfach nicht wagen würde, einer Jugendlichen nachzustellen, die für ihn wie eine Tochter war. Um ehrlich zu sein: Ich dachte schlicht und ergreifend nicht sehr viel darüber nach, weil es so am einfachsten war. Hätte ich meinen Verdacht ernst genommen, hätte das geheißen, mich selbst mit etwas zu konfrontieren, das ich einfach nicht wahrhaben wollte. Wie sich später herausstellte, war das der Abend, an dem er zum ersten Mal mit ihr schlief.

Nach der Schließung des Zentrums waren zwar viele Leute, mit denen ich darüber sprach, schockiert, aber so richtig überrascht war eigentlich niemand. Im Gegenteil, das, was jetzt herausgekommen war, ließ sein Verhalten, das viele schon seit Jahren verdächtig fanden, plötzlich logisch erscheinen. Aber irgendeine mentale Blockade hatte uns alle daran gehindert, eins und eins zusammenzuzählen. Vielleicht besteht ein Teil dieser Blockade darin, dass man im anderen immer das Beste sehen möchte. Klar, alle wussten, dass Georges Flirtlust unangebracht und ein bisschen eklig war, aber er tat doch so viel Gutes für die Kinder! Immer wenn wir eine Information bekommen, die nicht in unser Schema von der Welt passt – wenn wir also eine kognitive Dissonanz erleben –, dann ignorieren wir einfach die Realität, damit die Dinge weiter einen Sinn ergeben und in die Welt, so wie wir sie wahrhaben wollen, passen. Es gibt so etwas wie die Unfähigkeit zu glauben, dass jemand, den wir für gut halten, auf eine Weise handeln könnte, die böse ist – deshalb verdrängen wir lieber unsere Zweifel und unsere Verwirrung, um ungestört so weitermachen zu können wie bisher. Aber wir Frauen können uns nicht länger wegdrehen. Wir müssen dem missbräuchlichen und übergriffigen Verhalten unerschrocken ins Gesicht sehen, damit wir in der Lage sind, uns selbst und andere zu schützen.

Eine überraschend hohe Zahl von Frauen, mit denen ich über dieses Thema gesprochen habe, berichteten von ähnlichen Erfahrungen mit Ex-Freunden, Ex-Kollegen oder Ex-Vorgesetzten. Es ist verrückt, wie wenig wir über diese Dinge sprechen. Denn wie gesagt, das Verhalten, auf das die #MeToo-Bewegung reagiert, ist natürlich alles andere als neu. Einzig neu ist die Tatsache, dass wir endlich beginnen, offener darüber zu sprechen. Wir müssen uns sehr genau ansehen, inwiefern wir sexuelle Übergriffe durch unser Schweigen unabsichtlich möglich gemacht haben. Wir müssen beides erkennen, sowohl die Taten selbst, als auch das, was uns davon abhält, die Informationen weiterzugeben, die notwendig sind, um dieses Verhalten zu stoppen. Die Verantwortung für den sexuellen Missbrauch haben zu hundert Prozent die Täter, aber wir können nicht darauf warten, dass die Männer aufwachen und von alleine aufhören, so etwas zu tun. Wenn wir uns selbst schützen wollen, müssen wir als Frauen handeln. Und zwar jetzt.

Wie sexuell übergriffiges Verhalten gestoppt werden kann

Wie können wir kraftvolles Selbstmitgefühl so nutzen, dass sexualisierte Gewalt in Zukunft verhindert wird? Es ist schwer, den Mund aufzumachen, wenn der Angreifer der eigene Chef ist und man befürchten muss, seinen Job zu verlieren. Aus diesem Grund brauchen wir Gesetze, die sexuelle Belästigung und sexuellen Missbrauch strafbar machen, und zwar überall. Ob Sie es glauben oder nicht, in vielen Bundesstaaten der USA, wie zum Beispiel in Texas, gibt es für Unternehmen mit weniger als 15 Angestellten keine Gesetze gegen sexuelle Belästigung am Arbeitsplatz[198], was auch der Grund dafür war, dass die angestellten Mitarbeiterinnen im Autismuszentrum letztendlich keine juristischen Schritte gegen George eingeleitet haben, obwohl sie eigentlich dazu entschlossen gewesen waren. Dieser skandalöse Mangel an juristischem Schutz für Frauen muss dringend behoben werden.

Darüber hinaus sollten wir unsere innere Kali genau in dem Augenblick mobilisieren, in dem jemand anfängt, uns schlecht zu behandeln. Wir müssen laut und unmissverständlich sagen: »Nein! So läuft das nicht!« Eine solche kraftvolle Ansage hat tatsächlich das Potenzial, den Angreifer zu stoppen, denn er bevorzugt leichte Beute. Einige der jungen Frauen im Team hatten nämlich, wie ich erfuhr, Georges Avancen zurückgewiesen, und er hatte sie daraufhin tatsächlich in Ruhe gelassen. Ich kann nicht mit Sicherheit sagen, aus welchen Gründen er einigen Frauen weiter nachstellte und anderen nicht, aber mir fiel auf, dass diejenigen, bei denen er es schließlich aufgab, eine Menge Yang-Energie zur Verfügung hatten. Ich vermute, dass George einfach das Gefühl bekam, dass es zu mühselig wäre, ihnen weiter nachzustellen, woraufhin er ein neues Ziel ins Visier nahm. Natürlich ist es nicht immer möglich, Nein zu sagen: Es kommt ganz auf bestimmte, einander oft auch überkreuzende Faktoren an, zum Beispiel Macht, Privilegiertheit, die finanzielle Situation und die Frage, ob Rauschmittel im Spiel sind. Davon abgesehen liegt es wie gesagt nicht in der Verantwortung von Frauen, Sexualstraftäter zu stoppen. Dennoch kann unsere innere Kampfbereitschaft uns beim Selbstschutz helfen, und wir sollten keine Scheu haben, bei Bedarf aus dieser Quelle zu schöpfen.

Alle Mitarbeiterinnen, denen es gelungen war, George erfolgreich abzuschütteln, erzählten mir, wie sehr sie es bereuten, über seine Annäherungsversuche geschwiegen zu haben. Zwar warnten sie die anderen indirekt (»Wenn er um eine Schultermassage bittet und niemand anders in der Nähe ist, sei lieber vorsichtig«), aber keine von ihnen sprach öffentlich über Georges Verhalten. Das lag zum Teil daran, dass ihnen nicht klar war, wie skrupellos George sich tatsächlich verhielt, aber auch daran, dass sie ihn schlicht als Frauenheld abtaten und das Ganze einfach nicht ernst genug nahmen. Unglücklicherweise ist eine Folge der langen Geschichte des Patriarchats, dass Frauen dazu neigen, sexuelles Fehlverhalten auszublenden. »So sind George, Harvey, Charlie, Jeffrey, Donald (ergänzen Sie einen männlichen Vornamen ihrer Wahl:____________) eben«, sagen wir – als wäre es ein Naturgesetz, dass Männer sexuell übergriffig sind, und als hätten wir keine andere Wahl, als uns damit abzufinden.

Frauen haben lange und hart für ihre Freiheit und sexuelle Selbstbestimmung gekämpft. Aber manchmal denken wir noch immer nicht genug darüber nach, wie Machtungleichgewichte unsere Fähigkeit beeinträchtigen, aus freien Stücken unser Einverständnis zu geben, oder darüber, wie viel Leid es tatsächlich verursacht, wenn Männer sexuelle Grenzen nicht respektieren. Hoffentlich ändert sich das alles endlich mit der #MeToo-Bewegung. Ich bin der Meinung, dass wir Frauen an einem Scheidepunkt angekommen sind. Unser Schweigen ermöglicht übergriffiges Verhalten. Es wird sich nur etwas ändern, wenn wir – egal, wie unwohl wir uns damit fühlen – den Tatsachen ins Auge blicken. Ob wir in der Öffentlichkeit unsere Stimme erheben wollen, ist eine persönliche Entscheidung jeder einzelnen Frau und hängt von sehr vielen Umständen ab: davon, ob es überhaupt sicher genug ist, ob eine öffentliche Anklage vielleicht mehr Schaden anrichtet als nützt, welche Menschen überhaupt involviert sind und so weiter. Doch zumindest uns selbst gegenüber müssen wir die Realität anerkennen, damit wir aus vollem Herzen versuchen können, uns selbst zu schützen, mit einem Übergriff klarzukommen und zu heilen.

Die Rolle des Selbstmitgefühls

Glücklicherweise zeigen Studien, dass Selbstmitgefühl die Genesung nach einem sexuellen Missbrauch erleichtern kann. Die Forschung über Selbstmitgefühl von Betroffenen hat zum Großteil über Tiefeninterviews stattgefunden, weil man herausfinden wollte, inwieweit Selbstmitgefühl Frauen geholfen hat, das schreckliche Erlebnis zu bewältigen. Ein wiederkehrendes Thema in den Aussagen ist, dass die Erfahrung, missbraucht worden zu sein, Scham auslöste und die Fähigkeit, Mitgefühl für sich selbst aufzubringen, ganz konkret behinderte. Eine Teilnehmerin einer der Studien sagte: »Man kann sich selbst beim besten Willen keine Liebe und Fürsorge geben, wenn man sich selbst gar nicht spürt. Für mich ist sexueller Missbrauch – das ist jetzt wirklich hart – in Wirklichkeit diese ganze tief sitzende Scham, die mich glauben macht, es gar nicht verdient zu haben, gut behandelt zu werden. Man denkt: ›Ich bin ganz offensichtlich ein schlechter Mensch, sonst wäre mir das nicht angetan worden.‹«[199] Das ist der Grund, warum Frauen, die missbraucht worden sind, so stark von Selbstmitgefühl profitieren: Es hilft ihnen, den Schaden rückgängig zu machen, der ihrem Selbstgefühl angetan wurde.

Mit der Zeit und mit professioneller Hilfe können Frauen langsam realisieren, dass der Missbrauch nicht ihre Schuld war, und lernen, dem traumatischen Erlebnis mit Mitgefühl zu begegnen. Die Forschung zeigt, dass Selbstmitgefühl Überlebenden hilft, mit den schwierigen Schamgefühlen in einer produktiveren Art und Weise umzugehen[200], sodass sie nicht so stark von ihnen überwältigt werden.

Eine Studie listet die Themen auf, die Frauen nannten, wenn es um die Rolle des Selbstmitgefühls bei der Genesung von Missbrauch ging[201]: Es half ihnen, ihr Selbstwertgefühl zu festigen; sich so zu akzeptieren, wie sie sind; sich selbst von jeder Schuld freizusprechen; die schmerzhaften Gefühle zu akzeptieren; sich Zeit für die Selbstfürsorge zu nehmen; mit Menschen in Kontakt zu kommen, die ähnliche Erfahrungen gemacht hatten; die Fortschritte schätzen zu lernen, die sie gemacht hatten; und, sehr wichtig, ihre Macht geltend zu machen. Wie eine Teilnehmerin einer Studie sagte: »Ich habe jetzt akzeptiert, dass der sexuelle Übergriff stattgefunden hat, aber er definiert nicht, wer ich bin. Ich fühle mich ermächtigt zu sagen: ›Jetzt wehre ich mich. Diese Sache bekommt nicht die Kontrolle über mich. Sie wird mein Leben nicht steuern. Ich kann die Macht, die mir genommen wurde, wiederhaben. Ich kann sie mir zurückholen.‹«[202] Diese Frauen waren nun auch in der Lage, sich zu schwören, in Zukunft gegen Geschlechterungerechtigkeit anzukämpfen und sich für die Rechte anderer einzusetzen.

Bevor wir jedoch an den Punkt kommen, an dem wir uns nach einem Missbrauch wieder ermächtigt und stark fühlen, müssen wir uns selbst sanftes Mitgefühl schenken. Der erste Schritt besteht darin, den Schmerz unseres Traumas in achtsamer Aufmerksamkeit zu halten, sodass wir ihn aushalten und anerkennen können, ohne uns abwenden zu müssen. Wir müssen in unserem Leiden präsent sein, so unbequem uns das erscheinen mag: genauso wie wir ja auch bei einem weinenden Kind bleiben und es nicht allein lassen würden. Ich habe von so vielen Frauen gehört, dass sie ihre Missbrauchserfahrung einfach nur vergessen und ihr Leben weiterleben wollten – doch wenn wir versuchen, unseren Schmerz zu vergessen, anstatt ihn anzuerkennen, verlängert sich dadurch unweigerlich der Genesungsprozess. Es ist wichtig, klar zu sehen und auszusprechen, was passiert ist, und sei es nur uns selbst gegenüber oder bei einem Therapeuten oder einer Freundin. Umgekehrt ist es genauso wichtig, dass wir uns nicht selbst retraumatisieren, während wir die Arbeit der Genesung in Angriff nehmen. Falls der Missbrauch von einem

Familienmitglied oder Liebespartner ausging, wird es mit großer Wahrscheinlichkeit in dem Moment zu einer »Rauchgasexplosion« kommen, indem wir uns für den Schmerz öffnen, der durch den Übergriff verursacht wurde. Wir müssen in einem Tempo vorgehen, das sich gut anfühlt, und dabei möglichst auch professionelle Hilfe in Anspruch nehmen. Im MSC sagen wir immer: Wenn du langsamer gehst, kommst du weiter. Genau diese Geduld mit dem Tempo des Heilungsprozesses nach einem Missbrauch ist eines der Geschenke, das Selbstmitgefühl zu bieten hat.

Uns selbst gegenüber möglichst warm und verständnisvoll zu sein und uns bedingungslos so zu akzeptieren, wie wir sind, ist ebenfalls sehr hilfreich. Wenn wir uns beschädigt fühlen, können wir dieses Beschädigtsein annehmen? Wer Missbrauch erlitten hat, fühlt sich oft schmutzig (früher hätte man uns eine »gefallene« Frau genannt), aber unsere Seele ist immer noch rein und schön, unabhängig davon, was passiert ist. Wenn wir unser Bewusstsein mit liebevoller, verbundener Präsenz füllen, zeigt sich unser wahrer Wert.

Schließlich müssen wir uns an unsere geteilte Menschlichkeit erinnern. Mindestens ein Viertel der weiblichen Bevölkerung hat sexuelle Übergriffe erlebt, und eine große Mehrheit ist zumindest belästigt worden. Die Gründe hierfür sind nicht persönlich. Es gibt keinen Grund, sich durch das, was geschehen ist, isoliert zu fühlen oder sich dafür zu schämen. Wir sind nicht allein. Wir können uns mit den Millionen von anderen Frauen auf der ganzen Welt und in der gesamten Geschichte der Menschheit verbunden fühlen, die dasselbe durchlitten haben wie wir. Und wenn unser Vertrauen zerstört wurde, können wir ein neues Sicherheitsnetz aufbauen, über das wir uns mit anderen Frauen verbinden, die ähnliche Erfahrungen gemacht haben. Wir können in dieser Verbindung Stärke finden und uns unter der Parole versammeln, sexuellem Missbrauch ein für alle Mal ein Ende zu bereiten.

Einen mitfühlenden Brief schreiben

Das Schreiben eines mitfühlenden Briefes ist eine Übung aus unserem Mindful Self-Compassion-Workshop. Wissenschaftliche Untersuchungen zeigen, dass sie hochgradig effektiv ist, wenn man sie regelmäßig durchführt.[203] Wenn Sie Opfer sexualisierter Gewalt geworden sind, können Sie versuchen, über dieses Erlebnis einen mitfühlenden Brief an sich selbst zu schreiben. Am sichersten ist es, wenn Sie diese Übung in Gedanken an ein Ereignis durchführen, das zwar schlimm war (zum Beispiel eine Situation, in der ein Mann etwas Anzügliches zu Ihnen gesagt hat), aber nicht traumatisierend (wie eine Vergewaltigung). Wenn Sie sexuellen Missbrauch oder Übergriffe erlebt haben, könnte es insgesamt zu heftig sein, diese Übung allein durchzuführen, möglicherweise wäre es besser, sich der Unterstützung eines Therapeuten oder einer anderen Person zu vergewissern, die im Bereich psychische Gesundheit ausgebildet ist. Davon abgesehen ist nun einmal jeder Mensch anders, und für einige ist die eigene Reaktion auf diese Übung überraschend. Wenn Sie also merken, dass sich ein Überwältigungsgefühl breitmacht, geben Sie sich bitte die Erlaubnis zum Aufhören. Auch das ist Selbstmitgefühl.

Wenn Sie erst vor Kurzem einen sexuellen Übergriff (also einen erzwungenen Sexualkontakt) erlebt haben, sollten Sie sich sofort Hilfe suchen. Um Betroffene sexueller Gewalt, Angehörige, Fachkräfte sowie Personen aus dem sozialen Umfeld zu unterstützen, hat der Unabhängige Beauftragte für Fragen des sexuellen Kindesmissbrauchs (UBSKM) in Zusammenarbeit mit dem Bundesjugendministerium das Hilfe-Portal Sexueller Missbrauch ins Leben gerufen. Hilfe und Beratung gibt es auch beim Hilfe-Telefon Sexueller Missbrauch des UBSKM. Unter der Nummer 0800 22 55 530 ist das Hilfe-Telefon Sexueller Missbrauch montags, mittwochs und freitags von 9 bis 14 Uhr sowie dienstags und donnerstags von 15 bis 20 Uhr bundesweit, kostenfrei und anonym erreichbar.

Anleitung

Denken Sie an eine Situation aus der Vergangenheit, in der Sie sexuelle Belästigung oder Misshandlung erlebt haben und mit der Sie sich heute vorstellen können zu arbeiten. Eher etwas nicht ganz so Heftiges. Stellen Sie sicher, dass es sich um einen *vergangenen* Vorfall handelt, der wirklich vorbei ist, vor dem Sie nun in Sicherheit sind und von dem Sie sich nun endlich erholen möchten. Wenn Sie beim Nachdenken über diese Situation merken, dass sie zu unverarbeitet ist, entscheiden Sie sich bitte für eine weniger traumatische Situation, falls möglich. Sie entscheiden, was sich für Sie richtig anfühlt.

- Im ersten Schritt schreiben Sie einfach über das, was passiert ist. Erwähnen Sie jede Einzelheit, die Ihnen wichtig erscheint. Wenn das Schreiben Sie stark mitnimmt, ist es ein Akt des Selbstmitgefühls, eine Pause einzulegen, eine Tasse Tee zu trinken oder zu spüren, wie die eigenen Fußsohlen den Boden berühren.
- Nachdem Sie beschrieben haben, was passiert ist, schreiben Sie nun einen Absatz, der sich mit achtsamer Aufmerksamkeit dem Schmerz zuwendet, der von dieser Erfahrung verursacht wurde. Welche Gefühle hatten Sie damals? Welche Gefühle haben Sie jetzt? Können Sie beschreiben, wie sich diese Gefühle als körperliche Empfindungen geltend machen (Kloß im Hals, Stechen im Bauch, Hohlheit in der Brust und so weiter)? Erlauben Sie allen Gefühlen, die hochkommen, einfach so zu sein, wie sie sind, ohne sie zu bewerten. Scham, Ekel, Angst, Wut, Gereiztheit, Traurigkeit, Verwirrung, Schuld und so weiter – lassen Sie all diese Gefühle mithilfe Ihrer Aufmerksamkeit an die Oberfläche kommen. Spüren Sie, wie schwierig es ist, diese Gefühle zu halten. Versuchen Sie, Ihren Schmerz zuzulassen – es ist normal, sich so zu fühlen.
- Schreiben Sie als Nächstes einen Absatz, der an die geteilte Menschlichkeit dieser Erfahrung erinnert. Traurigerweise passieren solche Dinge jeden Tag. Es sind nicht nur Sie. Sie sind nicht allein. Vor allem aber ist es nicht Ihre Schuld. Die Misshandlung von Frauen ist auf das Patriarchat über Tausende von Jahren und die

ungleiche Machtverteilung zwischen Männern und Frauen zurückzuführen. Aber wir können uns mit unseren Schwestern in der Gewissheit zusammentun, dass wir diese Behandlung nicht länger dulden wollen. Spüren Sie die Stärke, die darin liegt, Teil von etwas Größerem zu sein.

- Versuchen Sie nun, einen Absatz zu schreiben, in dem Sie die tiefe Freundlichkeit ausdrücken, die Sie sich selbst gegenüber empfinden. Schreiben Sie sich selbst einige Worte des Trostes und der Beruhigung gegen den Schmerz und den Schrecken, den Sie erlebt haben. Achten Sie darauf, dass Ihre Worte sanft und unterstützend sind: Schreiben Sie so, wie Sie einer engen Freundin schreiben würden, die etwas Ähnliches erlebt hat. Wenn Gefühle von Scham und Selbstzweifel hochkommen, versuchen Sie, auch diese Gefühle in liebender, verbundener Präsenz zu halten. Schaffen Sie es, mitten in Ihrem Schmerz sanft mit sich selbst umzugehen?
- Schreiben Sie als Nächstes einen Absatz aus der Sicht Ihrer inneren Kali oder Ihrer kraftvollen Mama Bär. Wählen Sie starke, deutliche und mutige Worte, wenn Sie versprechen, sich selbst und Ihre Schwestern zu schützen. Erkennen Sie ganz klar an, dass es ungerecht war, was Ihnen angetan wurde. Erlauben Sie Ihrer Wut, nach oben zu kommen, ohne gegen sie anzukämpfen. Lassen Sie sich von ihr durchströmen und verbinden Sie sich über die Fußsohlen mit dem Boden, falls Sie sich überwältigt fühlen.

  Versuchen Sie, sich nicht zu sehr in Gedanken an den Täter zu verlieren. Ihre Gehirnzellen haben schon viel zu viel Glukose verbraucht, während Sie an ihn dachten, und er braucht wirklich nicht noch mehr Aufmerksamkeit. Richten Sie stattdessen die volle Kraft Ihres Zorns auf das Leid selbst. Es hätte niemals passieren dürfen!
- Finden Sie zum Schluss heraus, ob Sie Ihre Wut als Handlungsmotor nutzen können. Gibt es irgendetwas, das Sie tun können, um zu verhindern, dass Ihnen selbst oder einer anderen Frau so etwas noch einmal passiert? Falls ja, fühlen Sie sich in der Lage, einen ersten kleinen Schritt in diese Richtung zu gehen?

- Wenn Sie den Brief fertig haben, nehmen Sie ein paar tiefe Atemzüge und verwahren Sie ihn an einem sicheren Ort. Immer, wenn es sich richtig anfühlt, können Sie ihn herausholen und lesen: Lassen Sie dann die Worte tief in sich einsinken. Manche mögen es, den Brief tatsächlich mit der Post an sich selbst zu schicken und ihn zu lesen, nachdem sie ihn ein paar Tage später aus dem Briefkasten geholt haben.

Falls im Laufe dieser Übung schwierige Gefühle hochkommen, sorgen Sie bitte unbedingt gut für sich selbst. Fragen Sie sich, was Sie brauchen. Eine Umarmung, einen Spaziergang, ein Gespräch mit jemandem, dem Sie vertrauen, ein bisschen ruhige Zeit mit sich selbst? Versuchen Sie, sich genau das zu geben, was in diesem Moment hilfreich ist.

Aktiv werden

Zur Heilung nach einem sexuellen Missbrauch ist Selbstmitgefühl unglaublich wichtig; aber es geht nicht nur um Heilung. Genauso wichtig ist, dass wir verhindern, dass uns Frauen zukünftig Schaden zugefügt wird. Eine der wichtigsten Ursachen für sexualisierte Gewalt ist gesellschaftlicher Natur: Es ist die strukturelle Ungleichheit, die Männern Gewalt über Frauen gibt. Wenn wir uns mit anderen Frauen zusammentun, trauen wir uns vielleicht eher, übergriffige Männer anzuprangern. Die #MeToo-Bewegung hat gezeigt, dass auch mächtige Männer schuldig gesprochen und zur Rechenschaft gezogen werden können. Wenn wir zusammenhalten, können wir das System, das ihr empörendes Verhalten schon viel zu lange toleriert, ein für alle Mal abschaffen.

Aber was ist der beste Weg, Missbrauch anzuprangern, vor allem wenn die Gefahr besteht, dass der Täter mit Vergeltungsaktionen zurückschlägt? In manchen Unternehmen gibt es die Möglichkeit, übergriffiges Verhalten anonym zu melden, aber die meisten Firmen bieten so etwas nicht. Außerdem werden solche Taten auch außerhalb des Arbeitsplatzes begangen: zum Beispiel in der Familie![204] Wie geht man damit um? Ich kann diese Fragen leider auch nicht beantworten, aber zum Glück gibt es Experten, die sich mit diesem Thema sehr viel besser auskennen als ich (siehe die oben angegebenen Informationen). Ich bin mir jedenfalls sicher, dass sich die Antwort an den Prinzipien des Selbstmitgefühls orientieren muss und dass wir zu unserem Schutz mit mutiger, handlungsfähiger Klarheit aktiv werden müssen. Wenn wir mit kraftvollen, sanften Herzen alle an einem Strang ziehen, werden wir herausfinden, was der beste Weg ist.

Hoffentlich stoßen dann auch immer mehr Männer zu uns und nutzen ihr kraftvolles Mitgefühl, um diejenigen ihrer Geschlechtsgenossen, bei denen sie übergriffiges Verhalten beobachten, zur Rede zu stellen. Aber wir können nicht warten, bis sie so weit sind. Wir Frauen müssen uns selbst schützen. Es passiert etwas, im weiblichen Bewusstsein verändert sich etwas. Unsere Wut brennt lichterloh, ein Aufwallen des Yang, das mit dem Yin ins Gleichgewicht kommen muss. Endlich erwachen wir Frauen zu unserer wahren Natur: Sie ist stark und kraftvoll, freundlich und sanft. Kali erhebt sich.

TEIL II

Die Werkzeuge des Selbstmitgefühls

KAPITEL 5

Sich selbst sanft halten

Der Weg aus dem Käfig beginnt damit, dass wir absolut alles an uns selbst und an unserem Leben akzeptieren, indem wir unsere Erfahrung des Augenblicks achtsam annehmen.[205]
—Tara Brach, Autorin und Meditationslehrerin

Je nachdem, was gerade gebraucht wird, bietet Selbstmitgefühl ganz unterschiedliche Wege, Leid zu lindern. Wenn es um Ganzsein und Wohlbefinden geht, ist es wichtig, dass Yin und Yang sich im Gleichgewicht befinden. Bevor wir also im Einzelnen erkunden können, welche Werkzeuge das kraftvolle Selbstmitgefühl bereithält, müssen wir zunächst das sanfte Selbstmitgefühl besser verstehen. Ich werde die entsprechenden Begriffe hier kurz erläutern; wenn Sie tiefer in das Thema einsteigen möchten, könnte es hilfreich sein, in meinem vorherigen Buch *Selbstmitgefühl* nachzulesen, in dem es sehr viel genauer um die an Yin orientierte Ausbildung von Selbstakzeptanz geht.

Sanftes Selbstmitgefühl ist die Fähigkeit, *bei sich zu bleiben*, bei sich, wie man in diesem Augenblick ist – sich selbst zu trösten und zu signalisieren, dass man nicht allein ist –, aber auch den Schmerz anzuerkennen. Diese Art des Mitgefühls ist so freundlich und nährend, wie die Mutter eines neugeborenen Kindes. Ob dieses Kind nun unablässig schreit oder gerade auf Ihre nagelneue Bluse gespuckt hat: Sie lieben es bedingungslos. Sanftes Selbstmitgefühl erlaubt es uns, diese Haltung auch uns selbst gegenüber einzunehmen. Genau wie es uns möglich ist, das schreiende Baby zu halten, können wir auch unsere intensiven und verstörenden Gefühle so liebevoll halten, dass sie uns nicht überwältigen. Nicht das, *was* gerade passiert, steht durch diese Haltung im Mittelpunkt – sei es nun schmerzhaft, schwierig, herausfordernd oder enttäuschend –, sondern die Frage, *wie* wir uns darauf *beziehen.* So lernen wir, auf neue Weise bei uns zu bleiben. Anstatt uns in unserem Schmerz zu verlieren oder zu verstricken, sind wir mitfühlend mit uns selbst, *weil* es uns nicht gut geht. Solche auf uns selbst ausgeweitete Fürsorge und Aufmerksamkeit führt dazu, dass wir uns sicher und akzeptiert fühlen. Sein Herz für das zu öffnen, was ist, erzeugt die Art von Wärme, durch die Wunden heilen können.

Während ich an diesem Buch schrieb, schlug COVID-19 zu. Ich musste alle meine Präsenzworkshops absagen, und für Rowan lief der Unterricht nun über Zoom. Es war nicht einfach, mit dem Schreiben vorwärtszukommen, während ich gleichzeitig versuchte, ihn bei seinen Aufgaben zu unterstützen und ihm die Zeit zu vertreiben und außerdem dafür zu sorgen, dass wir genug zu essen hatten (ich habe für den Fall der Fälle tatsächlich 20 Kilo Reis und Bohnen gekauft) und dass uns das Klopapier nicht ausging (ich kaufte jedenfalls so viel, dass damit die potenziellen Rückstände von 20 Kilo Reis und Bohnen locker bewältigt werden konnten), und mit all den anderen heftigen Veränderungen umzugehen, die die Pandemie mit sich brachte. Ich war einsam und machte mir Sorgen über die Zukunft. Verglichen mit anderen, die ihre Arbeit oder einen geliebten Menschen oder ihre Gesundheit verloren haben, hatte ich unglaubliches Glück, aber wirklich stressfrei war es trotzdem nicht. Wenn Gefühle von Angst, Trauer oder Unsicherheit in mir hochkommen, weiß ich, was zu tun ist: Ich gebe mir selbst sanftes Mitgefühl. Ich sage mir: »Das ist jetzt wirklich hart. Was brauchst du in diesem Augenblick?« Manchmal muss ich mich beruhigen, dann mache ich einen Spaziergang oder nehme eine heiße Dusche. Sehr viel häufiger brauche ich emotionale Unterstützung.

Dann kann ich zum Beispiel eine Hand auf mein Herz legen und die andere auf meinen Solarplexus, um meine eigene Anwesenheit zu spüren. Ich lasse ganz bewusst ein bisschen Wärme und Liebe in mich hineinfließen und erinnere mich daran, dass dies eine allgemeine Erfahrung ist (die ich in jenem Fall im wahrsten Sinne des Wortes mit Milliarden von anderen Menschen teilte). Die Schwierigkeiten verschwinden dadurch nicht, aber es macht einen riesigen Unterschied, wenn ich mir ein paar Minuten Zeit nehme, in mich hineinzufühlen und mir selbst ein bisschen Freundlichkeit zu schenken.

Mitgefühl mit sich selbst zu haben, wenn gerade alles schwierig ist, bedeutet, dass die Aufmerksamkeit nicht mehr komplett vom eigenen Leid in Beschlag genommen wird, sondern man sich diesem Leid freundlich zuwenden kann. Wir sind größer als unser Schmerz; denn wir sind auch diese Liebe, die den Schmerz hält. Manchmal funktioniert Selbstmitgefühl wie ein Rettungsanker: Egal, wie hart gerade alles ist, es kann zur Quelle von Sinn und Erfüllung werden.

Die drei Elemente des Selbstmitgefühls – Freundlichkeit, geteilte Menschlichkeit und Achtsamkeit – spielen im sanften Selbstmitgefühl jeweils eine entscheidende Rolle. Freundlichkeit ist eine emotionale Haltung, die es uns erlaubt, uns selbst zu trösten und zu beruhigen. Geteilte Menschlichkeit lässt uns verstehen, dass wir nicht allein sind, und erkennen, dass Unvollkommenheit ein Teil der menschlichen Erfahrung ist. Achtsamkeit schließlich sorgt dafür, dass wir in unserem Leiden präsent sein und unsere schwierigen Gefühle anerkennen können, ohne sofort zu versuchen, sie zu reparieren oder zu verändern. Wenn wir sanftes Selbstmitgefühl nutzen, um unsere Bedürfnisse zu erfüllen, nehmen die drei Elemente eine ganz besondere Form an: Liebevolle, verbundene Präsenz.

Liebe

Das Element der Freundlichkeit im Herzen des Selbstmitgefühls wird zu einer liebevollen Eigenschaft, sobald unser Bedürfnis darin besteht, uns so anzunehmen, wie wir sind. Dieses Element ist weich, warm und nährend. Frauen fühlen sich mit der sanften Seite des Mitgefühls häufig schon deshalb sehr wohl, weil es ein wesentlicher Bestandteil der weiblichen Geschlechterrolle ist. Wir sind Mitgefühlsspezialistinnen, von Geburt an dazu erzogen, uns um andere zu kümmern. Aber wenn wir diese Sorge nach innen wenden, kann es sich manchmal ein bisschen fremd oder sogar unbehaglich anfühlen.

Die meisten von uns sind viel strenger mit sich selbst als mit anderen. Oft genug sagen wir uns grausame und unfreundliche Dinge, die wir nie einem anderen Menschen ins Gesicht sagen würden. Gesetzt den Fall, Sie waren sehr beschäftigt und haben vergessen, Ihre Mutter anzurufen und ihr zum Geburtstag zu gratulieren. Wenn Ihnen eine enge Freundin so etwas erzählen würde, würden Sie wahrscheinlich etwa Folgendes sagen: »Ich verstehe total, wie bestürzt du bist, dass du vergessen hast, deine Mom anzurufen, aber so etwas passiert einfach mal. Davon geht die Welt nicht unter. Du warst ja wirklich gestresst und hattest viel zu viel um die Ohren – da ist es dir dann einfach durchgerutscht. Du kannst sie jetzt sofort anrufen und ihr sagen, wie wichtig sie dir ist.« Wenn wir uns jedoch selbst in einer ähnlichen Situation befinden, ist es viel wahrscheinlicher, dass wir sagen: »Du bist wirklich eine furchtbare Tochter. Wie kann man nur so um sich selbst kreisen. Mom wird am Boden zerstört sein und dir das nie verzeihen.«

Einer Freundin gegenüber rücken wir das Verhalten in den Mittelpunkt (du hast vergessen, deine Mutter anzurufen) und nicht die Person (du bist eine furchtbare Tochter). Wir führen ihr Verhalten auf die Situation zurück (du hattest viel zu viel um die Ohren), anstatt auf eine angebliche Charaktereigenschaft (du kreist immer nur um dich selbst). Wir schätzen die Auswirkungen der Situation objektiv ein (davon geht die Welt nicht unter), anstatt sie zu dramatisieren (Mom wird am Boden zerstört sein). Und wir erinnern unsere Freundin daran, dass die Auswirkung ihres Verhaltens zeitlich begrenzt ist (du kannst sie jetzt sofort anrufen), anstatt davon auszugehen, dass es dauerhafte Folgen hat (das wird sie dir nie verzeihen).

Was ist eigentlich der Grund dafür, dass wir uns selbst so anders behandeln als unsere Freunde? Eine Ursache liegt in unserem Umgang mit Bedrohungen. Wenn wir etwas an uns selbst bemerken, das wir nicht mögen, oder wenn wir mit einem schwerwiegenden Problem konfrontiert sind, fühlen wir uns persönlich bedroht. Wie oben erörtert, gibt es drei instinktive Reaktionsmöglichkeiten auf Gefahr: Kampf, Flucht oder Erstarrung, und wenn wir diese Varianten auf uns selbst anwenden, manifestieren sie sich in Selbstkritik, Isolierung und Überidentifikation. Wir haben das Gefühl, dass wir so die Kontrolle zurückbekommen und falsche Schritte vermeiden – und auf diese Weise für Sicherheit sorgen. Umgekehrt bedeutet das, dass wir uns von den Problemen anderer nicht so bedroht fühlen (obwohl ich sehr mitleide, wenn meine Freundin ihren Job verliert, bringt es mich nicht unmittelbar in Gefahr) und der Zugang zu unserer »Tend-and-befriend«-Reaktionsweise entsprechend offener ist. Durch das Praktizieren von Selbstmitgefühl verschieben wir unser Sicherheitsverhalten von der Bedrohungsabwehr zur Fürsorge, wodurch wir uns selbst besser unterstützen und besser mit schwierigen Situationen umgehen können.

Ein Schlüsselelement zur Schaffung einer solchen unterstützenden Atmosphäre ist der Ton unserer Stimme, wenn wir mit uns selbst sprechen – entweder laut oder in einem inneren Dialog. Wir Menschen reagieren unglaublich sensibel auf die Stimmlage, denn während der ersten beiden Lebensjahre, also vor dem wirklichen Verstehen von Sprache, ist der Ton das wichtigste Kommunikationsmittel zwischen Eltern und Babys.[206] Unabhängig von ihrer Bedeutung[207] können wir die emotionale Absicht von gesprochener Sprache verstehen. Wenn man beispielsweise freundliche Worte in kalter, tonloser Stimme spricht, kommt das ungefähr so rüber, als bekäme man einen Anruf von einem Sprachcomputer, der uns auffordert, eine Garantie zu verlängern. Wenn aber die Stimme voller Freundlichkeit und Wohlwollen ist, spüren wir das sehr tief in unserem Inneren, und wir reagieren auch auf unsere eigenen warmen Worte instinktiv positiv.

Wenn man sich selbst freundlich behandelt, anstatt sich erbarmungslos zu kritisieren, werden erstaunlicherweise auch schwierige Momente – zum Beispiel Situationen, die Gefühle von Scham und Unzulänglichkeit auslösen – zu einer Gelegenheit, Liebe zu geben und zu empfangen. Egal, welche Erfahrung wir gerade machen, wir können sanft mit uns selbst umgehen. Während wir lernen, uns mit unserer freundlicheren Stimme nach und nach immer wohler zu fühlen, wächst auch unsere Liebesfähigkeit. Liebe ist bedingungslos, sie verlangt nicht, dass wir uns ändern. Liebe kann alles halten.

Verbundenheit

Das Bewusstsein für geteilte Menschlichkeit, das Teil des sanften Selbstmitgefühls ist, ruft Verbundenheitsgefühle hervor, sobald wir uns unserem Schmerz zuwenden. Indem wir uns daran erinnern, dass Not und Gefühle von Unzulänglichkeit etwas sind, das wir alle kennen, fühlen wir uns nicht mehr so isoliert. Aber normalerweise fühlen wir uns in schwierigen Situationen von unseren Mitmenschen abgeschnitten. Denken Sie einmal darüber nach. Wenn Ihnen bei einer Sitzung eine total unpassende Bemerkung herausrutscht oder Sie die Kreditkartenrechnung nicht bezahlen können oder Ihr Arzt schlechte Neuigkeiten für Sie hat, dann fühlt sich das an, als wäre etwas schiefgelaufen. Als wäre es einfach nicht *vorgesehen,* dass so etwas passiert. Als ob nichts als Perfektion vorgesehen und es irgendwie anormal wäre, wenn die Dinge nicht so laufen, wie wir es gerne hätten. Das Gefühl der Anormalität ist keine rationale Reaktion, sondern eine emotionale. Klar, logisch betrachtet wissen wir, dass niemand perfekt ist und das Leben nicht vollkommen sein kann – dass man eben nicht immer bekommt, was man sich wünscht. Und doch, wenn etwas Herausforderndes passiert, dann besteht unsere emotionale Reaktion erst einmal darin, dass wir das Gefühl haben, der Rest der Welt würde ein ganz »normales«, problemfreies Leben führen und man selbst wäre »die Einzige«, die Probleme hat«.

Dieser selbstzentrierte Blick wird von unserer westlichen Kultur verstärkt, die uns glauben lässt, wir wären unabhängig Handelnde, die sich selbst und ihr Schicksal unter Kontrolle hätten. Wenn wir aber das Narrativ glauben, das behauptet, wir seien die Regisseure unseres eigenen Lebens, dann haben wir die für uns Menschen so wesentliche Interdependenz vergessen – jene Wahrheit, die besagt, dass jede Einzelne unserer Handlungen in einem größeren Netz von Ursachen und Voraussetzungen stattfindet.

Nehmen wir an, ich fühle mich unzulänglich, weil ich manchmal aufbrausend und ungeduldig auf andere reagiere und dadurch meine beruflichen Beziehungen beeinträchtige (alles rein hypothetisch natürlich). Nun kann ich mich mit diesen »Charakterfehlern« identifizieren, mich selbst dafür verurteilen, mir die Schuld geben. Oder ich kann mit der Weisheit der geteilten Menschlichkeit erkennen, dass dieses Verhalten gar nicht vollständig von mir selbst zu beeinflussen ist. Wenn es das wäre, hätte ich inzwischen längst damit aufgehört. Mein Verhalten wird zum Teil durch meine genetische Konstitution verursacht, außerdem durch Hormone, durch meine frühe Kindheit, durch die Erfahrungen, die ich in meinem Leben gemacht habe, durch meine aktuellen Lebensumstände – meine finanzielle Situation, meine Liebesbeziehungen, meine Arbeit, meine Gesundheit – und so weiter. All diese Faktoren interagieren mit weiteren Faktoren, wie zum Beispiel gesellschaftlichen Konventionen oder der Weltwirtschaft, Bedingungen, die sich vollständig außerhalb meiner Kontrolle befinden. Es gibt also keinen Grund, irgendetwas davon persönlich zu nehmen. Meine Erfahrung ist zutiefst verbunden mit dem, was in der größeren Welt passiert. Das bedeutet nicht, dass ich für meine Handlungen keine Verantwortung übernehmen sollte und nicht versuchen sollte, mein Bestes zu tun. Das kann bedeuten, dass ich beim nächsten Mal versuche, mich zu beherrschen, bevor ich losmotze, oder dass ich mich öfter entschuldige oder dass ich mich um Wiedergutmachung bemühe, wenn es nötig ist. Aber ich muss mich nicht gnadenlos verurteilen.

Wenn wir uns daran erinnern, dass Fehler ein wesentlicher Bestandteil der menschlichen Erfahrung sind, dann nehmen wir unsere Schwächen weniger persönlich. Wenn wir erkennen, dass wir nur eine Masche in einem riesigen Wandteppich sind, werden die Gefühle des Abgeschnittenseins und der Isolation kleiner. Wir fühlen uns nicht mehr anormal, sondern sehen, dass alle Menschen Stärken und Schwächen haben, die auf sehr komplexe Faktoren zurückzuführen sind, die sehr viel größer sind als jedes Individuum. Wenn wir uns nicht so allein fühlen, dann wird unser Schmerz erträglicher. Dieses Gefühl der Verbundenheit stärkt das Gefühl der Sicherheit, das wir brauchen, um den Herausforderungen des Lebens zu begegnen.

Präsenz

Achtsamkeit ist für Selbstmitgefühl zentral wichtig: Sie lässt die Aufmerksamkeit entstehen, die nötig ist, damit wir – so wie wir gerade sind – bei uns selbst bleiben und unseren Schmerz anerkennen können – ein ausbalancierter Zustand, der zwei gängige Reaktionen auf Leid unmöglich macht: Vermeidung und Überidentifikation. Manchmal wenden wir uns von unseren Schwierigkeiten ab, indem wir davor die Augen verschließen und in eine andere Richtung blicken. Wir ignorieren die Probleme in unserer Ehe oder auf der Arbeit oder in der Natur und entscheiden uns für das Halbdunkel der Verleugnung, statt das Unbehagen in Kauf zu nehmen, das erst einmal entsteht, wenn man sich für das öffnet, was ist. Wir müssen uns nach innen wenden und einen Raum für unsere schwierigen Gefühle schaffen: Traurigkeit, Angst, Ärger, Einsamkeit, Enttäuschung,

Kummer oder Frustration. Nur dann können wir auf unseren Schmerz mit Liebe reagieren und wirklich erkennen, dass diese Gefühle Teil der menschlichen Erfahrung sind.

Bei anderen Gelegenheiten verschmelzen wir geradezu mit unseren negativen Gefühlen. Wir verstricken uns so heillos in unserem Leid, dass wir den Maßstab verlieren. Wir fixieren uns auf unsere Probleme und verzerren und übertreiben sie dabei maßlos. Denken Sie zum Beispiel daran, wie sehr man sich manchmal in einen Actionfilm hineinziehen lässt: Man ist genauso angespannt, als wäre man selbst die Person, die gleich von einem schlingernden Auto getroffen wird. Plötzlich muss jemand, der neben einem sitzt, niesen und in dem Moment wird einem klar: »Oh, stimmt, das ist ja nur ein Film!« Achtsamkeit gibt uns den Raum und den Blickwinkel, den wir brauchen, um deutlich zu erkennen, was gerade geschieht – erst dadurch können wir mitfühlend darauf reagieren, wie schwierig es im Augenblick ist.

Wenn wir uns für die Realität öffnen, selbst dann, wenn wir sie nicht mögen, dann hilft uns das praktisch sofort. Sobald etwas passiert, das uns nicht gefällt, versuchen wir normalerweise, es zu reparieren oder dafür zu sorgen, dass es weggeht. Dadurch dass wir es bekämpfen, machen wir alles schwerer, als es sein müsste. Wir wissen aus der psychologischen Forschung, dass sich Schmerz bei Widerstand verschlimmert.[208] Stellen Sie sich vor, was passiert, wenn Sie einen Luftballon zusammenquetschen: er platzt. Widerstand kann definiert werden als Wunsch, unser aktuelles Erleben zu manipulieren. Wenn wir gegen unser Unbehagen Widerstand mobilisieren, haben wir nicht nur mit dem Schmerz zu tun, sondern sind auch noch ärgerlich und frustriert darüber, dass die Dinge nicht so sind, wie wir sie haben wollen. Der Meditationslehrer Shinzen Young hat das einmal in einer mathematischen Formel ausgedrückt: »Leiden = Schmerz x Widerstand«.[209] In einem Meditations-Retreat, den ich bei ihm besucht habe, witzelte er: »Eigentlich ist das Verhältnis sogar exponentiell und nicht multiplikativ.« Stellen Sie sich vor, Ihr Flug wird gestrichen, und Sie müssen nun befürchten, die Hochzeit einer engen Freundin zu verpassen. Wie entsetzlich. Sie sind wahnsinnig enttäuscht. Aber wenn Sie toben und rasen, sich die Haare raufen, herumschreien und mit dem Kopf gegen eine metaphorische Wand rennen, wird dadurch der Stress wegen des gestrichenen Flugs nur noch verstärkt. Sich von dem Gedanken »Das hier sollte nicht passieren!« in Beschlag nehmen zu lassen – anders gesagt, Widerstand gegen die Tatsache zu leisten, dass es nun einmal doch passiert –, führt nur dazu, dass Öl ins Feuer gegossen wird. Achtsamkeit erlaubt es uns, die Realität zu akzeptieren. Wir sagen zu uns selbst: »Ich bin am Boden zerstört, weil mein Flug gestrichen wurde. Ich möchte diese Hochzeit wirklich nicht verpassen. Ich bin so ärgerlich und traurig deswegen.« Die klare Wahrnehmung des Schmerzes ermöglicht es uns, unsere Gefühle anzunehmen und dann klug zu handeln, um zumindest das, was kommt, zu beeinflussen (vielleicht könnten Sie sich ein Leihauto nehmen).

Achtsam mit unserem Schmerz umzugehen, anstatt ihn abzuwehren, hat noch einen weiteren Vorteil, nämlich den, dass sich Probleme schneller auflösen. Wir wissen, dass Widerstand unser Leiden nicht nur vergrößert, sondern auch dazu beiträgt, es zu zementieren. Das, was wir abwehren wollen, bleibt. Wenn man Ängste hat und sie bekämpft, kann man eine Panikstörung entwickeln. Wenn man mit Traurigkeit zu tun hat und sie bekämpft (vor allem, indem man sich selbst dafür verurteilt, dass man traurig ist), kann man Depressionen bekommen. Normalerweise haben Gefühle eine begrenzte Lebensdauer. Sie entstehen in einer schwierigen Situation und schwächen sich mit der Zeit ab. Wenn wir unsere negativen Gefühle bekämpfen, füttern wir sie mit der Energie unseres Widerstandes. Sie sind wie streunende Katzen, die wir nicht loswerden, weil wir ihnen nachts Reste hinstellen. Wenn wir jedoch einfach in unseren schwierigen Gefühlen präsent bleiben und unserem Erleben achtsam erlauben, genauso zu sein, wie es in diesem Augenblick ist, dann machen sie sich früher oder später davon.

Trotzdem ist es ganz natürlich, den Wunsch zu haben, dem Schmerz aus dem Weg zu gehen, und das macht es so schwierig loszulassen. Selbst eine Amöbe bewegt sich von den Giftstoffen in einer Petrischale weg. Unser Widerstand wird von unserem angeborenen Wunsch nach Wohlbefinden angetrieben. Ich habe versucht, Rowan von klein auf Achtsamkeit und Selbstmitgefühl beizubringen, weil ich wusste, wie wichtig es für ihn sein würde. Jahrelang sperrte er sich komplett dagegen. Wenn er wegen irgendetwas ärgerlich oder traurig war und ich dann versuchte, ihm zu helfen, die Situation mit Wärme und Freundlichkeit anzunehmen, blaffte er mich an: »Lass mich in Ruhe mit diesem Selbstmitgefühlskram, Mommy. Ich *will* den Schmerz nicht akzeptieren.« Die Ehrlichkeit dieser Reaktion war herzzerreißend. Als seine Mutter wünschte ich mir, dass sein Widerstand funktionieren, dass sich sein Schmerz wie durch ein Wunder auflösen würde. Aber Widerstand ist zwecklos (damit hatten die Borg aus *Star Trek* nun einmal recht). Erst wenn wir uns unserem Schmerz mit klarem Kopf und offenem Herzen zuwenden, wird er mit der Zeit nachlassen – in seinem eigenen Tempo und seinem eigenen Rhythmus.

Die Praxis der Achtsamkeit erlaubt es uns, unseren Widerstand loszulassen, sodass wir auf mitfühlendere Weise bei uns selbst sein können. Schon indem wir einfach anerkennen, dass wir zu kämpfen haben, und zulassen, dass es nun einmal so ist, gehen wir den ersten Schritt in Richtung Heilung. Wenn wir mit uns selbst und unserem Schmerz präsent sind und gleichzeitig daran denken, dass nicht nur wir zu kämpfen haben und dass wir freundlich zu uns selbst sein müssen, weil es gerade weh tut, verkörpern wir den Zustand des sanften Selbstmitgefühls. Diese liebevolle, verbundene Präsenz ist auf jede schwierige Erfahrung anwendbar, und sie macht einen dramatischen Unterschied, wenn es darum geht, mit ihr zurechtzukommen.

Sanfte Selbstmitgefühlspause

Die Selbstmitgefühlspause ist eine der beliebtesten Übungen aus unserem MSC-Programm. Sie soll Ihnen helfen, die drei Elemente des Selbstmitgefühls zu mobilisieren, wenn Sie im Alltag Akzeptanz und Unterstützung brauchen. Ein bisschen wirkt sie wie die Reset-Taste am Computer: Wenn es uns nicht gut geht, gönnen wir uns eine dringend benötigte Pause, um uns neu orientieren und neu zentrieren zu können. Die Basisübung der Selbstmitgefühlspause besteht darin, ganz bewusst die drei Elemente des Selbstmitgefühls aufzurufen – nämlich Achtsamkeit, geteilte Menschlichkeit und Freundlichkeit –, um uns dabei zu unterstützen, uns unserer jeweiligen Erfahrung auf mitfühlendere Weise zuzuwenden. Zunächst lernen wir diese Übung für eine Situation, in der das sanfte Selbstmitgefühl benötigt wird. In den kommenden Kapiteln wird diese Übung dann auf die drei Formen des kraftvollen Selbstmitgefühls zugeschnitten: schützen, versorgen und motivieren. (Eine angeleitete Audioversion dieser Übung finden Sie auf FierceSelf-Compassion.org.)

Anleitung

Rufen Sie sich eine Situation ins Gedächtnis, die schwierig ist, etwas, worunter Sie im Moment leiden und dem Sie sich aufmerksamer und akzeptierender zuwenden möchten. Vielleicht fühlen Sie sich unzulänglich, oder etwas, das in Ihrem Leben passiert, macht Sie wirklich traurig, und Sie wünschen sich ein bisschen liebevolle, verbundene Präsenz, damit Sie da durchkommen. Bitte nehmen Sie, wenn Sie diese Übung zum ersten Mal machen, eine Situation aus dem milden bis mittelschweren Spektrum, und nicht etwas, das Sie überwältigen könnte. Erlauben Sie sich selbst, sich noch einmal ganz in das Problem hineinzufühlen, und registrieren Sie dabei jedes Unbehagen, das Sie in Ihrem Körper wahrnehmen. Wo spüren Sie es am meisten? Nehmen Sie mit diesem Unbehagen in Ihrem Körper Kontakt auf.

Sorgen Sie für eine möglichst entspannte Körperhaltung. Sie werden gleich eine Reihe von Sätzen (entweder laut oder im Stillen) sprechen, die die drei Elemente des Selbstmitgefühls in ihrer Yin-Ausprägung wachrufen sollen. Im Folgenden werden zwar Formulierungen vorgeschlagen, aber das Ziel ist, dass Sie mit der Zeit eine eigene Sprache finden.

- Der erste Satz soll Ihnen helfen, mit dem Schmerz, den Sie empfinden, auf achtsame Weise präsent zu sein. Versuchen Sie, langsam und ruhig zu sich selbst zu sagen: »Dies ist ein Moment des Leidens.« Wenn sich diese Formulierung nicht richtig anfühlt, versuchen Sie, andere Worte für dieselbe Botschaft zu finden, etwa: »Das ist jetzt wirklich hart«, »Das stresst mich total«, »Das tut richtig weh«.
- Der zweite Satz soll Sie an Ihre Verbundenheit mit dem Rest der Menschheit erinnern. Versuchen Sie, zu sich selbst zu sagen: »Leiden gehört zum Leben«. Andere Möglichkeiten wären: »Ich bin nicht die Einzige«, »Jeder hat mal Probleme im Leben« oder »So fühlt es sich an, wenn man zu kämpfen hat«.
- Der dritte Satz zieht die Kraft der Liebe und Freundlichkeit hinzu. Legen Sie sich zunächst eine Hand auf Ihr Herz oder eine andere geeignete Stelle und spüren Sie die warme und freundliche Berührung Ihrer Hand. Versuchen Sie sanft zu sagen: »Ich möchte freundlich zu mir selbst sein.« Andere Möglichkeiten könnten lauten: »Ich möchte mich selbst so akzeptieren, wie ich bin«, »Ich möchte verständnisvoll und geduldig mir selbst gegenüber sein« oder »Ich bin für dich da«. Wenn Sie dabei ein gutes Gefühl haben, können Sie sogar ausprobieren, wie es sich anfühlt zu sagen: »Ich liebe dich«.
- Wenn es Ihnen schwerfällt, die richtigen Worte zu finden, stellen Sie sich vor, dass eine enge Freundin das gleiche Problem hat wie Sie. Was würden Sie ihr in einem Gespräch unter vier Augen sagen, um sie zu beruhigen und zu trösten? Schaffen Sie es, dieselben Worte zu sich selbst zu sagen?

Nach dieser Übung werden Sie sich entweder gut oder schlecht oder unbestimmt fühlen. Versuchen Sie, sich selbst genau das Gefühl zu-

zugestehen, das Sie in diesem Augenblick haben: Es gibt keine Notwendigkeit, irgendetwas zu reparieren. Wenn Sie es mit einer Rauchgasexplosion zu tun bekommen, sollten Sie allerdings versuchen, die Fußsohlenübung von Seite 44 durchzuführen.

Selbstmitgefühl versus Selbstwertgefühl

Eine der wichtigsten Funktionen des sanften Selbstmitgefühls ist radikale Selbstakzeptanz. Wenn wir lernen, mitfühlend bei unserem unvollkommenen Selbst zu bleiben, können wir aufhören, uns selbst dafür zu kritisieren, dass wir nicht gut genug sind. Wir hören auf, ununterbrochen danach zu streben, anders zu sein als wir sind, perfekt zu sein; wir nehmen uns selbst mit all unseren Fehlern und Schwächen an. Das ist eine vollkommen andere Herangehensweise als der Versuch, unser Selbstwertgefühl zu steigern.

Selbstwertgefühl ist die Einschätzung des eigenen Werts.[210] Es ist das Urteil, dass wir gut sind und nicht schlecht. Die Art und Weise, in der die meisten von uns gelernt haben, sich gut mit sich selbst zu fühlen, besteht darin, sich als etwas Besonderes, als überdurchschnittlich zu betrachten.[211] Einfach durchschnittlich zu sein reicht nicht aus, was in Wirklichkeit natürlich ein Problem darstellen würde, weil es logisch unmöglich ist, dass wir alle zur gleichen Zeit besonders und überdurchschnittlich sind. Es bedeutet außerdem, dass wir uns ununterbrochen mit anderen vergleichen. Hat sie mehr Facebook-Freunde als ich? Ist sie hübscher als ich? Dieses permanente Vergleichen bringt uns in ein Konkurrenzverhältnis zu anderen[212] – und schneidet uns dadurch von ihnen ab. Das verringert nicht nur das Gefühl der Verbundenheit, es kann sogar geradewegs zu richtig fiesem Verhalten führen[213] (wenn ich auf dem sonderbaren Kind herumhacke, wirke ich im Vergleich cooler) bis hin zu sozialen Aggressionen[214] (wenn ich Gerüchte über die neue Kollegin verbreite, kann es nicht passieren, dass die anderen sie genauso mögen wie mich). Soziales Vergleichen kann darüber hinaus Vorurteile befördern.[215] Die

Ursachen von Vorurteilen sind komplex und haben viel mit der Bewahrung von Macht und Ressourcen zu tun. Doch einer der Schlüsselfaktoren, der Vorurteile anheizt, besteht darin, dass ich meinen relativen Status aufbessere, wenn ich mir selbst sage, dass meine ethnische, religiöse, nationale, (Lücke für Ihren eigenen Eintrag) Gruppe oder meine Hautfarbe der der anderen überlegen ist.

Ein anderes Problem mit dem Selbstwertgefühl besteht darin, dass es davon abhängt, ob wir die Standards, die wir uns selbst gesetzt haben, erreichen.[216] Habe ich so viel abgenommen, wie ich mir vorgenommen hatte, konnte ich mein Verkaufsziel erreichen, habe ich meine Freizeit produktiv gestaltet? Unser Gefühl für unseren eigenen Wert basiert in diesem Fall darauf, dass wir unsere Ziele erreichen. Die drei üblichsten Bereiche[217], nach denen Frauen ihr Selbstwertgefühl ausrichten, sind soziale Anerkennung, wahrgenommene Attraktivität und Erfolg in den Bereichen des Lebens, die sie jeweils für wichtig erachten (Schule, Arbeit, Elternschaft etc.). Und aus diesem Grund fragen wir uns ständig: »Habe ich das gut gemacht, mögen die Leute mich, sehe ich hübsch aus?« Wir fühlen uns gut mit uns selbst, wenn wir das bejahen können – aber wenn wir mal wieder einen Bad-Hair-Day haben und die Antwort Nein lautet, sind wir sofort weniger wert.

Weil unser Selbstwertgefühl davon abhängt, ob wir Erwartungen (unsere eigenen oder die von anderen) erfüllen, kann es extrem schwanken.[218] Selbstwertgefühl ist vom Wesen her instabil, weil es nur in guten Zeiten für uns da ist. Was passiert aber, wenn wir auf eine Bewerbung eine Absage bekommen oder von unserem Partner oder unserer Partnerin verlassen werden oder in den Spiegel blicken und nicht mögen, was wir da sehen? Unser Selbstwertgefühl kommt uns sofort abhanden, und nicht selten folgen Depression und Angst auf dem Fuße.

Davon abgesehen ist das Streben nach Selbstwertgefühl natürlich unendlich – eine Tretmühle, der wir, so scheint es, nicht entkommen können. Es gibt immer jemanden, der es besser kann als wir – wenn nicht heute, dann in Kürze. Und die Tatsache, dass wir nun einmal unvollkommene Kreaturen sind, bedeutet nun einmal, dass wir unsere Standards nicht immer erreichen können. Wir werden *niemals* gut genug und erfolgreich genug sein.

Sanftes Selbstmitgefühl vermeidet die Selbstwert-Falle, indem es uns hilft, uns bedingungslos anzunehmen. Wir müssen uns das Recht auf Selbstmitgefühl nicht verdienen. Wir sind einfach deshalb mitfühlend mit uns selbst, weil wir unvollkommene menschliche Wesen sind, die es aus sich selbst heraus verdient haben, dass man sich um sie kümmert. Wir müssen keinen Erfolg haben oder besonders sein oder überdurchschnittlich. Wir brauchen nur dieses verwirrte, strauchelnde, unfertige Etwas, das wir selbst sind, voller Wärme zu umarmen.

Ich habe vor Kurzem erlebt, wie mein Selbstmitgefühl eingesprungen ist, als mein Selbstwertgefühl drohte, mich zu verlassen. Letzten Sommer, etwa einen Monat, bevor ich auf großer Bühne einen Vortrag über Selbstmitgefühl halten sollte, wuchs mir plötzlich mitten auf der Nasenspitze ein Pickel. »Das ist seltsam«, dachte ich. »Ich habe seit Jahren keinen Pickel mehr gehabt. Es muss etwas mit den hormonellen Veränderungen der Wechseljahre zu tun haben.« Aber der Pickel ging nicht weg. Er wurde immer größer und leuchtete knallrot. Schließlich ging ich zum Hautarzt, und es war tatsächlich ein Melanom. Nichts Schlimmes zum Glück, aber es musste sofort entfernt werden – einen Tag, bevor ich ins Flugzeug steigen wollte, um meinen großen Vortrag zu halten. Ich musste also mit einem eher suboptimalen Look – einem riesigen weißen Verband im Gesicht – vor so vielen Leuten sprechen. Doch anstatt mir den Kopf über mein Aussehen zu zerbrechen oder zu befürchten, dass die Leute im Publikum mich verurteilen würden, reagierte ich auf meine Geniertheit mit Mitgefühl. Das ermöglichte es mir, die Situation etwas entspannter anzugehen und sogar darüber zu witzeln: »Sie haben höchstwahrscheinlich den Verband an meiner Nase bemerkt. Sobald man die 50 überschreitet, wachsen einem seltsame Dinge am Körper, die dann herausgeschnitten werden müssen – was soll man machen?«

Zusammen mit Roos Vonk von der Universität Nimwegen in den Niederlanden habe ich eine wissenschaftliche Studie durchgeführt, die ganz direkt den Einfluss von Selbstwertgefühl und Selbstmitgefühl auf das Gefühl des eigenen Wertes untersucht hat.[219] Wir werteten Daten von insgesamt 2187 Teilnehmerinnen und Teilnehmern aus (davon 74 Prozent Frauen im Alter zwischen 18 und 83 Jahren), die über Anzeigen in Tageszeitungen und Zeitschriften gewonnen worden waren. In einem Zeitraum von acht Monaten beantworteten sie in einer Reihe von Fragebögen eine ganze Bandbreite von Fragen. Wir fanden heraus, dass – verglichen mit Selbstwertgefühl – Selbstmitgefühl mit weniger sozialen Vergleichen einherging und von sozialer Anerkennung, wahrgenommener Attraktivität und Erfolg weniger abhängig war. Das Gefühl des eigenen Wertes, das die Leute dagegen aus Selbstmitgefühl schöpften, war auf lange Sicht wesentlich stabiler. Wir erhoben die Daten zur Wahrnehmung des eigenen Wertes bei den Probanden im Laufe der acht Monate insgesamt zwölfmal und kamen zu dem Ergebnis, dass es Selbstmitgefühl und nicht Selbstwertgefühl war, das einen stabilen Selbstwert voraussagte.

Selbstwertgefühl und Selbstmitgefühl haben gegensätzliche Ziele. Beim ersten geht es darum, alles richtig zu machen, beim zweiten darum, sein Herz zu öffnen. Nur die zweite Variante ermöglicht es uns, ganz und gar menschlich zu sein. Wir versuchen nicht mehr perfekt zu sein oder ein ideales Leben zu führen, und konzentrieren uns stattdessen darauf, in jeder denkbaren Situation für uns selbst zu sorgen. Es mag sein, dass ich eine Deadline verpasst, etwas Dummes gesagt oder eine schlechte Entscheidung getroffen habe und mein Selbstwertgefühl mag dadurch einen schweren Schlag erlitten haben, aber wenn ich in solchen Momenten freundlich und verständnisvoll zu mir selbst bin, habe ich es geschafft. Wenn wir uns so akzeptieren, wie wir sind, und uns selbst Unterstützung und Liebe schenken, dann haben wir unser Ziel erreicht.

Der Balsam des Selbstmitgefühls

Wie schon erwähnt, gibt es eine große und stets wachsende Zahl von Forschungsergebnissen, die zeigen, dass Selbstmitgefühl das Wohlbefinden steigert.[220] Es reduziert Depressionen, Ängste und Stress, vermehrt Glück und Zufriedenheit mit dem eigenen Leben und fördert die körperliche Gesundheit. Wenn wir Selbstmitgefühl praktizieren und ein Gefühl von Sicherheit brauchen, wird unser Sorgesystem aktiviert und unser Gefahrenabwehrsystem deaktiviert. Um das zu illustrieren: In einer Studie wurden die Teilnehmerinnen und Teilnehmer gebeten, sich vorzustellen, dass sie Mitgefühl empfangen.[221] Sie sollten dann versuchen, dieses Mitgefühl bewusst in ihrem Körper zu spüren. Einmal in der Minute wurden ihnen Sätze wie diese vorgespielt: »Lasse zu, dass du fühlst, dass du der Empfänger von großem Mitgefühl bist; lasse zu, dass du fühlst, dass die liebende Güte für dich da ist.« Die Forscherinnen und Forscher entdeckten, dass bei Teilnehmerinnen und Teilnehmern, die sich selbst Mitgefühl geben konnten, die Cortisolwerte (die ein Indikator für die Aktivierung des sympathischen Nervensystems sind) niedriger waren als bei einer Kontrollgruppe, was darauf hindeutete, dass sie sich sicherer fühlten. Außerdem war ihre Herzfrequenzvariabilität (ein Indikator für die Aktivierung des parasympathischen Nervensystems) höher, was darauf hindeutete, dass sie entspannter und weniger abwehrend waren.

Selbstmitgefühl vergrößert das Wohlbefinden auch dadurch, dass es negative Zustände in positive verwandelt. Wenn wir unseren Schmerz in liebevoller, verbundener Präsenz halten, fängt er an, nachzulassen, aber darüber hinaus fühlt es sich auch einfach gut an sein Herz zu öffnen; es ist eine sinnstiftende und lohnende Erfahrung. Beispielsweise baten Wissenschaftlerinnen und Wissenschaftler Menschen, die sie über Facebook für eine Studie gewonnen hatten, sich selbst sieben Tage lang an jedem Tag einen mitfühlenden Brief zu schreiben.[222] Sie sollten nach den folgenden Anweisungen jeden Tag an etwas denken, das sie bekümmert oder ihnen ein ungutes Gefühl gegeben hatte: »Überlegen Sie, was Sie einem Freund oder einer Freundin in Ihrer Lage sagen würden oder was ein Freund oder eine Freundin zu Ihnen sagen würde. Versuchen Sie, Verständnis für Ihren Kummer aufzubringen (zum Beispiel durch die Worte: Es macht mich traurig, dass du so bekümmert bist) und sich zu sagen, dass Ihr Kummer verständlich ist. Wir möchten Sie bitten, einfach aufzuschreiben, was Ihnen in den Sinn kommt, achten Sie jedoch darauf, dass dieser Brief Sie mit dem versorgt, was Sie hören müssen, um sich in Bezug auf die schwierige Situation genährt und beruhigt zu fühlen.« Auch hier wurde mit einer Kontrollgruppe gearbeitet, in der die Teilnehmerinnen und Teilnehmer aufgefordert worden waren, über den Zeitraum von einer Woche jeden Tag ihre frühen Kindheitserinnerungen aufzuschreiben. Im Laufe dieses Zeitraums wurde das Wohlbefinden der Teilnehmerinnen und Teilnehmer täglich gemessen, und das Ergebnis war, dass die, die mit Selbstmitgefühl schrieben, im Vergleich zu der Kontrollgruppe noch drei Monate später weniger deprimiert waren. Sogar noch bemerkenswerter war, dass sie davon berichteten, sich ganze sechs Monate lang glücklicher gefühlt zu haben, wodurch gezeigt wurde, dass die positiven Gefühle, die aus liebevoller, verbundener Präsenz stammen, von Dauer sind.

Was Selbstmitgefühl darüber hinaus so hilfreich macht, ist, dass es Schamgefühle aushebelt. Scham entsteht immer dann, wenn wir unsere ungünstigen Verhaltensweisen mit dem verwechseln, was wir sind. Anstatt einfach anzuerkennen, dass wir einen Fehler gemacht haben, glauben wir, selbst der Fehler zu sein. Dieser Zustand ist extrem egozentrisch: Wir fühlen uns hohl, wertlos und isoliert. Alle drei Elemente des Selbstmitgefühls sind direkte Gegenmittel gegen Scham: Achtsamkeit bewahrt uns davor, uns übermäßig mit unseren Fehltritten zu identifizieren, geteilte Menschlichkeit steht den Isoliertheitsgefühlen entgegen, und Freundlichkeit erlaubt es uns, uns trotz unserer Unvollkommenheit wertvoll zu fühlen. So können wir zulassen, dass wir unsere Schwächen klar sehen und annehmen, ohne uns über sie zu definieren.

Vor Kurzem erinnerte mich ausgerechnet Rowan daran. Wir saßen im Auto, das Radio lief, und ich sang aus voller Kehle mit. Lassen Sie es mich vielleicht so ausdrücken: Meine Singstimme gehört nicht zu meinen besten Eigenschaften. Sie ist eigentlich sogar etwas, wofür ich mich ein bisschen schäme. Ich sagte: »O Mensch, ich bin wirklich eine schlechte Sängerin!« Und Rowan antwortete wie aus der Pistole geschossen: »Du bist keine schlechte Sängerin, Mom, du singst nur schlecht.«

Scham ist ein besonders problematisches Gefühl, weil es uns tendenziell verschließt und uns davon abhalten kann, den Schaden, den wir angerichtet haben, wiedergutzumachen.[223] Die intensiven Gefühle des Ekels und der Isolation, die von Scham hervorgerufen werden, kombiniert mit dem Wunsch, uns vor dem, was wir angerichtet haben, zu verstecken, machen es sehr viel schwieriger, mit unserem Verhalten offen umzugehen. Scham ist etwas anderes als Schuld, die letztendlich weniger belastend ist. Wenn wir uns wegen unseres Verhaltens schlecht fühlen, ohne gleich uns selbst als schlecht zu betrachten, ist es sehr viel leichter, Verantwortung für unsere eigenen Handlungen zu übernehmen.

Edward Johnson und Karen O'Brien von der University of Manitoba untersuchten den Zusammenhang zwischen Selbstmitgefühl, Scham, Schuld und Depression.[224] Sie baten die Teilnehmerinnen und Teilnehmer, an eine Episode aus ihrer Vergangenheit zu denken, in der sie sich so verhalten hatten, dass sie es im Nachhinein bereuten, und forderten dann eine Gruppe auf, unter Nutzung der drei Elemente des Selbstmitgefühls – Achtsamkeit, geteilte Menschlichkeit und Freundlichkeit – über diesen Vorfall zu schreiben. Verglichen mit einer Kontrollgruppe berichteten diejenigen, die sich im Selbstmitgefühlsmodus befanden, dass Schamgefühle und andere negative Emotionen erheblich abgenommen hätten. Interessanterweise blieben die Schuldgefühle in gleichem Ausmaß bestehen (Selbstmitgefühl sorgte nicht dafür, dass sich die Leute schuldiger fühlten, aber auch nicht dafür, dass sie sich weniger schuldig fühlten.). Das Gefühl der Schuld kann als klare Anerkennung von falschem Verhalten wichtig sein, ganz anders als Scham, die niemandem hilft. Die Wissenschaftlerinnen und Wissenschaftler entdeckten außerdem, dass diejenigen, die in der Selbstmitgefühlsgruppe gewesen waren, noch zwei Wochen später weniger mit depressiven Gefühlen zu kämpfen hatten als die Kontrollgruppe, was von den Forscherinnen und Forschern zum Teil auf das Abnehmen der Schamgefühle zurückgeführt wurde. Die Fähigkeit, sich selbst klar zu sehen, ohne sich zu schämen, ist eines der größten Geschenke des Selbstmitgefühls.

Mit Schmerzen umgehen

Selbstmitgefühl sorgt für emotionale Resilienz, indem es uns hilft, durch schmerzhafte Zeiten zu kommen, ohne komplett ausgeknockt zu werden.[225] So hilft es uns zum Beispiel, mit herausfordernden Situationen wie einer Scheidung umzugehen. Wissenschaftlerinnen und Wissenschaftler haben Erwachsene, die sich gerade im Scheidungsprozess befanden,[226] gebeten, einen vierminütigen inneren Monolog über ihre Trennungserfahrungen aufzuzeichnen, woraufhin unabhängige Jurymitglieder einschätzten, wie selbstmitfühlend ihre Monologe waren. Denjenigen, die größeres Selbstmitgefühl zeigten, während sie über ihre Trennung sprachen, konnte eine größere psychologische Anpassungsfähigkeit bescheinigt werden, nicht nur in der akuten Krise, sondern auch noch neun Monate später.

Selbstmitgefühl hilft Menschen auch, mit Gesundheitsproblemen wie Diabetes[227], Spina bifida[228] oder Multipler Sklerose[229] umzugehen, indem es sie in die Lage versetzt, emotional ausgeglichen zu bleiben und leichter durch den Tag zu kommen. In einer qualitativen Studie darüber, wie Selbstmitgefühl Frauen half, mit chronischen Schmerzen zurechtzukommen,[230] schrieb eine Teilnehmerin: »Während des Frühstücks sage ich mir immer wieder, dass mein Schmerz vielleicht gar nichts ist, was ich von mir abtrennen sollte.

Vielleicht ist der Schmerz Teil meines Normalzustands und vielleicht ist das in Ordnung so. Wenn ich (…) freundlich [zu mir selbst] bin und dann einfach weitermache, ist alles leichter.« Ähnlich war es bei Menschen, die mit lebensbedrohlichen Krankheiten wie Krebs[231] oder HIV[232] zurechtkommen mussten: Wenn sie ihren gesundheitlichen Problemen mit Mitgefühl begegneten, waren sie weniger gestresst, deprimiert, ängstlich und beschämt.

Zusammen mit den Studierenden des Abschlusssemesters führte ich eine Studie durch, die untersuchte, inwiefern Eltern von autistischen Kindern durch Selbstmitgefühl Stabilität für sich gewannen.[233] Ich wusste aus erster Hand, wie wichtig es ist, Mitgefühl für sich selbst zu haben, wenn man für ein Kind mit besonderen Bedürfnissen sorgt, aber mich interessierten auch die Erfahrungen von anderen Eltern mit autistischen Kindern. Über unsere örtliche Autismus-Community rekrutierten wir Freiwillige und baten sie, aus ihrer Perspektive als Eltern den Selbstmitgefühls-Fragebogen auszufüllen. Wir ließen sie außerdem Diagnosebögen beantworten, die es uns ermöglichten einzuschätzen, wie schwer der Autismus ihres Kindes ausgeprägt war und wie gestresst, überfordert oder deprimiert sie sich aufgrund dieser Situation fühlten. Schließlich fragten wir noch, wie hoffnungsvoll sie in die Zukunft blickten und wie zufrieden sie mit ihrem Leben waren. Die Ergebnisse wiesen darauf hin, dass Eltern mit mehr Selbstmitgefühl weniger Stress erlebten, wenn sie mit ihren Kindern umgingen. Es war weniger wahrscheinlich, dass sie sich deprimiert fühlten, und wahrscheinlicher, dass sie hoffnungsvoll und zufrieden mit ihrem Leben waren. Tatsächlich ließ sich anhand von Selbstmitgefühl besser vorhersagen, wie es den Eltern ging, als anhand der Schwere des Autismus ihres Kindes. Das legt nahe, dass die Größe der Herausforderung, mit der man konfrontiert ist, weniger wichtig zu sein scheint, als die Art und Weise, wie man sich inmitten solcher Probleme auf sich selbst bezieht.

Wenn wir nicht die nötigen emotionalen Ressourcen haben, um mit den schwierigen Aspekten unserer Persönlichkeit und unseres Lebens umzugehen, greifen wir manchmal auf ungünstige

Verarbeitungsstrategien zurück, um unserem Schmerz aus dem Weg zu gehen. Vielleicht begraben wir unseren Kummer durch zwanghaften Alkohol-[234] oder Drogenkonsum[235] oder durch Sex, weil wir so verzweifelt versuchen, uns wenigstens für kurze Zeit gut zu fühlen. Doch wenn das Highsein abklingt oder die Erregung vorbei ist, finden wir uns Mal um Mal in derselben alten Realität wieder und versuchen stets von neuem, ihr zu entkommen. So entsteht der Zirkel der Sucht. Wissenschaftliche Untersuchungen zeigen, dass Menschen, die mitfühlend zu sich selbst sind und ihren Schmerz liebevoll halten können, statt ihn mit bewusstseinsverändernden Erfahrungen betäuben zu müssen, mit geringerer Wahrscheinlichkeit abhängig von Alkohol, Drogen, Essen[236] oder Sex[237] werden. Es gibt sogar eine Studie, die zeigt, dass Menschen, die Mitgefühl für sich selbst aufbringen können, eine geringere Wahrscheinlichkeit haben, süchtig nach Schokolade[238] zu werden, die ja ein bevorzugtes Mittel ist, sich besser zu fühlen. Selbstmitgefühl kann Menschen sogar helfen eine Abhängigkeit zu überwinden[239] und ist in der Tat einer der großen Vorteile von Selbsthilfeprogrammen, zum Beispiel den Anonymen Alkoholikern.[240]

Selbstmitgefühl kann andere problematische Wege, mit Kummer umzugehen, zurückdrängen. So beobachtete eine Studie chinesische Jugendliche,[241] die länger als ein Jahr lang gemobbt worden waren, und kam zu dem Ergebnis, dass diejenigen unter ihnen, die mehr Selbstmitgefühl hatten, mit geringerer Wahrscheinlichkeit selbstschädigendes Verhalten an den Tag legten, wie zum Beispiel Ritzen. Menschen, die sich selbst schneiden, nutzen oft den körperlichen Schmerz, um sich von ihrem emotionalen Schmerz abzulenken[242] oder um *überhaupt* irgendetwas zu fühlen. Selbstmitgefühl ist ein besonderer Weg, den Schmerz zu fühlen und zu verarbeiten. Manche Menschen versuchen sogar, wenn die Dinge richtig schlecht laufen, ihrem Leben ein Ende zu setzen, um ihren Problemen irgendwie zu entkommen. In einer Studie lernten schwarze Amerikaner mit geringem Einkommen, die im vorangegangenen Jahr versucht hatten, sich umzubringen,[243] sich selbst gegenüber Mitgefühl zu praktizieren. Obwohl die Teilnehmerinnen und Teilnehmer mit wirklich schwerwiegenden Problemen zu kämpfen hatten, zum Beispiel mit Armut oder systemischem Rassismus, gelang es ihnen nach einiger Zeit, freundlicher zu sich selbst zu sein. Sie berichteten, dass depressive Gefühle und Selbstmordgedanken signifikant abnahmen. In diesen Fällen war Selbstmitgefühl im wahrsten Sinne des Wortes lebensrettend.

Das Paradox des Selbstmitgefühls

Zwar hilft sanftes Selbstmitgefühl, unser Leid zu lindern oder zu heilen, aber es ist dennoch sehr wichtig, es nicht auf manipulative Weise einzusetzen, um das zu verändern, was wir in diesem Augenblick fühlen. Ein zentrales Paradox des Selbstmitgefühls lautet: »Wir geben uns Mitgefühl nicht, *um* uns besser zu fühlen, sondern *weil* wir uns schlecht fühlen.« Vielleicht kratzen Sie sich jetzt am Kopf (dazu bringen einen Paradoxa ja nun einmal), aber dies ist wirklich ein wichtiger Punkt. Tatsächlich hilft uns Selbstmitgefühl, uns besser zu fühlen, aber wenn wir uns in einem Augenblick des Leidens die Hand aufs Herz legen und freundlich zu uns selbst sprechen, *damit* wir den Schmerz loswerden, dann wird Selbstmitgefühl zu einer versteckten Form des Widerstands, der alles nur noch schlimmer macht. Das, was wir bekämpfen, bleibt und gewinnt an Stärke. Stattdessen müssen wir ganz und gar akzeptieren, wie schmerzhaft gerade alles ist, und einfach deshalb freundlich zu uns selbst sein, *weil* es so schmerzhaft ist. Indem unser Widerstand sich abschwächt, wird auch unser Leid nachlassen. Der Nutzen des Selbstmitgefühls lässt sich nicht kontrollieren oder gewaltsam erzwingen – er ist vielmehr ein willkommener Nebeneffekt.

Hier ein Beispiel, wie das funktionieren könnte. Sagen wir, ich leide unter Schlafstörungen und habe festgestellt, dass ich manchmal plötzlich einschlafen kann, wenn ich mir selbst gegenüber mitfühlend anerkenne, wie schwierig es ist, unter chronischer Schlaflosigkeit zu leiden. Dennoch kann ich das System nicht manipulieren, denn wenn ich anfange, Selbstmitgefühl zu benutzen, um meiner Schlaflosigkeit ein Ende zu machen, werde ich sofort nervös, wenn ich trotzdem nicht einschlafen kann, und das führt dazu, dass es eher unwahrscheinlicher wird, dass ich irgendwann schlafe. Selbstmitgefühl, vor den Karren des Widerstands gespannt, muss scheitern, weil der Versuch, alles unter Kontrolle zu halten, unser Leiden auf lange Sicht vergrößert. Nur wenn ich meine Schlaflosigkeit wirklich akzeptiere, und nur wenn ich einfach freundlich zu mir bin, *weil* Schlaflosigkeit so schrecklich ist, fühle ich mich so umsorgt und beruhigt, dass ich einschlafen kann. Selbstmitgefühl im Dienst der Akzeptanz lässt zu, dass Heilung auf natürliche Weise geschieht, ganz von allein.

Eine Lehre

Ich musste das Paradox des Selbstmitgefühls auf die harte Weise kennenlernen. Als ich Anfang 20 war, wurde bei meinem Bruder Parker eine Leberzirrhose festgestellt. Die Ärzte gingen davon aus, dass er Alkoholiker war. Parker gab zwar zu, dass er hier und da gern ein Bier trank, aber er schwor, dass er kein Alkoholproblem hatte. Ein kluger Arzt erinnerte sich schließlich an eine extrem seltene genetische Störung namens Morbus Wilson, von der er während seines Studiums gelesen hatte. Menschen mit dieser Krankheit können kein Kupfer ausscheiden, das sich dann in ihrem Körper ansammelt und zum Beispiel in der Leber ablagert. Ein sichtbares Symptom dieser Krankheit sind die kupferfarbenen Ringe um die Iris herum, die man Kayser-Fleischer-Ringe nennt, nach dem deutschen Augenarzt, der sie entdeckt hat. Der Arzt meines Bruders erkannte sie bei meinem Bruder wieder, und er hatte tatsächlich die Wilson-Krankheit. Es ist eine doppelt rezessiv vererbte Störung, das Gen muss also von beiden Elternteilen kommen. Das bedeutete, dass die Chancen eins zu vier standen, dass ich die Krankheit ebenfalls hatte, und die Würfel fielen nicht zu meinen Gunsten.

Obwohl mein Test also positiv ausfiel, war meine Leber vollkommen in Ordnung. Ich begann mit einer niedrigdosierten Chelat-Therapie, die mir helfen sollte Kupfer auszuscheiden, und ließ meine Leber pflichtbewusst regelmäßig testen. Immer wenn ich einen Arzttermin hatte und in den Aufnahmebogen Morbus Wilson eintrug, fragte mich die jeweilige Ärztin oder der Arzt aufgeregt, ob sie kurz ihre Kollegen rufen dürften, damit sie sich meine Kayser-Fleischer-Ringe ansehen könnten (»So etwas werden Sie in Ihrem Leben nicht mehr zu sehen bekommen!«). Aber abgesehen von diesen wenigen Momenten minimaler Prominenz schien das Ganze keine großen Auswirkungen zu haben: Ich hatte keine feststellbaren Symptome. So ging das einige Jahre.

Dann, als ich um die 30 war, wurde ich manchmal von seltsamen Episoden heimgesucht, die ich für mich selbst »Traum-Déjà-vu« nannte. Ich ging ganz normal durch meinen Tag, kaufte mir einen Wollschal, ging spazieren, streichelte meine Katze, und dann, aus dem Nichts, ohne feststellbaren Auslöser, bekam ich plötzlich das intensive Gefühl, dass ich das, was ich in diesem Moment tat, zuvor geträumt hatte. Das Gefühl war extrem reizvoll, so, als würde ich in eine Art Unterwelt gezogen, aber danach erfüllte mich ein jedes Mal ein unbeschreibliches Grauen. Aus meiner Praxis des Selbstmitgefühls heraus versuchte ich, dem Déjà-vu mit Wärme und Akzeptanz zu begegnen, indem ich eine Hand auf mein Herz legte und mir selbst mit unterstützenden Worten gut zuredete. Normalerweise war es nach einigen Minuten vorbei. Diese Episoden waren seltsam und ein bisschen beunruhigend, aber Déjà-vu-Erlebnisse waren ein ganz normales Phänomen, und ich dachte nicht weiter darüber nach.

Im Jahr 2009 war ich gerade im Kino, als ich von einem weiteren Déjà-vu heimgesucht wurde. Ich legte mir die Hand aufs Herz und versuchte, mein Selbstmitgefühl zu mobilisieren, aber unbewusst tat ich es diesmal nur, weil ich wollte, dass der Spuk aufhörte. Ich guckte gerade einen Film, mein Gott noch mal – ich hatte jetzt wirklich keine Zeit dafür! Anstatt dass ich mir Selbstmitgefühl gab, weil ich mich schlecht fühlte, tat ich es, weil ich mich besser fühlen wollte. Die Episode dauerte ganze 45 Minuten. Als ich das Kino verließ, litt ich an schwerem Gedächtnisverlust. Ich konnte mich noch nicht einmal an die Länder erinnern, in denen ich im letzten Sommer während meiner Europareise gewesen war. Mein Widerstand – getarnt als Selbstmitgefühl – hatte dazu geführt, dass das Déjà-vu viel länger anhielt als sonst.

Ich besorgte mir umgehend einen Neurologentermin. Dort stellte sich heraus, dass sich bei mir, anders als bei meinem Bruder, das Kupfer nicht in der Leber ansammelte (was gut war), sondern stattdessen im Gehirn. Die Ablagerungen hatten dazu geführt, dass ich eine Hirnlappenepilepsie entwickelt hatte: kleine, lokal begrenzte epileptische Anfälle in der Nähe des Temporallappens, die sich sehr häufig in Form starker Déjà-vu-Gefühle äußern. Ich fing an, Medikamente zu nehmen, die enorm halfen, aber ab und zu habe ich immer noch eine kleine Episode. Wenn ich heute dieses »Habe ich das nicht schon mal geträumt?«-Gefühl bekomme, lenke ich meine gesamte Aufmerksamkeit in meinen rechten großen Zeh (fragen Sie mich nicht, warum ausgerechnet dorthin, wahrscheinlich weil es sich so anfühlt, als wäre das am weitesten weg von meinem Gehirn) und versuche mich abzulenken. Ich bekämpfe das Déjà-vu-Erlebnis nicht, aber ich ordne mich ihm auch nicht vollständig unter; stattdessen tue ich alles, um ihm nicht zu viel Bedeutung beizumessen.

Diese Krankheit hat meine Wertschätzung für sanftes Selbstmitgefühl erheblich gesteigert, denn es ist für den Umgang mit dem problematischsten Symptom – meinem grottenschlechten Gedächtnis – wesentlich. Um Ihnen zu demonstrieren, wie schlimm es damit steht: Als ich mich einmal mit ein paar alten Collegefreundinnen und -freunden zum Essen traf, kam der Name von jemandem auf, der mit zu unserem engsten Kreis gehört hatte. »Wie geht es ihm eigentlich?«, fragte ich. »Ich habe seit Jahren nichts mehr von ihm gehört.«

»Aber Kristin, erinnerst du dich denn nicht?«, fragte eine Freundin. »Er hat sich vor 20 Jahren das Leben genommen.«

Ich wurde sofort knallrot und spürte, wie die Scham mich überflutete. Mein erster Gedanke war, wie kalt und gleichgültig es wirken musste, dass ich etwas so Wichtiges und Tragisches vergaß. Glücklicherweise hatte ich meine Selbstmitgefühls-Praxis, auf die ich zurückgreifen konnte. Ich schloss für einen Moment die Augen und ließ zu, dass ich die Scham spürte, so unbehaglich das war. Dann sagte ich mir voller Wärme: »Es stimmt nicht, dass es dir egal ist. Diese spezifische Erinnerung wurde nur einfach ausgelöscht. So etwas passiert bei dir manchmal. Es ist in Ordnung.« Mein Selbstmitgefühl ist immer da, wo ich auch bin, eine stetige Unterstützung. Obwohl mein Leben durch die Diagnose nicht gerade leichter und unkomplizierter geworden ist, hat sich meine Fähigkeit, das alles mit liebevoller, verbundener Präsenz zu halten, definitiv verbessert – was gut ist, weil mir das Leben nun einmal viele Möglichkeiten gibt, es anzuwenden!

Bei schwierigen Gefühlen bleiben

Es gibt eine Reihe von Techniken, die uns helfen können, sanft und ohne Widerstand, aber auch ohne uns von ihnen überwältigen zu lassen, bei unseren schwierigen Gefühlen zu »bleiben«. Diese Techniken sind keine Strategien, um schwierige Gefühle loszuwerden; sie ermöglichen es uns bloß, uns anders auf sie zu beziehen. In MSC kombinieren wir diese verschiedenen Techniken zu einer einzigen Übung, die extra für die Arbeit mit schmerzhaften Gefühlen konzipiert wurde. Gemeint sind folgende Techniken:

Gefühle etikettieren. Schwierige Gefühle zu benennen oder zu etikettieren hilft uns, uns von ihnen zu befreien beziehungsweise nicht mehr an ihnen zu »kleben«. Wenn wir sagen »Das ist Traurigkeit« oder »Da kommt Angst hoch«, sehen wir uns das Gefühl an, anstatt uns von ihm verschlingen zu lassen. Das ermöglicht uns ein Stück emotionale Freiheit. »Es erwähnen heißt, es zähmen.«

Achtsamkeit für den körperlichen Ausdruck des Gefühls. Gedanken tauchen auf und setzen sich so schnell fest, dass es schwierig ist, mit ihnen zu arbeiten. Dagegen reagiert der Körper relativ langsam. Wenn es uns gelingt, den physischen Ausdruck eines Gefühls zu identifizieren und es mit achtsamer Aufmerksamkeit zu halten, fällt es uns leichter, unsere Haltung zu diesem Gefühl zu verändern. »Finde seinen Ort, und es geht von selber fort.«

Entspannen-Beruhigen-Zulassen. Es gibt drei Arten, mit sanftem Selbstmitgefühl auf schwierige Emotionen zu reagieren. Unseren Körper an der Stelle, an der wir die Spannung spüren, zu entspannen, ist eine Form von physischem Selbstmitgefühl. Uns selbst zu beruhigen, weil es so weh tut, ist eine Form von emotionalem Selbstmitgefühl. Zulassen ist eine Art von mentalem Selbstmitgefühl, das Leid lindert, indem es den Widerstand verringert.

Diese Übung nutzt man am besten für weichere Gefühle wie Traurigkeit, Einsamkeit oder Kummer, die sanft gehalten werden müssen, im Gegensatz zu kraftvollen Gefühlen wie Wut. Wie immer: Wenn Sie sich beim Durchführen dieser Übung plötzlich überwältigt fühlen, schenken Sie sich dadurch Mitgefühl, dass Sie mit der Übung aufhören und nach einem anderen Weg suchen, für sich zu sorgen, zum Beispiel indem Sie versuchen, Ihre Fußsohlen zu spüren oder irgendeine andere Form der Selbstfürsorge praktizieren. (Eine angeleitete Audioversion von dieser Übung finden Sie auf FierceSelf-Compassion.org)

Anleitung

- Setzen oder legen Sie sich in einer bequemen Position hin und nehmen Sie drei entspannende Atemzüge.
- Legen Sie sich die Hand aufs Herz oder an eine andere Stelle Ihres Körpers, um sich daran zu erinnern, dass Sie da sind und Freundlichkeit verdient haben.
- Rufen Sie sich eine aktuelle mäßig- bis mittelschwere Situation ins Bewusstsein: vielleicht ein gesundheitliches Problem, Stress

in der Beziehung oder irgendein berufliches Thema. Weil Sie diese Übung gerade erst lernen, sollten Sie sich zunächst kein schwieriges Problem aussuchen, aber auch keines, das komplett trivial ist. – Nehmen Sie am besten eine Situation, die ein wenig körperlichen Stress auslöst, wenn Sie daran denken.

- Führen Sie sich das Problem klar vor Augen. Wer war da? Was wurde gesagt? Was ist passiert? Oder was hätte passieren können?

Gefühle etikettieren

- Während Sie an die Situation zurückdenken, achten Sie darauf, ob irgendein Gefühl in Ihnen hochkommt. Falls das der Fall ist, versuchen Sie, ein Etikett für dieses Gefühl zu finden – einen *Namen.* Zum Beispiel:
  - Traurigkeit?
  - Kummer?
  - Verwirrung?
  - Wut?
- Wenn in Ihnen verschiedene Gefühle hochkommen, versuchen Sie, das Gefühl zu benennen, das in Verbindung mit dieser Situation am *stärksten* ist.
- Wiederholen Sie nun sich selbst gegenüber mit sanfter, verständnisvoller Stimme den Namen dieses Gefühls, so, als würden Sie einer Freundin spiegeln, was sie gerade fühlt: »Das ist Sehnsucht«, »Das ist Trauer«.

Achtsamkeit für den körperlichen Ausdruck des Gefühls

- Wenden Sie nun Ihre Aufmerksamkeit Ihrem Körper als Ganzem zu.
- Erinnern Sie sich noch einmal an die schwierige Situation, falls sie inzwischen etwas verblasst ist, benennen Sie das stärkste Gefühl, das in diesem Zusammenhang hochgekommen ist und lokalisieren Sie in Ihrem Körper die Stelle, an der Sie dieses Gefühl am besten spüren können. Tasten Sie vor Ihrem inneren Auge Ihren Körper von Kopf bis Fuß ab, und bleiben Sie immer dort stehen, wo Sie eine kleine Anspannung oder ein Missbehagen spüren.

- Wenn möglich, identifizieren Sie in Ihrem Körper diejenige Stelle, an der sich dieses Gefühl am stärksten ausdrückt, vielleicht als verspannter Knoten im Nacken, als Magenschmerz oder Ziehen im Herzen.
- Wenden Sie sich gedanklich dieser Stelle sanft zu.
- Schauen Sie, ob es Ihnen gelingt, diese Empfindung direkt zu spüren, also gewissermaßen von innen. Falls das zu schwierig ist, versuchen Sie einfach, Ihr allgemeines Gefühl von Unbehagen zu spüren.

Entspannen-Beruhigen-Zulassen

- Fangen Sie nun an, sich in diese bestimmte Stelle Ihres Körpers *hineinzuentspannen*, lassen Sie die Muskeln locker, als lägen Sie im warmen Wasser. Entspannen... entspannen ... entspannen... Denken Sie daran, dass Sie nicht versuchen müssen, das Gefühl zu *verändern* – Sie möchten es nur auf sanftere Weise *halten.* Wenn Sie möchten, können Sie versuchen, das Gefühl des Lockerlassens ein Stückchen rings um die Stelle herum auszuweiten.
- Nun *beruhigen* Sie sich selbst wegen dieser schwierigen Erfahrung. Versuchen Sie, eine Hand auf die Stelle Ihres Körpers zu legen, die sich nicht gut anfühlt, und spüren Sie die Wärme und die sanfte Berührung Ihrer Hand. Vielleicht indem Sie sich vorstellen, dass durch Ihre Hand Liebe und Freundlichkeit in Ihren Körper fließen. Vielleicht sogar indem Sie sich Ihrem Körper so zuwenden, als wäre er der Körper eines geliebten Kindes. Beruhigen... beruhigen... beruhigen.
- Gibt es bestimmte tröstende Worte, die Ihnen jetzt guttäten? Stellen Sie sich zum Beispiel vor, dass Sie eine Freundin haben, die mit den gleichen Problemen zu kämpfen hat. Was würden Sie zu dieser Freundin sagen? (»Es tut mir so leid, dass du dich so fühlst.« »Du bist mir unglaublich wichtig.«)
- Erlauben Sie schließlich Ihrem Unbehagen, einfach da zu sein. Machen Sie ihm Platz, lassen Sie Ihr Bedürfnis, es zum Verschwinden zu bringen, los.

- Erlauben Sie sich selbst, genauso zu sein, wie Sie sind, und sei es nur für diesen Augenblick.
- Entspannen... Beruhigen... Zulassen. Entspannen... Beruhigen ... Zulassen. Nehmen Sie sich Zeit und gehen Sie für sich die einzelnen Schritte noch einmal durch.
- Vielleicht bemerken Sie, dass das Gefühl sich verändert oder plötzlich an einer anderen Stelle auftaucht – das ist in Ordnung. Bleiben Sie einfach bei diesem Gefühl. Entspannen... Beruhigen... Zulassen.
- Wenn Sie so weit sind, beenden Sie die Übung und konzentrieren Sie sich auf Ihren Körper als Ganzes, indem Sie sich erlauben zu fühlen, was auch immer Sie gerade fühlen, und genauso zu sein, wie Sie in diesem Augenblick sind.

Akzeptanz oder Bequemlichkeit?

Wenn Yin und Yang nicht im Gleichgewicht sind, kann sich Selbstmitgefühl in ungesunde Bequemlichkeit verwandeln. Zum Beispiel ist es keine gute Idee, herumzusitzen und »bei sich zu bleiben«, wenn man seit fünf Tagen weder geduscht noch seine Klamotten gewechselt hat. Echtes Selbstmitgefühl wird auch aktiv: zum Selbstschutz, zur Erfüllung der eigenen Bedürfnisse und um die nötigen Veränderungen herbeizuführen. All das ist eine Ergänzung der Selbstakzeptanz und nicht etwa ein Ersatz für sie.

Der Drahtseilakt zwischen Akzeptanz und Aktivität kann knifflig sein, besonders im Licht des ohnehin schwierigen Konzepts, dass wir uns Selbstmitgefühl schenken, nicht um uns besser zu fühlen, sondern weil wir uns schlecht fühlen. Wenn aber Yin und Yang ineinanderfließen, zielen unsere Handlungen nicht darauf ab, unseren Schmerz abzuwehren oder die Erfahrung des gegenwärtigen Augenblicks zu manipulieren. Vielmehr sind sie der spontane Ausdruck eines Herzens, das tut, was es kann, um irgendwie hilfreich zu sein, ohne der Illusion zu verfallen, dadurch Einfluss auf das Resultat zu haben. Paradoxerweise (schon wieder) ermöglicht uns die radikale Selbstakzeptanz genau das Gefühl von Sicherheit und Stabilität, das wir brauchen, um etwas zu verändern.

Der Unterschied liegt in den Motiven, die unser Handeln antreiben. Anstatt zu handeln, weil wir das Gefühl haben, dass wir, so, wie wir sind, inakzeptabel sind, oder weil wir unsere Erfahrung nicht annehmen können, handeln wir aus Freundlichkeit und gutem Willen. Wenn man einen stressigen Job hat, kann man diesen Stress in liebevoller, verbundener Präsenz halten. Man kann anerkennen, wie schwierig alles ist, sich daran erinnern, dass viele andere Menschen in einer ähnlichen Situation sind, und man kann sich selbst Wärme und Unterstützung schenken. Sanftes Selbstmitgefühl wird uns davon abhalten, dermaßen aufgeregt und ärgerlich zu werden, dass das Leben noch schwerer wird, als es ohnehin schon ist. Doch Akzeptanz ist nicht genug. Die Wahrheit ist auch, dass dieser Job einem einfach nicht guttut und dass eine Veränderung hermuss. Kraftvolles Selbstmitgefühl ist das, was mir den Mut und die Motivation gibt, etwas Neues zu probieren – zum Beispiel mit dem Chef zu sprechen und ein Teilzeitmodell auszuhandeln oder sich auf die Suche nach einer neuen Stelle mit besseren Arbeitsbedingungen zu machen.

Ein weitverbreiteter Verdacht gegenüber Selbstmitgefühl besteht darin, dass die Selbstakzeptanz, die durch diese Art des Mitgefühls entstehen kann, dazu führt, dass wir nicht mehr bereit sind, Verantwortung für unsere Fehler zu übernehmen. »Ach du je, ich habe eine Bank ausgeraubt. Das hätte ich vielleicht nicht tun sollen. Nun ja, niemand ist vollkommen.« Solange Yin und Yang im Gleichgewicht sind, wird so etwas nicht passieren. Wissenschaftliche Untersuchungen legen nahe, dass die Bereitschaft, Verantwortung für das eigene Verhalten zu übernehmen, durch Selbstmitgefühl eher gestärkt als geschwächt wird. So baten Juliana Breines und Serena Chen von der University of California, Berkeley, in einer Studie junge Frauen und Männer, die sich im Grundstudium befanden, an etwas zu denken, was sie kürzlich getan hatten und was ihnen im

Nachhinein Schuldgefühle machte – wie zum Beispiel das Mogeln bei einer Prüfung, das Anlügen eines Liebespartners oder das Aussprechen von Gemeinheiten.[244] Die Studierenden wurden dann per Zufallsprinzip einer von drei Gruppen zugeordnet: einer Selbstmitgefühls-Gruppe, in der die Teilnehmerinnen und Teilnehmer einige Sätze schreiben sollten, in denen Freundlichkeit und Verständnis für das eigene Verhalten zum Ausdruck kamen; einer Selbstwert-Gruppe, in der die Studierenden über ihre positiven Eigenschaften schrieben; und einer Kontrollgruppe, in der die zugehörigen Studierenden über eine Freizeitbeschäftigung schrieben, die ihnen Spaß machte. Es stellte sich heraus, dass diejenigen, die man angewiesen hatte, mitfühlend auf das eigene Verhalten zu reagieren, sehr viel motivierter waren, sich für den Schaden, den sie angerichtet hatten, zu entschuldigen und mehr Entschlusskraft an den Tag zu legen, wenn es darum ging, dieses Verhalten nicht zu wiederholen. Das Selbstwertgefühl aufzupeppen, half dagegen überhaupt nicht, denn es fördert Verhaltensweisen, bei denen zum Schutz des eigenen Egos Verantwortung abgelehnt wird. Eine Studie von Wissenschaftlerinnen und Wissenschaftlern von der Universität Pittsburgh[245] kam zu dem Ergebnis, dass einer der Gründe dafür, dass Menschen mit viel Selbstmitgefühl mit größerer Wahrscheinlichkeit zugeben, dass sie falsch liegen und bereit sind, sich für ihr Verhalten zu entschuldigen, darin liegt, dass sie nicht so stark durch Schamgefühle geschwächt sind. Sie fühlen sich sicher genug, um sich zu dem, was sie getan haben, zu bekennen. Selbstmitgefühl ist also weit davon entfernt, persönlicher Verantwortung auszuweichen, im Gegenteil: Eigentlich wird Verantwortung durch Selbstmitgefühl sogar *gestärkt*.

Die Achtsamkeitsbewegung wurde manchmal dafür kritisiert, dass sie dazu rät, auf Schwierigkeiten so zu reagieren, dass man versucht, sich selbst zu akzeptieren und Frieden mit sich selbst zu schließen. In seinem provokativen Buch *McMindfulness. How Mindfulness Became the New Capitalist Spirituality* versucht Roland Purser zu zeigen, dass Achtsamkeit den Individuen die Schuld für ihr eigenes Gestresstsein gibt. Er behauptet, die Achtsamkeitsbewegung verkaufe die falsche These, dass Stress eine individuelle Deformation sei – und so tue, als müsse man nur ein paar tiefe Atemzüge nehmen, um alle seine Probleme loszuwerden. Er argumentiert außerdem, dass diese Botschaft letztendlich von der schwierigen Arbeit ablenkt, das kapitalistische System so umzubauen, dass es weniger ausbeuterisch und viel gerechter wird.

Den gleichen Vorwurf könnte man wahrscheinlich auch der Selbstmitgefühls-Bewegung machen – aber nur, wenn man das kraftvolle Selbstmitgefühl außer Acht lässt. So sind zum Beispiel Gesundheitseinrichtungen und Schulen zunehmend daran interessiert, Selbstmitgefühl als eine Art und Weise zu nutzen, Burnout zu verhindern. Wenn Krankenschwestern und Lehrerinnen lernen, sich in ihrem schwierigen Job mit Mitgefühl zu begegnen, hilft ihnen das unmittelbar, sich weniger überfordert zu fühlen[246], was ihnen wiederum ermöglicht, viel besser mit ihren schwierigen Arbeitsbedingungen umzugehen (dazu später mehr). Aber bedeutet das, dass die entsprechenden Institutionen ihren angestellten Lehrerinnen oder Krankenschwestern weiterhin viel zu viel Arbeit aufhalsen und ihnen viel zu wenig Lohn zahlen dürfen, indem sie ihnen einfach ein bisschen Selbstmitgefühl vor die Füße schütten, damit sie weiterhin perfekt funktionieren? Wenn das das versteckte Ziel ist, dann würden Krankenhäuser und Schulen nicht Selbstmitgefühl fördern, sondern seinen bösen Zwillingsbruder, die Bequemlichkeit – die Förderung von Selbstmitgefühl diente einzig und allein dem Zweck, von den schlechten Arbeitsbedingungen abzulenken.

Sanfte Selbstakzeptanz hält einen nicht davon ab zu versuchen, sein Schicksal in die eigenen Hände zu nehmen; tatsächlich ist diese Akzeptanz sogar der erste Schritt, wenn man aktiv etwas verändern möchte. Wenn wir diese Akzeptanz mit unseren kraftvollen Bedürfnissen, uns selbst zu schützen, für uns zu sorgen und Veränderungen anzustoßen, in Verbindung bringen, dann entsteht in uns die stabile emotionale Basis, die wir brauchen, um die Veränderung unseres kaputten Systems in Angriff zu nehmen. Akzeptanz bedeutet, mit der

Illusion Schluss zu machen, dass wir die Dinge unter Kontrolle haben und dass das Leben perfekt sein muss – und gleichzeitig alles in unserer Macht Stehende dafür zu tun, dass die Gesellschaft sich zum Guten verändert. Wir tun das nicht aus Abwehr gegen die Tatsache, dass es schmerzhafte Dinge in unserem Leben gibt, sondern einzig und allein, weil es uns wichtig ist. Der Drahtseilakt zwischen Akzeptanz und Veränderung hat seine Bühne mitten im Herzen des Selbstmitgefühls.

KAPITEL 6

Standhaft bleiben

Eine Frau ist wie ein Teebeutel – wie stark sie ist,
weiß man erst, wenn sie in heißes Wasser kommt.
—*Irisches Sprichwort*

Wir Frauen haben unbewusst die kulturelle Botschaft verinnerlicht, dass wir das schwächere Geschlecht sind, hilflose kleine Mädchen, die einen großen, starken Mann brauchen, der uns rettet. Viel zu lange wurde uns beigebracht, Abhängigkeit höher zu schätzen als Unabhängigkeit und attraktiv und sexy zu sein – nicht um unsere Individualität auszudrücken, sondern als Methode, einen Mann anzuziehen, der uns beschützen kann. Aber wir brauchen keine Männer, die uns beschützen, wir müssen uns selbst beschützen. Wir Frauen sind stark. Wir kommen mit den Schmerzen der Geburt klar. Wir halten Familien zusammen und betätigen uns permanent als Moderatorinnen von zwischenmenschlichen Konflikten und anderen Widrigkeiten. Doch solange wir nicht lernen, mit der gleichen kraftvollen Energie für uns selbst einzutreten wie für andere, werden wir die riesigen Herausforderungen, die unsere Welt uns stellt, kaum meistern können.

Immer wieder befürchten Menschen, dass Selbstmitgefühl sie schwächen könnte, wo es in Wirklichkeit unglaubliche Stärke verleiht. Die Behauptung, Selbstmitgefühl sei ein Zeichen von Schwäche, ist eindimensional. Doch wenn wir nur an die sanfte, nährende

Seite dieses Gefühls denken, liegt tatsächlich erst einmal eine sehr freundliche und nachgiebige Haltung zum Leben nahe. Und weil diese Seite in unserer Gesellschaft Teil der weiblichen Geschlechterrolle ist und Frauen weniger Macht haben als Männer, wird Selbstmitgefühl manchmal mit der *Abwesenheit* von Macht assoziiert. Um dieses Missverständnis auszuräumen und damit wir die starke Kriegerin, die in uns steckt, auch nach außen verkörpern können, ist es so wichtig, dass wir uns für kraftvolles Selbstmitgefühl einsetzen und es vorleben.

Es kann unglaublich viel Mut kosten, Leid zu lindern; denken Sie zum Beispiel an Ersthelfer, die bei Feuer oder bei Flutkatastrophen sofort zur Stelle sind. Sie sitzen nicht nur da und »bleiben« bei dem Leid der Opfer – sondern handeln enorm schnell und effektiv, um Menschen zu retten, die sich auf die Dächer ihrer Häuser gerettet haben. Seien wir ehrlich: In vielerlei Hinsicht ähnelt unser aller Leben einem Desaster, vielleicht nicht ganz so schlimm wie Wirbelsturm Katrina oder 9/11, aber es gibt Tage, an denen es sich beinahe so anfühlt. Unser Leid kann von der Natur, von anderen Menschen und von uns selbst verursacht werden – manchmal sogar von allen drei Faktoren auf einmal! Wenn wir echtes Selbstmitgefühl praktizieren wollen, müssen wir in solchen Krisen rational handeln und standhaft bleiben. Wir Frauen haben diese Kraft schon immer in uns, aber sie ist eingeengt durch Vorurteile, die behaupten, dass diese Kraft gerade nicht zu unserer wahren Natur gehört.

Olivia Stevenson und Ashley Batts Allen von der University of Northern Carolina untersuchten bei über 200 Frauen den Zusammenhang zwischen Selbstmitgefühl und innerer Stärke.[247] Sie entdeckten, dass Teilnehmerinnen, die auf der Selbstmitgefühlsskala besser abschnitten, sich ihrer Handlungsfähigkeit sehr viel bewusster waren: Sie fühlten sich stärker und kompetenter und konnten sich besser durchsetzen, fühlten sich weniger unwohl damit, ihre Wut zum Ausdruck zu bringen, kannten sich besser mit den Diskriminierungen in unserer Kultur aus und betätigten sich häufiger als Aktivistinnen. Diese Ergebnisse werden von anderen Studien bestätigt,[248] in denen gezeigt werden konnte, dass selbstmitfühlende Frauen, wenn es nötig ist, Aggressoren mit größerer Wahrscheinlichkeit die Stirn bieten und weniger Angst vor Konflikten haben.

Die drei Elemente des Selbstmitgefühls – Freundlichkeit sich selbst gegenüber, geteilte Menschlichkeit und Achtsamkeit – spielen eine entscheidende Rolle, wenn unser Mitgefühl den Zweck hat, uns selbst zu schützen. Wenn wir für unsere eigene Sicherheit kämpfen, manifestieren sich die drei Elemente als mutige, handlungsfähige Klarheit.

Mut

Wenn Freundlichkeit darauf abzielt, uns vor Unheil zu bewahren, dann ist sie stark und couragiert. Der Gefahr ins Gesicht zu sehen erfordert Wagemut und Entschlossenheit – zum Beispiel wenn wir aus einem Fenster klettern, um aus einem brennenden Gebäude zu entkommen oder eine Chemotherapie machen, um den Krebs zu besiegen. Auch psychische Gefahren erfordern Tapferkeit: zum Beispiel wenn uns jemand nicht respektiert oder unsere Privatsphäre verletzt und wir dringend eine Grenze ziehen müssen. Freundlichkeit treibt uns an, eine faire Behandlung einzufordern, wenn sie fehlt. Das kann sehr unterschiedliche Formen annehmen, ob wir nun Leuten helfen, sich als Wählerinnen oder Wähler registrieren zu lassen, Leserbriefe schreiben, auf Demonstrationen gehen, streiken oder an einer Sitzblockade teilnehmen. Aktive, engagierte Freundlichkeit ist ganz und gar nicht weich und fluffig – im Gegenteil.

Ein für Frauen sehr vertrauter Zugang zu dieser Art von Stärke ist der mütterliche Schutzinstinkt. Wenn jemand unser Kind ärgert oder beleidigt oder sogar direkt bedroht, erfahren wir unmittelbar, wie stark Mama Bär sein kann. Wenn die Kraft der Liebe beschützen muss, wird sie explosiv. Und tatsächlich fördert das Hormon Oxytocin, das gemeinhin mit sanfter, bindungsfördernder Mütterlichkeit in Verbindung gebracht wird, auch die Aggression, die eine Mutter braucht, um ihr Junges zu schützen.[249] Psychologen nennen diese Reaktion »tend and *defend*« (etwa: sich kümmern und verteidigen).[250]

Eine Situation, in der ich auf diesen Instinkt zurückgreifen musste, werde ich nie vergessen. Ich befand mich mit Rowan und seinem Vater Rupert auf einer Wildtierexpedition in Rumänien. Wir wollten Braunbären in freier Wildbahn beobachten, was eine gewisse Ironie war, wie man gleich sehen wird. Rowan war etwa neun Jahre alt. Wir hielten bei einer Pension auf dem Land, um dort die Nacht zu verbringen, und brachten unsere Sachen in eines der kleinen Zimmer. Unser dortiger Guide redete mit der Inhaberin, einer rumänischen Frau in den mittleren Jahren, und bat dann darum, mit Rupert unter vier Augen sprechen zu dürfen. Irgendwann kam Rupert ziemlich aufgebracht in unser Zimmer zurück.

»Der Guide sagt, wir können hier nicht bleiben. Die Wirtin hat Sorge wegen Rowan, weil er autistisch ist«, sagte er mir. »Sie befürchtet, dass er die Wände vollschmiert, vom Balkon springt oder die anderen Gäste stört.«

Im ersten Moment war ich richtig baff. Zwar war Rowan eindeutig autistisch, aber als Störenfried konnte man ihn wirklich nicht bezeichnen. »Ich werde versuchen, sie zu beruhigen«, sagte Rupert, und verließ noch einmal das Zimmer. Da fing etwas in mir an zu rumoren. Es begann tief in meinem Inneren, schwappte nach oben und füllte innerhalb kürzester Zeit meinen ganzen Körper aus, eine Ur-Energie, die viel, viel größer war, als ich selbst. Es fühlte sich an, als zapfe ich eine vulkanische Kraft an. Mir fiel ein, dass wir in Rumänien waren, dem Land, in dem »geistesgestörte« Kinder in Waisenhäusern verwahrt und ihrem Schicksal überlassen wurden.[251] Diese Kinder verbrachten manchmal Jahre in ihren Gitterbettchen, ohne dass irgendjemand sie zum Spielen nach draußen brachte; sie waren oft so vernachlässigt, dass ihre Knochen durch die kleinste Bewegung brechen konnten.

Ich vergewisserte mich, dass Rowan in Sicherheit war, und ging dann nach unten, um die Wirtin zur Rede zu stellen. Ich hatte keine Ahnung, was ich tun würde, aber diese Kraft in mir war einfach überwältigend. Die Wirtin war ziemlich überrascht, als ich in die Küche stürmte, wo sie gerade mit Rupert und dem Guide zusammenstand. Ich streckte meine Arme aus und zeigte direkt auf sie: »Sie engstirniges Scheusal, Sie! Wir würden hier nicht mal übernachten, wenn Sie uns Geld dafür bezahlten!!!« Sie verstand kein Englisch, aber sie wusste, was gemeint war. Angesichts meiner Wut bekam sie richtig Panik und kauerte sich ängstlich in eine Ecke. »Wir fahren«, rief ich und knallte die Küchentür hinter mir zu.

Dies ist eine meiner lebendigsten Erinnerungen an eine Situation, in der Mama Bär komplett das Ruder für mich übernahm, und die Kraft, die ich in mir spürte, war furchteinflößend. Aus heutiger Sicht hätte ich es besser gefunden, wenn es mir gelungen wäre, meine kraftvolle und meine sanfte Seite besser zu integrieren, indem ich mich auf die Ungerechtigkeit konzentriert hätte, die Rowan angetan wurde, anstatt derart persönlich zu werden; aber das konnte ich damals noch nicht. Ich hatte noch nicht gelernt, meine innere Kraft zu bejahen, was aber die Voraussetzung dafür war, zugleich kraftvoll und fürsorglich zu sein. Immerhin gab mir dieses Erlebnis einen Einblick in die unfassbare Kraft, die man als Mutter entwickeln kann, wenn man sein Kind beschützen muss. Mir wurde klar, wie diese Superkraft genutzt werden konnte, um die schwierigen Veränderungen anzustoßen, die unsere Welt so dringend braucht. Es ist sehr wichtig, sich klarzumachen, dass diese Kraft nicht aus unserem eigenen kleinen Ich stammt. Wenn sie aus Mitgefühl mit sich und anderen Leid lindern will, dann ist sie eine Kraft, die aus der Liebe selbst stammt.

Handlungsmacht – Empowerment

Wenn wir unseren Sinn für geteilte Menschlichkeit nutzen, um uns oder andere zu schützen, wird er zu einer wichtigen Quelle von Handlungsmacht. Malala Yousafzai, die pakistanische Aktivistin, die sich dafür einsetzt, dass Mädchen zur Schule gehen können, und dafür als jüngster Mensch überhaupt mit dem Friedensnobelpreis ausgezeichnet wurde, sagte einmal: »Ich erhebe meine Stimme – nicht um zu schreien, sondern damit die, die keine Stimme haben, gehört werden können ... Wir können nicht gemeinsam vorankommen, wenn die eine Hälfte der Menschheit permanent zurückgehalten wird.«[252] Die Wahrheit ist, dass wir, wenn wir uns selbst schützen, auch alle anderen schützen. In dem Bewusstsein, dass wir nicht allein sind, stehen wir mit unseren Schwestern und Brüdern zusammen. Die bloße Zahl ist eine eigene Kraft.

Wenn wir das vergessen und uns von unserer Angst und Scham isolieren lassen, kommen wir uns hilflos vor und haben vielleicht sogar das Gefühl, dass wir rein gar nichts verändern können, weil das Problem so viel größer ist als wir als Individuen. Sich selbst zu schützen, ist schwierig, wenn man sich alleine fühlt. Aus Sicht der Evolution hätten wir als Individuen niemals überleben können. Menschliche Wesen haben sich dazu entwickelt, in arbeitsteiligen Sozialverbänden zu leben, und die umfassende Ausbreitung des Menschen ist vor allem darauf zurückzuführen, dass wir in der Lage sind, zusammenzuarbeiten. Uns an diese Tatsache zu erinnern – und entsprechend zu handeln –, gibt uns Kraft.

Wenn wir uns mit anderen identifizieren, die genauso leiden wie wir – Frauen, People of Color, die LGBTQ+-Community, die Andersbegabten, Servicearbeiterinnen und Servicearbeiter, Migrantinnen und Migranten (die Liste wird schnell immer länger) –, dann spüren wir, was geteilte Menschlichkeit bedeutet. Kraftvolles Selbstmitgefühl in Aktion sieht so aus, dass wir zum Schutz der Gruppe, mit der wir uns identifizieren, anfangen zu handeln. Macht wird gemeinhin als Kontrolle von Ressourcen wie Geld, Land oder Lebensmitteln definiert oder als die Beherrschung von Menschen aufgrund eines Informationsvorsprungs oder als das Erzwingen eines bestimmten Verhaltens durch militärische Stärke. In der Sozialpsychologie ist man jedoch zunehmend der Meinung, dass Macht vor allem auf Gruppenidentität zurückzuführen ist. Wie John Turner von der University of Australia schreibt: »Durch die

Identifizierung mit einer Gruppe und den Einfluss, den das auf Menschen hat, bekommen diese Menschen die Macht über das kollektive Handeln und über bestimmte kooperative Anstrengungen. Mithilfe dieser sich in der Welt manifestierenden Macht können gemeinsame Ziele sehr viel besser realisiert werden, als wenn jedes einzelne Mitglied dieser Gruppe für sich allein handeln würde.«[253] Wenn ich mich mit einem größeren Ganzen identifiziere, sodass »wir« »uns« gegenseitig beschützen, dann werde ich – als Mitglied der Gruppe – stärker.

Die Weisheit der geteilten Menschlichkeit hilft uns nicht nur, unsere Handlungsmacht zu spüren, sondern auch zu verstehen, wie komplex Intersektionalität ist.[254] Gemeint ist damit die Tatsache, dass wir uns je nach Geschlecht, Hautfarbe, Ethnie, Klasse, Religion, sexueller Orientierung, Behinderungsstatus, Körpertyp und so weiter mit verschiedenen Gruppen identifizieren können, und dass all diese verschiedenen Identitäten gleichzeitig existieren. Wenn wir unsere Verbindung zu anderen über gemeinsame Identitäten würdigen – wie wir unsere eigene Einzigartigkeit über die je besondere Überschneidung von Identitäten definieren –, können wir uns auf authentische Weise innerhalb eines größeren Netzwerks positionieren. Eine weibliche, nicht behinderte, atheistische Transgender-Latina hat andere Lebenserfahrungen als eine weibliche, behinderte, katholische Cis-Latina. Indem wir sowohl unsere Einzigartigkeit als auch die Tatsache anerkennen, dass wir mit etwas verbunden sind, das größer ist als wir selbst, kommen wir wahrhaft in unsere Kraft.

Das Verständnis unserer gemeinsamen Menschlichkeit spornt uns auch an, gegen Ungerechtigkeit vorzugehen. Forscherinnen und Forscher in Italien fanden heraus, dass dieser Aspekt des Selbstmitgefühls unsere Fähigkeit, die Perspektive von anderen einzunehmen, verbessert und eine positive Haltung gegenüber außenstehenden Gruppen fördert[255] (erhoben wurde dies mittels der Antworten auf Statements wie »Unsere Gesellschaft sollte sich mehr um das Wohlergehen von Obdachlosen kümmern«). Wenn wir Interdependenz verstehen, wird es leichter, die unbequeme Wahrheit von Diskriminierung und unfairen Privilegien zu erkennen. Außerdem hilft dieses Verständnis uns, standhaft zu bleiben, wenn wir selbst Opfer von Diskriminierung werden. Wenn mich jemand beleidigt und ich es persönlich nehme, kann es passieren, dass ich mich klein und ängstlich fühle. Wenn ich dann zusätzlich vergesse, dass ich Teil eines größeren Ganzen bin und mich ausgerechnet in dem Moment, in dem ich bedroht werde, von anderen Menschen abgeschnitten fühle, dann wird sich die Gefahr umso überwältigender anfühlen. Wenn ich aber im Kopf behalte, dass ich das gleiche Recht auf Respekt habe wie alle anderen Menschen auch, dann wird mich das motivieren, unsere gemeinsamen Rechte schon aus Prinzip zu verteidigen.

Nachdem Rosa Parks sich geweigert hatte, ihren Sitzplatz im Bus für einen weißen Fahrgast zu räumen, sagte sie: »Ich spürte, dass ich ein Recht hatte zu bleiben, wo ich war. Aus diesem Grund teilte ich dem Busfahrer mit, dass ich nicht bereit sei, den Rest der Fahrt zu stehen. Mir war klar, dass er mich verhaften lassen würde. Ich habe es getan, weil ich wollte, dass dieser bestimmte Busfahrer merkte, dass wir als Individuen und als Gruppe unfair behandelt wurden.«[256] Es war also im Wesentlichen ihre Fähigkeit, sich in diesem Augenblick mit ihrer Gruppe zu identifizieren, anstatt ihre Isolation und Einsamkeit in den Mittelpunkt zu stellen, die es Rosa Parks ermöglichte, Widerstand zu leisten. Es muss wohl nicht erwähnt werden, dass dieser mutige Akt kraftvollen Selbstmitgefühls dazu beitrug, die Civil-Rights-Bewegung in Amerika anzustoßen.

Klarheit

Achtsamkeit, die dem Schutz dient, ermöglicht es uns, die Wahrheit klar zu sehen, ohne uns von ihr abwenden zu müssen. Manchmal möchten wir nicht wahrhaben, dass uns jemand Schaden zugefügt hat. Wenn unser Chef in einer Versammlung mit mehrheitlich männlichen Kollegen zu uns sagt: »Könntest du uns kurz Kaffee holen, Süße?«, dann ist es manchmal leichter, lachend darüber hinwegzugehen, als zu protestieren. Ein Teil von uns weiß, dass so etwas nicht in Ordnung ist, aber häufig machen wir uns lieber vor, dass das Ganze völlig unwichtig ist, damit wir der Tatsache nicht ins Auge blicken müssen, dass wir gerade in einem Raum voller Kollegen ziemlich unsubtil heruntergemacht worden sind. Außerdem ersparen wir uns dadurch die Auseinandersetzung mit möglichen Reaktionen auf unsere Beschwerde.

Die Tendenz, Probleme auszublenden, weil es einfacher ist, sie nicht zu sehen, ist allgegenwärtig. Das beste Beispiel: Aufgrund der globalen Erwärmung rast die Welt im Moment auf eine Krise zu, die nicht nur das Überleben unserer Art, sondern auch das Gleichgewicht des gesamten Planeten gefährdet. Trotzdem ignorieren viele Menschen die Bedrohung oder beachten sie jedenfalls nicht weiter, weil es sich hier, wie Al Gore einmal gesagt hat, um eine unbequeme Wahrheit handelt. Ganz ähnlich ist ein Grund dafür, dass viele Weiße die brutale Realität rassistischer Ungleichheit leugnen, einfach die Tatsache, dass diese Realität ihnen zu verstörend ist. Das Leid von People of Color anzuerkennen – genau wie die Wahrheit, dass wir Weiße in einem System, das dieses Leid aufrechterhält, Komplizen sind – wäre einfach zu schmerzhaft. Wir drehen uns weg, um unseren Seelenfrieden nicht zu gefährden, was praktischerweise auch bedeutet, dass wir die Privilegien, die wir aufgrund des systemischen Rassismus genießen, nicht infrage stellen müssen. Wir machen weiter, als zeitigte unser Verhalten weder Kosten noch Konsequenzen.

Achtsamkeit, die schützen möchte, sorgt nun einmal nicht für Seelenfrieden; ganz im Gegenteil. Sie wirft vielmehr ein Licht auf das Leid, das Menschen angetan wird, und beleuchtet das, was sich verändern muss. Sie verpflichtet uns, die Wahrheit zu sehen und auszusprechen, sodass wir uns selbst und andere schützen können. Sie tut dies auf ausbalancierte und weitblickende Weise, ohne das Problem kleinzureden oder aufzubauschen. Achtsamkeit, die sich für Leid interessiert, ist klar genug und groß genug, um die ganze

Wahrheit zu halten, egal wie schmerzhaft und unerfreulich sie ist. Sie wehrt sich nicht gegen unbequeme Fakten, indem sie sie einfach ignoriert, aber sie neigt auch nicht dazu, diese Fakten melodramatisch zu übertreiben. Achtsamkeit betrachtet die Dinge, wie sie sind.

Sagen wir, Ihr Blind Date kommt ohne eine gute Entschuldigung eine Dreiviertelstunde zu spät zu Ihrem ersten Treffen. Nun gibt es drei Arten, darauf zu reagieren. Die erste ignoriert das Ganze einfach und wischt es beiseite, weil Ihnen die Möglichkeit, dass aus diesem Date etwas wird, wichtiger ist. Wenn Sie sich für diese Variante entscheiden, übersehen Sie möglicherweise ein entscheidendes Warnzeichen, das Sie vielleicht lieber nicht ignorieren sollten: Diese Person könnte unzuverlässig sein. Eine weitere Möglichkeit wäre, extrem frustriert zu reagieren und eine ausführliche Geschichte über den kalten, gleichgültigen Narzissten zu entwerfen, der Ihnen den Abend vermasselt hat. Auch dieses Verhalten hat mit Klarheit nichts zu tun; die Person könnte gute Gründe für ihre Verspätung haben, die sich nicht auf einen angeblichen Narzissmus zurückführen lassen. Eine achtsame Haltung gegenüber der Verspätung würde, drittens, so aussehen, dass Sie anerkennen, was passiert ist, und es ruhig und direkt ansprechen, ohne sich einer Erklärung Ihres Gegenübers von vornherein zu verschließen. Diese Klarheit ermöglicht Gelassenheit und Stabilität, die die Voraussetzung dafür sind, sich die folgenden Schritte klug zu überlegen.

Ob wir die Sache nun mutig ansprechen oder würdevoll übergehen: Es ist möglich, zum Selbstschutz auf kraftvolles Selbstmitgefühl zurückzugreifen, ohne sich im Gegenzug total zu verschließen. Die Zenmeisterin und Meditationslehrerin Joan Halifax nennt diese kraftvolle Haltung »starker Rücken, weicher Bauch«.[257] Wenn wir unseren Rücken gerade halten, ohne uns zu verschließen und ohne abwehrend und streng zu werden, können unsere Handlungen eine ungeahnte Wirkung entfalten.

Schützende Selbstmitgefühlspause

Diese Version der Selbstmitgefühlspause zielt darauf ab, kraftvolles Selbstmitgefühl zu mobilisieren (Eine angeleitete Audio-Version dieser Übung finden Sie unter FierceSelf-Compassion.org)

Anleitung

Denken Sie an eine aktuelle Situation in Ihrem Leben, in der Sie das Bedürfnis haben, sich selbst besser zu schützen, Grenzen zu ziehen oder jemandem die Stirn zu bieten. Vielleicht werden Sie immer wieder von einem Kollegen ausgenutzt, oder Ihr Nachbar dreht nachts seine Musik zu laut, oder eine Verwandte versucht permanent, Ihnen ihre politischen Ansichten aufzudrängen. Bitte entscheiden Sie sich auch diesmal für eine Situation, in der Sie sich geringfügig bis moderat bedroht fühlen, aber niemals wirklich in Gefahr sind, damit Sie diese Fähigkeit lernen können, ohne sich selbst zu überfordern. Visualisieren Sie die Situation vor Ihrem inneren Auge. Versuchen Sie, sich nicht zu stark auf die jeweilige Person oder Gruppe zu fixieren, die für die Situation verantwortlich war, sondern *stellen Sie das Leid in den Mittelpunkt*. Was passiert da? Was ist los? Worin besteht die Grenzverletzung, die Bedrohung, die Ungerechtigkeit? Lassen Sie sämtliche Gefühle zu, die in Ihnen hochkommen: Angst, Wut, Frustration? Probieren Sie, ob es Ihnen gelingt, das Narrativ, das den Vorfall umrankt, fallen zu lassen und stattdessen mit Ihrem Unbehagen in Kontakt zu kommen, so, wie es sich als körperliche Empfindung äußert. Erlauben Sie dieser körperlichen Empfindung, einfach da zu sein.

Setzen oder stellen Sie sich nun aufrecht hin und rollen Sie Ihre Schultern nach hinten, sodass Ihre Haltung Kraft und Entschlossenheit ausdrückt. Sie werden gleich eine Reihe von Sätzen sprechen (entweder laut oder im Stillen), die so formuliert sind, dass die drei Elemente des Selbstmitgefühls in ihrer aktiven, beschützenden Form mobilisiert werden. Auch wenn hier bestimmte Sätze vorgeschlagen werden, besteht das Ziel darin, dass Sie eine Sprache finden, die für Sie persönlich funktioniert.

- Der erste Satz soll Ihnen helfen, mit dem, was passiert, achtsam umzugehen. Indem Sie sich auf das Leid und nicht auf die Person oder die Personen, die es verursacht haben, konzentrieren, sagen Sie langsam und im überzeugenden Tonfall zu sich selbst: »Ich sehe vollkommen klar, was hier passiert.« Das ist Achtsamkeit: Wir sehen die Dinge, wie sie sind. Andere mögliche Sätze wären: »Das ist nicht in Ordnung«, »So darf ich nicht behandelt werden« oder »Das ist unfair«. Suchen Sie nach Formulierungen, die sich für Sie richtig anfühlen.
- Der Zweck des zweiten Satzes besteht darin, Ihnen zu helfen, sich an unsere gemeinsame Menschlichkeit zu erinnern, vor allem an die Kraft der Verbundenheit, sodass Sie in dem Moment, in dem Sie sich selbst schützen, aus dieser Verbundenheit mit anderen Kraft schöpfen können. Sagen Sie sich zum Beispiel: »Ich bin nicht allein, andere Menschen haben die gleiche Erfahrung gemacht«. Weitere Möglichkeiten wären: »Indem ich für mich selbst einstehe, stehe ich auch für alle anderen ein« oder: »Alle Menschen verdienen es, fair behandelt zu werden« oder einfach: »Ich auch«.
- Legen Sie sich nun als Geste der Stärke und des Mutes eine Faust auf Ihr Herz. Nehmen Sie sich vor, freundlich zu sich selbst zu sein, indem Sie für Ihre eigene Sicherheit sorgen. Versuchen Sie, sich mit dem dritten Satz Zuversicht zu vermitteln: »Ich werde mich selbst beschützen.« Andere Möglichkeiten wären vielleicht: »Ich gebe nicht klein bei« oder: »Ich bin stark genug, es mit diesem Problem aufzunehmen«.
- Falls Sie Schwierigkeiten haben, die richtigen Worte zu finden, stellen Sie sich vor, dass jemand, der Ihnen wirklich wichtig ist, auf die gleiche Weise wie Sie behandelt oder bedroht wurde. Was würden Sie dieser Person sagen, um ihr zu helfen, stark zu bleiben, Rückgrat zu zeigen, mutig zu sein? Können Sie diese Worte nun auch zu sich selbst sagen?
- Bedecken Sie zum Abschluss Ihre Faust mit Ihrer anderen Hand und halten Sie sie sanft. Diese Geste ist eine Einladung, die kraftvolle Energie der mutigen, handlungsfähigen Klarheit mit der sanf-

ten Energie der liebevollen, verbundenen Präsenz zu kombinieren. Geben Sie sich selbst die Erlaubnis, die Kraft Ihrer Wut zu spüren, Ihrer Entschlossenheit, Ihrer Wahrheit, aber lassen Sie diese Kraft auch sorgend sein. Denken Sie daran, dass wir das kraftvolle Mitgefühl auf das Leid oder die Ungerechtigkeit selbst richten, nicht auf die Person, die dafür verantwortlich ist. Diese Person ist ein Mensch genau wie Sie – schaffen Sie es, Ihre kraftvolle Seite zu mobilisieren, um handlungsfähig zu werden und gleichzeitig die Liebe lebendig zu halten?

Es kann sein, dass Sie sich nach dieser Übung sehr aktiviert fühlen. Tun Sie, was immer nötig ist, um für sich selbst zu sorgen. Nehmen Sie vielleicht ein paar tiefe Atemzüge oder machen Sie ein paar Dehnübungen. Und vergessen Sie nicht, dass Sie im Notfall immer auf die Fußsohlenübung auf Seite 44 zurückgreifen können.

Grenzen ziehen

Kraftvolle, schützende Energie gibt uns die Kraft, klare Grenzen zu ziehen und Nein zu sagen. Wir Frauen sind so sozialisiert, dass wir großzügig und zuvorkommend sein sollen, und viele von uns glauben tatsächlich, dass es genau das ist, was unseren Wert ausmacht: Dass wir nicht mehr gemocht werden, wenn wir Nein sagen.[258] Man erwartet von uns, dass wir lächeln, nett sind und Ja sagen. Diese Zurichtung begann schon sehr früh in unserem Leben. Unsere Eltern gaben uns genau dann Liebe und Zuneigung, wenn wir ihren Wünschen entsprachen. Genauso handhabten es unsere Lehrer, Chefs und Partner. Im Erwachsenenalter kann es uns dann schwerfallen, unser Selbstwertgefühl als Frau davon zu trennen, dass andere uns als lieb und angenehm wahrnehmen. Diese nährenden, nachgiebigen Eigenschaften strukturieren unser gesamtes Selbstbild, wodurch wir davon abgehalten werden können, für uns selbst einzutreten. Es stimmt, dass bestimmte Menschen uns weniger mögen, wenn wir ihnen das, was sie von uns haben wollen, nicht geben, aber solange wir auf unser Selbstmitgefühl zurückgreifen können, sind wir nicht vollständig vom Urteil anderer abhängig. Das erlaubt es uns wiederum, unseren Wunsch, anderen zu gefallen, hintanzustellen und unsere Integrität wichtiger zu nehmen: einfach schon deshalb, weil wir uns selbst unterstützen und trösten können, wenn wir wegen dieser Entscheidung negative Konsequenzen zu spüren bekommen.

Manchmal fällt es uns auch deshalb schwer, Grenzen zu ziehen, weil wir nicht grob oder unhöflich sein möchten. Natürlich sind Höflichkeit und gegenseitiger Respekt wichtig, um Beziehungen zu pflegen, aber jedermanns Fußabtreter wollen wir auch nicht sein. Wir möchten vielmehr Türen sein, die wir selbst öffnen oder schließen können, je nachdem, was wir in diesem Moment wollen und brauchen. In ihrem Buch *The Assertiveness Guide for Women* bietet Julie de Azevedo Hanks wertvollen Beistand für Frauen, die lernen möchten, Nein zu sagen, ohne unhöflich zu werden. Hier einige der von ihr vorgeschlagenen Reaktionsmöglichkeiten:[259] »Das wird so für mich leider nicht funktionieren«, »Schön, dass du mich fragst, aber ich kann nicht«, »Im Moment kann ich so etwas nicht versprechen«, »Ich muss leider erst einmal Nein sagen. Ich sage dir Bescheid, wenn sich etwas ändert«. Wenn wir klar und eindeutig Nein sagen (ohne mit dem typischen »Hmm, ähm, mal überlegen …« um den heißen Brei herumzureden), dann nehmen wir eine Haltung ein, in der unsere Stimme hörbar wird.

Eine andere Möglichkeit wäre, dass wir sagen: »Ich würde dir wirklich gern helfen, aber ich muss für mich selbst sorgen und sage deshalb Nein.« Wenn wir unsere Absage als einen Akt der Selbstsorge sichtbar machen, verkörpern und unterstreichen wir die Botschaft, dass wir letztendlich alle für unser Wohlbefinden selbst verantwortlich sind und dass Freundlichkeit uns selbst gegenüber manchmal bedeuten kann, Nein zu sagen. Dadurch gibt man auch anderen Menschen die Erlaubnis, auf diese Weise für sich selbst zu sorgen.

Selbstmitgefühl hilft uns, klar zwischen für uns akzeptablem und inakzeptablem Verhalten zu trennen. Wenn ein Kollege einen verletzenden Witz macht, eine Freundin nicht vollkommen ehrlich mit uns ist oder unsere Schwiegermutter ihre Nase in Angelegenheiten steckt, die sie nichts angehen, dann müssen wir diesen Menschen zu verstehen geben, dass ihr Verhalten für uns nicht akzeptabel ist. Wenn wir aber zu sehr darauf konzentriert sind, nett zu sein und sie bloß nicht zu verärgern, dann können wir schnell in die bekannte Falle tappen: ihr Verhalten einfach hinnehmen oder es mit einem Achselzucken abtun. Dabei sollten wir gut aufpassen, dass unser Schweigen nicht als Zustimmung interpretiert wird, sonst passiert das Ganze in Zukunft immer wieder. Kraftvolles Selbstmitgefühl, das zum Schutz mobilisiert wurde, gibt uns die Kraft und Entschlossenheit, Nein zu dem zu sagen, was wir nicht mögen oder von dem wir wissen, dass es falsch ist. Es ist dieselbe Kraft, die uns antreibt, ehrlich zu uns selbst zu sein.

Sich selbst schützen

Manchmal müssen wir mehr tun, als eine Grenze ziehen; wir müssen uns aktiv vor jemandem schützen, der uns emotional oder körperlich Schaden zufügt. Wie man mit solchen Situationen umgeht, kann in diesem Buch nicht im Einzelnen dargestellt werden (unter 08000 116 016 berät das Hilfetelefon »Gewalt gegen Frauen« Betroffene oder Angehörige und Fachkräfte – rund um die Uhr, kostenfrei und anonym), aber ich werde im Folgenden kurz skizzieren, wie uns die grundlegenden Prinzipien von mutiger, handlungsfähiger Klarheit helfen können, eigenständig für unsere Sicherheit zu sorgen. Zunächst müssen wir anerkennen, was da eigentlich passiert. Falls wir die Person, die uns verletzt, lieben, kann das unglaublich schwer sein, aber wenn wir die Situation herunterspielen, wird alles noch schlimmer. Wenn wir wirklich vorhaben, uns selbst zu schützen, dann brauchen wir absolute Klarheit über das, was passiert. Es ist nicht in Ordnung. Es ist falsch. Es muss aufhören. Jetzt.

Eine andere Möglichkeit besteht darin, mit Menschen in Kontakt zu treten, die die gleichen Erfahrungen gemacht haben wie wir. So etwas kann online stattfinden oder in einer Selbsthilfegruppe. Das kann aber auch einfach in unserem Kopf passieren, wenn wir uns an unsere gemeinsame Menschlichkeit erinnern. Wir sind nicht allein: Traurigerweise haben unzählige andere genauso gelitten wie wir. Wir müssen uns nicht selbst die Schuld geben oder es persönlich nehmen. Unsere Situation ist aus einer komplexen Gemengelage entstanden, und auf viele der beteiligten Faktoren hatten wir nicht den geringsten Einfluss. Wir können Kraft daraus ziehen, dass unsere Schwestern das Gleiche erlitten haben wie wir. Auch das Wissen, das wir auch für alle anderen Frauen eintreten, wenn wir uns selbst schützen, macht uns Mut.

Damit wir uns zutrauen, zumindest den Versuch zu unternehmen, den Schaden, der uns zugefügt wird, zu beenden, können wir auf unsere innere Mama Bär zurückgreifen und unseren Zorn so kanalisieren, dass wir im Sinne des Selbstschutzes handlungsfähig werden (siehe die Übungen »Mit der Wut arbeiten« auf Seite 112, »Schützende Selbstmitgefühlspause« auf Seite 194 oder die »Kraftvolle-Freundin-Meditation« auf Seite 205). Das kann bedeuten, dass wir der Person, die uns schadet, direkt entgegentreten oder dass wir die Beziehung zu ihr beenden oder dass wir die Person anzeigen, wenn ihr Verhalten strafbar ist. Der wesentliche Schritt besteht darin, dass wir uns ernsthaft vornehmen, uns selbst zu schützen. Wir müssen jedoch klug und sorgfältig planen, denn die Phase, in der wir aus einer missbräuchlichen Beziehung ausbrechen, ist meist die gefährlichste.[260] Sobald unsere innere Weisheit nicht mehr durch Angst und Unsicherheit blockiert ist, werden wir in der Lage sein zu entscheiden, was die beste Vorgehensweise ist.

Sobald wir in Sicherheit sind, können wir zur Heilung auf sanftes Selbstmitgefühl zurückgreifen, hoffentlich mithilfe einer ausgebildeten Therapeutin. (Die Übung zum Schreiben eines mitfühlenden

Briefes an uns selbst, die auf Seite 141 vorgestellt wird, könnte hier ebenfalls hilfreich sein.) Wenn Yin und Yang zusammenkommen, werden wir gegenüber Menschen, die uns schaden, nicht mehr unvorsichtig sein, während gleichzeitig die Tür unseres Herzens, die zu uns selbst führt, weit offen bleibt.

Das Trauma überleben

Glücklicherweise sorgt Selbstmitgefühl für die Resilienz, die man braucht, um physische oder emotionale Gewalt zu überleben. Wie im Fall von sexuellen Misshandlungen zeigt die Forschung auch hier, dass das Einüben von Selbstmitgefühl Frauen bei der Verarbeitung gewalttätiger Beziehungen helfen kann. Eine Studie von Ashley Batts Allen und ihren Kolleginnen und Kollegen beobachtete den Fortschritt von Frauen, die sich in einer Einrichtung für Betroffene von häuslicher Gewalt sechs Wochen lang in einer Selbstmitgefühls-Gruppe trafen.[261] Die Leiterinnen der Gruppe zeigten Frauen mithilfe von Diskussionen, Zweiergesprächen, Erkundungen darüber, wie Selbstmitgefühl in emotional schwierigen Situationen aussehen könnte, Tagebucheinträgen und anderen Übungen, wie sie Selbstmitgefühl in ihrem Alltag verankern konnten. Nach dem Kurs fühlten sich die Teilnehmerinnen handlungsmächtiger (vor allem, wenn es darum ging, den Mut zu finden, dem Aggressor entgegenzutreten), aber auch positiver und vertrauensvoller sowie emotional und körperlich sicherer.

Selbstmitgefühl kann Menschen mit traumatischen Erfahrungen eine unglaubliche innere Stärke verleihen[262] – egal, ob das Trauma durch Gewalt in der Beziehung, sexuelle Übergriffe, Diskriminierung, eine Naturkatastrophe, einen schweren Unfall oder durch Kriegserlebnisse ausgelöst wurde. Die Folgen des Traumas können nach dem traumatischen Erlebnis noch sehr lange anhalten. Das führt nicht selten zu einer posttraumatischen Belastungsstörung (PTBS), einer schweren, psychischen Erschütterung[263], die mit

Schlafstörungen und wiederkehrenden Flashbacks und mit einer umfassenden Gleichgültigkeit gegenüber anderen Menschen und der gesamten Außenwelt einhergeht. Wenn Menschen sich selbst gegenüber Mitgefühl aufbringen können, nachdem sie eine traumatische Erfahrung gemacht haben, ist die Wahrscheinlichkeit schon deshalb geringer, dass sie PTBS entwickeln, weil das Selbstmitgefühl ihnen eine gewisse Stabilität ermöglicht.[264]

Untersuchungen, die sich auf Kriegsveteranen konzentrieren, illustrieren diesen Punkt sehr eindrucksvoll. Ich habe an einer Studie mitgearbeitet, in der gezeigt werden konnte, dass amerikanische Soldaten, die mit höheren Selbstmitgefühlswerten aus dem Irak oder Afghanistan zurückkehrten als ihre Kollegen, weniger Symptome von PTBS zeigten, im Alltag besser funktionierten[265], mit geringerer Wahrscheinlichkeit zum Alkoholmissbrauch neigten und weniger häufig über Selbstmord nachdachten.[266] Das hing zum Teil damit zusammen, dass ihr Selbstmitgefühl ihre Scham- und Isolationsgefühle verringerte. Eine Studie des Department of Veteran Affairs[267] stellte fest, dass das Ausmaß von Mitgefühl, das die Soldaten nach der Rückkehr von ihrem Einsatz sich selbst gegenüber aufbringen konnten – indem sie sich nicht überkritisch, sondern freundlich und unterstützend auf sich selbst bezogen –, ein besserer Gradmesser dafür war, ob sie PTBS entwickeln würden oder nicht, als die Gefährlichkeit ihres Einsatzes. Anders gesagt war es für das Wohlbefinden dieser Soldaten weniger wichtig, wie stark sie in Kampfhandlungen verwickelt waren, als wie mitfühlend sie sich nach dem Einsatz selbst begegneten. Waren sie sich selbst ein innerer Verbündeter, indem sie sich unterstützten und ermutigten? Oder waren sie ihr eigener innerer Feind, indem sie sich selbst gnadenlos kritisierten? Die Soldaten waren sowohl in Kampfhandlungen als auch bei ihrer Rückkehr ins zivile Leben eindeutig resilienter, wenn sie sich selbst gegenüber die Haltung eines inneren Verbündeten einnahmen.

Selbstmitgefühl hilft Menschen auch, mit dem Trauma von Vorurteilen und Diskriminierung umzugehen. Eine Studie mit

370 Cis-Frauen untersuchte die traumatischen Auswirkungen von sexuellen Mikroaggressionen[268] mitzubekommen, wie Männer Frauen auf bestimmte Körperteile reduzieren, Witze über Vergewaltigungen machen oder unsensible Bemerkungen fallen ließen. Man fand heraus, dass Frauen mit Selbstmitgefühl viel resilienter waren, wenn sie mit dieser Art sexistischen Verhaltens in Berührung kamen, und im Anschluss auch weniger negative emotionale Konsequenzen zu tragen hatten.

Selbstmitgefühl ist auch für LGBTQ+-Jugendliche, die aufgrund ihres Andersseins häufig stigmatisiert werden, eine wichtige Ressource. Abgesehen von gewissen religiösen Gruppen, die ihnen direkt einzureden versuchen, dass sie sündhaft und falsch sind, kommen sie auch in Medienbeiträgen über das Leben von Teenagern so gut wie gar nicht vor und empfangen so implizit die Botschaft, dass sie irgendwie unnormal sind. Auch körperlichen und verbalen Angriffen sind sie wesentlich stärker ausgesetzt als ihre heterosexuellen Cis-Altersgenossen. Diese permanente Schikane trägt dazu bei, dass Ängste, Depressionen und Suizidgedanken bei LGBTQ+-Jugendlichen sehr viel häufiger vorkommen.[269]

Abra Vigna und ihre Kolleginnen und Kollegen von der University of Wisconsin untersuchten, ob Selbstmitgefühl LGBTQ+-Teenagern an Highschools im mittleren Westen helfen konnte, Mobbing unbeschadeter zu überstehen.[270] Es stellte sich heraus, dass Teenager, die mehr Selbstmitgefühl hatten, besser in der Lage waren, damit klarzukommen, dass sie gemobbt, bedroht oder belästigt wurden, und aufgrund dieser Erfahrungen mit geringerer Wahrscheinlichkeit Angststörungen oder Depressionen entwickelten. In einer zweiten Studie kamen diese Forscherinnen und Forscher zu dem Ergebnis, dass Selbstmitgefühl auch bei LGBTQ+-Jugendlichen of Color, die nicht nur wegen ihrer sexuellen Orientierung, sondern auch wegen ihrer Hautfarbe gemobbt wurden, Ängste, Depressionen und Suizidgedanken reduzierten, was noch einmal unterstreicht, dass Selbstmitgefühl als Selbstschutzressource extrem wichtig ist.[271]

Tatsächlich hat sich herausgestellt, dass Selbstmitgefühl sogar zu etwas wie »posttraumatischem Wachstum« führen kann, also zum Lernen aus und Wachsen an traumatischen Erfahrungen.[272] Menschen mit mehr Selbstmitgefühl sind besser in der Lage zu erkennen, dass aus überwundenen Krisen auch etwas Positives folgen kann, zum Beispiel das Gefühl der Verbundenheit mit anderen, eine größere Wertschätzung für das Leben und ein tieferes Vertrauen in die eigenen Fähigkeiten. Anstatt uns klein zu halten, verwandelt Selbstmitgefühl Rückschläge in Gelegenheiten zum Lernen. Indem wir die Kraft der mutigen, handlungsfähigen Klarheit nutzen, sind wir in der Lage, unser Leben selbst in die Hand zu nehmen und Herausforderungen mit mehr Mut und Entschlossenheit anzugehen. Wenn wir Situationen, die im jeweiligen Augenblick unerträglich erscheinen, durchstehen – und das nicht mit kaltem Stoizismus, sondern voller Wärme und Mitgefühl – dann entdecken wir Stärken in uns, von denen wir bisher nicht wussten, dass sie in uns stecken.

Seine Kindheit überstehen

Kraftvolles Selbstmitgefühl gibt uns darüber hinaus die Kraft, frühe Kindheitstraumata zu verarbeiten und uns trotz allem zu gesunden und leistungsfähigen Erwachsenen zu entwickeln. Wenn wir jedoch von Eltern oder Pflegepersonen missbraucht worden sind, sind die Wunden so tief, dass sie es uns stark erschweren können, im Erwachsenenalter Selbstmitgefühl auszubilden. Das liegt daran, dass in solchen Fällen in unserem Inneren Gefühle von Liebe und Fürsorge von vornherein mit Gefühlen der Angst und des Schmerzes verbunden waren. Mit der Hilfe von speziell ausgebildeten Therapeuten können wir aber lernen, unserem frühen Trauma mitfühlend zu begegnen, wodurch sich nach und nach unsere Fähigkeit verbessert, mit dem enormen Ausmaß des Schmerzes umzugehen. In vielerlei Hinsicht können wir das, was durch Selbstmitgefühl passiert, so beschreiben, dass wir uns selbst noch einmal ganz frisch Eltern sind, indem wir uns jene bedingungslose Liebe, Fürsorge und Sicherheit schenken, die wir als Kinder nicht bekommen haben. Es dauert zwar lange, aber durch das konsequente Einüben von Selbstmitgefühl können wir als Erwachsene irgendwann auch sichere Bindungen eingehen.[273] Wir können lernen, uns auf unsere eigene Wärme und Unterstützung zu verlassen, die dann nach und nach zu der stabilen Basis werden, von der aus die Herausforderungen des Lebens gemeistert werden können. In einer Studie wurden Frauen untersucht, die in ihrer Kindheit sexuell oder körperlich misshandelt worden sind.[274] Diejenigen, die lernten, als Erwachsene mit diesen Erfahrungen mitfühlend umzugehen, waren resilienter, erholten sich schneller von Rückschlägen, blieben auch unter Druck fokussiert und ließen sich weniger schnell entmutigen.

Compassion Focused Therapy (CFT) zielt spezifisch darauf ab, Menschen mit einem Kindheitstrauma dabei zu helfen, mit der Verzweiflung und den intensiven Schamgefühlen umzugehen, von denen sie oft heimgesucht werden.[275] Paul Gilbert, der die CFT entwickelt hat, erkannte schon vor langer Zeit, wie wichtig sowohl kraftvolles als auch sanftes Selbstmitgefühl für den Heilungsprozess sind. Er schreibt: »Mitgefühl heißt auch, den Mut zu entwickeln, uns unserem Ärger und unserer Wut zu stellen, es geht also durchaus nicht darum, den Schmerz einfach wegzutrösten. Wobei … trösten sehr wichtig ist – [als] sicherer Hafen, aber auch als Vorbereitung: Damit wir uns mutig auf das einlassen können, was ansteht.« CFT zeigt ihren Klienten, wie sie, wenn sie schmerzhafte Gefühle oder traumatische Erinnerungen durchleben, in der Fähigkeit, sich selbst zu trösten, Sicherheit finden können. Gleichzeitig geht es aber auch darum, das eigene Rückgrat zu entdecken, mit dessen Hilfe man für sich selbst einstehen kann. Wissenschaftliche Untersuchungen haben gezeigt, dass dieser Ansatz Menschen auf Dauer hilft, selbstbewusster und weniger nachgiebig gegenüber Menschen zu sein, die versuchen, ihnen Schaden zuzufügen.[276] Nach der Teilnahme an einer britischen CFT-Gruppe erzählte eine Frau: »Wissen Sie, ich habe neuerdings das Gefühl, dass ich in so einer Art

Ritterrüstung aus Mitgefühl stecke, in der ich den Tag besser durchstehe.[277] Also, das kommt mir vor, wie so eine Sicherheitsrüstung, und plötzlich schaffe ich es, allen Aspekten meines Lebens mitfühlend zu begegnen … Ich fühle mich stärker dadurch und handlungsfähiger.« Zahlreiche Studien haben gezeigt, dass dieser Ansatz hochgradig erfolgreich ist,[278] wenn es darum geht, Menschen die Ressourcen an die Hand zu geben, die sie brauchen, um sich von der Vergangenheit zu heilen und einen mutigen Schritt in Richtung Zukunft zu wagen.

Kraftvolle-Freundin-Meditation

Diese Übung stammt aus einer Meditation, die ursprünglich »Mitfühlende Freundin« hieß und eine angeleitete Visualisierungsübung ist, die in der CFT entwickelt wurde und auch in der MSC genutzt wird. Ich habe diese Meditation abgeändert, um Ihnen zu helfen, das Bild einer die sorgende Kraft symbolisierenden, kraftvollen Freundin in sich heraufzubeschwören, die Sie immer dann herbeirufen können, wenn Sie sich selbst schützen müssen. (Eine angeleitete Audioversion dieser Übung finden Sie auf FierceSelf-Compassion.org)

Anleitung

- Suchen Sie sich eine bequeme Position, entweder im Sitzen oder im Liegen. Schließen Sie sanft die Augen. Nehmen Sie ein paar tiefe Atemzüge, um in Ihrem Körper anzukommen.

Ein sicheres Plätzchen

- Stellen Sie sich einen Ort vor, der sicher und behaglich ist – das kann ein gemütlicher Raum mit brennendem Kamin sein oder ein friedlicher Strand im warmen Sonnenlicht, an dem eine kühle Brise weht, oder eine Waldlichtung. Es kann auch ein Fantasieort sein, Sie können es sich also auch auf den Wolken bequem machen … irgendwo, wo Sie sich friedlich und sicher fühlen. Erlauben Sie sich, an diesem Ort zu verweilen, und genießen Sie das Gefühl der Behaglichkeit, das er ausstrahlt.

Besuch

- Sie bekommen bald Besuch: von einer starken und kraftvollen, aber auch sanften und liebevollen Präsenz – von einer kraftvollen Freundin, die die Eigenschaften der sorgenden Kraft verkörpert.
- Welches Bild taucht in Ihnen auf? Diese Freundin könnte Sie an jemanden erinnern, den Sie früher einmal kannten, eine couragierte und fürsorgliche Lehrerin oder Ihre Großmutter. Es könnte auch eine Fantasiefigur sein, eine Kriegsgöttin oder ein Tier wie der Jaguar. Es kann auch sein, dass dieses Wesen überhaupt keine bestimmte Form hat und nur eine Präsenz oder ein gleißendes Licht ist.
- Lassen Sie nun zu, dass in Ihrem Kopf ein Bild entsteht.

Ankommen

- Sie können selbst entscheiden, ob Sie Ihren sicheren Platz verlassen möchten, um Ihrer kraftvollen Freundin entgegenzugehen, oder ob Sie sie zu sich einladen möchten. Bitte ergreifen Sie diese Gelegenheit jetzt, wenn Sie möchten.
- Stellen Sie sich vor, welche Körperhaltungen Sie und Ihre Besucherin einnehmen – was auch immer sich richtig anfühlt. Dann erlauben Sie sich wahrzunehmen, wie es sich anfühlt, in der Nähe dieses Wesens zu sein: seines Mutes und seiner Entschlossenheit – und wie geliebt und beschützt Sie sich in seiner Gegenwart fühlen. Sie müssen nichts tun, außer diesen besonderen Augenblick zu erleben.
- Diese Freundin ist ausgesprochen klug, und sie sieht sehr klar, versteht haargenau, was in Ihrem Leben gerade los ist. Sie weiß, in welchen Bereichen Sie fest bleiben müssen, um für sich selbst einzustehen oder Grenzen zu ziehen. Vielleicht möchte Ihre Freundin Ihnen etwas sagen: Es ist *genau das, was Sie in diesem Augenblick hören müssen, damit Sie sich schützen können.* Bitte nehmen Sie

sich einen Moment Zeit und hören Sie dem, was dieses kluge Wesen Ihnen zu sagen hat, aufmerksam zu.

- Vielleicht hat Ihre Freundin auch ein Geschenk für Sie, irgendein Objekt, das die sorgende Kraft symbolisiert. Vielleicht materialisiert sich dieses Geschenk gerade jetzt in Ihrer Hand.
- Wenn weder Worte noch ein Geschenk zu Ihnen kommen, dann ist das auch in Ordnung – konzentrieren Sie sich einfach weiterhin darauf, diese Stärke und Liebe und das Gefühl des Beschütztseins zu erleben. Das allein ist schon ein Segen.
- Nehmen Sie sich noch ein paar Minuten Zeit, um die Präsenz dieses Wesens in sich einzusaugen.
- Erlauben Sie sich zu erkennen, dass diese kraftvolle Freundin in Wirklichkeit *ein Teil Ihrer selbst* ist. All die Gefühle, Bilder und Worte, die Sie gerade erleben, fließen aus Ihrem eigenen kraftvollen und sanften Herzen.

Zurückkommen

- Lassen Sie schließlich das Bild Ihrer Besucherin langsam vor Ihrem inneren Auge verschwinden, sobald Sie dafür bereit sind. Vergessen Sie nicht, dass Sie diese sorgende Kraft immer in sich tragen, auch dann, wenn Sie sie am meisten brauchen. Sie können Ihre kraftvolle Freundin jederzeit zu sich rufen.

Dem inneren Tyrannen die Stirn bieten

Mitfühlender Selbstschutz ist nicht nur wichtig, wenn es um das Abwenden von äußerem Schaden geht, sondern auch, wenn innerer Schaden verhindert werden soll. Viele Menschen haben die unfreundlichen, kritischen Glaubenssätze verinnerlicht, die ihnen einst eingeredet wurden – mit ihnen fühlen sie sich sicher. Kinder müssen darauf vertrauen, dass das, was die Erwachsenen in ihrem Leben ihnen sagen, stimmt. Ein Kind kann seinem Vater, der es wegen eines angeblichen Fehlers in Grund und Boden kritisiert, nicht sagen: »Sorry, Dad, aber jetzt übertreibst du ein bisschen!« Nicht nur würde das den Vater noch wütender machen, der Eindruck, dass der Vater gar nicht weiß, was er tut und sagt, wäre für das Kind mindestens genauso beängstigend – schließlich ist es in Sachen Dach über dem Kopf, Rat und Schutz komplett von ihm abhängig. Aber als Erwachsene können wir uns diesem inneren Tyrannen entgegenstellen. Selbstkritik ist kein Mittel des Selbstschutzes mehr – im Gegenteil, es schadet uns enorm, indem es unsere Fähigkeit, uns selbst die Unterstützung zu geben, die wir brauchen, unterminiert. Selbstmitgefühl ermöglicht uns die mutige, handlungsfähige Klarheit, die wir brauchen, um unseren inneren Kritiker zur Rede zu stellen und ihn zu bitten, sich zurückzuziehen.

Es ist wichtig sich klarzumachen, dass nicht nur Menschen mit frühen Kindheitstraumata einen strengen inneren Kritiker haben können und dass diese Stimme nicht immer eine Stimme aus der Vergangenheit sein muss. Wie ich weiter oben gezeigt habe, scheint der Angriff auf sich selbst eine natürliche Reaktion auf Bedrohung zu sein. Vielleicht glauben Sie, dass mein Sohn Rowan diese strenge und kritische Stimme nie in sich hört. Ich wünschte, das wäre so. Aber obwohl ich schon sein ganzes Leben lang mit ihm über Selbstmitgefühl spreche, kann er extrem hart zu sich selbst sein. Autistische Menschen – wie übrigens wir anderen auch – bekommen Angst, wenn sie mit ihrer eigenen Unvollkommenheit konfrontiert sind: Es zeigt ihnen, dass sie nicht alles unter Kontrolle haben. Rowan jedenfalls regt sich immer extrem auf, wenn ihm ein Fehler unterläuft (zum Beispiel wenn er seine Handyladekabel verliert oder eine wichtige Hausaufgabe vergisst). Schon oft habe ich dann gehört, wie er sich selbst laut beschimpfte: »Du dummer Idiot«, sagt er dann zu sich. Ich kann Ihnen gar nicht sagen, wie weh es mir tut, ihn diese grausamen Worte aussprechen zu hören. Im richtigen Leben hat er mit Sicherheit noch nie gehört, wie jemand so etwas zu ihm gesagt hat. Aber er guckt gerne Zeichentrickfilme, und die Bösewichte in solchen Filmen benutzen diese Art von Sprache häufig. Sich selbst und andere zu tyrannisieren ist eine Methode, alles unter

Kontrolle zu behalten, und ein Teil von Rowan hat wahrscheinlich das Gefühl, dass es möglich sein müsste, solche Fehler in Zukunft zu vermeiden, wenn er sich kontrolliert und streng genug zu sich selbst ist.

Hinzu kommt seine große Angst davor, dass andere ärgerlich werden und ihn anschreien, weil er irgendetwas vermasselt hat, und deshalb macht er es lieber selbst. In Wirklichkeit ist es noch nie vorgekommen, dass ihn jemand für einen Fehler angeschrien hat, aber er stellt sich vor, dass es möglich ist, und schon die Vorstellung macht ihm Angst. Selbstkritik ist nicht nur ein erlerntes Verhalten, sondern auch etwas zutiefst Menschliches, das aus Angst und dem Bedürfnis nach Sicherheit entsteht. Dennoch sind wir den Prägungen unserer frühen Kindheit, der Biologie und Kultur, nicht komplett unterworfen. Wir können uns anders entscheiden.

Zum Beispiel indem wir uns mutig gegen unseren inneren Tyrannen zur Wehr setzen. Zu wissen, dass so viele von uns dieser kritischen inneren Stimme ausgesetzt sind, die uns den ganzen Tag erzählt, wie schlecht oder abstoßend wir sind, kann uns Kraft geben. Wir sind nicht allein. Wenn wir uns gegen die missbräuchliche Stimme unseres inneren Kritikers wehren, verteidigen wir gleichzeitig all die Millionen von anderen Menschen überall auf der Welt, die jeden Tag von ihrem inneren Tyrannen gedemütigt werden. Zu diesem Anteil von uns selbst können wir klar und deutlich sagen: »Es ist nicht in Ordnung, dass du so mit mir sprichst«, genauso wie ich zu Rowan sage: »Es ist nicht in Ordnung, dass du so mit meinem geliebten Sohn sprichst.« Ohne unseren inneren Kritiker zu beschuldigen oder bloßzustellen, können wir seine tyrannischen Methoden zurückweisen und eine klare Grenze ziehen. (Die Übung »Durch Mitgefühl Veränderung anstoßen« auf Seite 269, zeigt Ihnen, wie Sie sich auf Ihren inneren Kritiker so beziehen können, dass Sie seine Stimme erfolgreich zum Schweigen bringen.)

Nach Misshandlung Heilung finden

Auch das sanfte Selbstmitgefühl spielt für den eigenen Schutz eine wichtige Rolle. Denn nachdem wir alles in unserer Macht Stehende getan haben, um uns zu verteidigen, müssen wir uns nun unseren inneren Wunden zuwenden, um sie mitfühlend zu halten und Yin und Yang ins Gleichgewicht zu bringen. Wenn Menschen uns schlecht behandeln – ob es nun unsere Tochter im Teenageralter ist, die uns ständig beschimpft, unser Chef, der uns ein schlechtes Gehalt zahlt, ein Partner, der uns betrügt, oder ein Elternteil, das uns missbraucht hat – es tut weh. Zutiefst. Sanftes Selbstmitgefühl kann uns mit dem Respekt, der Aufmerksamkeit und Sicherheit versorgen, die wir von anderen Menschen nicht bekommen haben. Es ist ausgesprochen wichtig, dass wir diesen Schritt, uns selbst zu beruhigen und zu trösten, nicht überspringen, wenn wir schlecht behandelt worden sind. Manchmal wenn wir auf unser Gegenüber wütend werden und sogar entsprechend handeln (indem wir Hausarrest geben, Klage einreichen, die Beziehung beenden), dann passiert es uns leicht, dass wir vor den darunterliegenden Gefühlen der Verletztheit und Traurigkeit die Augen verschließen. Zwar ist es bitter nötig, kraftvoll zu handeln, aber wir sollten dies nicht dazu benutzen, uns vor unserem Schmerz zu schützen. Manchmal ist es leichter, unsere Wut auf die Person zu richten, die den Schaden angerichtet hat, als mit unseren eigenen verletzlicheren Gefühlen umzugehen, die unter der Wut liegen, zum Beispiel mit Trauer oder dem Gefühl des Zurückgewiesenseins. Unter diesen Gefühlen liegen häufig Bedürfnisse, die von anderen missachtet wurden: Bedürfnisse nach Fairness, Liebe, Verbindung, Respekt und Sicherheit. Wenn es darum geht, diese Bedürfnisse zu erfüllen, sollten wir uns auf keinen Fall auf die verlassen, die uns Schaden zugefügt haben; der Wunsch, dass sie sich ändern, ist häufig unrealistisch. Mit sanftem Selbstmitgefühl jedoch kann es gelingen, dass wir Heilung finden und viele unserer unerfüllten Bedürfnisse stillen. Wenn uns jemand Schaden zugefügt hat, dann brauchen wir sowohl Schutz als auch Heilung.

Auf schlechte Behandlung reagieren

Diese Übung stammt aus unserem MSC-Programm und heißt dort »Unerfüllte Bedürfnisse erfüllen«. Wenn Sie auf irgendeine Weise schlecht behandelt wurden, kann diese Übung Ihnen helfen, kraftvolles und sanftes Selbstmitgefühl zusammenzubringen. Protektive Gefühle wie Wut oder Empörung sind »hart«, weil sie wie ein Schutzschild funktionieren und dazu dienen, uns vor dem Erleben weicherer, verletzlicherer Gefühle wie Schmerz oder Traurigkeit zu schützen. Nach einer Verletzung müssen wir sowohl unsere »harten« als auch unsere »weichen« Gefühle würdigen und durchleben, aber man braucht vollkommen unterschiedliche Energien, um sie zu halten. Idealerweise sollten Sie diese Übung deshalb durchführen, wenn die Gefahr und der unmittelbar daraus erwachsene Schaden vorbei sind und es Ihnen um langfristige Heilung geht. Falls aber die schlechte Behandlung noch anhält, sollten Sie sich vielleicht lieber mit aller Kraft darauf konzentrieren, zunächst das ungute Verhalten Ihnen gegenüber zu unterbinden, bevor Sie die heilende Kraft sanften Selbstmitgefühls heraufbeschwören. In diesem Fall könnte die »Schützende Selbstmitgefühlspause« auf Seite 194 oder die Übung »Mit der Wut arbeiten«, die auf Seite 112 angeboten wird, passender sein. Wenn Sie anfangen, sich an irgendeinem Punkt dieser Übung überfordert zu fühlen, denken Sie bitte daran, dass Sie jederzeit aufhören und Selbstmitgefühl auch auf andere Weise praktizieren können.

Anleitung

Denken Sie an eine *vergangene Situation*, in der man Sie auf irgendeine Weise schlecht behandelt hat. Bitte entscheiden Sie sich für eine Situation, die Sie mäßig oder mittelstark aufgewühlt, aber nicht traumatisiert hat. Es wird Ihnen sehr schwerfallen, diese Übung durchzuführen, wenn Sie sich überfordert fühlen. Versuchen Sie, sich die Einzelheiten Ihrer Situation so lebendig wie möglich vor Augen zu führen.

Die kraftvolle Seite spüren

- Probieren Sie aus, ob Sie irgendwelche harten Gefühle wie Wut oder Bitterkeit identifizieren können, die eine schützende Funktion haben und direkt von der Situation ausgelöst wurden.
- Konzentrieren Sie sich nun auf Ihren Körper. Wo spüren Sie diese Gefühle? Ist es ein Brennen im Bauch, ein Poltern im Herzen? Versuchen Sie, mit diesen körperlichen Manifestationen Ihrer Gefühle in Kontakt zu kommen.
- Machen Sie sich klar, dass diese Gefühle aus Ihrem Selbstmitgefühl stammen und dass sie dazu da sind, Ihnen Sicherheit zu vermitteln.
- Erkennen Sie ganz klar an, dass es nicht in Ordnung war, auf diese Weise behandelt zu werden. Versuchen Sie, sich selbst gegenüber mit einfachen Worten anzuerkennen, dass Ihnen Schaden zugefügt wurde, etwa: »Das war falsch« oder »Ich wurde unfair behandelt«.
- Ziehen Sie nun das Gefühl der allgemeinen Menschlichkeit hinzu, indem Sie sich daran erinnern, dass sehr, sehr viele Menschen ganz ähnliche Situationen erlebt haben. Sprechen Sie einige Worte, mit denen Sie unsere Verbundenheit mit anderen Menschen anerkennen, zum Beispiel: »Ich bin nicht die Einzige« oder: »Viele fühlen sich so«.
- Erlauben Sie Ihren Gefühlen nun, als freie Energie durch Ihren Körper zu fließen, ohne dass Sie versuchen, diese Gefühle zu kontrollieren oder zu unterdrücken. Spüren Sie dabei, wie Ihre Fußsohlen fest auf dem Boden stehen und Ihnen dabei helfen, geerdet und stabil zu bleiben.
- Erkennen Sie die Erfahrung dieser schützenden Gefühle voll und ganz an. Versuchen Sie, sich nicht zu sehr darauf zu fixieren, wer was wem gesagt oder getan hat, sondern konzentrieren Sie sich stattdessen auf die harten Gefühle selbst. Vielleicht möchten Sie ein paar Worte sprechen, etwa: »Ich brauche meine Wut als Schutz« oder »Ich bin mir selbst wichtig, und deshalb bin ich so frustriert«.
- Es ist nicht nötig, von hier aus weiterzumachen, wenn die volle Anerkennung Ihrer Gefühle das ist, was Sie im Moment am meisten brauchen. Vielleicht haben Sie Ihre Wut in der Vergangenheit

unterdrückt und müssen sie nun erst einmal in ihrer ganzen Wucht spüren. Wenn das der Fall ist, erlauben Sie Ihren Gefühlen – ohne sie zu beurteilen –, frei durch Ihren Körper zu fließen, während Sie sich über die Fußsohlen mit dem Boden verbinden.
- Versuchen Sie, sich selbst eine unterstützende Geste anzubieten, zum Beispiel indem Sie eine Faust auf Ihr Herz legen (als Zeichen der Stärke) und sie (als Zeichen von Wärme) mit der anderen Hand umschließen.

Weiche Gefühle finden

- Wenn Sie jedoch bereit sind, sich dem Thema Heilung zuzuwenden, dann sollten Sie nachsehen, was unter Ihren beschützerischen Gefühlen zu finden ist. Sind dort weiche und verletzliche Gefühle wie Schmerz, Angst, Zurückweisung, Traurigkeit, Scham?
- Wenn Sie ein weiches Gefühl identifizieren können, versuchen Sie ihm mit sanfter, verständnisvoller Stimme einen Namen zu geben – so, als würden Sie gerade eine liebe Freundin trösten: »Oh, das ist Schmerz« oder »Das muss Traurigkeit sein«.
- Erlauben Sie sich selbst, warm und akzeptierend bei diesen Gefühlen zu bleiben.

Unerfüllte Bedürfnisse entdecken

- Wenn Sie bereit sind fortzufahren, versuchen Sie, die ganze Geschichte darüber, was diesen Schmerz verursacht hat, fallen zu lassen, und sei es nur für kurze Zeit. Versuchen Sie, Gedanken an die Tat selbst für einen Moment beiseitezulassen, indem Sie sich fragen: »*Welches grundlegende emotionale Bedürfnis habe ich oder hatte ich damals, das nicht erfüllt wurde?*« Vielleicht das Bedürfnis, gesehen zu werden, gehört zu werden, in Sicherheit zu sein, Verbundenheit zu spüren, gewertschätzt, als etwas Besonderes erkannt, respektiert oder geliebt zu werden?
- Auch hier: Wenn Sie ein unerfülltes Bedürfnis identifizieren können, versuchen Sie, es mit sanfter, verständnisvoller Stimme zu benennen.

Mit sanftem Selbstmitgefühl reagieren

- Fühlen Sie die Wärme und Unterstützung Ihrer Hände auf Ihrem Körper.
- Auch wenn Sie sich von Ihrem Gegenüber Freundlichkeit und faire Behandlung gewünscht haben, war diese Person aus verschiedenen Gründen nicht in der Lage, Ihnen diese Bedürfnisse zu erfüllen. Aber Sie haben eine andere Ressource – Ihr eigenes Mitgefühl – und können anfangen, sich Ihre Bedürfnisse ganz direkt zu erfüllen.
- Wenn Sie zum Beispiel gesehen werden wollten, kann Ihr mitfühlender Anteil zu dem verletzten Anteil sagen: »Ich sehe dich!« Wenn Sie das Bedürfnis hatten, sich unterstützt oder verbunden zu fühlen, kann Ihr mitfühlender Anteil sagen: »Ich bin für dich da!« Oder: »Du gehörst hierher.« Wenn Sie respektiert werden wollten, können Sie sagen: »Ich weiß, wie wertvoll ich bin.« Wenn Sie sich geliebt fühlen wollten, können Sie vielleicht sagen »Ich liebe dich« oder »Du bist mir wichtig«.
- Mit anderen Worten, versuchen Sie, genau jetzt genau das zu sich selbst zu sagen, was Sie von der Person, die Sie schlecht behandelt hat, hören wollten.
- Wenn es Ihnen schwerfällt, sich Ihre unerfüllten Bedürfnisse so direkt zu erfüllen, oder wenn dieser Ansatz für Sie etwas verwirrend ist: Können Sie diese Schwierigkeit mitfühlend annehmen?
- Zum Schluss sollten Sie sich vornehmen, sich selbst so zu behandeln, wie Sie es verdient haben, und sich schwören, sich in Zukunft vor Verletzungen so weit wie möglich zu schützen.
- Beenden Sie nun die Übung und lassen Sie diese Erfahrung noch ein wenig nachklingen, indem Sie versuchen, den Moment und sich selbst genauso zu lassen, wie Sie sind.

Schutz oder Feindseligkeit?

Wenn wir uns selbst schützen, während Yin und Yang aus dem Gleichgewicht sind, kann Selbstmitgefühl auch eine ungesunde Form annehmen. Statt uns darauf zu konzentrieren, weiteren Schaden abzuwenden, haben wir manchmal einfach nur den Wunsch, die Person oder die Gruppe anzugreifen, die den Schaden verursacht hat. In der Folge kann unsere kraftvolle Seite aggressive Formen annehmen, was Leid verursacht und Mitgefühl untergräbt.

Wie entscheidet man aber, ob mutige, handlungsfähige Klarheit ein Ausdruck von Liebe oder Aggression ist? Es ist die dahinterliegende Intention, die den Ausschlag gibt. Handeln wir im Dienst der Linderung von Leid oder im Dienst der Rache? Entspringen unsere Handlungen dem Herzen oder dem Ego? Wenn kraftvolle Energie dazu eingesetzt wird, den eigenen Selbstwert zu schützen, kann er emotional gewalttätige Formen annehmen. Vielleicht glauben wir, dass wir für uns selbst einstehen, wenn wir der Person, die uns gerade ignoriert hat, eine schneidende Bemerkung an den Kopf werfen (»Wenn du weiter mit den Augen rollst, findest du vielleicht irgendwann ein Hirn«) oder wenn wir den Politiker im Fernsehen einen Trottel nennen, aber in Wirklichkeit tragen wir nur zu der ohnehin schon feindseligen Stimmung bei. Wenn wir dagegen aus Liebe handeln und unsere Reaktion auf den Wunsch zu helfen zurückzuführen ist, dann wird sie zu einer Kraft, die sich stark und zielstrebig für ein höheres Gut einsetzt. Es ist möglich, verletzendes Verhalten zu benennen und dafür zu sorgen, dass es nicht mehr passiert, ohne persönlich zu werden.

Mitgefühl wurzelt in Verbundenheit, doch wenn wir diese Tatsache vergessen und denjenigen, die eine Bedrohung darstellen, die Rolle der »anderen« zuweisen, dann entsteht daraus eine destruktive Wir-gegen-sie-Mentalität. Traurigerweise passiert genau das gerade mit der unglaublichen politischen Polarisierung in den USA, sodass es sogar der Regierung kaum noch möglich ist, ihre Aufgaben zu erfüllen. Damit unsere kraftvolle Seite mitfühlend bleiben kann, sollten wir einerseits anerkennen, dass körperliche, soziale und emotionale Gewalt sofort beendet werden müssen, aber uns andererseits auch daran erinnern, dass diejenigen, die diese Gewalt ausüben, immer noch Menschen sind. Natürlich darf die Anerkennung der geteilten Menschlichkeit nicht dafür benutzt werden, Unterschiede zu bestreiten. So nutzen manche Menschen den Slogan »All lives matter«, um den Kampfruf »Black lives Matter« zu kritisieren. So etwas hat mit geteilter Menschlichkeit nichts zu tun, sondern leugnet die lange Geschichte von rassistischer Unterdrückung, Polizeigewalt und Entmenschlichung von Schwarzen. Kraftvolles Selbstmitgefühl verschließt vor Unterschieden nicht die Augen, vor allem dann nicht, wenn es darum geht, wie groß das Leid ist, das Individuen und Gruppen erleben, und welche Ursachen es hat. Aber zugleich kann die kraftvolle Variante des Selbstmitgefühls das starke Band der Menschlichkeit anerkennen, das uns alle miteinander verbindet. Manchmal kann mutige, handlungsfähige Klarheit in Selbstgerechtigkeit umschlagen. Wenn wir die offene Akzeptanz des sanften Selbstmitgefühls aus den Augen verlieren, kann es passieren, dass wir uns unserer selbst und unserer Fähigkeit, die Wahrheit zu kennen, zu gewiss werden. Sobald wir uns auf die eindeutige Bestimmung von wahr und falsch fixieren, kann das unserer Fähigkeit, die Dinge klar zu sehen, sogar entgegenarbeiten. Wenn wir jedoch offen und aufgeschlossen bleiben, fällt es uns leichter, schädliches Verhalten zu identifizieren und die Wahrheit auszusprechen, gerade weil wir gleichzeitig anerkennen, dass wir uns irren könnten oder jemand anders die Sache anders sehen mag.

Wenn wir, während wir beschützen wollen, kraftvolles und sanftes Selbstmitgefühl zusammenbringen, dann ist die daraus erwachsende sorgende Kraft unendlich machtvoll. Martin Luther King Jr. schrieb: »Macht ohne Liebe ist missbräuchlich und unterdrückend, während Liebe ohne Macht anämisch und zu tolerant ist. In ihrer besten Form ist Macht Liebe, die die Forderungen der Gerechtigkeit in die Tat umsetzt, und Gerechtigkeit in ihrer besten Form ist Macht, die alles beiseitefegt, was der Liebe im Wege steht.«[279]

Selbstmitgefühl und soziale Gerechtigkeit

Martin Luther King Jr. wurde von Mahatma Gandhi inspiriert, einem der erfolgreichsten Fürsprecher für gesellschaftlichen Wandel im 20. Jahrhundert. Gandhis Ansatz, für Gerechtigkeit zu kämpfen, war sowohl von kraftvollem als auch von sanftem Mitgefühl durchtränkt: Er propagierte eine Form des gewaltlosen Widerstands, die *satyagraha* genannt wurde (dem Hindi-Ausdruck für »Wahrheitskraft« beziehungsweise »Liebeskraft«), um Indien von der britischen Herrschaft zu befreien.[280] Gandhi unterschied *satyagraha* von passivem Widerstand, der, so argumentierte er, ein Zeichen von Angst sein konnte.[281] *Satyagraha* war dagegen die Waffe der Starken, die extrem viel Tapferkeit und Mut erforderte.

Auch wenn es einfacher sein mag, seinen Unterdrücker zu hassen und anzugreifen, ist es letztendlich immer kontraproduktiv, anderen Menschen Schaden zuzufügen, um das eigene Leid zu beenden. Davon abgesehen ist es widersprüchlich, mit ungerechten Mitteln für Gerechtigkeit zu sorgen oder auf Gewalt zurückzugreifen, um Frieden zu schaffen. Das ist der Grund dafür, dass unsere sorgende Kraft immer direkt darauf gerichtet sein sollte, den Schaden zu beenden, und nicht darauf, die Person anzugreifen, die ihn verursacht. Gandhi schrieb dazu: ›Hasse die Sünde und nicht den Sünder‹, ist ein Grundsatz, der zwar einfach zu verstehen ist, aber selten beherzigt wird, und das ist der Grund dafür, dass sich das Gift des Hasses in der Welt ausbreitet … Sich einem System zu widersetzen und es anzugreifen ist angemessen, aber sich seinem Vertreter zu widersetzen und ihn anzugreifen ist gleichbedeutend damit, sich selbst anzugreifen, denn wir alle sind … Kinder ein und desselben Schöpfers.«[282]

Seit einiger Zeit wird der Satz »Hasse die Sünde und nicht den Sünder« von bestimmten Fundamentalisten in Beschlag genommen, die glauben, dass das Zitat aus der Bibel stammt (was es nicht tut), und es dafür benutzen, ihre Diskriminierung der LBGTQ+-Bewegung zu rechtfertigen.[283] Fundamentalisten behaupten, dass sie

Homosexualität hassen können, ohne Homosexuelle zu hassen. Was sie für Sünde halten, ist jedoch nichts, was irgendjemandem weh tut, sondern jedes Verhalten, das sich nicht ihren eigenen, eng definierten Normen von Geschlecht und Sexualität unterordnet. Mitgefühl richtet sich gegen Leid, nicht gegen Unangepasstheit. Wer sich den herrschenden heterosexuellen Mustern nicht unterordnet, verursacht aber nun einmal kein Leid – ganz im Gegenteil. Dieser Nonkonformismus ist ein mutiger Ausdruck von Liebe und Authentizität. Gandhis Ideen zu verdrehen, um Diskriminierung zu rechtfertigen, erkennt seine Intentionen gerade nicht an. Das ist der Grund, warum Klarheit für kraftvolles Selbstmitgefühl so wichtig ist. Wir müssen in der Lage sein, echtes Leid von der Verletzung sozialer Normen zu unterscheiden, die nur dazu da sind, Unterdrückung aufrechtzuerhalten.

Auch wenn wir fest und unnachgiebig sind, wenn wir uns aus einer Position des Mitgefühls selbst schützen wollen, ist in unserem Herzen Liebe und kein Hass. Auf diesem Geist des kraftvollen Selbstmitgefühls beruhte auch die Kraft des berühmten »Women's March on Washington« am 21. Januar 2017, dem Tag, nachdem Donald Trump als Präsident der Vereinigten Staaten vereidigt worden war. Menschen auf der ganzen Welt waren extrem wütend darüber, wie Trump in den berühmten *Access-Hollywood*-Aufnahmen mit seinen sexuellen Übergriffen prahle. (»Wissen Sie, ich fühle mich ganz automatisch zu schönen Frauen hingezogen – ich fange einfach an, sie zu küssen. Das wirkt wie ein Magnet. Einfach küssen. Ich warte da nicht groß ab. Und wenn man ein Star ist, dann lassen sie einen. Man kann alles machen. Einfach zwischen die Beine greifen. Man kann alles machen.«)[284] Doch das Ziel der Organisatorinnen war nicht, Trump abzukanzeln, sondern in der Tradition vergangener Bewegungen einen gewaltfreien Protestmarsch für die faire Behandlung und die Rechte von Frauen durchzuführen.[285] Gleichzeitig sollte Solidarität mit anderen Gruppen gezeigt werden, die aufgrund ihrer Hautfarbe, Ethnie, sexuellen Orientierung, Geschlechtsidentität, ihres Einwanderungsstatus oder ihrer Religion diskriminiert werden. Der Women's March war die größte Protestveranstaltung, die in der US-amerikanischen Geschichte jemals an einem einzelnen Tag stattgefunden hat[286] Insgesamt nahmen landesweit etwa fünf Millionen Menschen teil. Durch die Kombination von Fürsorge mit der kraftvollen Entschlossenheit, gegen Ungerechtigkeit Position zu beziehen, erwies sich diese Bewegung als unglaublich friedlich: Nirgends in den Vereinigten Staaten wurde auch nur eine einzige Verhaftung gemeldet.[287]

Kraftvolles Selbstmitgefühl und Antirassismus

Sexismus und Rassismus hängen zusammen, weil beide das Resultat von Unterdrückung sind. Sie sind zwar nicht dasselbe – Frauen können Rassistinnen sein und People of Color können Sexismus befürworten –, aber doch miteinander verflochten. Natürlich können allein durch Selbstmitgefühl die tief verankerten Strukturen der rassistischen Ungleichheit nicht abgeschafft werden, aber ich bin davon überzeugt, dass Selbstmitgefühl in diesem Kampf eine wichtige Rolle spielen kann. Genau wie der unbewusste geschlechtsbezogene Verzerrungseffekt uns dazu bringt, bei sexistischer Unterdrückung mitzuspielen, verleiten uns auch rassistische Verzerrungseffekte zur Kollaboration mit dem Rassismus. Wenn wir weißen Frauen endlich aufwachen und Rassismus bekämpfen wollen, dann brauchen wir sanftes Selbstmitgefühl, um den Schmerz über unsere Komplizenschaft mit dem Rassismus zu halten und ihn als das zu erkennen, was er ist, aber wir brauchen auch kraftvolles Selbstmitgefühl, um endlich etwas zu verändern.

Die feministische Bewegung ist zu Recht dafür kritisiert worden, zumindest keine wirklich starke Haltung gegen den Rassismus einzunehmen oder ihn sogar zu perpetuieren.[288] Frühe Frauenrechtlerinnen wie Elizabeth Cady Stanton waren überzeugte Unterstützerinnen der Idee von der Überlegenheit der Weißen.[289] Die

Feministinnen aus den Südstaaten waren nicht selten für die Segregationspolitik[290] – schließlich wurden ja angeblich zum Schutz weißer Frauen Schwarze gelyncht. Das berüchtigte »Karen«-Klischee – die total unsensible weiße Frau, die sich berechtigt fühlt, ihre Privilegien durchzusetzen – ist leider noch immer ziemlich aktuell, wie man zum Beispiel an dem aus dem Central Park abgesetzten Anruf einer gewissen Amy Cooper bei der Polizei sehen kann, in dem sie »ich werde von einem afroamerikanischen Mann bedroht« rief,[291] nur weil ein Schwarzer Ornitologe es gewagt hatte, sie darum zu bitten, sich an die Regeln zu halten und ihren Hund an die Leine zu nehmen.

Häufig äußert sich Rassismus auch auf subtilere Weise, zum Beispiel indem man davon ausgeht, dass die eigene Erfahrung als weiße Frau universell ist und dabei die komplett anderen Erfahrungen von Women of Color vollständig ignoriert. Zahlreiche feministische Arbeiten konzentrieren sich exklusiv auf weiße Frauen, ohne dass das Thema Rassismus auch nur erwähnt wird.[292] Dass das so unbemerkt und unkommentiert jahrzehntelang praktiziert werden konnte, lässt sich nur mit Rassismus erklären. Weil weiße Frauen tendenziell mehr Macht haben als schwarze Frauen, werden ihre Narrative zum Standard erklärt. Der prototypische Mensch ist ein Mann, und die prototypische Frau ist weiß. Die Intersektionalitätstheorie weist darauf hin, dass aus diesem Grund in wissenschaftlichen Untersuchungen menschlicher Erfahrungen Women of Color häufig noch nicht einmal vorkommen.[293]

Wir müssen Ungleichheit und Unterdrückung anprangern, in welchem Gewand sie auch immer auftreten, wenn wir nachhaltige gesellschaftliche Veränderung herbeiführen wollen, und unser Kampf gegen das Patriarchat bleibt bedeutungslos, solange wir nicht auch den Rassismus ins Visier nehmen. Unterdrückung ist Unterdrückung, und Mitgefühl wurzelt in dem Wunsch, das Leid zu lindern, das aus *allen* Formen von Ungerechtigkeit entsteht. Wenn wir weiße Frauen uns der harten Arbeit stellen, unsere Privilegien und unsere eigene Rolle in der Perfektionierung des rassistischen

Systems anzuerkennen, brauchen wir Selbstmitgefühl. Sanftes Selbstmitgefühl wird uns dabei helfen anzuerkennen, wie sehr wir davon profitiert haben, weiß zu sein – ohne dass wir aus lauter Scham unseren Blick gleich wieder abwenden müssen. Kraftvolles Selbstmitgefühl versetzt uns in die Lage, Verantwortung zu übernehmen und uns zu verpflichten, an einer gesellschaftlichen Veränderung mitzuwirken.

Mir als weißer, heterosexueller Cis-Frau hat Selbstmitgefühl geholfen, meine eigene Rolle in einem rassistischen System zu erkennen. Wie so viele betrachte auch ich mich als moralischen Menschen und spüre sofort Widerstand, wenn ich aufgefordert werde, über meine Privilegien nachzudenken. »Aber ich bin doch keine Rassistin!«, schreit mein Ego. Die Scham, die durch die Unterstellung, wir seien Rassisten, in uns aufwallt, beeinträchtigt nämlich unsere Fähigkeit anzuerkennen, dass wir in der Tat Teil des Problems sind. Zum Beispiel indem wir Mikroaggressionen in die Welt setzen, wie ich es einmal getan habe, als ich mit der Zimmerzuweisung in einem Hotel nicht einverstanden war und eine hispanoamerikanische Mitarbeiterin bat, mich mit ihrer Chefin in Verbindung zu setzen (sie war die Chefin). Sobald wir in solchen Situationen auch nur ansatzweise glauben, unser Ego verteidigen zu müssen, führt das dazu, dass wir die Erfahrungen der Person, die wir verletzt haben, abwerten und ihre Stimme zum Schweigen bringen. Indem ich freundlich und verständnisvoll zu mir selbst war, fiel es mir sehr viel leichter zu sehen, dass ich, wie die meisten von uns, niemanden bewusst unterdrücke, aber meine Interaktionen mit anderen schon deshalb unbewusst von Rassismus geprägt sind, weil ich in einer rassistischen Gesellschaft groß geworden bin. Ich habe das ungerechte System der weißen Vorherrschaft, in dem ich lebe, nicht geschaffen. Die Tradition von Sklaverei und Segregation gab es lange, bevor ich geboren wurde. Selbstmitgefühl wirkt der Scham entgegen, die immer dann in mir hochkommt, wenn ich meine passive Teilnahme an diesem System erkenne, und nur mithilfe von Selbstmitgefühl schaffe ich es zuzugeben, dass ich davon profitiere (indem ich zum

Beispiel selbstverständlich davon ausgehe, dass mich die Polizei beschützen wird, niemals misstrauische Blicke auf mich ziehe, wenn ich in einem Café herumlungere und so weiter).

Als ich ein Kind war, hatten wir nicht viel Geld – meine Mutter war Sekretärin und zog ohne die finanzielle Hilfe meines abwesenden Vaters zwei Kinder groß. Doch als ich elf Jahre alt wurde, zog meine Mutter mit uns in ein billiges Apartment am äußersten Rand eines reichen Stadtviertels mit einem wunderbaren Schulbezirk, damit mein Bruder und ich eine gute Schule besuchen konnten. Ich bekam durchweg Einsen und konnte mit einem Stipendium an der UCLA studieren und schließlich meine Doktorarbeit an der UC Berkeley schreiben. In der Middleschool und in der Highschool wurde ich voll akzeptiert und fiel nicht weiter auf. Wenn ich schwarz gewesen wäre, eines dieser einsamen schwarzen Gesichter in einem Meer von Weißen, hätte meine Mutter ein gutes Gefühl dabei gehabt, mich einer solchen Situation auszusetzen? Hätte ich den gleichen Freundeskreis gehabt? Hätten mich die Lehrerinnen und Lehrer auf die gleiche Weise unterstützt? Wir wissen es nicht, aber sicher ist, dass ich bis heute keinen einzigen Moment darauf verschwenden musste, über die Farbe meiner Haut nachzudenken – ein Luxus, den man nur als Weiße hat.

Wenn wir die Rolle, die wir im Rassismus spielen, klar erkennen möchten, dann brauchen wir sanftes Selbstmitgefühl, um diese unbequeme Wahrheit liebevoll und akzeptierend zu halten und dann die mutigen und schwierigen Schritte zu unternehmen, die nötig sind, damit sich etwas ändert. Viele dieser Veränderungen müssen sich auf gesellschaftlicher Ebene abspielen, und die Komplexität einer solchen bitter nötigen Umgestaltung kann ziemlich furchteinflößend sein. Aber wir alle können dabei eine Rolle spielen, sei es, indem wir wählen gehen, Demonstrationen besuchen oder unsere Stimme erheben, wann immer wir mit rassistischen Äußerungen konfrontiert sind. Oder indem wir uns immer wieder selbst fragen, ob unsere Interaktionen von rassistischen Vorurteilen geprägt sind, und uns aufrichtig entschuldigen, wenn wir versehentlich jemanden verletzt haben. Ich gestehe, dass ich nicht mit Sicherheit weiß, was zu tun ist, damit sich etwas ändert, aber ich glaube, wir sollten demütig sein und anderen zuhören und von ihnen lernen.

Letztendlich schadet Sexismus uns allen. Rassismus schadet uns allen. Die Diskriminierung welcher Gruppe auch immer – Menschen mit einer anderen Geschlechtsidentität, sexuellen Orientierung, Religion, mit einem Behindertengrad oder einer nicht konformen Körperform –, sie schadet uns allen. Wir sind keine getrennten Individuen. Unsere Fähigkeit, unser eigenes Leid zu lindern, ist auf komplexe Weise mit dem Vorsatz verbunden, das Leid aller zu lindern, weil der Frieden in unseren Stadtvierteln, in unserer Gesellschaft und letztendlich auf unserem Planeten davon abhängt. Unsere Macht, die Welt zu verändern, ist stärker, als wir glauben mögen, jedenfalls wenn wir immer daran denken, kraftvolles und sanftes Selbstmitgefühl zu kultivieren und zusammenzubringen: Sie sind die beiden Gesichter der Liebe.

KAPITEL 7

Den eigenen Bedürfnissen gerecht werden

Ich bin meine eigene Muse, ich bin das Thema, das ich am besten kenne. Das Thema, das ich noch besser kennenlernen möchte.[294]

—Frida Kahlo, Künstlerin und Aktivistin

Die zentrale Frage des Selbstmitgefühls lautet: Was brauche ich? Wenn wir wirklich für uns selbst sorgen wollen, bedeutet das, dass wir die Verantwortung für unser eigenes Wohlbefinden übernehmen müssen. Eigenes Leid zu lindern bedeutet, die eigenen Bedürfnisse ernst zu nehmen und sich selbst genug zu schätzen, um ihnen gerecht zu werden. Sobald wir anerkennen, dass unsere Bedürfnisse zählen – eines der wichtigsten Prinzipien des Selbstmitgefühls –, können wir standhaft bleiben, wenn jemand von uns verlangt, das zu opfern, was uns wichtig ist. Anders als man uns Frauen durch Sozialisierung eingeschärft hat, ist es durchaus nicht nötig, seine eigenen Bedürfnisse tiefer zu hängen als die anderer Menschen. Wenn wir Frauen uns nur dann anerkannt und wertvoll fühlen, wenn wir anderen, also unseren Kindern, Partnern, Freunden, Familienmitgliedern, Kollegen – so ziemlich allen, außer uns selbst – helfen, dann unterstützen wir damit letztendlich ein für uns selbst nachteiliges System. Natürlich ist es schön, sich anderen gegenüber freundlich und großzügig zu verhalten, aber die Freundlichkeit muss zumindest so ausgewogen sein, dass sie uns selbst mit einschließt. Tut sie das nicht, dient unsere Großzügigkeit nur einem patriarchalen System, das Frauen nicht aus sich heraus als wertvoll – als vollwertige und gleichberechtigte Mitglieder – betrachtet. Es ist ein System, das Frauen auf die Rolle von Helferinnen reduziert und ihnen ein authentisches, erfülltes Leben verweigert.

Das Dogma, dass Frauen geben und nicht nehmen sollten, ist die Ursache erheblicher Entbehrungen. Frauen erledigen noch immer den Großteil der Hausarbeit, der Kindererziehung und der Altenpflege, und das sogar in Ehen, in denen beide Partner in Vollzeit arbeiten.[295] Diese zusätzliche Belastung führt zu Stress und Anspannung. Studien zeigen, dass Frauen im Vergleich zu Männern eine größere Wahrscheinlichkeit haben, sich dadurch, dass sie ihre eigenen Bedürfnisse zugunsten der Erwartungen von Familienmitgliedern, Freunden und Partnern permanent zurückstellen,[296] dauerhaft zu überfordern. Eine weitere Folge ist, dass Frauen am Ende mit weniger Freizeit dastehen. In einer Studie der University of Maryland wurde sehr genau die Zeit erfasst, die Männer und Frauen im Laufe eines typischen Tages mit unterschiedlichen Tätigkeiten verbrachten.[297] Frauen hatten nicht nur weniger Zeit für sich selbst, sondern profitierten von der wenigen Freizeit, die sie hatten, auch weniger. Die Forscherinnen und Forscher führten das auf die Tatsache zurück, dass Frauen sich auch in ihrer Freizeit mit Familienthemen beschäftigten, sodass die freie Zeit, die ihnen zur Verfügung stand, nicht so erholsam und erfüllend war. Im Idealfall ermöglicht freie Zeit es, der Mühsal des Alltags zu entfliehen und Raum für persönliches Wachstum und Reflexion zu schaffen. Sie trägt dazu bei, das kreative Denken und die Lebensfreude zu steigern. Ohne Freizeit kann das Leben einen Großteil seines Sinns und seines Wertes verlieren.

Wenn wir uns selbst in den Kreis des Mitgefühls aufnehmen, werden unsere Prioritäten sich langsam verändern. Anstatt unsere eigenen Bedürfnisse nach ganz vorn oder ganz hinten zu stellen, suchen wir nach einer Herangehensweise, die auf Ausgewogenheit zielt. Wir sagen Ja zu anderen, wenn wir die Energie haben, aber wir fürchten uns auch nicht davor, Nein zu sagen. Wenn es darum geht zu entscheiden, womit wir unsere Zeit verbringen, wofür wir unser Geld ausgeben und unsere Konzentration aufwenden, wiegen unsere eigenen Bedürfnisse genauso schwer wie die anderer Menschen, weil wir uns voll und ganz die Erlaubnis geben, für uns zu sorgen. Wir entscheiden selbst, was uns im Leben wichtig ist, und passen unsere Handlungen diesen Prioritäten an.

Wenn unser Ziel darin besteht, weniger zu leiden, indem wir unseren eigenen Bedürfnissen gerecht werden, dann manifestieren sich die drei Elemente des Selbstmitgefühls – Freundlichkeit sich selbst gegenüber, geteilte Menschlichkeit und Achtsamkeit – als erfüllte, ausbalancierte Authentizität.

Erfüllung

Wenn wir freundlich zu uns selbst sind, dann unternehmen wir alles, was nötig ist, um glücklich sein zu können. Wir fragen uns, was auf sinnhafte Weise zu unserem Wohlbefinden beiträgt, um dann aktiv Schritte einzuleiten, die dieses Wohlbefinden herbeiführen. Wenn wir gern Zeit in der Natur verbringen, dann nehmen wir uns diese Zeit. Wenn unsere Kraftquelle die Sinnlichkeit ist, dann sorgen wir für Langsamkeit und kosten die Liebkosungen unseres Partners oder unserer Partnerin aus, anstatt gleich zur Sache zu kommen. Wenn uns künstlerischer Ausdruck ein Gefühl der Lebendigkeit verleiht, dann nähren wir die Flamme unserer Kreativität. Wenn Spiritualität unsere tiefe Berufung ist, dann lassen wir es nicht zu, dass der Stress des Alltags es immer wieder verhindert, uns nach innen zu wenden. Wenn wir uns selbst wichtig sind, *müssen* wir uns so verhalten, einfach weil wir leiden, wenn wir nicht erfüllt sind. In einem unbefriedigenden Leben festzustecken, ist, als ob ein Betonblock auf unserer Glücksfähigkeit lastet.

Die Suche nach Erfüllung hat viel damit zu tun, einen Sinn im Leben zu finden – sich selbst zu verstehen, sich einen Reim auf die Welt zu machen und seinen Platz in der Welt zu kennen. Studien zufolge haben Menschen, die Mitgefühl mit sich selbst aufbringen können, öfter das Gefühl, dass ihr Leben eine Bedeutung hat, und stimmen mit größerer Wahrscheinlichkeit Aussagen wie »Mein Leben ist von einem klaren Gefühl der Sinnhaftigkeit getragen« zu.[298] Außerdem haben sie häufiger »stimmige Leidenschaften«:[299] Sie suchen sich Beschäftigungen, die sie voll und ganz genießen und wirklich befriedigend finden.

Die meisten Menschen wurden nicht dazu erzogen, besonders viel über emotionale oder psychische Erfüllung nachzudenken, geschweige denn darüber, was für ein Leben sie eigentlich wirklich führen wollen. Vielmehr hat man uns beigebracht, bestimmte festgelegte Erwartungen abzuarbeiten – die Schule abzuschließen, zur Uni zu gehen oder eine Ausbildung zu machen, einen guten Job zu ergattern, einen Partner oder eine Partnerin fürs Leben zu finden, Kinder zu bekommen und großzuziehen, Karriere zu machen. Häufig halten wir erst nach der Pensionierung inne, um uns ernsthaft zu fragen, was uns eigentlich wirklich erfüllt und befriedigt.

Wenn wir dagegen wahrhaft für uns selbst sorgen, dann wird die Frage »Was brauche ich?« fest in den Stoff unseres Lebens verwoben. Anstatt die Frage aus Zeitmangel auf später zu verschieben und das, was uns wichtig ist, jahrelang zu vernachlässigen, richten wir unser Leben, schon während wir es führen, so ein, dass es befriedigend ist, genau jetzt, in diesem Augenblick. Unsere Arbeit und die Art und Weise, wie wir unsere Freizeit verbringen, hat mit dem zu tun, was uns wichtig ist: Umwelt, Musik, Bildung, Diversität, Spiritualität, Gesundheit. Statt die Rolle eines Ziels zu bekommen, das wir irgendwann in ferner Zukunft erreichen möchten, wird es Teil unseres täglichen Lebens.

Erfüllung zu finden bedeutet, Zeit darauf zu verwenden, die Dinge, die einem wichtig sind, so zu beherrschen, dass man ein Gefühl der Meisterschaft bekommt. Auf diese Weise ist es möglich, erfolgreich an der Welt teilzunehmen und sie mitzugestalten. Ob wir nun Meditation lernen, einen Marathon laufen, eine landesweite Konferenz organisieren oder für unsere Kinder interessante Nachmittagsaktivitäten finden: Unser Potenzial zu entwickeln gibt unseren Tagen Sinn und Richtung. Persönliches Wachstum erfordert Energie und Anstrengung und manchmal auch Mut. Es kann beängstigend sein, etwas Neues auszuprobieren, besonders, wenn unser Leben eigentlich gerade ganz bequem ist. Es kann aber vorkommen, dass wir Angst vor dem Scheitern haben. Die Schönheit des Selbstmitgefühls besteht nun darin, dass bedingungslose Selbstakzeptanz einen solchen mutigen Sprung ins kalte Wasser auf ganz grundsätzliche Weise absichert. Erst wenn wir wissen, dass es okay wäre zu scheitern, können wir uns neuen Herausforderungen stellen, die das Potenzial haben, uns glücklicher zu machen. Freundlichkeit uns selbst gegenüber schubst uns aus unserer Komfortzone auf das unbekannte Territorium des Wachstums und der Neuentdeckungen.

Balance finden

Wenn wir aus Selbstmitgefühl unseren Bedürfnissen gerecht werden, ist das weder egoistisch noch einseitig. Wer erkannt hat, dass im Herzen des Selbstmitgefühls geteilte Menschlichkeit liegt, muss weder sich selbst noch andere in den Mittelpunkt stellen. Vielmehr versuchen wir so weise zu sein, dass wir das große Ganze in den Blick bekommen und dadurch herausfinden können, was fair, ausbalanciert und nachhaltig ist. Verbundenheit ist ein wesentliches menschliches Bedürfnis, und das bedeutet auch, dass Handlungen, die unseren Beziehungen zu anderen schaden, immer auch uns selbst schaden. Ein gesundes Gleichgewicht zwischen »tun, was man will« auf der einen Seite und »Mitmenschen helfen« auf der anderen Seite ist für Selbstmitgefühl wesentlich.

Ich interessiere mich schon lange dafür, wie Menschen ihre eigenen Bedürfnisse und die Bedürfnisse anderer in ein Gleichgewicht bringen. Am Anfang meiner Laufbahn als Wissenschaftlerin führte ich zusammen mit einer meiner Doktorandinnen eine Studie darüber durch, wie Collegestudierende Konflikte lösen, in denen ihre persönlichen Bedürfnisse den Bedürfnissen einer Person, die ihnen wichtig war, widersprachen.[300] Ein Beispiel wäre, dass eine Studentin gern ein Studienjahr im Ausland verbringen möchte, was allerdings bedeuten würde, dass sie ihren Partner oder ihre Partnerin zurücklassen muss. Oder vielleicht möchte ein Student während der Thanksgiving- Ferien im Wohnheim bleiben, um ein bisschen Zeit mit Freundinnen und Freunden zu verbringen, aber seine Mutter wünscht sich so sehr, dass er über die Feiertage nach Hause kommt. Wir wollten herausfinden, welchen Einfluss Selbstmitgefühl auf die Fähigkeit junger Leute hat, ihre eigenen Bedürfnisse mit denen von Freunden und nahen Menschen auszubalancieren, auch wenn sie zunächst unvereinbar scheinen, und wie dies ihr emotionales Wohlbefinden beeinflusst. Zunächst stellten wir fest, wie die Teilnehmerinnen und Teilnehmer an unserer Studie den Konflikt gelöst hatten. Hatten sie nachgegeben und ihre Bedürfnisse denen eines anderen Menschen untergeordnet? Stellten sie ihre eigenen Bedürfnisse zu Ungunsten anderer ganz nach oben? Oder waren sie kompromissfähig und hatten eine kreative Lösung gefunden, die auf die Bedürfnisse aller einging? Wir baten die Teilnehmerinnen und Teilnehmer dann, uns mitzuteilen, wie viel Stress es für sie bedeutet hatte, über mögliche Lösungen für den Konflikt nachzudenken, und wie authentisch sie ihre Lösung empfanden. Schließlich werteten wir noch ihr psychisches Wohlbefinden in den jeweiligen Beziehungen zu ihrer Mutter, ihrem Vater, ihrer besten Freundin oder ihrem Liebespartner aus. Fühlten sie sich in der Beziehung wohl, oder waren sie eher deprimiert und unglücklich?

Die Ergebnisse unserer Studie zeigten, dass junge Menschen, die mehr Mitgefühl für sich selbst hatten, mit signifikant höherer Wahrscheinlichkeit von Kompromissen berichteten, die den Bedürfnissen aller Beteiligten gerecht wurden. Sie vergaßen nicht, was ihnen persönlich wichtig war, aber sie stellten ihre eigenen Bedürfnisse auch nicht an erste Stelle. Außerdem fanden wir heraus, dass Teilnehmerinnen und Teilnehmer mit mehr Selbstmitgefühl weniger häufig von emotionalem Chaos beim Lösen von Beziehungskonflikten berichteten und sich in ihren nahen Beziehungen stärker wertgeschätzt und weniger deprimiert fühlten. In der Tat wiesen unsere Ergebnisse darauf hin, dass die Tendenz von Menschen mit Selbstmitgefühl, in Konflikten Kompromisse zu suchen, Teil der Erklärung dafür war, *warum* sie sich insgesamt glücklicher fühlten, was wiederum darauf hinweist, dass das Finden einer gewissen Balance der Schlüssel zum Wohlbefinden ist. Ein weiteres wichtiges Ergebnis bestand darin, dass Menschen mit Selbstmitgefühl während des Konfliktlösungsprozesses mit größerer Wahrscheinlichkeit ein Gefühl von Authentizität zu Protokoll gaben, was wiederum nahelegt, dass ein wesentlicher Vorteil von Selbstmitgefühl darin besteht, dass es uns die Erlaubnis gibt, wirklich wir selbst zu sein.

Authentizität

Achtsamkeit ermöglicht es uns, durch das Klären unserer inneren Überzeugungen, Werte und Emotionen authentisch zu sein. Sie erlaubt es uns, uns nach innen zu wenden, und ermöglicht dadurch die Introspektion, die für Authentizität so wichtig ist. Wenn wir unreflektiert einfach unser Leben leben, kann es passieren, dass wir uns auf der endlosen Suche nach mehr Geld, mehr Sachen, mehr Lob – nach Dingen also, die uns gar nicht wirklich glücklich machen – verlaufen. So manche Midlife-Crisis wurde von der Einsicht befeuert, am falschen Ort mit den falschen Menschen die falschen Dinge getan zu haben, oder wie die Talking Heads es ausdrücken: »And you may tell yourself, this is not my beautiful house! This is not my beautiful wife!« Wenn wir einfach immer das tun, was von uns erwartet wird, kann es geschehen, dass wir eines Tages aufwachen und merken, dass wir frustriert und gelangweilt sind. Auf der Suche nach dem Glück beenden wir dann womöglich eine langjährige

Partnerschaft oder leisten uns ein neues Auto oder eine Schönheitsoperation. Aber all das wird uns nicht helfen, solange wir nicht nach innen blicken und uns fragen »Was ist für mich *wirklich* das Richtige?«

Achtsamkeit schafft die Voraussetzung dafür, unser Handeln zu reflektieren, um nicht kopflos in ein schales Leben abzudriften. Sie ermöglicht es uns, nicht nur darauf zu achten, *was* wir tun, sondern auch, *warum* wir es tun: die Voraussetzung für Redlichkeit. Jia Wei Zhang von der University of California, Berkeley, hat eine ganze Serie von Studien geleitet, in denen die durch Selbstmitgefühl ermöglichte Erfahrung von Authentizität untersucht wurde.[301] In einer dieser Studien füllten die Teilnehmerinnen und Teilnehmer im Verlauf einer Woche jeden Tag einen kurzen Fragebogen aus, in dem sie unter anderem gebeten wurden anzugeben, wie stark ihr Selbstmitgefühl an diesem Tag gewesen war und wie authentisch sie sich in ihren Interaktionen mit anderen gefühlt hatten. Die Forscherinnen und Forscher entdeckten, dass die täglichen Schwankungen im Grad des Selbstmitgefühls den Schwankungen in Bezug auf die gefühlte Authentizität weitgehend entsprachen.

In einer zweiten Studie wurde entdeckt, dass die Authentizität des Selbstmitgefühls es uns auch erlaubt, unsere Schwächen anzuerkennen. Authentizität ist kein Zuckerschlecken, indem etwa unsere Stärken als wahr und unsere Unzulänglichkeiten als falsch betrachtet werden; es geht vielmehr darum, unser ganzes Ich – das Gute, das Schlechte und das Hässliche – anzunehmen. In diesem Sinne baten die Forscherinnen und Forscher die Studienteilnehmer und -innen, an eine persönliche Schwäche zu denken, mit der sie sich schlecht fühlten. Sie wurden dann per Zufallsprinzip entweder der Haltung des Selbstmitgefühls (»Stellen Sie sich vor, dass Sie mit sich selbst über diese Schwäche aus einer mitfühlenden und verständnisvollen Perspektive sprechen«) zugeordnet oder der Haltung des Selbstwertgefühls (»Stellen Sie sich vor, dass Sie mit sich selbst über diese Schwäche aus einer Perspektive sprechen, die Ihre positiven Eigenschaften gegenüber den negativen hervorhebt«); eine dritte Gruppe wurde einer neutralen Haltung zugeordnet, in der überhaupt keine Anweisungen gegeben wurden (was wahrscheinlich bedeutete, dass sich ihre Mitglieder wegen ihrer jeweiligen Schwäche so richtig selbst fertigmachten). Direkt im Anschluss wurden die Teilnehmerinnen und Teilnehmer gebeten, zu Protokoll zu geben, wie authentisch sie sich bei der Anerkennung ihrer Unzulänglichkeit gefühlt hatten. Diejenigen, die angewiesen worden waren, sich mitfühlend gegenüber sich selbst zu verhalten, berichteten von signifikant stärkeren Gefühlen der Authentizität im Vergleich zu denjenigen, die den beiden anderen Haltungen zugeordnet worden waren. Selbstmitgefühl gibt uns die Freiheit, uns selbst treu zu sein, ohne dass wir unrealistische Perfektionsstandards erreichen müssen – etwas, das zum Beispiel so etwas wie Selbstwertgefühl einfach nicht zu bieten hat.

Wenn wir aktiv werden, um uns erfüllter zu fühlen, dann finden wir eine Form von Befriedigung, die vielen Frauen versagt bleibt, denen praktisch von Geburt an eingetrichtert wird, dass Glück vor allem darin bestehe, für andere zu sorgen. Und das ist auch der Grund dafür, dass es so wichtig ist, ganz bewusst darüber zu reflektieren, was wir wirklich brauchen und was uns im Leben wichtig ist – anstatt uns vollständig der Erfüllung der Bedürfnisse anderer zu verschreiben.

Versorgende Selbstmitgefühlspause

Diese Version der Selbstmitgefühlspause kultiviert das kraftvolle Selbstmitgefühl, sodass wir mit erfüllter, ausbalancierter Authentizität für unsere eigenen Bedürfnisse sorgen können. (Eine angeleitete Audioversion dieser Übung findet sich auf FierceSelf-Compassion.org)

Anleitung

Denken Sie an einen Bereich Ihres Lebens, in dem Sie Ihrem Gefühl nach Ihren Bedürfnissen nicht gerecht werden. Vielleicht nehmen Sie sich einfach nicht genug Zeit für sich selbst oder vielleicht haben Sie einen Job, den Sie überhaupt nicht mögen, oder Sie verbringen Ihre freie Zeit mit Aktivitäten, die Sie partout nicht glücklich machen. Vergegenwärtigen Sie sich die Situation vor Ihrem inneren Auge. Was passiert da genau? Erlauben Sie sich, sämtliche Gefühle zu fühlen, die in Ihnen hochkommen. Entstehen da zum Beispiel Gefühle von Erschöpfung, Langeweile, Feindseligkeit, Hoffnungslosigkeit? Treten Sie über körperliche Empfindungen mit diesem Unbehagen in Kontakt. Konzentrieren Sie sich nun auf das Bedürfnis, das nicht erfüllt wird. Zum Beispiel das Bedürfnis nach Ruhe, nach Frieden, danach, etwas zu lernen, nach Spaß, nach Aufregung – welches Bedürfnis Sie auch immer identifiziert haben. Lassen Sie nun die besonderen Umstände der Situation los und fokussieren Sie sich ganz auf das unerfüllte Bedürfnis.

Setzen Sie sich aufrecht hin, damit Sie in einen Zustand der körperlichen Aufmerksamkeit kommen. Sie werden gleich eine Reihe von Sätzen sprechen (laut oder leise für sich selbst), die so konzipiert sind, dass sie die drei Elemente des Selbstmitgefühls auf den Plan rufen, um Ihnen zu helfen, im Sinne der eigenen Bedürfniserfüllung und der Selbstfürsorge aktiv zu werden. Es werden hier zwar Formulierungen vorgeschlagen, das Ziel besteht aber darin, eine Sprache zu finden, die Ihnen persönlich einleuchtet und authentisch vorkommt.

- Der erste Satz soll Ihre Achtsamkeit wecken, damit Sie sich Ihrer tiefsten Bedürfnisse bewusst werden und sie anerkennen können. Sagen Sie möglichst überzeugend zu sich selbst: »Das ist genau das, was ich brauche, um authentisch und vollständig zu sein.« Andere Möglichkeiten wären: »Das ist mir wirklich wichtig«, »Meine Bedürfnisse zählen« oder: »Mein wahres Ich braucht das, um glücklich zu sein«.
- Der zweite Satz soll Sie an die geteilte Menschlichkeit erinnern, damit Sie Ihre Bedürfnisse mit denen anderer Menschen ausbalancieren können. Die Bedürfnisse aller anzuerkennen, trägt dazu bei, das Gleichgewicht zu halten. Versuchen Sie, zu sich selbst zu sagen: »Ich werde sowohl meine eigenen Bedürfnisse als auch die Bedürfnisse anderer wertschätzen.« Andere Möglichkeiten wären:

»Alle Menschen haben wichtige Bedürfnisse«, »Meine Bedürfnisse zählen, und die Bedürfnisse anderer zählen auch« oder: »Im Leben geht es sowohl ums Empfangen als auch ums Geben«.

- Legen Sie sich nun beide Hände auf den Solarplexus und spüren Sie Ihre Mitte. In einem Akt der Freundlichkeit uns selbst gegenüber können wir konkrete Schritte unternehmen, um uns selbst das zu geben, was wir brauchen. Versuchen Sie, zu sich selbst zu sagen: »Ich verspreche, meine Bedürfnisse, so gut ich kann, zu befriedigen.« Andere Möglichkeiten könnten lauten: »Ich verdiene es, glücklich zu sein« oder: »Ich werde tun, was nötig ist, um mich gesund und gut zu fühlen«.
- Wenn es Ihnen schwerfällt, die richtigen Worte zu finden, stellen Sie sich vor, dass sich jemand, der Ihnen wirklich wichtig ist, unzufrieden fühlt. Was würden Sie dieser Person sagen, um ihr zu helfen, ihre eigenen Bedürfnisse zu respektieren und die Zeit und die Anstrengung zu investieren, die es braucht, um glücklicher zu werden? Können Sie nun sich selbst die gleiche Botschaft übermitteln?
- Legen Sie sich zum Schluss eine Hand auf Ihr Herz und lassen Sie die andere Hand auf dem Solarplexus. Sie sind eingeladen, die kraftvolle Energie zur Befriedigung der eigenen Bedürfnisse mit der sanften Energie der liebevollen, verbundenen Präsenz zu kombinieren. Können Sie aktiv werden, damit Sie sich erfüllter fühlen, während Sie gleichzeitig erkennen, dass Sie, so wie Sie sind, immer schon ganz und vollständig sind? Der Wunsch, die eigenen Bedürfnisse zu erfüllen, kommt nicht aus der Erkenntnis des Defizits, sondern aus Ihrem übersprudelnden Herzen.

Das eigene Potenzial entwickeln

Die Wichtigkeit, die darin liegt, unseren eigenen Bedürfnissen gerecht zu werden, wurde schon von dem sogenannten Human Potential Movement betont, das auf den traditionellen Fokus der Psychologie auf Krankheit verzichtete und vielmehr vorschlug, dass

Menschen ungenutzte Kapazitäten haben, die es ihnen ermöglichen, ein außergewöhnliches Leben voller Kreativität, Sinn und Freude zu führen. Abraham Maslow, der Gründer der Bewegung, beschrieb dies als einen Akt der Selbstverwirklichung.[302] Erst wenn wir unsere natürlichen Talente und Neigungen pflegten, sodass sie sich ungehindert entfalten können, seien wir in der Lage, unser Potenzial voll auszuschöpfen. Wir könnten uns selbst und unsere menschliche Unvollkommenheit akzeptieren, weil wir unsere inneren und äußeren Welten aktiv erforscht hätten, sodass wir wissen, was in uns steckt und möglich wäre. Maslows wichtigstes Argument lautete, dass wir, wenn wir unser Bedürfnis nach Wachstum nicht ernst nehmen, in Stagnation verfallen.

Die Psychologen Ed Deci und Rich Ryan, die Schöpfer der sogenannten Selbstbestimmungstheorie,[303] schlagen vor, dass Kompetenz, soziale Eingebundenheit und Autonomie menschliche Grundbedürfnisse sind und dass eine gesunde Entwicklung danach definiert werden kann, wie gut wir diesen Bedürfnissen gerecht werden.[304] Kompetenz ist die Fähigkeit, in einer Weise aktiv zu handeln, die befriedigend und lohnend ist. Soziale Eingebundenheit bedeutet, dass wir in gegenseitigen und ausbalancierten Beziehungen mit anderen stehen.

Autonomie beinhaltet, dass wir in Übereinstimmung mit unseren inneren Werten und Wünschen agieren. Es gibt Tausende von wissenschaftlichen Studien, die die These bestätigen, dass die Erfüllung dieser Grundbedürfnisse zu optimalem Wohlbefinden führt.[305] Darüber hinaus wurden mehrere Studien durchgeführt, die zeigen, dass Selbstmitgefühl uns dabei hilft, genau das zu tun.[306] So wurde beispielsweise in einer Studie an einer Gruppe von jungen Studierenden während ihres ersten Collegejahres gezeigt, dass diejenigen mit mehr Selbstmitgefühl auch eine größere Autonomie, Kompetenz und soziale Eingebundenheit erlebten und dass die Erfüllung dieser Bedürfnisse über die Jahre zu einer besseren psychischen Gesundheit, einem stärkeren Gefühl der Lebendigkeit und größerer Vitalität führte.[307]

Genau das konnte ich bei einer Studentin aus meinem Proseminar über Selbstmitgefühl, das ich an der University of Texas in Austin anbot, beobachten. Tania (gesprochen Ta-NI-a) war eine lustige und kluge Afroamerikanerin in den Sechzigern. Sie kam manchmal in meiner Sprechstunde vorbei, um mit mir über die jeweiligen Seminarthemen zu sprechen, und irgendwann erzählte sie mir dabei, wie es dazu gekommen war, dass sie im Alter von 65 Jahren stolze Universitätsstudentin geworden war. Tania war in Houston aufgewachsen und hatte gleich nach der Schule angefangen zu arbeiten, um ihre Familie zu unterstützen. Sie fand eine Festanstellung bei einer chemischen Reinigung und arbeitete dort viele Jahre lang, bevor sie irgendwann Managerin des Ladens wurde. Mit wenig Unterstützung von ihrem Ehemann, von dem sie sich vor langer Zeit hatte scheiden lassen, zog sie drei Töchter groß. Irgendwann waren dann auch die verheiratet und bekamen Kinder – insgesamt hatte Tania inzwischen sechs Enkelkinder. Ihre Töchter lebten alle in der Nähe und verließen sich am Wochenende und nach der Schule auf sie als Babysitterin. Aber Tania hatte ein schreckliches Geheimnis. Sie mochte weder Babys noch Kleinkinder. Für ihren Geschmack weinten sie zu oft und hatten zu wenig Interessantes zu sagen. Vor allem aber hasste sie das Wickeln – hatte sie es nicht schon vor vielen Jahren endgültig hinter sich gebracht? Egal, ihre Töchter verließen sich nun einmal auf ihre Hilfe. »Ich beugte mich dem Duuzie-Duuzie-Diktat«, witzelte sie. »Mein Leben war scheiße, im wahrsten Sinne des Wortes.« Irgendwann begann die ganze Situation – trotz ihrer optimistischen Gutmütigkeit – ein bisschen an ihr zu fressen, und sie wurde von einer leichten Niedergeschlagenheit ergriffen.

Offenbar hat dann eine alte Freundin, die die Veränderung bemerkt hatte, Tania gefragt, was sie brauche, um glücklich zu sein. Diese Frage, so erzählte sie mir, habe sie aus ihrem Trott gerissen. Sie hatte zuvor niemals ernsthaft darüber nachgedacht – einfach weil sie zu beschäftigt damit gewesen war, zu arbeiten und für andere zu sorgen. Als sie sich die Frage durch den Kopf gehen ließ, erkannte Tania, dass sie aufs College gehen und Englisch studieren wollte. In ihrer Kindheit und Jugend waren Bücher ihr immer ein Trost und eine Zuflucht gewesen, und sie wusste, dass ihre Intelligenz niemals wirklich Nahrung bekommen hatte. Sie träumte davon, abends und am Wochenende Seminare an einem Community College zu belegen und ihren Collegeabschluss zu machen, um vielleicht danach sogar an eine Universität zu wechseln, wo sie ihren Bachelor machen wollte. Aber all das würde bedeuten, dass sie keine Zeit mehr haben würde, auf ihre Enkel aufzupassen. Wäre es nicht egoistisch, ihr eigenes Bedürfnis ganz nach oben zu stellen?

Aber dennoch: Dies war eine Gelegenheit, in einer Weise zu lernen und zu wachsen, die ihr bisher verwehrt gewesen war, und die Möglichkeit reizte sie. Sie beschloss, es zu versuchen. Als sie ihren Töchtern erklärte, dass sie sich nach einer anderen Babysitterin umsehen mussten, waren diese zuerst alles andere als begeistert, aber das änderte sich schnell, und sie unterstützen ihre Mutter seitdem aus vollem Herzen. Sie liebten sie einfach sehr und waren dankbar für alles, was sie ihnen gegeben hatte.

Tania besuchte ihre Seminare so regelmäßig und begierig wie eine Ente das Wasser. Obwohl sie weiterhin als Managerin in der chemischen Reinigung arbeitete, bekam sie durchweg Einsen, bewarb sich schließlich als Studienortwechslerin an der University of Texas und wurde tatsächlich genommen. Da sie kurz vor ihrem 65. Geburtstag stand, beschloss sie, in Rente zu gehen und mithilfe ihrer Alterssicherung ein kleines Apartment in Austin anzumieten – nun war sie Vollzeitstudentin. Tania behauptete zwar, dass sie sehr gern in mein Seminar kam, aber es war sonnenklar, dass sie schon sehr genau wusste, wie wichtig es war, den eigenen Bedürfnissen gerecht zu werden. Sie schöpfte die Haltung des Selbstmitgefühls in einer Tiefe aus, die wunderschön zu erleben war. Irgendwann fragte ich sie nach ihren Plänen – was hatte sie vor, wenn sie ihren Abschluss in der Tasche hatte? Sie lächelte mich breit an und sagte: »Ich denke nicht an morgen. Ich lebe im Heute.«

Kapitel 7

Weibliches Bedürfnis in einer patriarchalen Welt

Dass die Kultivierung von Selbstmitgefühl für Frauen so zentral wichtig ist, liegt auch daran, dass die Normen und Erwartungen des Patriarchats der selbstständigen und aktiven Befriedigung unserer eigenen Bedürfnisse so massiv entgegenarbeiten. Vertreterinnen und Vertreter des positiven Sexismus betrachten Frauen als geborene Ernährerinnen, die sich regelrecht freuen, ihre eigenen Interessen für die anderer Menschen zu opfern. Aus der Perspektive dieser Ideologie ist das Geben unsere Berufung im Leben. Doch wenn das wirklich wahr wäre, dann würden wir die Selbstaufopferung stets als eine Quelle authentischer Erfüllung erleben. Das ist jedoch fast nie der Fall – vor allem dann nicht, wenn das Geben nicht auf einem spontanen Bedürfnis, sondern auf sozialen Erwartungen beruht.

Für mein Dissertationsprojekt führte ich eine längere Recherche in Mysore in Indien durch, weil ich extrem neugierig darauf war, wie die Kultur den Blick von Menschen auf Geschlecht und Bedürfnisbefriedigung formt. Manche Wissenschaftler beschreiben nichtwestliche Gesellschaften wie Indien als geprägt von einer Ethik der Pflicht, in der insgesamt die Befriedigung der Bedürfnisse anderer stärker betont wird als die Betonung des Rechts oder der persönlichen Autonomie – Ideen, die in dieser Sichtweise als genuin westlich betrachtet werden.[308] Diese grobschlächtige Unterscheidung zwischen Ost und West hat ungefähr die gleiche Struktur wie die These, dass Frauen eine sorgebasierte Moral hätten, während Männer größeren Wert auf Recht und Gerechtigkeit legten. Der Betreuer meiner Doktorarbeit, Elliot Turiel, argumentierte gegen beide dieser extrem vereinfachenden Charakterisierungen und war vielmehr davon überzeugt, dass die Beschäftigung mit Autonomie, Gerechtigkeit und der Sorge für andere etwas Universelles waren.[309] Wobei aber ihre konkrete Gestalt immer auch auf Machtverhältnissen beruht.

So sind Kulturen, in denen die Pflicht betont wird, häufig hierarchisch strukturiert. Während die Sorge für andere den Beherrschten übertragen wird, sind persönliche Rechte und Vorrechte für diejenigen reserviert, die die Macht haben. So werden zum Beispiel in Indien viele Hinduistinnen von früher Kindheit an zu einer Haltung der Selbstaufopferung gegenüber Männern (die *sewa* genannt wird) erzogen,[310] indem ihnen zum Beispiel beigebracht wird, dass das Essen zuerst den Männern serviert werden muss und erst wenn diese fertig sind, die Frauen die Reste essen dürfen. Traditionell musste auch häufig an die Familie des Bräutigams eine Mitgift gezahlt werden, wodurch die Wahrnehmung verstärkt wurde, dass Frauen eine Last und weniger wertvoll als Männer seien. Wenn sie verheiratet ist, erwartet man von einer Frau, dass sie für ihren Mann und ihre Kinder sorgt, wobei Frauen jedoch signifikant weniger zu essen bekommen und schlechter mit Kleidung, Gesundheitsfürsorge und Bildung versorgt sind als Männer.[311] Meine Hypothese war, dass in Konflikten zwischen Eheleuten in Indien Männer der Ansicht wären, dass Frauen ihre Pflicht tun sollten und Männer dagegen das Recht hätten zu tun, was sie wollten. Dass die Frauen über dieses Thema ein bisschen anders denken würden, war eine der Hypothesen, von denen ich ausging.

Susmitha Devaraj und Manimala Dwarkaprasad, zwei wundervolle Doktorandinnen von der lokalen Universität, führten für mich die Interviews für meine Forschungsarbeit durch. Beide waren extrem starke junge Frauen, die mir halfen, die erstaunliche Komplexität von Genderrollen in Indien zu verstehen, und zeigten mir durch ihr eigenes Beispiel, dass Frauen mit ihrer Unterdrückung natürlich ganz und gar nicht einverstanden waren. Sie erzählten mir von der ungeheuren Wucht der Tradition in Indien, berichteten, wie schwer es war, gegen den Strom zu schwimmen, und betonten immer wieder, wie viele Frauen sich schließlich in ihre Rolle fügten, weil es einfach keine anderen Optionen zu geben schien. Das bedeute jedoch durchaus nicht, dass solche Frauen der Meinung seien, das Geschlechterverhältnis sei eine faire Sache. Auch hat Indien ja bekanntlich große weibliche Führungsfiguren wie Indira Gandhi hervorgebracht, die am längsten amtierende Premierministerin der

Welt, die zwischen 1966 und 1984 mit eiserner Faust regierte.[312] Würden sich diese unterschiedlichen und scheinbar gegensätzlichen Auffassungen von der weiblichen Geschlechterrolle auch in den moralischen Überlegungen von Menschen zeigen?

Für meine Studien rekrutierte ich 72 hinduistische Jugendliche (Kinder, Heranwachsende und junge Erwachsene), zur Hälfte männliche Teilnehmer, zur Hälfte weibliche.[313] Wir legten ihnen Bildergeschichten von Ehepaaren vor, bei denen die Bedürfnisse und Wünsche des Mannes und der Frau miteinander in Konflikt geraten waren. Die Studie war so konzipiert, dass die handelnde Person in jeder Situation entweder der Ehemann oder die Ehefrau war. So konzentrierte sich zum Beispiel eine Frage auf einen Ehemann namens Vijay, der gern Unterricht auf der Vina (einem indischen Saiteninstrument) nehmen möchte, während seine Frau sich wünscht, dass er stattdessen diverse häusliche Arbeiten übernimmt. Eine parallel konzipierte Geschichte konzentrierte sich auf eine Ehefrau namens Suma, die Kurse in klassischem indischem Tanz besuchen möchte, aber ihr Ehemann will, dass sie zu Hause bleibt und sich um die Hausarbeit kümmert. Die Teilnehmerinnen und Teilnehmer wurden gebeten zu entscheiden, wie sich ihrer Meinung nach die jeweils handelnde Person aus welchem Grund verhalten sollte.

Wenig überraschend zeigte sich, dass die Antworten dahin tendierten, die Wichtigkeit der Bedürfniserfüllung bei dem Ehemann stärker zu betonen als bei der Ehefrau. Jedoch waren die indischen Frauen sehr oft der Überzeugung, dass die Ehefrau die Möglichkeit haben *sollte*, ihren eigenen Bedürfnissen nachzugehen, auch wenn die Kultur dies nicht zuließ. In Reaktion auf die Tanzgeschichte antworteten sie beispielsweise fast durchgängig, dass Suma sich ihren Wunsch unbedingt erfüllen sollte. Eine Jugendliche aus meiner Studie drückt es so aus: »Suma sollte den Tanzkurs besuchen, weil das die einzige Möglichkeit ist, wie sie ihren Interessen nachgehen kann. Sie sollte auch deshalb tun, was sie interessiert, weil sie sonst unglücklich wird und womöglich irgendwann das Interesse am Leben verliert … Was die Tradition vorschreibt, ist nicht immer richtig.

Häufig erscheint es vielmehr ziemlich absurd. Ich selbst bin nicht bereit, eine Tradition zu respektieren, die meinen eigenen Interessen im Weg steht. Wie soll ein Individuum wachsen, wenn es von der Tradition ausgebremst wird? Ich möchte unbedingt, dass Suma den Tanzkurs besucht.«[314] Diese Erfahrung lehrte mich, dass Mädchen und Frauen den Wert von persönlicher Erfüllung sehr genau kennen, selbst in traditionellen, hochgradig patriarchalen Gesellschaften. Dass die gesellschaftliche Struktur es extrem erschwert, unseren Bedürfnissen nachzugehen, heißt nicht, dass wir nicht trotzdem die gleichen Chancen haben wollen, glücklich zu werden.

Im Westen sind die Schranken für Selbsterfüllung von Frauen zwar subtiler, aber es gibt sie trotzdem. Die Bedürfnisse anderer an erste Stelle zu setzen wird nicht länger als *Pflicht* definiert, sondern bekommt eher die Gestalt einer unausgesprochenen Erwartung an eine »richtige« Frau. Man bringt uns bei, dass »nett« sein bedeutet, dass wir die Bitten anderer erfüllen: »Könntest du meine Schicht übernehmen?« oder: »Würdest du mit meinen Hunden spazieren gehen, während ich im Urlaub bin?« oder: »Könntest *du* dich um die Reiseplanung kümmern?« Wenn es uns wirklich nichts ausmacht, diese Dinge zu übernehmen, dann kann es sich gut anfühlen, Ja zu sagen, aber *wenn* es uns etwas ausmacht, fühlt es sich nicht so gut an. Jedes Mal, wenn wir ohne nachzudenken gegenüber einem Freund oder Partner, Kind oder Kollegen Ja sagen, einfach weil wir glauben, wir *sollten* das tun – ohne vorher kurz in uns zu gehen, um herauszufinden, ob wir das wirklich wollen –, tragen wir dazu bei, die vergeschlechtlichten Normen der Selbstaufopferung zu bestätigen. Damit möchte ich nicht sagen, dass wir uns nie entscheiden sollten, die Bedürfnisse anderer über unsere eigenen zu stellen, aber es sollte eine bewusste, auf vorheriger gründlicher Überlegung beruhende Entscheidung sein. Auf jeden Fall sollte man niemals Ja sagen, weil man glaubt, es zu müssen, um ein guter Mensch zu sein. Und wenn wir erkennen, dass eine bestimmte Option für uns einfach nicht infrage kommt, dann verlangt das Selbstmitgefühl, dass wir unser Bedürfnis ernst nehmen und nach einer Alternative suchen.

Entdecken, was uns glücklich macht

Als ich meine Stelle an der University of Texas in Austin antrat, kauften mein damaliger Mann Rupert und ich ein Haus, das von sieben Morgen Land umgeben war. Das Grundstück befand sich in der Kleinstadt Elgin, 45 Minuten von der Innenstadt von Austin und dem Campus entfernt. Wir zogen dorthin, weil Rupert, der ein passionierter Reiter ist, dort Pferde halten wollte. Später ging unser Sohn Rowan in dem Zentrum für Reittherapie zur Schule, das sein Vater auf unserem Grundstück gegründet hatte.

Noch Jahre nachdem Rupert und ich uns getrennt hatten (wir sind weiterhin Freunde), blieb ich in Elgin wohnen, weil ich das Gefühl hatte, dass es Rowan dort gut ging. Aber die Wahrheit ist, dass ich Pferde nicht mag. Ich bin ein Stadtmensch, kein Landmensch. Es gibt in Elgin kein einziges Café, in dem man vor sich hin träumen könnte, und die Nahrungsmittelangebote sind extrem begrenzt. Die Stadt ist hauptsächlich für ihre Würste bekannt; nicht wirklich ein kulinarisches Paradies für eine gluten- und laktoseintolerante Pescetarierin wie mich. Außerdem ist die Gegend extrem konservativ, echtes Trump-Land, kulturell das genaue Gegenteil des liberalen Austin. Nur damit Sie ein Gefühl dafür kriegen: Während der Pandemie schaffte es eine Kneipe in Elgin in die landesweiten Nachrichten, weil sie es ihren Gästen untersagte, Masken zu tragen.[315] Doch ich lebte fast 20 Jahre lang in dieser mir so fremden Umgebung – weit außerhalb meiner Komfortzone –, um die Bedürfnisse anderer zu erfüllen.

Vor einigen Jahren zog ich dann schließlich in die Innenstadt von Austin, zum Teil, damit Rowan eine bessere Schulbildung bekam, aber auch weil ich Elgin endgültig satthatte. Erst seit Kurzem ist mir klar, wie viel ich aufgegeben habe, indem ich in einem kulturellen Milieu lebte, das einfach nicht zu mir passte. Heute genieße ich es, alles in der Nähe zu haben: Eine fünfminütige Autofahrt trennt mich von einem Matcha Latte mit Kokosmilch, und in zehn Minuten bin ich auf dem Campus. Das macht mich glücklich. Die

Entscheidung, länger in Elgin zu bleiben, als ich eigentlich wollte, bereue ich nicht wirklich, aber heute weiß ich, wie wichtig es ist, ein Leben zu führen, in dem die eigenen Bedürfnisse auf authentische Weise erfüllt werden können. Noch einmal werde ich einen solchen Kompromiss nicht eingehen, und ich werde nie mehr an einem Ort leben, der nicht zu mir passt. Wenn wir uns selbst wirklich wichtig sind, dann zählen unsere Bedürfnisse. Sie müssen zählen. Wenn unser Ideal von der liebenden, fürsorglichen, gebenden Frau wirklich liebevoll sein soll, dann muss es uns selbst einschließen. Indem wir unseren Wunsch nach Authentizität und Erfüllung leugnen, setzen wir uns sowohl auf spiritueller als auch psychologischer Ebene selbst Grenzen. Uns als einzigartiges und schönes Individuum zu zeigen, dessen Geschichte von keinem anderen erzählt werden kann, wird dadurch ebenfalls verhindert, und auf politischer Ebene tragen wir darüber hinaus unabsichtlich zur Erhaltung des Patriarchats bei. Glücklicherweise können wir den Status quo destabilisieren, indem wir bei der Infragestellung dieser Normen eine aktive Rolle spielen und den Mut finden, die Dinge anders anzugehen. Für Frauen ermöglicht Selbstmitgefühl Wertschätzung gegenüber sich selbst, die ein erster Schritt in Richtung der Veränderung eines zutiefst ungerechten Systems ist. Das passiert auf Demonstrationen und an der Wahlurne, aber es muss auch in unseren Herzen passieren, indem wir uns selbst fragen: »Was brauche ich in diesem Moment?«

Hilfreich ist es, zwischen Wünschen einerseits und Bedürfnissen andererseits sowie zwischen Zwecken und Werten zu unterscheiden. Wünsche beruhen auf der Sehnsucht nach etwas Angenehmem oder Begehrenswertem, wie finanziellem Erfolg, einem schönen Haus oder Auto, körperlicher Attraktivität oder einem aufwendigen Abendessen. Bedürfnisse sind dagegen das, was für unser emotionales und physisches Überleben unerlässlich ist, wie Sicherheit, Gesundheit, soziale Verbundenheit oder ein Lebenssinn. Bedürfnisse sind tendenziell eher allgemein als spezifisch (zum Beispiel das Bedürfnis nach einem friedlichen Zuhause gegenüber dem Wunsch, dass ein streitlustiger Mitbewohner auszieht).

Zwecke wiederum sind besondere Ziele, die wir erreichen wollen, zum Beispiel unseren Master machen, heiraten, zehn Kilo abnehmen oder nach Afrika reisen. Werte dagegen sind allgemeine Überzeugungen darüber, was im Leben wichtig ist, und sie unterstützen uns dabei, auch dann weiterzumachen, wenn wir einen bestimmten Zweck bzw. ein bestimmtes Ziel erreicht haben. Werte sorgen für die Sinnhaftigkeit und Zielgerichtetheit unseres Lebens. Beispiele für Werte sind Großzügigkeit, Ehrlichkeit, Bildung, Freundschaft, Loyalität, harte Arbeit, Frieden, Neugier, Abenteuer, Gesundheit und Harmonie mit der Natur – kurz gesagt, Zwecke sind etwas, wofür wir handeln, Werte sind etwas, wofür wir leben. Wie Thomas Merton schrieb: »Wenn Sie mich wirklich kennen wollen, fragen Sie nicht, wo ich lebe oder was ich gern esse oder wie ich meine Haare kämme, sondern fragen Sie mich in allen Einzelheiten, wofür ich lebe. Und fragen Sie mich, was mich meiner Ansicht nach davon abhält, ganz und gar für die Dinge zu leben, für die ich eigentlich leben möchte.«[316] Doch woher wissen wir, ob unsere Handlungen mit unseren wahrhaften Bedürfnissen und Werten übereinstimmen und ob wir nicht einfach nur alles tun, um andere zu erfreuen oder eine soziale Erwartung zu erfüllen? Eine Methode besteht darin, sich bewusst zu machen, welche emotionalen Konsequenzen unsere Handlungen haben. Nehmen wir beispielsweise an, Sie wurden so erzogen, den Dienst an anderen sehr hoch zu schätzen, weshalb Sie jeden Sonntag nach der Kirche Sandwiches zubereiten, um sie an die obdachlosen Menschen in Ihrer Gemeinde zu verteilen. Wenn das für Sie tatsächlich eine erfüllende und authentische Sache ist, fühlen Sie sich, nachdem Sie einen ganzen Tag lang Käse-Schinken-Sandwiches geschmiert und sie auf der Straße verteilt haben, freudig und energiegeladen. Wenn Ihre Aktion unauthentisch ist und Sie sie nur unternehmen, weil Sie der Ansicht sind, dass man das »als guter Mensch« nun einmal tut, dann sind Sie am Ende eines solchen Tages ausgelaugt und gereizt. Herauszufinden, was wir im Leben wirklich brauchen, um in Einklang mit dem zu leben, was uns wichtig ist, ist für unsere persönliche Erfüllung zentral wichtig.

Ein erfülltes Leben führen

Diese Übung habe ich aus unserem MSC-Programm übernommen und angepasst. Dort heißt sie »Unsere wichtigsten Werte entdecken«. Sie basiert auf der Acceptance und Commitment Therapy, die von Steven Hayes und seinen Kolleginnen und Kollegen entwickelt wurde, die betonen, dass überzeugtes Handeln zugunsten unserer wichtigsten Werte der Eckstein eines erfüllten und authentischen Lebens ist.[317] Dies ist eine schriftliche Reflexionsübung, legen Sie sich also bitte Papier und Stift bereit.

Anleitung

Blick zurück

- Stellen Sie sich vor, dass Sie sich einige Jahre voraus in der Zukunft befinden. Sie sitzen in einem wunderschönen Garten und denken über Ihr Leben nach. Im Rückblick auf die Zeit zwischen jetzt und damals fühlen Sie eine tiefe Befriedigung, Erfülltheit und Freude. Zwar war das Leben nicht immer einfach, aber Sie haben es geschafft, sich selbst treu zu bleiben und so viel Zeit wie irgend möglich mit dem zu verbringen, was Ihnen Freude macht.
- Was waren die tiefen Bedürfnisse, denen Sie gerecht geworden sind, oder die Werte, die Sie in den Mittelpunkt gestellt haben, sodass Sie so zufrieden sein können? Zum Beispiel Abenteuerlust, Kreativität, Bildung, Spiritualität, Familie, Gemeinschaft, Zeit in der Natur? Schreiben Sie bitte auf, was Sie erfüllt hat.

Die Gegenwart betrachten

- Inwiefern werden Sie gegenwärtig Ihrem Glücksbedürfnis gerecht? Ist Ihr Leben auf irgendeine Weise im Ungleichgewicht? Verbringen Sie zu viel Zeit mit den Bedürfnissen anderer, oder sind Sie zu beschäftigt, um für sich selbst zu sorgen? Schreiben Sie bitte alle Bereiche auf, in denen Sie unerfüllt sind.

Hindernisse

- Wir alle sind mit Hindernissen konfrontiert, die uns davon abhalten, unseren Bedürfnissen gerecht zu werden. Ein paar davon können *äußere Hindernisse* sein, zum Beispiel wenn man nicht genügend Geld oder Zeit hat. Häufig besteht das Hindernis auch darin, dass wir andere Verpflichtungen haben; beispielsweise müssen wir vielleicht unsere Familie unterstützen oder für jemanden sorgen, der krank ist. Denken Sie bitte einen Augenblick darüber nach, und notieren Sie dann sämtliche äußeren Hindernisse.
- Es können aber auch *innere Hindernisse* sein, die Ihrer Fähigkeit, sich um Ihre Bedürfnisse zu kümmern, im Wege stehen. Sind Sie zum Beispiel zu vorsichtig, wollen Sie anderen unbedingt gefallen, befürchten Sie, egoistisch zu sein, oder haben Sie vielleicht das Gefühl, dass Sie es gar nicht verdienen, glücklich zu sein? Wenden Sie sich bitte kurz nach innen und denken Sie darüber nach; notieren Sie dann sämtliche inneren Hindernisse.
- Beachten Sie die tiefe Sehnsucht in Ihnen selbst, glücklich zu sein, und achten Sie darauf, ob Gefühle von Traurigkeit oder Frustration entstehen, wenn Ihre Bedürfnisse nicht erfüllt werden.

Kraftvolles Selbstmitgefühl auf den Plan rufen

- Schreiben Sie nun auf, auf welche Art und Weise kraftvolles Selbstmitgefühl Ihnen helfen könnte, einige der Hindernisse zu überwinden, die Ihnen im Wege stehen, wenn Sie versuchen, Ihren Bedürfnissen gerecht zu werden. Könnte Ihnen diese Art des Selbstmitgefühls den Mut geben, Nein zu sagen? Oder Ihnen helfen, sich sicher und vertrauensvoll genug zu fühlen, um etwas Neues auszuprobieren, Missbilligung zu riskieren oder Dinge loszulassen, die Ihnen nicht weiterhelfen? Was könnten Sie tun, um sich selbst zu helfen, sich glücklicher und erfüllter zu fühlen?
- Wenn Sie bei sich ein Zögern bemerken, denken Sie daran, dass Sie umso mehr Energie für andere haben, je mehr Sie Ihre eigenen Bedürfnisse erfüllen. Können Sie sich selbst versprechen, die nötigen Schritte zu unternehmen, um für sich zu sorgen?

Sanftes Selbstmitgefühl auf den Plan rufen

- Manchmal wird wahre Erfüllung tatsächlich von unüberwindlichen Hindernissen blockiert. Es gehört zum Menschsein, dass wir nicht immer alles genauso haben können, wie wir es uns wünschen.
- Schließen Sie also für einen Moment die Augen und legen Sie sich eine Hand auf Ihr Herz oder eine andere beruhigende Stelle. Können Sie in sich Raum schaffen für die Tatsache, dass wir nicht immer zufrieden sein können, dass wir manchmal unseren Bedürfnissen nicht so gerecht werden können, wie wir es uns wünschen?
- Notieren Sie zu diesem Thema der menschlichen Begrenztheit einige freundliche und akzeptierende Worte.

Yin und Yang ausbalancieren

Versuchen Sie zum Schluss, die Energie des kraftvollen und des sanften Selbstmitgefühls miteinander zu vereinigen. Während wir nämlich unsere gegenwärtige Erfahrung so akzeptieren, wie sie ist, können wir gleichzeitig wohlwollend darauf hinwirken, unsere Umgebung zu verändern. Gibt es irgendeinen kreativen Weg, an den Sie bisher nicht gedacht haben, auf dem Sie Ihren Bedürfnissen gerecht werden können, wenn vielleicht auch nur teilweise? Wenn Sie zum Beispiel die Natur lieben und jeden Tag in einem Büro arbeiten müssen, können Sie, statt mit dem Auto zu fahren, zu Fuß dorthin gehen? Oder können Sie sich zumindest ein paar Zimmerpflanzen mitbringen, um Ihre unmittelbare Umgebung etwas natürlicher zu gestalten? Gibt es vielleicht kleine Dinge, mit denen Sie sich selbst eine Freude machen können? Falls Ihnen etwas einfällt, notieren Sie es bitte ebenfalls.

Selbstmitgefühl oder Nachgiebigkeit?

Einige Menschen befürchten, dass der Einsatz von Selbstmitgefühl zur Befriedigung unserer Bedürfnisse eigentlich eine Verschleierung für Nachgiebigkeit sich selbst gegenüber ist. Wenn ich morgens einmal zu spät zur Arbeit komme, weil ich ein bisschen Schlaf nachholen musste, dann kann das Ausdruck von Selbstmitgefühl sein. Aber wenn ich so etwas mehrmals pro Woche mache? Kann jemand *zu viel* Selbstmitgefühl haben? Wenn wir uns selbst wirklich wichtig sind, dann werden wir uns auf Dauer nicht so verhalten, dass es sich vielleicht im ersten Moment gut anfühlt, uns aber eigentlich schadet. Nachgiebigkeit sich selbst gegenüber hat immer damit zu tun, dass man sich um den Preis langfristigen Schadens für ein kurzfristiges Vergnügen entscheidet, wohingegen Selbstmitgefühl auf etwas viel Wichtigeres abzielt: die Linderung von Leid.

Erstens erlaubt uns Achtsamkeit, einen klaren Blick auf das zu bekommen, was wir wirklich brauchen (und nicht nur wünschen). Muss ich wirklich den Wecker ausstellen, oder geht es mir nur um die kurzfristige Freude, noch einmal kurz einzuschlummern? Zweitens können wir uns auf Freundlichkeit verlassen, um sicherzugehen, dass unser Verhalten wirklich in unserem Interesse ist. Ist das Zuspätkommen zur Arbeit wirklich hilfreich, vor allem angesichts dessen, dass es mit Sicherheit negative Konsequenzen nach sich ziehen wird? Oder wäre es nicht besser, früher ins Bett zu gehen, um genügend Schlaf zu bekommen? Schließlich sorgt die Weisheit der geteilten Menschlichkeit – die Fähigkeit, das große Ganze zu sehen und zu erkennen, wie die Dinge miteinander verbunden sind – dafür, dass wir uns ausbalanciert und nachhaltig verhalten. Wie wird mein Verhalten meine Arbeit beeinflussen oder die Fähigkeit meiner Kollegen vorwärtszukommen? Selbstmitgefühl hilft uns, diese Fragen auf eine Weise zu beantworten, die die Nachgiebigkeit gegenüber uns selbst gerade verringert.

Verschiedene Studien haben gezeigt, dass Menschen mit Selbstmitgefühl ihre Selbstsorge auf eine gesunde und gerade nicht ausschweifende Weise betreiben.[318] So lesen sie beispielsweise mit einer größeren Wahrscheinlichkeit die Nährwertinformationen auf Fertiglebensmitteln, um sich für das gesündere Produkt zu entscheiden, treiben regelmäßiger Sport und schlafen mit größerer Wahrscheinlichkeit genug. Bei denjenigen, die mit chronischen Erkrankungen wie Fibromyalgie, dem Fatigue Syndrom oder Krebs zu kämpfen haben, führt Selbstmitgefühl dazu, dass sie sich stärker an ärztlichen Rat und Behandlungspläne halten, ob das nun bedeutet, die Medikation wie beschrieben einzunehmen oder das eigene Essverhalten zu verändern oder mehr Sport zu treiben. Ältere Menschen mit Selbstmitgefühl gehen regelmäßiger zum Arzt und sind eher bereit, Hilfsmittel wie einen Rollator anzunehmen.[319] Eine groß angelegte internationale Studie mit Menschen, die mit HIV/Aids leben,[320] zeigte, dass diejenigen, die mehr Selbstmitgefühl hatten, mit größerer Wahrscheinlichkeit sich selbst und andere beim Sex durch den Gebrauch von Kondomen schützten.

Als die Wissenschaftlerinnen und Wissenschaftler untersuchten, warum Menschen mit Selbstmitgefühl eine größere Bereitschaft hatten, sich in der Selbstsorge zu engagieren,[321] entdeckten sie, dass diese Bereitschaft direkt mit etwas zusammenhängt, das sie »wohlwollendes Selbstgespräch« nannten. Solche Menschen sprechen mit sich selbst auf eine ermutigende und unterstützende Weise, und das zeigt umgekehrt, wie wichtig es ist, freundlich zu sich selbst zu sein.

Selbstsorge oder Egoismus?

Ein anderer weitverbreiteter Irrglaube ist die Vorstellung, dass Selbstmitgefühl egoistisch sei. Besonders für Frauen, die praktisch von Geburt an dazu erzogen worden sind, für andere zu sorgen und den Bedürfnissen anderer gerecht zu werden, ist dies ein starkes Hindernis. Aber natürlich ist es tatsächlich so, dass die Erfüllung eigener Bedürfnisse mit dem Risiko behaftet ist, ein Deckmantel für Ichbezogenheit zu werden. Es sei denn, wir können sicherstellen, dass die Elemente des kraftvollen und sanften Selbstmitgefühls gemeinsam im Spiel sind. Ohne ein klares Verständnis von Verbundenheit und wechselseitiger Abhängigkeit könnten wir nämlich tatsächlich versuchen, das Ganze zu einem Nullsummenspiel zu machen: Ich befriedige meine Bedürfnisse auf deine Kosten. Wenn wir so handeln, verlässt uns das Glück. Wenn ich eine Freundin habe, die meine Zeit und Aufmerksamkeit braucht, weil sie gerade durch eine schwierige Zeit geht, und ich sie ignoriere, weil ich mit meinen eigenen Angelegenheiten beschäftigt bin, werde letztlich auch ich leiden. Ich werde mich schlecht fühlen, wenn sie ärgerlich auf mich wird, das Fundament unserer Freundschaft wird bröckeln, und wenn ich mich in Zukunft einmal in einer ähnlichen Situation befinde wie sie jetzt, werde ich mich auf ihre Unterstützung wahrscheinlich nicht verlassen können. Doch sobald Yin und Yang ausbalanciert sind, passiert so etwas nicht. Wenn wir im Kopf behalten, dass Liebe unser größtes Bedürfnis ist, dann bedeutet, uns selbst zu versorgen automatisch, auch andere zu versorgen. Tatsächlich ist erfüllte, ausbalancierte Authentizität genau das, was es uns überhaupt erlaubt, großzügig zu bleiben. Wir verausgaben uns niemals so sehr, dass wir nichts mehr zu geben haben. Stattdessen pflegen wir uns selbst, indem wir unsere menschlichen Verbindungen pflegen.

Es gibt umfangreiche wissenschaftliche Untersuchungen, die die Erkenntnis stützen, dass Selbstmitgefühl nicht egoistisch ist. So tendieren Menschen mit Selbstmitgefühl dazu, auch in ihren engen zwischenmenschlichen Kontakten Mitgefühl walten zu lassen:[322] Sie können jenen, denen sie sich nahe fühlen, sehr viel emotionale Unterstützung geben. Von ihren Beziehungspartnern werden sie entsprechend als aufmerksam und großzügig beschrieben.[323] Zudem akzeptieren sie die Fehler und Unzulänglichkeiten anderer besser,[324] und es fällt ihnen leichter, eine andere Perspektive oder eine Außensicht einzunehmen.

Vielleicht überrascht es Sie, dass die Verbindung zwischen Selbstmitgefühl und Mitgefühl für andere im Allgemeinen nicht besonders stark ist.[325] Mit anderen Worten, Menschen mit viel Selbstmitgefühl haben nur unbedeutend mehr Mitgefühl für andere, als Menschen, deren Selbstmitgefühl gering ist. Das liegt daran, dass die große Mehrheit der Menschen signifikant mehr Mitgefühl für andere als für sich selbst aufbringen kann. Es gibt sehr viele Menschen, vor allem Frauen, die zu anderen mitfühlend, großzügig und freundlich sind, sich selbst aber ausgesprochen schlecht behandeln. Gäbe es eine starke Verbindung zwischen Selbstmitgefühl und Mitgefühl für andere, würde das bedeuten, dass Menschen, denen Selbstmitgefühl fehlt, auch das Mitgefühl für andere fehlen würde. Das ist jedoch nicht der Fall.

Dennoch steigert sich auch unsere Fähigkeit, auf *andere* mitfühlend zuzugehen, während wir lernen, uns selbst mit Mitgefühl zu begegnen. In einer Studie fanden wir heraus, dass die Teilnahme an einem MSC-Kurs das Mitgefühl für andere um zehn Prozent steigern konnte.[326] Die meisten Teilnehmerinnen und Teilnehmer hatten bei dem Aspekt Mitgefühl für andere von Anfang an hohe Werte (auf einer Fünfpunkteskala anfangs einen Durchschnitt von 4,17, am Ende einen von 4,46), sodass es nicht viel Luft nach oben gab. Das Selbstmitgefühl dagegen steigerte sich um 43 Prozent – zum Teil hatten die Teilnehmerinnen und Teilnehmer auf einer ähnlichen Fünfpunkteskala mit einem Durchschnitt von 2,65 angefangen und waren mit einem von Wert von 3,78 herausgekommen. Dies zeigt, dass Wachstum in Bezug auf Selbstmitgefühl nicht bedeutet, dass man gegenüber anderen *weniger* fürsorglich wird – das genaue Gegenteil ist der Fall. Wichtiger ist jedoch, dass Selbstmitgefühl dafür sorgt, dass wir im Laufe der Zeit fürsorglich gegenüber anderen *bleiben* können, ohne uns zu verausgaben oder einen Burnout zu bekommen (mehr zu diesem Thema in Kapitel 10).[327]

Dafür, dass Selbstmitgefühl alles andere als egoistisch ist, gibt es noch eine andere Begründung: Es animiert nämlich andere Menschen dazu, sich selbst ebenfalls mitfühlend zu begegnen. In ihrem Artikel mit dem Titel »Ist Selbstmitgefühl ansteckend?« untersuchen Wissenschaftlerinnen und Wissenschaftler der University of Waterloo, wie die Demonstration von Selbstmitgefühl andere Menschen beeinflussen kann.[328] In der entsprechenden Studie wurden Studierende gebeten, sich eine persönliche akademische Niederlage in Erinnerung zu rufen. Nach dem Zufallsprinzip sollten sie dann eine Audioaufnahme eines anderen Studierenden hören, der oder die mit sich selbst über ihren Fehler entweder in mitfühlender Weise sprach (»Ich verstehe, dass du enttäuscht bist – das ist nach einer solchen Erfahrung total normal …«) oder in neutraler Weise (»Ich habe gerade so bestanden, das war wirklich knapp …«). Studierende, die dem Audio zugehört hatten, in dem jemand Selbstmitgefühl demonstrierte, schrieben anschließend sehr viel mitfühlender über ihren eigenen akademischen Misserfolg. Die Wissenschaftlerinnen und Wissenschaftler führten ihre Ergebnisse auf einen Prozess der sozialen Nachahmung zurück, bei dem wir ein bestimmtes Verhalten erlernen, indem wir andere beobachten. Das bedeutet aber, dass wir, wenn wir mitfühlend uns selbst gegenüber sind – und besonders wenn wir es auf eine sichtbare Weise sind –, anderen dabei helfen, es auch zu sein.

Weil wir derart verbunden sind, ist es widersinnig, eine willkürliche Grenze zwischen uns selbst und anderen zu ziehen, wenn wir mit den Nöten des Lebens konfrontiert sind. Ein berühmter Satz von Albert Einstein aus *Ideas and Opinions* lautet: »Unsere Aufgabe muss es sein, uns (…) zu befreien, durch das Ausweiten unseres Mitgefühls, sodass es alle lebenden Kreaturen und die gesamte Natur in ihrer Schönheit umfasst.« Im Zentrum stehen wir. Wir wollen die Reichweite der Fürsorglichkeit nicht auf uns selbst begrenzen, aber uns auch nicht aus ihr ausschließen, weil wir dadurch unsere eigene Menschlichkeit verraten würden.

Als Maslow den Prozess der Selbstverwirklichung beschrieb, hob er hervor, dass das Loslassen egoistischer Sorgen dafür von zentraler Wichtigkeit sei. Er argumentierte, dass wir, um unser wahres Wesen zu verwirklichen, eine Berufung finden oder uns einen Zweck suchen müssten, der größer ist, als unser kleines Selbst. In der Tat ist das »Selbst« in den Begriffen Selbstmitgefühl und Selbstverwirklichung irreführend, weil beide Haltungen in Wirklichkeit eher dazu beitragen, die Fokussierung auf das abgetrennte Selbst zu reduzieren.

Die schöne Wahrheit ist, dass die Entwicklung unseres gesamten Potenzials dafür sorgt, dass wir anderen besser helfen können. Wenn ich meine Fähigkeiten als Universitätspädagogin ausbaue, vergrößern sich auch die Möglichkeiten für meine Studierenden. Wenn ich ein Talent entwickle, ob es nun darum geht, meisterhaft kochen zu lernen oder Opernsänger oder Rettungshubschrauberpilotin zu werden: Es hilft, zur Lebensqualität anderer beizutragen. Wenn ich meine innere Welt so pflege, dass ich mich verbundener und lebendiger fühle, dann übertrage ich diese Leuchtkraft auf alle Menschen, mit denen ich in Kontakt komme: Den eigenen Bedürfnissen gerecht zu werden, ist ein Geschenk für die Welt.

KAPITEL 8

Sich zum Guten verändern

Wenn wir beschließen, eine Sache wirklich wichtig
zu nehmen, ist Veränderung immer möglich.[329]
—Megan Rapinoe, Kapitänin der
US-Fußballnationalmannschaft der Frauen

Wer sich selbst wichtig ist und nicht mehr leiden möchte, ist ganz von selbst motiviert, seine Träume zu verwirklichen und unproduktive Verhaltensweisen abzulegen. Was aber viele Menschen davon abhält, Selbstmitgefühl tatsächlich zu praktizieren, ist die Befürchtung, faul und antriebsschwach zu werden, wenn sie nicht permanent hart zu sich selbst sind.[330] Diese Angst hat ihren Grund in einem falschen Verständnis des Verhältnisses von Yin und Yang im Selbstmitgefühl. Richtig ist, dass die sanfte Seite des Selbstmitgefühls uns hilft, uns selbst in unserer wunderbaren Unvollkommenheit anzunehmen. Wir werden dadurch daran erinnert, dass wir nicht fehlerlos sein müssen, um liebenswert zu sein. Wir brauchen keine Reparatur. So wie wir jetzt sind, sind wir gut genug, und Fürsorge und Freundlichkeit stehen auch uns zu.

Aber bedeutet das, dass wir nicht versuchen sollten, die ungesunden Gewohnheiten loszuwerden, mit denen wir bisher versucht haben, unser Ziel zu erreichen beziehungsweise unsere Berufung zu erfüllen? Nein, absolut nicht. Was uns antreibt, um das zu erreichen, was wir vom Leben wollen, ist letztendlich das Bedürfnis, weniger zu leiden – also Liebe und nicht ein Gefühl von Unzulänglichkeit oder Mangelhaftigkeit. Anstatt uns jedes Mal harsch zu kritisieren, wenn wir einen Fehler machen oder etwas für uns Wichtiges nicht hinbekommen, konzentrieren wir uns darauf, was wir aus der Situation lernen können. Wenn wir kraftvolles Selbstmitgefühl nutzen, um uns selbst zu motivieren, dann erleben wir es als ermutigenden, verständnisvollen Weitblick.

Ermutigung

Das englische Wort *encourage* stammt aus dem altfranzösischen »Mut (courage) fassen«. Durch Selbstmitgefühl fassen wir den Mut, uns auf den Pfad des Wachstums und der Veränderung zu begeben. Anstatt uns selbst für den Fall, dass wir unsere Ziele nicht erreichen, mit Strafe zu drohen, verhalten wir uns freundlich und unterstützend und versichern uns unseres inneren Potenzials. Ermutigung bedeutet jedoch nicht, sich selbst anzulügen oder sich mit Durchhalteparolen wie »Ich werde stärker und stärker, Tag für Tag und in jeder Hinsicht« bei der Stange zu halten, denn solche Aussagen müssen nicht unbedingt stimmen. Ab einem bestimmten Alter werden wir eben *nicht* stärker und stärker (jedenfalls nicht körperlich). Es gibt außerdem Forschungsergebnisse, die zeigen, dass diese Art von positiver Verstärkung bei Menschen, die Selbstzweifel haben, überhaupt nicht hilft.[331] In solchen Fällen klingt sie hohl, geht nach hinten los und trägt dazu bei, dass man sich nur noch schlechter fühlt. Dagegen erlaubt uns Ermutigung, auf unserem Weg genau so weit zu gehen, wie wir können, auch wenn sich dann herausstellen mag, dass das nicht ganz so weit ist, wie wir gehofft hatten. Wenn ich aber darauf vertrauen kann, dass ich, selbst wenn ich etwas vermassele, nicht gnadenlos auf mich selbst losgehe, sondern mich im Gegenteil unterstütze, dann sorgt das für genau das Sicherheitsgefühl, das man braucht, um ein Risiko einzugehen. Ich ziehe die Inspiration und Energie aus meinem eigenen liebenden Herzen und strenge mich an, weil ich es will, nicht weil ich es brauche, um mich überhaupt akzeptabel zu fühlen.

Der Leiter der in Großbritannien ansässigen Organisation »Action for Happiness«, Mark Williamson, hat einmal gesagt, er habe sich radikal verändert, nachdem er einen meiner Vorträge über Selbstmitgefühl und Motivation gehört habe. Ihm sei klar geworden, dass er immer sofort auf sich einprügelte, wenn er mal einen Fehler machte. »Fauler alter Spinner« sagte er oft zu sich selbst – als könnte diese Beschimpfung ihn dazu bringen, sich beim nächsten Mal noch mehr anzustrengen. Diese Stimme war ihm so vertraut, dass sie beinahe außerhalb seiner Wahrnehmung operierte, aber negative Auswirkungen hatte sie trotzdem auf ihn: Sie untergrub sein Selbstvertrauen. Aus diesem Grund überlegte er sich eine bewusste Umgangsweise für sämtliche Gelegenheiten, bei denen er bemerkte, dass er wegen eines angeblichen Fehlers schon wieder auf sich selbst losgehen wollte: Er lenkte den Impuls, sich selbst zu beschimpfen, einfach in ein Akronym um: statt »fauler alter Spinner« hieße es nun: »freundlich, achtsam, solidarisch«. Das ist sehr viel konstruktiver und motivierender als jede Beschimpfung!

Freundlichkeit bedeutet natürlich nicht, dass wir immer alles, was wir tun, entschuldigen, denn auch das wäre auf Dauer nicht hilfreich. Manchmal müssen wir die energische Seite der Liebe zum Einsatz bringen, damit wir kraftvoll mit uns selbst umgehen und ungesunde Verhaltensweisen ablegen können. So kann es vorkommen, dass wir, wenn wir uns im engeren Sinne selbstschädigend verhalten – alkoholabhängig sind oder in einer toxischen Beziehung bleiben –, sehr deutlich *Nein* zu uns selbst sagen müssen. Diese energische Liebe kann sehr machtvoll sein, ist aber letztendlich freundlich. Sie sendet klare Botschaften: »Du musst da jetzt sofort raus, sonst wirst du immer deprimierter.« An der Ermutigung wird deutlich, dass der Wunsch nach Veränderung aus Fürsorge und Hingabe entsteht statt aus Vorwürfen und Urteilen und dass dieser Wunsch genau aus diesem Grund so gut in die Tat umgesetzt werden kann.

Verständnis

Das Verständnis der geteilten Menschlichkeit erlaubt es uns, die komplexen Bedingungen in den Blick zu bekommen, die zu Erfolg oder Scheitern führen, sodass wir aus unseren Fehlern lernen können. Wir alle wissen, dass Misserfolg der beste Lehrer ist. Schon Thomas Edison sagte: »Ich bin nicht gescheitert. Ich habe nur 10 000 Möglichkeiten ausprobiert, die nicht funktioniert haben.« Uns ist klar, dass im Fehlermachen mehr wertvolle Informationen zu finden sind als darin, in allem immer perfekt zu sein.

Warum sind wir dann so unglücklich, wenn wir Fehler machen? Das liegt daran, dass wir unbewusst glauben, dass wir nun mal nicht scheitern *sollten*, und dass etwas mit uns falsch ist, wenn es trotzdem passiert. Manchmal sind wir derart überwältigt von den mit dem Scheitern verbundenen Gefühlen der Scham und der Selbstvorwürfe, dass wir nicht mehr klar denken können; und das schränkt unser Wachstumspotenzial erheblich ein.

Die Forschung zeigt, dass Menschen mit Selbstmitgefühl verständnisvoller sind und es ihnen leichter fällt, aus den Situationen, in die sie geraten sind, zu lernen.[332] Wenn sie mit einem Problem konfrontiert sind, ist es wahrscheinlicher, dass sie alle relevanten Informationen einbeziehen, und weniger wahrscheinlich, dass sie so bestürzt sind, dass ihnen keinerlei Lösungsmöglichkeiten mehr einfallen. Menschen mit Selbstmitgefühl betrachten außerdem Misserfolge mit größerer Wahrscheinlichkeit als Lerngelegenheiten statt als Sackgasse.[333] Sie fürchten sich weniger vor Misserfolgen, und wenn sie tatsächlich einmal scheitern, werden sie durch diese Erfahrung weniger aus dem Konzept[334] gebracht. Selbstmitgefühl hilft uns, uns auf das zu konzentrieren, was wir aus dem Scheitern lernen können, anstatt uns darauf zu fixieren, was dieses Scheitern über unseren Wert als Person aussagen mag. Wir definieren uns selbst nicht über unsere Rückschläge. Stattdessen betrachten wir sie als Gelegenheit, an genau die Informationen zu kommen, die wir für erfolgreiches Handeln brauchen.

Aber bei allem Verständnis ist es manchmal nötig, ein bestimmtes Ziel aufzugeben, wenn alle Versuche, es zu erreichen, sich als vergeblich erwiesen haben. Wenn Sie seit Jahren versuchen, Ihren Lebensunterhalt als Stand-up-Comedian zu verdienen, und immer noch Totenstille ernten, wenn Sie einen Witz machen, dann könnte es an der Zeit sein, die Gangart zu wechseln und etwas Neues auszuprobieren. In einer japanischen Studie wurden die Teilnehmerinnen und Teilnehmer gebeten, an ein Ziel zu denken, das sie in den letzten fünf Jahren verfolgt, aber nicht erreicht haben.[335] Menschen mit größerem Selbstmitgefühl waren von dem enttäuschenden Ergebnis nicht nur weniger mitgenommen, sondern sie konnten auch mit größerer Wahrscheinlichkeit dieses bestimmte Ziel loslassen und ihre Energie auf etwas Neues lenken. Selbstmitgefühl ermöglicht uns einen größeren Überblick, sodass wir besser einschätzen können, wie wir unsere Zeit und Energie am effektivsten nutzen.

Es ist an dieser Stelle hilfreich, zwischen harten Urteilen und differenziertem Verständnis zu unterscheiden.[336] Beim Urteilen ordnen wir uns selbst auf sehr eng gefasste und rigide Weise als »gut« oder »schlecht« ein. Das differenzierte Verständnis dagegen erkennt, was funktioniert und was nicht, was gesund und was schädlich ist – und das im vollen Bewusstsein der komplexen und veränderlichen Faktoren, die die jeweilige Situation beeinflussen. Auch in dieser Perspektive können wir unser Auftreten und unsere Leistungen als gut oder schlecht beurteilen – aber ohne das Ganze persönlich zu nehmen. Dass ich in dieser letzten Runde gescheitert bin, heißt noch lange nicht, dass ich zum Scheitern verdammt oder gar selbst in irgendeiner Weise ein »Reinfall« bin. Indem wir unsere Erfahrung in den größeren Kontext des Menschseins einordnen, gelangen wir zu jenen Einsichten, die zum Lernen und Wachsen nötig sind.

Weitblick

Achtsamkeit erlaubt es uns, uns mitten im Veränderungsprozess auf unsere Träume zu konzentrieren und an ihnen festzuhalten. Weil wir uns selbst wichtig sind und glücklich sein wollen, behalten wir den Blick für das, was wirklich wichtig ist. Doch wenn uns etwas misslingt, lassen wir uns häufig von Gefühlen des Scheiterns in Beschlag nehmen. Unsere Aufmerksamkeit wird von den Scham-Banditen gekapert, anstatt dass wir achtsam dafür sorgen, weiterhin vorwärtszukommen.

Nehmen wir an, Sie versuchen gerade, ein neues Projekt zu initiieren – zum Beispiel einen gemeinnützigen Verein, der für berufstätige Mütter mit geringem Einkommen eine Kinderbetreuung anbietet. Für die Finanzierung sprechen Sie bei verschiedenen Stiftungen vor und bekommen überall Absagen. Sie löchern Ihre Freunde, ob irgendjemand Leute mit Verbindung zu reichen Spendern kennt, und bekommen keinen einzigen Hinweis. Wenn Sie sich von diesen frühen Rückschlägen überwältigen lassen und den Glauben an sich und Ihre Fähigkeit, ein solch ambitioniertes Projekt in die Tat umzusetzen, verlieren, dann werden Sie mit Sicherheit nie Erfolg haben. Wenn Sie jedoch an Ihrem Traum festhalten und jede Herausforderung als ganz normales Schlagloch auf einem langen Weg betrachten, dann haben Sie eine Chance. Wenn Sie einen klaren Kopf behalten und sich Ihre Entschlossenheit bewahren, dann sehen Sie vielleicht Möglichkeiten, die sonst verpasst worden wären, zum Beispiel die Initiierung einer Crowdfunding-Kampagne oder andere kreative Wege der Geldbeschaffung.

Die Fähigkeit, nach einem Misserfolg weiterzumachen, sich aufzurappeln, es noch einmal zu versuchen und dabei das Ziel nicht aus den Augen zu verlieren, nennt man Durchhaltevermögen.[337] Angela Duckworth, die erste Forscherin, die die wissenschaftliche Aufmerksamkeit darauf gelenkt hat, was Stehvermögen ist und leistet, hat mir einmal gesagt, dass Selbstmitgefühl ihrer Ansicht nach zur Ausbildung dieser Eigenschaft essenziell sei. Die Sicherheit, Unterstützung und Ermutigung, die aus Selbstmitgefühl erwächst, macht es uns möglich, die Spur zu halten, obwohl der Weg vor uns voller Hindernisse ist. Dass Menschen mit Selbstmitgefühl mehr Durchhaltevermögen haben und entschlossener sind, auch angesichts von Hindernissen bei ihrem ursprünglichen Plan zu bleiben, ist inzwischen wissenschaftlich erwiesen.[338] Gleichzeitig sorgt Selbstmitgefühl für den Weitblick, den es braucht, um zu erkennen, wann man den Kurs wechseln muss, um sein Ziel zu erreichen.

Motivierende Selbstmitgefühlspause

Diese Version der Selbstmitgefühlspause ist so konzipiert, dass wir die Energie des kraftvollen Selbstmitgefühls nutzen, um uns durch ermutigenden, verständnisvollen Weitblick zu motivieren. (Eine angeleitete Audioversion dieser Übung findet sich auf FierceSelf-Compassion.org.)

Anleitung

Denken Sie an eine Situation in Ihrem Leben, die Sie gerne verändern würden. Vielleicht möchten Sie mehr Sport treiben, bekommen es aber einfach nicht hin. Oder Sie fühlen sich in einem langweiligen Job gefangen und möchten gern kündigen, aber Sie bringen die Energie und Willenskraft dafür einfach nicht auf. Versuchen Sie nun, sich eine alternative Realität vorzustellen, die besser für Sie wäre – in der Sie jeden Morgen Yoga machen oder als freiberufliche Autorin arbeiten. Welche Gefühle entstehen in Ihnen, wenn Sie daran denken, diese Veränderung herbeizuführen – Frustration, Enttäuschung, Angst, Aufgeregtheit? Achten Sie darauf, welche körperlichen Empfindungen diese Gefühle bei Ihnen auslösen.

Finden Sie eine bequeme Sitz- oder Stehposition. Sorgen Sie dafür, dass Ihre Körperhaltung belebend auf Sie wirkt, Sie sollten auf keinen Fall zusammengesackt sein. Sie werden gleich eine Reihe von Sätzen sprechen (laut oder leise zu sich selbst), die die drei Elemente des Selbstmitgefühls auf den Plan rufen, damit Sie versuchen können, sich selbst mithilfe von Ermutigung und Unterstützung zu einer Veränderung zu motivieren. Wie immer ist es auch in diesem Fall das Ziel, eine Sprache zu finden, die Ihnen sinnvoll vorkommt und sich authentisch anfühlt.

- Im ersten Satz geht es um Achtsamkeit, damit Sie eine klare Vorstellung davon bekommen, was sich ändern muss. Vergegenwärtigen Sie sich die neue Realität, die Sie sich für Ihr Leben wünschen. Sagen Sie langsam und mit Nachdruck zu sich selbst: »Das ist meine Vorstellung davon, was ich mir für mich selbst wünsche.« Andere Möglichkeiten wären: »Ich möchte, dass diese Idee Wirklichkeit wird« oder: »Das ist möglich für mich«.
- Der zweite Satz ruft das Verständnis der geteilten Menschlichkeit auf den Plan. Versuchen Sie, daran zu denken, dass jeder einmal feststeckt oder Fehler macht, dass wir aber aus unseren Erfahrungen lernen können. Sagen Sie zu sich selbst: »Dies ist eine einmalige Gelegenheit zum Lernen«, andere Möglichkeiten wären: »Wachstumsschmerzen gehören zum Menschsein dazu«, »Es ist normal, dass man erst einmal etwas falsch macht, bevor man es richtig macht« oder: »Ich bin nicht die Einzige, die mit einem solchen Problem konfrontiert ist.«
- Machen Sie nun eine unterstützende Geste, zum Beispiel indem Sie sich eine Hand auf die schräg gegenüberliegende Schulter legen oder mit der Faust eine kleine ermutigende Siegergeste machen. Wir wollen Freundlichkeit nutzen, um uns selbst dabei zu unterstützen, die nötigen Veränderungen herbeizuführen: nicht weil wir so, wie wir sind, unzulänglich wären, sondern weil wir unser Leid lindern wollen. Versuchen Sie, zu sich selbst mit Wärme und Nachdruck zu sagen:
  »Ich möchte mir selbst helfen, meine Ziele zu erreichen.« Andere Möglichkeiten könnten sein: »Ich bin für dich da, ich unterstütze dich«, »Yes, I can«, »Gib einfach dein Bestes, und warte ab, was passiert« oder: »Ich glaube an dich«.

- Wenn es Ihnen schwerfällt, die richtigen Worte zu finden, stellen Sie sich vor, dass jemand, der Ihnen wirklich wichtig ist, mit genau der gleichen Situation zu kämpfen hat wie Sie, und Sie diesen Menschen dazu ermutigen wollen, etwas in seinem Leben zu verändern. Was würden Sie dieser Person sagen? In welcher Tonlage würden Sie mit ihr sprechen? Gibt es vielleicht konstruktive Kritik, die Sie äußern möchten? Gelingt es Ihnen nun, diese Botschaft auch an sich selbst zu senden?
- Erlauben Sie der kraftvollen Energie des ermutigenden, verständnisvollen Weitblicks, sich mit der sanften Energie der bedingungslosen Selbstakzeptanz zu verbinden. Wir können alles geben, um die nötige Veränderung herbeizuführen, aber im Endeffekt sind wir so, wie wir sind, vollkommen okay. Es ist in Ordnung, nicht perfekt zu sein. Wir werden tun, was wir tun können, um glücklich zu werden und unser eigenes Leid zu lindern, weil es uns wichtig ist, aber gleichzeitig können wir das Bedürfnis aufgeben, immer alles vollkommen richtig machen zu wollen.

Warum sind wir so hart zu uns selbst?

Die Forschung legt nahe, dass der wichtigste Grund, warum Menschen hart anstatt freundlich zu sich selbst sind, darin liegt, dass sie glauben, dass Selbstmitgefühl ihre Motivation untergräbt.[339] Selbstkritik dagegen erscheint vielen als der perfekte Motivator: Als wäre dadurch, dass man sich selbst grausame und herabsetzende Schimpfnamen gibt, schon gewährleistet, dass man sich beim nächsten Mal umso mehr anstrengt. Ein anderer Grund dafür, dass wir auf uns selbst einprügeln, ist, dass dieses Verhalten uns die Illusion von Kontrolle gibt. Wenn wir uns selbst kritisieren, bestätigen wir die Vorstellung, dass es möglich ist, Fehler zu vermeiden, wenn wir uns nur richtig Mühe geben. Ein dritter Faktor, der ins Spiel kommt, ist der Wunsch, unser Ego zu schützen. Wir trösten uns selbst damit, dass wir an unserem hohen Anspruch festhalten, auch wenn wir ihn gar nicht verwirklichen können. Wir identifizieren uns mit dem Teil unseres Ichs, der weiß, wie wir sein *sollten,* auch wenn wir es vielleicht noch nicht ganz geschafft haben. Wie ich an anderer Stelle schon gezeigt habe, gehört Selbstkritik zu den Verhaltensweisen, die auf Sicherheit abzielen.

Jetzt fragen Sie sich vielleicht, wie es sein kann, dass ich ein Gefühl von Sicherheit bekomme, wenn ich mich selbst als nichtsnutzige Faulenzerin beschimpfe, weil ich eine wichtige berufliche Aufgabe vor mir herschiebe? Nun, weil ein Teil von mir glaubt, dass mich das so aktiviert, dass ich nicht scheitere und meinen Job verliere und obdachlos auf der Straße lebe. Und inwiefern trägt es zu meinem Sicherheitsgefühl bei, wenn ich auf mich selbst einprügele, weil ich an meinen Kindern herumgemäkelt habe? Insofern, als dass ich glaube, dass mir das hilft, in Zukunft eine bessere Mutter zu sein, damit meine Kinder mich nicht irgendwann hassen und mich im Alter allein lassen. Und wie kann es sein, dass ich mich sicher fühle, wenn ich mir im Spiegel Schimpfworte entgegenschleudere, weil ich glaube, alt und unattraktiv zu sein? Weil ich mir wünsche, dass ich die tatsächlichen oder vermeintlichen Urteile anderer über mich etwas abmildern kann, wenn ich als Erste auf mich einschlage. In gewisser Weise ist unser innerer Kritiker permanent damit beschäftigt, mögliche Gefahren von uns abzuwenden.

Zunächst einmal müssen wir anerkennen, dass diese Strategie *in gewisser Weise* sogar funktioniert. Es gibt nicht wenige, die ihr Medizin- oder Jurastudium oder andere Herausforderungen gemeistert haben, indem sie sich selbst permanent und gnadenlos kritisierten. Aber diese Strategie funktioniert ungefähr genauso gut wie eine kohlegetriebene Dampfmaschine – sie bringt einen den Hügel hoch, spuckt dabei aber eine Menge schwarzen Rauch aus. Obwohl uns die Angst vor Selbstkritik manchmal vielleicht tatsächlich motiviert, hat diese Taktik auch einige negative Konsequenzen:[340] Sie flößt uns Angst vor dem Scheitern ein,[341] führt zum Prokrastinieren, untergräbt unser Selbstvertrauen, verursacht Leistungsangst – alles Verhaltensweisen, die der Möglichkeit, einen Erfolg zu erringen, direkt entgegenarbeiten. Lassen Sie uns der Sache ins Auge blicken. Scham trägt nicht wirklich zu einer optimistischen und zupackenden Lebenseinstellung bei.

Obwohl uns unser innerer Kritiker nicht selten in den Rücken fällt, ist es auch wichtig, ihm Tribut zu zollen, denn er steht für das natürliche und gesunde Bedürfnis nach Sicherheit. Wir sollten uns wirklich nicht dafür fertigmachen, dass wir uns fertigmachen! Selbstkritik hat eine fürsorgliche, wenn auch fehlgeleitete Absicht. Wie ich weiter oben gezeigt habe, ist unser innerer Kritiker manchmal die internalisierte Stimme einer frühen Bezugsperson, die ganz und gar nicht versucht hat, uns Sicherheit zu geben – sondern uns missbraucht und geschadet hat.[342] Der junge Anteil unseres Ichs jedoch, der diese Stimme irgendwann internalisiert hat, hat durchaus versucht zu helfen. Als Kinder hatten wir, wenn wir überleben wollten, keine andere Wahl, als die Schuld auf uns zu nehmen. Aber auch wenn die Kritik nicht von einer frühen Bezugsperson stammt, sondern lediglich auf einen ängstlichen Teil von uns selbst zurückzuführen ist, der sich verbessern und perfektionieren möchte (denken Sie an die strengen Selbstgespräche meines Sohnes), kommt all das aus dem unschuldigen Bedürfnis, sich sicher zu fühlen. Manchmal brauchen wir kraftvolles Mitgefühl für unseren inneren Kritiker, um ihm bestimmt, aber freundlich zu sagen, dass er aufhören soll, uns zu mobben. Aber auch für diesen Teil unseres Ichs müssen wir sanftes Mitgefühl aufbringen, und wir sollten anerkennen, dass er alles tut, um uns vor Gefahr zu bewahren. Erst dann können wir anfangen, uns wirklich sicher zu fühlen.

Wenn wir uns mithilfe von Mitgefühl statt durch Kritik motivieren, dann basiert unser Sicherheitsgefühl auf dem Sorgesystem der Säugetiere und nicht auf einer Gefahrenabwehrreaktion.[343] Das hat wichtige Implikationen für unser körperliches, mentales und emotionales Wohlbefinden. Die dauerhafte Aktivierung unseres sympathischen Nervensystems durch Selbstkritik erhöht den Cortisolspiegel,[344] führt zu Bluthochdruck, Herz-Kreislauf-Erkrankungen und Schlaganfällen – ein eng miteinander verwandtes Trio, das in den Vereinigten Staaten als häufigste Todesursache gilt. Selbstkritik ist außerdem eine wichtige Ursache für Depressionen.[345] Selbstmitgefühl dagegen aktiviert das parasympathische Nervensystem,[346] das den Cortisolspiegel senkt und die Herzfrequenzrate steigert. Selbstmitgefühl stärkt unser Immunsystem,[347] reduziert Stress und kann, wie sich gezeigt hat, Depressionen lindern.[348] Wenn wir lernen, uns selbst mithilfe von Mitgefühl statt durch Kritik zu motivieren, ist das das Beste, was wir für unsere Gesundheit und unser Lebensglück tun können.

Liebe statt Angst

Wenn wir uns selbst Mitgefühl entgegenbringen, wenn wir einen Fehler gemacht oder es nicht geschafft haben, ein bestimmtes Ziel zu erreichen, dann löst das ein Gefühl von Versorgt- und Unterstütztsein aus. Es ist dieses Sicherheits- und Selbstwertgefühl, das die stabile Grundlage wird, von der aus wir es noch einmal probieren können. Selbstmitgefühl ermöglicht es, dass wir uns durch Liebe und nicht durch Angst motivieren – und es ist sehr viel effektiver. Denken Sie einmal daran, wie wir mit Kindern umgehen. Noch vor gar nicht so langer Zeit dachten die Menschen, dass man sie am besten durch Angst zum Erreichen ihrer Ziele motivieren könne: »Wer sein Kind liebt, der züchtigt es.«[349] Die vorherrschende Überzeugung war, dass strenge körperliche Züchtigung die einzige Methode sei, mit der man Kinder davon abhalten könne, träge, arbeitsscheue Faulenzer zu werden. Zwar kann man durch Bestrafung tatsächlich kurzzeitig eine gewisse Regelkonformität erreichen, aber auf lange Sicht ist diese Methode kontraproduktiv, denn sie untergräbt sowohl das Selbstvertrauen als auch die Leistungsfähigkeit.[350] Dennoch wenden wir die Methode der Züchtigung auf uns selbst noch immer an. Es ist übrigens hilfreich, über Motivation im Kontext von Elternschaft nachzudenken, weil Selbstmitgefühl ermöglicht, uns selbst noch einmal neu zu bemuttern und zu bevatern.

Um unsere eigenen Kinder erfolgreich motivieren zu können, müssen wir das richtige Gleichgewicht zwischen zu großer Akzeptanz und zu hohen Ansprüchen finden. Ich kenne das aus meiner eigenen Erfahrung als Mutter. Wir unterrichteten unseren Sohn Rowan die meiste Zeit zu Hause, weil die öffentlichen Bildungseinrichtungen in der Kleinstadt Elgin nicht auf seine Bedürfnisse eingestellt waren. Zuerst versuchten wir es durchaus, aber als wir eines Tages im Kindergarten auftauchten, um nach unserem Sohn zu sehen, saßen alle Kinder mit speziellen Bedürfnissen einfach so herum und taten absolut gar nichts, während die zu ihrer Betreuung eingestellten Hilfspersonen vor dem Fernseher saßen und Limo tranken. Wir nahmen ihn also aus dem öffentlichen Schulsystem heraus, und sein Vater schuf das »New Trails Learning Center«, wo die Natur und die Pferde das Klassenzimmer ersetzten. Die Angestellten konzentrierten sich hauptsächlich auf die Reittherapie für andere autistische Kinder, aber eine Person wurde dafür ausgebildet, Rowan mit Blick auf das texanische Schulcurriculum zu unterrichten. Vieles daran war wunderbar – das Draußensein, das Reiten, das Reisen und das projektbasierte Lernen (wie unsere Wildtierexpedition nach Rumänien).

Aber als Rowan größer wurde, spürte ich, dass ihm die Herausforderungen fehlten. In dem Zentrum herrschte eine Philosophie, die darauf abzielte, eine »bejahende« Umgebung zu schaffen, was bedeutete, dass alles so organisiert war, dass die autistischen Kinder kein Nein hören oder Druck aushalten mussten, weil dadurch ihr für Ängste so besonders anfälliges Gehirn jedes Mal derart getriggert wurde, dass Lernen tendenziell unmöglich wurde. So musste Rowan beispielsweise über den Stoff, den er gelernt hatte, nie einen Test ablegen, sondern sein Lehrer wertete auf einer Art Schatzsuche seine Reaktionen auf die Hinweise aus, ob er alles verstanden hatte (zum Beispiel: geh links, wenn Heinrich VIII. im Mittelalter gelebt hat, oder nach rechts, wenn er während der Renaissance gelebt hat). Rowan hatte noch nie die Erfahrung gemacht, offen getestet oder benotet zu werden.

Zwar reduzierte dieser Ansatz seine Ängste und funktionierte, als er kleiner war, insgesamt sehr gut, aber als Rowan in die Pubertät kam, konnte er nicht mehr davon profitieren. Nun musste er lernen, wie man mit Scheitern und Druck umging. Ich befürchtete, dass er sonst in schulischer Hinsicht nur noch stagnieren würde.

Als Rowan 16 Jahre alt war, zog ich mit ihm nach Austin und meldete ihn in einer hervorragenden öffentlichen Schule an, die für ihren Autismus-Schwerpunkt bekannt war. Er musste zurück in die 9. Klasse, weil er mit dem Stoff etwas hinterherhinkte, aber das passte für ihn ganz gut. Sobald er ein bisschen gefordert wurde, blühte er regelrecht auf, er hatte in jedem Fach einen anderen Lehrer und lernte viel Neues. Der Vorteil des Homeschooling lag darin, dass er nie entmutigt worden war. Er war glücklich und selbstbewusst und haderte nicht im Geringsten mit seinem Autismus. Das half ihm in der Übergangsphase sehr. Die Nachteile kamen zum Vorschein, als die erste Testphase begann. Rowan war verwirrt und hatte keine Ahnung, wie man für einen Test lernte. So war es keine Überraschung, dass er seinen ersten Test in Geografie gründlich in den Sand setzte.

Als er nach Hause kam und mir davon erzählte, hätte ich versuchen können, ihn mit der Peitschenmethode, die er manchmal auf sich selbst anwendete, zu motivieren. Dieselbe Methode, die sehr viele von uns auf sich selbst anwenden. »Du nichtsnutziger Versager. Ich schäme mich für dich. Wenn du es beim nächsten Mal nicht besser hinbekommst, dann …« Natürlich tat ich das nicht. Es wäre nicht nur grausam gewesen, sondern auch durch und durch kontraproduktiv. Eine derart strenge Reaktion hätte bloß dazu geführt, dass er sich wegen seines Misserfolgs noch schlechter fühlte und beim nächsten Test von seiner Angst überwältigt werden würde. Ihn als inkompetent zu bezeichnen hätte seine Fähigkeiten untergraben und vielleicht sogar dazu geführt, dass er Geografie ganz abgewählt hätte.

Stattdessen nahm ich ihn fest in den Arm und versicherte ihm, wie lieb ich ihn hatte. Ich hatte Mitgefühl für diese schmerzhafte

Erfahrung und ließ ihn wissen, dass es normal war, erst einmal zu scheitern, wenn man etwas Neues ausprobierte. Ich sorgte dafür, dass er verstand, dass Scheitern nichts über seine Intelligenz oder seinen Wert als Mensch aussagte. Aber ließ ich es darauf beruhen? Gab ich auf und kehrte zurück zum Schatzsuche-Ansatz? Natürlich nicht! Hier einfach nur stehen zu bleiben und sein Scheitern zu akzeptieren, ohne ihm zu helfen, es besser zu machen, wäre genauso grausam gewesen.

Ich traf mich also mit all seinen Lehrerinnen und Lehrern und sah mir genau an, wie er lernte. Wir erkannten, dass wir ihn mit Lehrmaterialien, die genau auf seine Bedürfnisse zugeschnitten waren, gut unterstützen konnten. Ich ermutigte ihn dranzubleiben, denn ich glaubte an ihn und wusste, dass er es schaffen konnte. Am Ende des Semesters bekam er nicht nur gute Noten auf seine Tests, sondern lernte sogar richtig gerne – und er genoss das Gefühl des Erfolgs.

Einen ähnlichen Ansatz können wir verfolgen, wenn es darum geht, uns selbst zu motivieren. Wir wollen uns nicht mit dem Status quo abfinden, weil dadurch Lernen und Wachstum verhindert werden. Es ist wichtig, Risiken einzugehen. Aber wer ein Risiko eingeht, wird manchmal unweigerlich scheitern. Wie wir auf dieses unvermeidliche Scheitern reagieren, ist fundamental wichtig für die Frage, wie es weitergeht. Auf uns selbst einzuschlagen bringt uns nicht weiter; es führt nur dazu, dass wir keine Lust mehr haben und aufgeben. Aber wenn wir uns selbst als die sich kontinuierlich weiterentwickelnden Provisorien akzeptieren, die wir nun einmal sind, führt das dazu, dass wir über Rückschläge viel leichter hinwegkommen. Sanftes Selbstmitgefühl erlaubt es, dass wir uns trösten und selbst vergewissern, wenn wir einmal keinen Erfolg haben. Kraftvolles Selbstmitgefühl inspiriert uns, es noch einmal zu versuchen.

Uns durch Mitgefühl zu Veränderungen motivieren

Diese Übung speist sich aus ermutigendem, verständnisvollem Weitblick und kann uns dabei helfen, eine schädliche Gewohnheit abzulegen. Sie wurde von einer Übung übernommen, die wir auch in unseren MSC-Kursen lehren; dort heißt sie »seine mitfühlende Stimme finden«. Es hat Jahre gedauert, bis diese Übung auf dem heutigen Stand war. Anfangs baten wir die Leute immer, sich zunächst genau anzusehen, wie ihr innerer Kritiker sie zu Veränderungen motivierte, und im Anschluss sollten sie dann direkt zu einer mitfühlenderen Haltung wechseln. Den allermeisten Leuten fiel dieser Wechsel jedoch extrem schwer. Nachdem wir Bekanntschaft mit dem therapeutischen Ansatz des »Inneren Familiensystems« gemacht hatten, ergänzten wir den Schritt, indem unser innerer Kritiker dafür gewertschätzt wird, dass er immer versucht hat, für unsere Sicherheit zu sorgen. Plötzlich passte alles zusammen, und inzwischen ist diese Übung eine der wirksamsten des ganzen Programms. Weil man dabei seinen inneren Kritiker direkt konfrontieren muss, wäre es gut, langsam und vorsichtig vorzugehen, besonders dann, wenn Sie wissen, dass Ihr innerer Kritiker die internalisierte Stimme einer missbräuchlichen Person aus Ihrer Vergangenheit ist. Sollte das der Fall sein, wäre es vielleicht besser, die Übung zusammen mit einem Therapeuten oder einer Therapeutin durchzuführen. Denken Sie daran, dass Sie jederzeit aufhören können. Dies ist eine schriftliche Übung, weshalb Sie sich bitte etwas zu schreiben zurechtlegen sollten.

Anleitung

- Denken Sie an eine Verhaltensweise, die Sie gern verändern würden – etwas, was Ihnen im Leben Probleme macht und wofür Sie sich selbst häufig kritisieren. Wählen Sie ein Verhalten, das nur geringfügig oder mittelproblematisch ist, und meiden Sie für diese Übung Verhaltensweisen, die Ihnen wirklich stark schaden.
- Beispiele für geeignete Verhaltensweisen sind: »Ich ernähre mich ziemlich ungesund«, »Ich mache nicht genug Sport«, »Ich schiebe Aufgaben vor mir her« oder: »Ich bin sehr ungeduldig«.

- Wählen Sie keine unveränderliche Eigenschaft aus, die Sie an sich kritisieren. Der Fokus sollte auf etwas liegen, das sie *tun* und gerne anders machen würden.
- Schreiben Sie diese Verhaltensweise auf, und notieren Sie die Probleme, die durch sie verursacht werden.

Seinen inneren Kritiker identifizieren

- Denken Sie nun darüber nach, wie sich Ihr innerer Kritiker ausdrückt, sobald Sie dieses Verhalten an den Tag legen. Durch harsche Worte? Falls ja, schreiben Sie sie in der typischen Sprache, die Sie in solchen Fällen benutzen, auf: so nahe am Wortlaut wie möglich. In welcher Stimmlage spricht Ihr innerer Kritiker?
- Bei manchen Leuten benutzt der innere Kritiker keine harschen Worte, sondern lässt Enttäuschung durchblicken oder demonstriert Kälte oder Gleichgültigkeit. Jeder Mensch ist anders. Wie verhält sich Ihr innerer Kritiker?

Dem Gefühl, kritisiert zu werden, mitfühlend begegnen

- Wechseln Sie nun die Perspektive und versuchen Sie, mit dem Teil Ihres Ichs in Kontakt zu kommen, dem die Kritik gilt. Wie fühlt es sich an, eine solche Botschaft zu empfangen? Welche Auswirkungen hat es auf Sie? Welche Konsequenzen? Schreiben Sie alles auf, was Ihnen dazu einfällt.
- Vielleicht möchten Sie etwas sanftes Selbstmitgefühl auf den Plan rufen, um sich selbst zu trösten: Es ist sehr schwierig, so stark kritisiert zu werden. Versuchen Sie es mit ein paar warmen und unterstützenden Worten, beispielsweise: »Das tut jetzt richtig weh«, »Das tut mir sehr leid«, »Ich bin für dich da« oder: »Du bist nicht die Einzige«.

Seinen inneren Kritiker verstehen

- Schauen Sie nun, ob es Ihnen gelingt, sich Ihrem inneren Kritiker mit Interesse und Neugierde zuzuwenden. Denken Sie einen Augenblick darüber nach, was Ihren inneren Kritiker motiviert. Geht es da-

rum, Sie in irgendeiner Weise zu schützen, vor Gefahr zu bewahren, Ihnen zu helfen? Obwohl es letztendlich eher kontraproduktiv ist? Dieser kritische Teil Ihrer selbst wird eher jung und unreif sein, und seine Einsicht, was hilfreich ist und was nicht, ist noch nicht wirklich ausgereift. Trotzdem können seine Absichten gut sein.
- Schreiben Sie auf, was Ihrer Meinung nach Ihren inneren Kritiker antreibt. Wenn Sie sich nicht sicher sind, ist das völlig okay: Spielen Sie einfach verschiedene Möglichkeiten durch.

Seinem inneren Kritiker danken

- Wenn es Ihnen gelungen ist, zumindest die eine oder andere Art und Weise zu identifizieren, in der Ihr innerer Kritiker Ihnen zu helfen oder Sie zu schützen versucht hat, können Sie (sofern sich das für Sie richtig und sicher anfühlt) sein Engagement honorieren – vielleicht sogar, indem Sie einige Dankesworte für ihn aufschreiben. (Wenn Ihnen gar nicht einfällt, in welcher Hinsicht Ihr innerer Kritiker versucht hat, Ihnen zu helfen, oder dieser Kritiker Ihrem Gefühl nach die internalisierte Stimme einer Person ist, die Sie in der Vergangenheit missbraucht hat, sollten Sie diesen Schritt überspringen. Sie sollten auf keinen Fall jemandem danken, der Sie traumatisiert hat. Gehen Sie stattdessen zurück an den Punkt, an dem Sie dem Schmerz des Kritisiertwordenseins mitfühlend begegnen, oder machen Sie mit dem nächsten Schritt weiter.)
- Lassen Sie Ihren inneren Kritiker wissen, dass Sie seine Bemühungen zu schätzen wissen, auch wenn sie nicht immer hilfreich waren. Er hat auf jeden Fall sein Bestes getan.

Verständnis nutzen

- Nun, da Ihre selbstkritische Stimme gehört worden ist, kann sie vielleicht einen Schritt beiseitetreten und Platz für eine andere Stimme machen – die verständnisvolle und fürsorgliche Stimme des Selbstmitgefühls.
- Anders als unser innerer Kritiker, der unser Verhalten als Resultat unserer Bösartigkeit oder Unzulänglichkeit betrachtet, versteht

unser inneres mitfühlendes Ich die komplexen Muster, die unser Verhalten beeinflussen. Dieses Ich kann die größeren Zusammenhänge sehen und hilft uns, aus unseren Fehlern zu lernen.
- Können Sie Gründe dafür identifizieren, dass Sie in der Sackgasse stecken, oder Faktoren benennen, die zu Ihrem wenig hilfreichen Verhalten beitragen? Vielleicht sind Sie sehr eingespannt oder gestresst, oder Sie halten aus Bequemlichkeit an dieser Gewohnheit fest. Können Sie irgendetwas aus den gescheiterten Veränderungsversuchen der Vergangenheit lernen? Schreiben Sie mögliche Erkenntnisse auf.

Seine mitfühlende Stimme finden

- Versuchen Sie, mit dem Teil Ihres Ichs in Kontakt zu kommen, der Sie ermutigen möchte, etwas zu verändern, und zwar nicht, weil Sie so, wie Sie sind, nicht akzeptabel wären, sondern einfach, weil es gut für Sie wäre. Das entsprechende Verhalten schadet Ihnen, und Ihr inneres mitfühlendes Ich möchte, dass Sie weniger darunter leiden.
- Versuchen Sie, mehrmals einen Satz zu wiederholen, der die Essenz Ihrer mitfühlenden Stimme enthält. Zum Beispiel: »Du bist mir zutiefst wichtig, und aus diesem Grund möchte ich dir helfen, etwas zu verändern« oder: »Ich möchte nicht, dass du dir weiterhin selbst schadest. Ich bin da, ich möchte dich unterstützen«.
- Schreiben Sie nun in Ihrer mitfühlenden Stimme einen kleinen Brief an sich selbst, in dem Sie möglichst offen und spontan über das Verhalten schreiben, dass Sie gern verändern würden. Wenn Sie Ihren ermutigenden, verständnisvollen Weitblick zum Einsatz bringen, welche motivierenden Worte kommen Ihnen in den Kopf?
- Vielleicht müssen Sie auch auf Formulierungen des beschützenden Selbstmitgefühls zurückgreifen, um eine Grenze zu ziehen oder Ihrem inneren Kritiker die Stirn zu bieten.
- Wenn es Ihnen schwerfällt, die richtigen Worte zu finden, können Sie versuchen aufzuschreiben, was Sie einer lieben Freundin, die gerade mit einem ähnlichen Problem zu kämpfen hat wie Sie, von Herzen sagen würden.

Kraftvolles und sanftes Selbstmitgefühl zusammenbringen

- Versuchen Sie schließlich, die Ermutigung zur Veränderung mit der Tatsache zusammenzubringen, dass es okay ist, an genau dem Punkt zu sein, an dem Sie gerade sind: ein unabgeschlossenes Projekt. Wir müssen nicht perfekt sein und immer alles richtig machen. Versuchen Sie, freundliche Selbstakzeptanz mit der aktiven Motivation zur Selbstverbesserung zu kombinieren.
- Schreiben Sie einige bejahende Worte auf, die Sie daran erinnern, dass Sie so, wie Sie sind, wertvoll sind, egal, ob Sie mit Ihrem Veränderungswunsch Erfolg haben oder nicht. Natürlich ist es wichtig, sich so gut wie möglich anzustrengen, aber alles können wir ohnehin nicht kontrollieren.

Eine Teilnehmerin an einem meiner MSC-Workshops erzählte einmal, wie überrascht sie gewesen sei, als ihr klar wurde, dass ihr innerer Kritiker und ihre innere mitfühlende Stimme sich für sie im Grunde genau das Gleiche wünschten, auch wenn sie es sehr unterschiedlich ausdrückten. Diese Kursteilnehmerin hatte anscheinend in ihren beruflichen Zusammenhängen mit Wut zu kämpfen (ähnlich wie ich mit meinem inneren Kampfhund) und wollte die Kommunikation mit ihren Kolleginnen und Kollegen verbessern. »Mein innerer Kritiker sagt dauernd ›alte Zicke‹ zu mir«, berichtete sie der Gruppe. In der Übung jedoch habe ihre mitfühlende Stimme dasselbe Verhalten mit den Worten »Wow, Löwenkräfte!« kommentiert. Wir mussten alle lachen, und ich persönlich konnte mich gut in dieser Geschichte wiederfinden. Außerdem illustriert sie sehr schön, wie ermutigend und unterstützend wir mit uns selbst umgehen müssen, wenn wir uns der Herausforderung stellen, das Zusammenspiel von kraftvollem und sanftem Selbstmitgefühl einzuüben.

Motiviert aus den richtigen Gründen

In der Psychologie unterscheidet man häufig zwischen Lernzielen und Leistungszielen. Menschen mit Lernzielen sind von dem Wunsch motiviert, neue Fähigkeiten auszubilden und schwierige Aufgaben zu lösen. Fehler sind für sie Teil des Lernprozesses. Menschen mit Leistungszielen dagegen ziehen ihre Motivation vornehmlich aus dem Wunsch, ihr Ego zu verteidigen oder aufzubauen. Scheitern ist für sie eine Anklageschrift gegen den Selbstwert, und sie haben häufig das Gefühl, besser sein zu müssen als alle anderen, um überhaupt zu sich stehen zu können. Hier hebt wieder das Selbstwertgefühl sein hässliches Haupt: Es ist nicht genug, meine persönliche Bestform zu erreichen – ich muss besser sein als alle anderen. Die Forschung zeigt, dass Menschen mit Selbstmitgefühl sich schon deshalb seltener Leistungsziele setzen, weil ihr Selbstwert nicht auf dem sozialen Vergleich mit anderen beruht.[351] Sie verfolgen eher Lernziele, indem sie, statt ihr Scheitern negativ zu interpretieren (»Ich kann kaum glauben, dass Joan den Vertrag bekommen hat und nicht ich. Was bin ich nur für eine Versagerin«), den Misserfolg als Gelegenheit zum Wachstum auffassen (»Was hat Joan wohl getan, um sich den Vertrag zu sichern? Vielleicht lade ich sie mal zum Kaffee ein und frage sie«).

Eine Studie der McGill University in Montreal untersuchte, wie Selbstmitgefühl das Wohlbefinden von Erstsemestern beeinflusste, wenn sie die unvermeidlichen Misserfolge des ersten Collegejahres verdauen mussten.[352] Studierende mit Selbstmitgefühl setzten sich eher Lernziele als Leistungsziele. An Tagen, an denen sie nicht so viel schafften, wie sie sich vorgenommen hatten, waren sie weniger frustriert. Insgesamt machten sie sich ihrer eigenen Aussage nach mehr Gedanken darüber, ob die Ziele, die sie sich gesetzt hatten, sie persönlich weiterbrachten oder nicht, als darüber, sie unter allen Umständen zu erreichen. Selbstmitgefühl hilft uns, vor allem darauf zu achten, *warum* wir etwas erreichen wollen. Wenn wir eine Sache verfolgen, weil wir uns persönlich weiterentwickeln möchten, macht es nicht wirklich einen Unterschied, ob wir Erfolg haben oder nicht und was andere von uns denken. Worauf es ankommt, ist, dass wir (wie die Raupe, die ihren Kokon spinnt) nicht aufhören, unsere Stärken und Talente zu entwickeln, und dadurch erkennen, was in uns steckt.

Andere Studien weisen darauf hin, dass ein weiterer Vorteil des Selbstmitgefühls darin besteht, dass es eher ein dynamisches Selbstbild fördert als ein statisches.[353] Carol Dweck, Psychologieprofessorin an der Stanford University, war die Erste, die diese Begriffe geprägt hat.[354] Menschen mit einem dynamischen Selbstbild glauben, dass sie ihre Fähigkeiten verbessern und Aspekte ihrer Persönlichkeit verändern können. Diejenigen mit einem statischen Selbstbild betrachten sich selbst als festgelegt auf jene Fähigkeiten, die sie durch ihre DNA und ihre Kindheit mitbekommen haben, mit nur wenig Möglichkeiten, ihr ererbtes Schicksal zu verändern. Menschen mit einem dynamischen Selbstbild versuchen mit größerer Wahrscheinlichkeit, sich zu verbessern, etwas zu üben, sich für Veränderungen einzusetzen und bejahend und optimistisch zu bleiben, wenn sie mit Herausforderungen konfrontiert sind.

Wenn wir mit jenen Aspekten unserer Persönlichkeit, die wir nicht mögen, mitfühlend umgehen, ist es wahrscheinlicher, dass wir uns ein dynamisches Selbstbild angewöhnen und daran glauben, dass wir uns verändern können. Eine Studie von Juliana Breines und Serena Chen an der UC Berkeley illustriert dies sehr genau. Die Forscherinnen baten die Studierenden, ihre größten Schwächen zu identifizieren[355] – bei den meisten ging es um Unsicherheiten, soziale Ängste oder mangelndes Selbstvertrauen. Die Studierenden wurden dann nach dem Zufallsprinzip einer der folgenden drei Haltungen zugeordnet: einer Haltung, in der sie mitfühlend über ihre eigene Schwäche schreiben sollten, einer, in der sie in einer Weise schrieben, die ihr Selbstwertgefühl stärkte. Die dritte Gruppe war eine Kontrollgruppe, die überhaupt nicht über ihre Schwäche schreiben sollte.

Als Nächstes sollten die Teilnehmerinnen und Teilnehmer schriftlich darüber reflektieren, ob ihre Schwäche ihrer Meinung nach unabänderlich oder gestaltbar sei. Im Vergleich zu den beiden anderen Gruppen hatten die Teilnehmerinnen und Teilnehmer der Gruppe, die man gebeten hatte, mitfühlend über die eigene Schwäche zu schreiben, eine größere Wahrscheinlichkeit, mit einem dynamischen Selbstbild (»Wenn ich mich anstrenge, kann ich mich verändern, das weiß ich«) als mit einem statischen Selbstbild (»Das ist nun einmal angeboren – da kann ich nichts machen«) an diese Schwäche heranzugehen. Paradoxerweise führt Mitgefühl für unsere eigenen Schwächen dazu, dass wir in Bezug auf die Möglichkeit, uns positiv zu verändern, sehr zuversichtlich sind – zuversichtlicher, als wir es mithilfe der Durchhalteparolen des Selbstwertgefühls je werden können.

Werde ich jetzt antriebsschwach?

Selbstmitgefühl fördert nicht nur den Glauben, dass Wachstum möglich ist, sondern es verbessert auch unsere Fähigkeit, uns dafür einzusetzen. Viele Menschen befürchten, dass Selbstmitgefühl dazu führt, dass sie ihren Tatendrang verlieren, aber das Gegenteil ist der Fall. Wer lernt, mehr Mitgefühl für sich selbst aufzubringen, zeigt wesentlich mehr Eigeninitiative – also den Wunsch, das Ruder in die Hand zu nehmen, um die eigenen Träume zu verwirklichen.[356] Selbstmitgefühl bedeutet nicht, dass wir uns in passive Selbstakzeptanz plumpsen lassen wie in einen abgewetzten Fernsehsessel. Im Gegenteil: Das Akzeptieren der eigenen Schwächen (wer hat sie nicht?) beinhaltet immer schon das Bemühen, sie zu überwinden.

In einer anderen Studie von Breines und Chen sollten Studierende der UC Berkeley einen Vokabeltest machen, der so schwierig war, dass alle Teilnehmenden darin schlecht abschnitten.[357] Einer Gruppe wurde gesagt, sie solle mitfühlend mit diesem Misserfolg umgehen (»Wenn Sie mit dem Test ein Problem hatten, dann sind Sie damit nicht allein. Es ist völlig normal, dass Studierende mit dieser Art von Test Schwierigkeiten haben«), bei der zweiten

Gruppe schmeichelte man dem Ego (»Machen Sie sich darüber keine Sorgen. Sie sind ja offenbar extrem intelligent, wenn sie an *dieser* Universität studieren«), und der Kontrollgruppe sagte man gar nichts. Als Nächstes informierte man die Studierenden darüber, dass demnächst ein zweiter Vokabeltest anstand, und alle bekamen eine Vokabelliste, die sie üben konnten, solange sie wollten, bevor sie es noch einmal probierten. Aber es wurde genau festgehalten, wie lange die Studierenden sich jeweils auf den Test vorbereiteten. Diejenigen, die man ermutigt hatte, mitfühlend mit dem eigenen Misserfolg im ersten Test umzugehen, übten länger als die Mitglieder der beiden anderen Gruppen, wobei die Länge der Lernzeit dann auch direkt damit zusammenhing, wie gut sie in dem Test abschnitten.

Eine weitverbreitete Ursache dafür, dass Menschen unter ihren Möglichkeiten bleiben, hat damit zu tun, dass bestimmte Dinge immer wieder aufgeschoben werden. Egal, ob wir morgens siebenmal den Wecker ein bisschen weiterstellen, das schwierige, aber notwendige Gespräch mit einem Angestellten aufschieben, der seine Aufgaben nicht gut erledigt, oder ob es um einen Vorsorgetermin beim Zahnarzt geht: Prokrastinieren macht alles sehr viel schwerer. Man schiebt etwas auf, weil man den Stress und die Anstrengung einer unerfreulichen Aufgabe vermeiden will, aber paradoxerweise führt dieses Verhalten selbst zu Stress und Angst.[358] Leute, die notorisch Aufgaben vor sich herschieben, verurteilen sich häufig selbst und haben das Gefühl, dass sie unfähig sind, ihre Ziele zu erreichen, was nur dazu führt, dass sie noch ängstlicher werden und mit der Erledigung ihrer Pflichten noch später dran sind. Das kann zu einem Teufelskreis führen, der sich nur sehr schwer durchbrechen lässt. Wissenschaftliche Studien zeigen, dass Selbstmitgefühl dabei hilft, diesen Kreislauf zu durchbrechen, indem es nicht nur das aufschiebende Verhalten selbst reduziert, sondern auch den Stress, der mit ihm einhergeht.[359] Sanftes Selbstmitgefühl macht es möglich, dass wir das Unbehagen im Angesicht einer ungeliebten Pflicht akzeptieren und unseren Drang, ihre Erledigung aufzuschieben, nicht verurteilen. Kraftvolles Selbstmitgefühl treibt uns an, die notwendigen Schritte zu unternehmen, um die Sache hinter uns zu bringen.

Wenn es darum geht, Dinge erledigt zu bekommen, wirkt Selbstmitgefühl wie ein Raketenantrieb.

Just do it

Weil Selbstmitgefühl unsere Motivation vergrößert und uns dabei hilft, produktiv mit Misserfolgen umzugehen, wird es zunehmend auch in der Welt des Sports geschätzt. Wenn Sportler einen Fehler machen, hat das häufig einen hohen Preis. Ein nicht erzieltes Field Goal im American Football oder ein verworfener Freiwurf beim Basketball kann die Mannschaft den Sieg kosten und Tausende von Fans enttäuschen. Aber wenn man darauf so reagiert, dass man auf sich einprügelt, hält einen das nur davon ab, zurück ins Spiel zu finden. Misserfolge sind einfach Teil des Sports.

Besonders im Sport ist der Mythos, dass Selbstmitgefühl der Motivation schadet, weit verbreitet, was daran liegen mag, dass häufig der Lebensunterhalt unmittelbar davon abhängt, Höchstleistungen zu bringen. In einer qualitativen Studie über die Ansichten von Sportlerinnen und Sportlern über das Thema Selbstmitgefühl sagte eine junge Basketballerin Folgendes: »Wenn man zu viel Mitgefühl mit sich selbst hat, gibt man sich mit dem Mittelmaß zufrieden und hört auf, sich anzustrengen. Als Leistungssportlerin kann ich mir diese Haltung nicht leisten. Ich muss hart zu mir selbst sein, denn wenn ich es nicht bin, werde ich immer nur mittelmäßig sein.«[360] So etwas zu hören bricht mir fast das Herz. Sich selbst niederzumachen hilft einem nämlich gerade nicht, sich über das Mittelmaß zu erheben, sondern führt dazu, dass einen der Stress und die Angst fest im Griff haben. Auch ohne sich selbst als Person gnadenlos zu verurteilen, kann man beschließen, dass die eigenen Leistungen noch nicht gut genug sind, und danach streben, sie zu verbessern. Davon abgesehen wirkt das Wissen, dass man auch dann okay ist, wenn man keinen Erfolg hat, wie ein Sicherheitsnetz, das einem überhaupt erst ermöglicht, bei der Stange zu bleiben.

In der Tat zeigen zahlreiche Forschungsergebnisse, dass Sportler, die mitfühlend mit sich selbst sind, in emotional schwierigen Situationen während des Wettkampfes konstruktiver auf Misserfolge reagieren. Eine Studie der University of Saskatchewan kam zu dem Ergebnis, dass es bei Athleten mit Selbstmitgefühl weniger wahrscheinlich war, dass sie nach Fehlern oder Niederlagen ihr Scheitern dramatisierten (»Ich bin am Ende«) oder es persönlich nahmen (»Warum muss so etwas immer mir passieren?«), aber wahrscheinlicher, dass sie gelassen blieben (»Jeder hat ab und zu einen schlechten Tag«).[361] Eine weitere Studie desselben Forscherteams kam zu dem Ergebnis, dass Sportlerinnen und Sportler mit Selbstmitgefühl sehr viel häufiger darüber berichteten, sich beim Training und in den Wettkämpfen vital zu fühlen, und sie waren insgesamt motivierter, als Profis persönlich zu wachsen und sich weiterzuentwickeln.[362] Als man sie fragte, wie sie auf Situationen reagiert haben, in denen sie beispielsweise einen Fehler gemacht hatten, der das Team den Sieg kostete, war es wahrscheinlicher, dass sie die Verantwortung dafür übernommen und sofort angefangen hatten, an der Verbesserung ihrer Fähigkeiten zu arbeiten.

Athleten mit Selbstmitgefühl gaben außerdem zu Protokoll, dass sie bei Wettkämpfen weniger mit Ängsten zu kämpfen hatten, besser in der Lage waren sich zu konzentrieren und sich körperlich weniger angespannt fühlten.[363] Zurückzuführen ist das zum Teil auf die Auswirkungen, die Selbstmitgefühl auf unser Nervensystem hat. Forscher der University of Manitoba führten eine Studie über Selbstmitgefühl unter fast 100 Sportlerinnen und Sportlern durch, die entweder auf Collegeniveau oder in einer Nationalmannschaft spielten.[364] Sie schlossen die Teilnehmenden an ein Neurofeedback-System an, um zu messen, wie stark sie reagierten, wenn sie an einen ihrer Wettkampffehler aus der Vergangenheit dachten. Athleten mit Selbstmitgefühl waren körperlich ruhiger und hatten eine größere Herzfrequenzvariabilität, was die Reaktion auf plötzliche

Veränderungen, die in schnellen Sportarten gang und gäbe sind, erheblich erleichterte.

Glücklicherweise beginnen einige Trainerinnen und Trainer, den Zusammenhang zwischen Selbstmitgefühl und Hochleistung zu verstehen. So begann der Cheftrainer der Basketball-Herrenmannschaft der UT Austin, Shaka Smart, sich für Selbstmitgefühl zu interessieren, nachdem er mein erstes Buch gelesen hatte. Er lud mich ein, einen kurzen Workshop mit seiner Mannschaft durchzuführen, bei dem die Spieler lernen sollten, produktiver mit Misserfolgen umzugehen. Weil Basketball ein sehr intensives Spiel ist und die Spieler permanent Körbe werfen und verwerfen, führt es nicht selten zur Niederlage, wenn man nach jedem Misserfolg ins Stottern gerät. Shaka kam auf den Gedanken, dass Selbstmitgefühl hier hilfreich sein könnte.

Ich hatte mir vorher überlegt, dass die Mannschaft vermutlich auf den Begriff »Selbstmitgefühl« eher ablehnend reagieren würde, weshalb ich ihn kein einziges Mal in den Mund nahm. Stattdessen sprach ich darüber, wie wichtig es war, die innere Stärke zu trainieren, denn genau das ist es, was das kraftvolle Selbstmitgefühl tut. Ich erinnerte die Spieler daran, dass sie sowohl mental als auch physisch fit sein mussten, um produktiv mit Fehlern umgehen zu können. Um den Mythos der Selbstzufriedenheit zu widerlegen, referierte ich verschiedene Studien, die zeigten, dass es Motivation und Ausdauer stärkte, wenn man nach einem Fehler unterstützend mit sich selbst umging. Dann fragte ich die Spieler: »Welchen inneren Trainer möchten Sie in Ihrem Kopf haben? Einen, der Sie anschreit, herunterputzt und nervös macht, oder einen Coach, der Sie ermutigt und klug genug ist, Ihnen zu sagen, was sie anders machen müssen? Welcher innere Coach ist der bessere?« Die Mannschaft interessierte sich sehr wohl für die Idee des Selbstmitgefühls, wenn man sie nur in den richtigen Kontext stellte.

Ich brachte den Jungs dann noch bei, wie sie sich mithilfe des ermutigenden, verständnisvollen Weitblicks das Bild eines idealen Trainers schaffen konnten, der ihnen half, so gut zu spielen, wie sie nur irgendwie konnten (glücklicherweise war Shaka dafür ein gutes Vorbild). Ich zeigte ihnen, wie sie die motivierende Selbstmitgefühlspause einsetzen konnten, wenn sie sie brauchten, und machte ihnen vor, wie sie sich selbst auf unterstützende Weise berühren konnten, um sich auf dem Spielfeld und im Training emotional zu erden. Die Mannschaft praktiziert noch heute die grundlegenden Prinzipien des Selbstmitgefühls. (Go Longhorns!)

Motivation oder Perfektionismus?

Zwar motiviert uns das kraftvolle Selbstmitgefühl zur Selbstverbesserung, aber wenn es nicht mit Selbstakzeptanz im Gleichgewicht ist, kann es sich schnell in einen ungesunden Perfektionismus verwandeln. Die Gesellschaft übt in dieser Richtung einen starken Druck auf uns aus. Wenn wir uns selbst anspornen, bestimmte Dinge zu verändern – und das ohne die Selbstakzeptanz der liebevollen, verbundenen Präsenz, können wir in den Teufelskreis der permanenten Selbstverbesserung geraten. Wir streben dann aus dem Gefühl heraus, uns selbst reparieren zu müssen, danach, klüger oder gesünder oder erfolgreicher oder sogar mitfühlender zu werden.

Es gibt zwei Arten von Perfektionismus: den produktiven und den unproduktiven.[365] Produktiver Perfektionismus bedeutet, dass wir einen hohen Anspruch an uns selbst haben und dieser Anspruch dazu führt, dass sich unsere Leistung und unsere Ausdauer verbessern. Unproduktiver Perfektionismus bedeutet, dass wir uns selbst kritisieren, sobald wir unserem hohen Anspruch nicht gerecht werden, sodass wir immer wieder das Gefühl bekommen, dass unser Bestes einfach nicht ausreicht. Das kann dazu führen, dass wir uns deprimiert fühlen und paradoxerweise gerade unsere Leistungsfähigkeit untergraben.[366]

Menschen, die sich selbst mitfühlend begegnen können, setzen sich genauso hohe Ziele wie selbstkritische Menschen.[367] Auch sie haben große Träume und wollen hoch hinaus – wie alle anderen auch. Der Unterschied besteht darin, wie sie sich selbst behandeln, wenn sie ihre Ziele nicht erreichen. Menschen, die sich selbst gegenüber Mitgefühl aufbringen können, nehmen sich selbst nicht brutal auseinander, wenn sie scheitern, und haben viel weniger mit unproduktivem Perfektionismus zu tun.[368] Das Gleichgewicht von Yin und Yang gibt diesen Menschen die Energie, ihre Träume auch dann weiterzuverfolgen, wenn sie einen Rückschlag zu verkraften haben. So zeigt beispielsweise eine Studie mit angehenden Medizinern – die insgesamt dazu tendieren, die Latte sehr hoch zu hängen –, dass diejenigen unter ihnen, die mehr Mitgefühl mit sich selbst haben, mit geringerer Wahrscheinlichkeit unproduktiv auf Misserfolge reagieren und mit größerer Wahrscheinlichkeit ihr Studium zum Abschluss bringen.[369]

An einer Universität wie der UT Austin begegnet mir Perfektionismus unter den Studierenden sehr häufig. Besonders die Studierenden, die in meinen Grundkursen nur eine Eins Minus bekommen, tauchen dann in meiner Sprechstunde auf, um herauszufinden, wie sie ihre Note verbessern können. Auch Masterstudenten können ausgesprochen perfektionistisch sein. Und tatsächlich ist der hohe Anspruch, den sie an sich selbst stellen, häufig der Grund dafür, dass sie in ihrem Studium so erfolgreich sind. Doch wenn es dann irgendwann darum geht, eine so herausfordernde Aufgabe wie das Schreiben einer Masterarbeit oder einer Dissertation zu bewältigen, ist Perfektionismus kontraproduktiv. Neue Ideen und Kreativität können nur entstehen, wenn man sich sicher genug fühlt, Fehler zu machen.

Bei mir im Forschungslabor arbeitete eine Masterstudentin namens Molly, die sich mit großer Leidenschaft dem Thema Selbstmitgefühl widmete. Sie war mit meiner Arbeit schon im College in Berührung gekommen und hatte mir erzählt, dass sich dadurch ihr Leben radikal verändert habe. Sie war lesbisch, kam aus einer ziemlich konservativen Familie und war sich sicher, dass sie nur durch die Praktik des Selbstmitgefühls schon mit 20 Jahren den Mut zum Coming-out gefunden hatte. Um sich selbst voll und ganz zu akzeptieren, griff sie auf sanftes Selbstmitgefühl zurück und nutzte das kraftvolle Selbstmitgefühl, um ihren Eltern zu sagen, dass sie queer war, ob es ihnen nun passte oder nicht. Tatsächlich reagierten sie auf lange Sicht etwas entspannter auf die Nachricht als erwartet, obwohl es einiger Gespräche bedurfte, bis sie so weit waren.

Es war schwierig, Molly nicht bezaubernd zu finden. Sie war optimistisch, lustig, blitzgescheit und tatkräftig. Bei allem, was sie anpackte, hatte sie Erfolg, ob es nun Gleitschirmfliegen war (ihr Lieblingshobby) oder Japanisch (sie konnte es fließend) oder ob es darum ging, für soziale Gerechtigkeit zu kämpfen (sie organisierte zusammen mit ihrer LGBTQ+-College-Gruppe eine Gay-Pride-Parade). Zuerst war sie bezüglich des Selbstmitgefühls skeptisch gewesen, weil sie glaubte, dass es möglicherweise ihre Tatkraft untergraben könnte, aber sie fand schnell heraus, dass es mithilfe dieser Haltung sogar leichter war, die guten Noten zu bekommen, an die sie sich gewöhnt hatte. Sie war so klug, dass sie im akademischen Bereich noch nie wirklich herausgefordert worden war – bis sie dann ihr Masterstudium begann. Eine außergewöhnlich kluge Bachelorstudentin ist eine durchschnittliche Masterstudentin, und obwohl sie in den meisten Kursen weiterhin Einsen bekam, hatte sie Schwierigkeiten mit dem Seminar »Statistik für Fortgeschrittene«. Um für ihre Doktorarbeit zu recherchieren, brauchte sie statistische Spezialkenntnisse (ihre Forschungsfrage lautete, wie Selbstmitgefühl gleichgeschlechtlichen Paaren half, mit Diskriminierung umzugehen). Sie nahm Nachhilfe, übte bis spät in die Nacht und versuchte es aufrichtig, indem sie sich immer wieder ermutigte, weiter zu üben und sich zu verbessern. Aber sie bekam weiterhin Vieren (mit einer Vier Minus fällt man normalerweise durch).

»Ich verstehe wirklich nicht, warum sich meine Noten nicht verbessern«, sagte sie zu mir. »Ich hacke kein bisschen auf mir herum. Ich bin die ganze Zeit freundlich und vorsichtig und versuche, mich zu ermutigen, mich noch mehr anzustrengen.« Obwohl sie nicht explizit streng zu sich war, vermutete ich, dass ein Teil von ihr einfach nicht akzeptieren konnte, dass es etwas gab, bei dem sie keinen

Erfolg hatte. Unbewusst war sie noch immer der Überzeugung, dass sie perfekt sein müsse. Eine Einserstudentin zu sein war ein so wesentlicher Teil ihrer Identität geworden, dass eine Vier zu bekommen sich für sie fast so anfühlte, als würde sie sterben. Ich half ihr zu erkennen, dass die Motivation, die aus Selbstmitgefühl erwächst, nicht immer darauf abzielt, besser zu werden. Zwar ermutigt uns das kraftvolle Selbstmitgefühl, uns anzustrengen, um besser zu werden, doch wir brauchen auch das sanfte Selbstmitgefühl, um unsere Grenzen zu akzeptieren. Wäre es eigentlich das Ende der Welt, wenn sie nie besonders gut in Statistik werden würde? Für ihre Doktorarbeit könne sie doch einfach die Hilfe eines Statistikberaters in Anspruch nehmen. Irgendwann fand Molly ihren Frieden damit, dass Statistik einfach nicht ihr Ding war, was sie glücklicherweise nicht davon abhielt, ihre Forschung weiter zu betreiben.

Wenn wir kraftvolles und sanftes Selbstmitgefühl ins Gleichgewicht bringen wollen, unternehmen wir nicht nur alles, um uns zu verbessern, sondern wir akzeptieren gleichzeitig auch, dass wir – wie alle Menschen – unvollkommen sind. Und je sicherer wir uns in unserer bedingungslosen Selbstakzeptanz fühlen, desto mehr emotionale Ressourcen stehen uns zur Verfügung, um uns anzustrengen, herauszufordern und, wenn möglich, zu verbessern. Carl Rogers, einer der Gründer der Bewegung der Humanistischen Psychologie in den 1940er-Jahren, brachte es gut auf den Punkt, als er sagte: »Das Paradox besteht darin, dass ich mich selbst verändern kann, wenn ich mich genauso akzeptiere, wie ich bin.«[370] An der Motivation durch Mitgefühl ist besonders schön, dass der Versuch, etwas gut hinzubekommen, von Ängsten und Stress befreit ist. Das Bedürfnis, perfekt zu sein und aus der Masse hervorzustechen, hört auf, uns bis zur Erschöpfung zu beanspruchen. Unser Maßstab des Erfolgs ist nicht mehr, andere ausstechen zu müssen. Aus »Ich gegen den Rest der Welt« wird »Ich als ein Teil der Welt«. Persönlicher Erfolg ist nicht mehr ganz so persönlich, was bedeutet, dass wir uns selbst ermutigen können, unser Bestes zu geben, ohne von uns zu verlangen, dass wir immer alles richtig machen.

Eine Herausforderung für Frauen

Besonders für uns Frauen ist es wichtig, kraftvolles und sanftes Selbstmitgefühl ins Gleichgewicht zu bringen, sobald wir in unserem Privatleben und in der Welt produktive Veränderungen herbeiführen wollen. Perfektionismus oder übermäßiger Ehrgeiz werden uns bei unserer Arbeit in der Welt nur zusätzlich Druck machen, wenn wir uns nicht auf das Sicherheitsnetz der bedingungslosen Selbstakzeptanz verlassen können. Eine viel erfolgversprechendere Haltung besteht darin, unsere Freundlichkeit einzusetzen, um Hindernisse zu überwinden, was im Endeffekt nichts anderes bedeutet, als dass wir für uns selbst sorgen und uns den Rücken stärken, wenn wir scheitern.

Wir Frauen haben eine monumentale Aufgabe vor uns. Unser Planet erwärmt sich. Das politische System ist zerbrochen. In einigen Teilen der Welt verhungern die Menschen, während sie in anderen an Fettleibigkeit sterben. Tief verwurzelter Sexismus und Rassismus sowie massive Einkommensungleichheiten scheinen unüberwindbar. In ihrer berühmten Rede bei der Women's Right Convention im Jahr 1851 soll Sojourner Truth den versammelten Teilnehmerinnen zugerufen haben: »Wenn die erste Frau, die Gott jemals geschaffen hat, stark genug war, die Welt ganz allein auf den Kopf zu stellen, dann sind diese Frauen hier doch wohl gemeinsam stark genug, sie wieder auf die Füße zu stellen! Und jetzt, wo wir das endlich vorhaben, sollten die Männer uns tunlichst machen lassen.«[371] Die alten Methoden des Patriarchats funktionieren nicht mehr, und es ist sehr wahrscheinlich, dass es Frauen sind, die verhindern werden, dass die Welt in den Abgrund stürzt. Wenn wir diese Herausforderungen wirklich annehmen wollen, ist es unabdingbar, dass wir Zugang zu sämtlichen Instrumenten des Selbstmitgefühls haben. Liebevolle, verbundene Präsenz wird uns helfen, den Schmerz auszuhalten, ohne überwältigt zu werden. Mutige, handlungsfähige Klarheit wird uns wachrütteln, sodass wir uns selbst und unsere Mitmenschen vor Schaden bewahren können.

Erfüllte, ausbalancierte Authentizität wird uns erlauben, eine neue, nachhaltigere Lebensweise für die Welt zu entwerfen. Und ermutigender, verständnisvoller Weitblick wird uns inspirieren, die notwendigen Veränderungen anzupacken. Wenn wir uns mit dem Ziel, inneres und äußeres Leid zu lindern, die volle Kraft des kraftvollen und des sanften Mitgefühls zunutze machen: Wer weiß, was wir alles erreichen können?

TEIL III

Kraftvolles Selbstmitgefühl in der Welt

KAPITEL 9

Gleichgewicht und Gerechtigkeit im Arbeitsleben

Wir schaffen alles, wenn man uns nur lässt:
Am Ende tat Ginger Rogers nichts anderes als Fred Astaire.
Nur eben rückwärts und in High Heels.[372]
—Ann Richards, 1991 bis 1995 Gouverneurin von Texas

Unsere Urgroßmütter wuchsen in einer Zeit auf, in der Frauen nicht wählen durften. Man erwartete von ihnen, dass sie zu Hause blieben, die Hausarbeit machten und sich um die Kinder kümmerten, während der Mann arbeiten ging und das Geld heimbrachte. In Sachen Geschlechtergleichstellung hat sich seitdem unglaublich viel getan: US-amerikanische Frauen erhalten heute mit größerer Wahrscheinlichkeit als Männer einen Universitätsabschluss: Bachelor (57 Prozent), Master (59 Prozent) und Doktor (53 Prozent),[373] und sie bekommen dabei auch noch die besseren Noten.[374] Außerdem sind 47 Prozent der arbeitenden Bevölkerung Frauen.[375] Sie besetzen etwa 50 Prozent der Managerposten und qualifizierten Stellen und sind im Erziehungs- und Gesundheitswesen, in der Immobilienbranche, im Finanzsektor, im Personalwesen, in der Sozialarbeit und in gemeinnützigen Organisationen gegenüber Männern sogar geringfügig in der Überzahl.[376] Dennoch haben wir noch einen weiten Weg vor uns. Im Jahr 2018 bekam die durchschnittliche US-amerikanische arbeitende Frau pro männlichem Durchschnittsdollar nur 82 Cent, wobei es je nach Bevölkerungsgruppe Unterschiede gab: Asiatische Frauen kamen auf 90 Cent, weiße Frauen auf 79, schwarze Frauen auf 62 und Hispano-Amerikanerinnen auf 54 Cent pro männlichem Durchschnittsdollar.[377] Ein Teil dieses Paygaps beruht einfach auf simpler alter sexistischer und rassistischer Diskriminierung. Aber zum Teil hat diese Lücke ihren Grund auch darin, dass Frauen andere Berufe nahegelegt werden als Männern.[378] Männer arbeiten mit größerer Wahrscheinlichkeit in besser bezahlten Gebieten wie dem Ingenieurswesen oder dem IT-Bereich, während Frauen eher in schlechter bezahlten Berufen, zum Beispiel als Krankenschwester oder Lehrerin arbeiten. Die größte Wahrscheinlichkeit, in den am schlechtesten bezahlten Jobs im Servicebereich zu arbeiten, haben Schwarze und Latinas.

Zudem betrachtet man die Sorge für den Haushalt und die Familie noch immer weitgehend als Frauensache. Wenn ein Paar Kinder bekommt, ist es fünfmal wahrscheinlicher, dass die Frau und nicht der Mann ganz zu Hause bleibt.[379] Unabhängig von ihrer eigenen Berufstätigkeit verbringen Frauen mehr Zeit als Männer mit häuslichen Arbeiten, wie zum Beispiel der Sorge für Kinder und Alte und der Hausarbeit.[380] Frauen, die nicht berufstätig sind, verbringen die meiste Zeit mit Hausarbeit (grob 33 Stunden pro Woche), gefolgt von berufstätigen Frauen (24 Stunden), arbeitslosen Männern (23 Stunden) und berufstätigen Männern (16 Stunden). Das bedeutet, dass berufstätige Frauen mehr Arbeit innerhalb des Hauses verrichten als arbeitslose Männer.[381] Dieses Muster der Ungleichheit ist in allen Bevölkerungsgruppen ungefähr gleich. Die Tatsache, dass man sogar von berufstätigen Frauen verlangt, dass sie sich um die Hausarbeit kümmern, führt dazu, dass sie mit größerer Wahrscheinlichkeit in Teilzeit arbeiten, Elternzeit nehmen und auf flexible Arbeitszeiten angewiesen sind – was, wenn es um Gehaltserhöhungen und Beförderungen geht, ein riesiger Nachteil ist.[382]

In den 500 umsatzstärksten Unternehmen der USA sind nur 23 Prozent der Vorstandsposten mit Frauen besetzt, der entsprechende Anteil der Women of Color beträgt lediglich fünf Prozent.[383] Was die echten Spitzenpositionen angeht, sind nur fünf Prozent der Vorstandsvorsitzenden in den 500 umsatzstärksten amerikanischen Unternehmen Frauen unterschiedlicher ethnischer Gruppen. Eine kürzlich erschienene Studie fand heraus, dass es weniger weibliche Geschäftsführer gibt als männliche mit dem Namen James.[384] Die gläserne Decke ist so undurchdringlich wie eh und je.

Das Thema der Gleichberechtigung der Geschlechter im Arbeitsleben muss im Kontext jener Vorurteile verstanden werden, die Männer als handlungsorientiert und Frauen als beziehungsorientiert darstellen.[385] Handlungsorientierung wird mit Leistung, dem Einsatz spezifischer Fähigkeiten, mit Kompetenz, Ehrgeiz, harter Arbeit, Konzentration und Eigenständigkeit in Verbindung gebracht. Es ist die Fähigkeit, das Ruder zu übernehmen, sich energisch durchzusetzen und Rationalität und Logik einzusetzen, um Probleme zu analysieren und zu lösen. Genau das sind aber die Eigenschaften, die eine erfolgreiche Führungskraft in einer Spitzenposition braucht.

Beziehungsorientierung auf der anderen Seite assoziiert man mit Wärme, Freundlichkeit und Kooperationsfähigkeit. Sie zeichnet sich durch Einfühlungsvermögen, Feingefühl und das Vertrauen auf Intuition und Logik aus. Außerdem denkt man bei Beziehungsorientierung an ein respektvolles, zurückhaltendes und rücksichtsvolles Verhalten anderen gegenüber. Dies sind Qualitäten, die vor allem auf der mittleren Führungsebene gebraucht werden, von Sekretärinnen und in Dienstleistungsberufen.

Dass sich in den vergangenen 30 Jahren im Hinblick auf die Vorurteile in Bezug auf die angebliche Handlungsorientierung der Männer und Beziehungsorientierung der Frauen so gut wie gar nichts bewegt hat, zeigt, wie zementiert diese Verhältnisse sind.[386] Wenn wir so etwas wie Gleichberechtigung jemals erreichen wollen, müssen wir unsere Sicht auf die Geschlechter radikal überdenken und gleichzeitig unsere Kriterien dafür, was einen guten Arbeitsplatz ausmacht, erheblich erweitern.

Ungleichgewichte am Arbeitsplatz

Die traditionell männliche Geschäftswelt legt einen starken Impetus auf das entschlossene und rücksichtslose Handeln.[387] Um Gewinnmargen zu garantieren und dafür zu sorgen, dass die Konkurrenten nicht die Oberhand bekommen, muss man sich selbst schützen können. Für die eigenen Bedürfnisse zu sorgen indem man immer wieder Gehälter und Boni erhöht, gilt somit als normale und legitime Geschäftspraxis. Und die Motivation, zu den Besten zu gehören und Spitzenleistungen zu erbringen, ist tief in die allgemeine Unternehmenskultur unserer Zeit verwoben. Eigenschaften wie Freundlichkeit, Toleranz und Verständnis spielen dabei so gut wie gar keine Rolle – Yin und Yang kommen ins Ungleichgewicht. Eine Analyse der Wörter, die zwischen 1984 und 2000 im *Wall Street Journal* benutzt wurden, fand heraus, dass Begriffe wie »gewinnen«, »Vorteil« und »schlagen« in Tausenden Artikeln auftauchten und ihre Häufigkeit im Laufe der 17-jährigen Zeitspanne sogar um 400 Prozent gestiegen war, während Begriffe wie »Fürsorge« und »Mitgefühl« praktisch nicht vorkommen.[388] Die Sorge um das Wohlergehen anderer wird immer dann ignoriert, wenn sie die Profitmaximierung angeblich zu behindern droht, was bei den Akteuren letztlich zu einer verzerrten Weltsicht führt.

Eine negative Auswirkung dieses Ungleichgewichts ist Mobbing. Menschen, die einen eindimensionalen Machtbegriff haben, nutzen diese Methode gern, indem sie andere kritisieren, lächerlich machen, herabsetzen oder drangsalieren. Mobbing am Arbeitsplatz kommt mit größerer Wahrscheinlichkeit in Arbeitsumgebungen vor, die extrem kompetitiv sind und großen Wert auf Einzelleistungen legen.[389] Hier neigen Vorgesetzte dazu, ihre Untergebenen zu mobben, ein Verhalten, das bei Männern sehr viel häufiger anzutreffen ist als bei Frauen. Mit anderen Worten, wenn Kampfbereitschaft nicht durch Sanftheit ausgeglichen wird, dann können die Dinge schnell aus dem Ruder laufen. Wissenschaftliche Studien haben gezeigt, dass die Mehrzahl der Arbeiterinnen und Arbeiter in den

Vereinigten Staaten an irgendeinem Punkt ihrer Laufbahn Mobbing erlebt hat.[390] Das führt zu höheren Fluktuationsraten und Abwesenheitszeiten, weniger Engagement und Zufriedenheit bei der Arbeit und zu psychischen Problemen. Wer die erste Präsidentschaftsdebatte zwischen Donald Trump und Joe Biden gesehen hat, weiß, wie aufreibend und ermüdend Mobbing sein kann. Die anstehenden Probleme anzupacken wird dadurch nur schwieriger.

Eine weitere Folge solcher Ungleichgewichte ist ungezügelte Gier. Nehmen wir zum Beispiel die Pharmaindustrie: Obwohl im Gebiet der Medizin Mitgefühl und Heilung im Mittelpunkt stehen sollten, sind große Pharmaunternehmen vor allem daran interessiert, ihre Profite zu maximieren, um die Aktionäre zufriedenzustellen – eine Rechnung, in der die Patienten so gut wie gar nicht vorkommen.[391] Das Medikament, das mein Bruder und ich gegen unseren Morbus Wilson nehmen müssen, ist das perfekte Beispiel für diese Art von Profitgier. Weil unsere Krankheit so selten vorkommt (sie betrifft weniger als einen von 30.000 Menschen in den USA), gibt es so gut wie keinen Markt für Medikamente, mit der sich diese Krankheit behandeln lässt. Wir nehmen beide Syprine, einen Chelatbildner, der in den 1960er-Jahren entwickelt wurde. Im Jahr 2015 kaufte die Firma Valeant Pharmaceuticals das Patent für dieses Medikament und erhöhte den Preis im Laufe weniger Jahre um 3500 Prozent: Früher kostete eine Monatsration 600 US-Dollar, heute 21 000. Die Firma Teva Pharmaceuticals entwickelte im Jahr 2018 ein Generikum dieses Medikaments und beschloss, für eine Monatsration »nur« noch 18 000 US-Dollar zu nehmen (welch Schnäppchen!).[392]

Glücklicherweise sind mein Bruder und ich gut versichert und müssen jeweils nur wenig Geld vorschießen, doch unsere Versicherungen sind weiterhin gezwungen, für uns beide zusammen ein jährliches Lösegeld von einer halben Million aufzubringen, und diese Kosten werden natürlich auf die eine oder andere Weise an die anderen Versicherten weitergegeben. Der Mangel an Mitgefühl am Markt schadet letztendlich allen.

Zum Glück gibt es einen Punkt, an dem die Werte der Freundlichkeit und Verbundenheit in die Welt der Unternehmen eingeführt wurden. Jane Dutton und ihre Kolleginnen und Kollegen am Compassion Lab an der University of Michigan Ross School of Business sind, was die Erforschung des Einflusses von Mitgefühl auf die Arbeitskultur angeht, echte Pionierinnen.[393] Sie argumentieren, dass das eigennützige Geschäftsmodell, das um jeden Preis Profite machen will, letztendlich nicht nachhaltig sei. Wenn das Wohlergehen der Angestellten nicht an erster Stelle stehe, könne sich die eigene Arbeitsumgebung in kürzester Zeit in feindliches Territorium verwandeln, mit eigennützigen Chefs, zerstörerischen Bürointrigen, sexueller Belästigung, psychischem Missbrauch, sogar Gewalt am Arbeitsplatz. In einer solchen Arbeitsumgebung seinem Beruf nachzugehen senkt die Moral, steigert den Stress und führt zu Depressionen. Auf messbaren Größen wie Abwesenheitszeiten, Fluktuationsraten, medizinischen und juristischen Kosten und Versicherungssummen beruhende Schätzungen über die auf diese Art von Stress zurückgehenden finanziellen Verluste und Produktivitätseinbußen gehen davon aus, dass sie jährlich in die Milliarden gehen.[394]

Andererseits werden Firmen, die eine Kultur des Mitgefühls etablieren, ganz handfeste Vorteile haben. Unternehmen, die für bedürftige Angestellte Geld sammeln, gute Taten belohnen, dazu ermutigen, am Arbeitsplatz Gefühle zu zeigen und auf Mobbing mit Zero Toleranz reagieren, können mit einem größeren Engagement ihrer Angestellten, mit leistungsfähigeren Teams und geringerer Fluktuation rechnen.[395] Entsprechende Programme führen außerdem zu einer Leistungssteigerung und vergrößern die Gewinnmarge.[396] All das lässt zwar für die Zukunft hoffen, doch das ändert nichts daran, dass die heutige Unternehmenskultur noch immer Kampfgeist predigt und Sanftheit schlechtmacht; es wird wohl noch dauern, bis entsprechende Reformen tatsächlich greifen.

Das Ungleichgewicht von Yin und Yang in unserer Unternehmenskultur kann auch erklären, warum Frauen mit größerer Wahrscheinlichkeit schlechter bezahlte Jobs als Lehrerinnen,

Krankenschwestern und Sozialarbeiterinnen annehmen. Zum einen sind männerdominierte Berufe, in denen die Gier mehr zählt als die Sorge für andere, für Frauen oft wenig attraktiv.[397] Zum anderen sind Frauen auch dazu erzogen worden, für andere zu sorgen, wodurch sie häufig interessierter an Care-Berufen sind als Männer und sich auf diesem Gebiet auch qualifizierter fühlen.[398] Dieser Meinung scheinen auch die Arbeitgeberinnen und Arbeitgeber zu sein, denn solche Stellen besetzen sie bereitwilliger mit Frauen, was dazu führt, dass die Hindernisse zum Erfolg für Frauen in diesen Bereichen etwas kleiner sind. Dummerweise folgt aber aus der Tatsache, dass Care-Berufe als »weiblich« gelten, dass die Angestellten in diesen Gebieten weniger wertgeschätzt werden, einen geringeren Status haben und weniger verdienen.[399]

Beruf und Familie unter einen Hut bekommen

Die Berufstätigkeit von Frauen ist häufig von Kompromissen zwischen Arbeit und Kinderbetreuung geprägt. Unter heterosexuellen Paaren mit Kindern ist es normalerweise der Mann, der Vollzeit weiterarbeitet, und die Frau, die ihre Arbeitszeit reduziert, was vor allem daran liegt, dass Männer meistens mehr verdienen.[400] In einer im Jahr 2008 vom Center for American Progress durchgeführten Studie mit beinahe 500 Eltern aus unterschiedlichen Bevölkerungsgruppen gaben 40 Prozent mehr Frauen als Männer an, dass ihre Berufstätigkeit aufgrund von Kinderbetreuungsanforderungen gelitten habe.[401] Aber selbst wenn es Frauen gelingt, die Kinderbetreuung irgendwie zu organisieren, haben sie häufiger als Männer ein schlechtes Gewissen, wenn sie Vollzeit arbeiten gehen.[402] Weil uns Frauen beigebracht wurde, unsere eigenen Bedürfnisse hintanzustellen, haben wir tatsächlich das Gefühl, dass es egoistisch sein könnte, beruflichen Dingen den Vorrang zu geben – eine Sorge, die den meisten Männern völlig fremd ist.

Die Antwort auf dieses Problem lautet nicht, dass Frauen mehr wie Männer werden sollen, indem sie ihre Karriere auf Kosten der Familie in den Vordergrund rücken, sondern dass berufliche Vorteile und die Verantwortung für die Familie gerechter verteilt werden müssen. Grundsätzlich ist so etwas schon jetzt möglich, wobei es zugegebenermaßen für Frauen mit mehr Ressourcen oder einem großen familiären Unterstützungsnetzwerk sehr viel einfacher ist. Regierungsprogramme – zum Beispiel eine umfassende Kinderbetreuung oder eine bezahlte Elternzeit für Väter – können ebenfalls einen wichtigen Beitrag leisten.

Meiner Freundin Lin gelang es, auf Dauer ein solches Gleichgewicht zu finden. Wir lernten uns in einem Yogakurs kennen, kurz nachdem ich nach Austin gezogen war: Oft gingen wir nach dem Training noch gemeinsam einen Tee trinken. Damals arbeitete Lin als Grafikdesignerin in einer quirligen Austiner Werbefirma, und sie fing gerade an, sich einen Namen zu machen. Aber sie stammte aus einer ziemlich traditionellen asiatisch-amerikanischen Familie, und nachdem sie 30 geworden war, begannen ihre Eltern sie zu drängen, doch bald ein Kind zu bekommen. Lin wünschte sich durchaus Kinder, fühlte sich aber noch nicht bereit dafür – sie mochte ihren Beruf zu sehr und wollte ihre Karriere noch nicht unterbrechen. Lins Ehemann David fing dann jedoch irgendwann an, sich Gedanken über Schwangerschaftskomplikationen zu machen. Er wollte nicht mehr länger warten, und schließlich willigte Lin ein. In ihrer Firma gab es ein sehr fortschrittliches Elternzeitprogramm: Ihre Stelle sollte ihr noch für vier Monate über den bezahlten achtwöchigen Mutterschutz hinaus freigehalten werden. Als sie dann tatsächlich schwanger wurde, hatte sie insgeheim zwar ihre Zweifel, aber sie ging doch davon aus, dass die berufliche Unterbrechung höchstens sechs Monate dauern würde.

Lin bekam ein gesundes Mädchen namens Amy, und David erwies sich als wirklich guter Vater. Er beteiligte sich viel und war sehr unterstützend, half beim Windelwechseln, trug die Kleine herum, wenn sie weinte, und schob sie fast jeden Abend im Buggy spazieren. Lin war gerne Mutter, aber nach einem halben Jahr als Vollzeitmutter hatte sie große Lust, wieder arbeiten zu gehen.

All das war noch vor der Pandemie, und in Lins Firma wurde erwartet, dass die Angestellten im Büro präsent waren, und weil keines der beiden Großelternpaare mit ihnen in einer Stadt lebte, musste sie sich also nach einer Kinderbetreuung umsehen. Irgendwann fand sie tatsächlich eine Einrichtung, die ihr zusagte. Lins Eltern waren jedoch entschieden dagegen, dass sie wieder arbeiten ging, und setzten sie unter Druck, indem sie ihr Schuldgefühle machten: »Möchtest du eine dieser abwesenden Mütter sein, die ihre Kinder vernachlässigen? Deine Tochter braucht dich zu Hause. Wenn du sie auf diese Weise im Stich lässt, wird ihr das ein Leben lang schaden.« Auch David war gegen die Idee, dass Lin wieder arbeiten ging, und mochte den Gedanken überhaupt nicht, dass Amy, obwohl sie noch so klein war, von Fremden versorgt werden sollte. Lin selbst war hin- und hergerissen, gab dann irgendwann nach und beschloss, in Teilzeit von zu Hause aus für eine Telemarketingfirma zu arbeiten, die ihr sehr flexible Arbeitszeiten angeboten hatte. Sie rechnete fest damit, dass sie ihre eigentliche Arbeit als Grafikdesignerin wieder aufnehmen würde, wenn Amy in den Kindergarten kam.

Lin hasste es, im Telemarketing zu arbeiten. Immerhin, das Geld stimmte, und zwischen den Anrufen konnte sie sich um Amy kümmern. Aber schon nach kurzer Zeit fühlte Lin sich benachteiligt und war oft schlecht gelaunt, wenn David nach einem Arbeitstag in seinem Architekturbüro heimkam. Warum hatte er an seinem eigentlichen Beruf festhalten können, und sie nicht? Lin versuchte, diese Gefühle zu unterdrücken und sich auf all das zu konzentrieren, wofür sie dankbar sein konnte, zum Beispiel ihren unterstützenden Ehemann und ihr gesundes Kind. Immerhin hatten viele arbeitende Mütter, selbst wenn sie es wollen würden, nicht den Luxus, während der Arbeit zu Hause bei ihrem Kind sein zu können. Sie sagte sich immer wieder, dass es einfach egoistisch gewesen wäre, ihre eigenen Bedürfnisse an erste Stelle zu setzen.

Nachdem Amy 18 Monate alt geworden war, fühlte Lin sich immer niedergeschlagener. David dachte, es handele sich um eine von Hormonen ausgelöste postpartale Depression, doch Lin hatte gleich den Verdacht, dass mehr dahinter war. Als wir über ihre Situation sprachen, ermutigte ich Lin, ihre Verzagtheit als ein Signal aufzufassen, das sich mit etwas Neugierde entschlüsseln ließ. Schon brach es aus ihr heraus: Sie hasste ihr Leben, und sie hasste sich selbst dafür, *dass* sie es hasste. Ich schlug ihr vor, sich zunächst auf sanftes Selbstmitgefühl zu fokussieren – sich also selbst in dieser schwierigen Zeit mit Freundlichkeit und Toleranz zu begegnen. Lin schrieb gerne, weshalb sie anfing, täglich Tagebuch zu führen. Mittlerweile konnte sie die Tatsache gelten lassen, dass ihre Unzufriedenheit echt war – trotz allem, wofür sie dankbar sein konnte. Sie machte sich klar, dass es ganz normal und natürlich war, sich in einer Situation wie ihrer niedergeschlagen zu fuhlen, und dass es vielen Frauen vor ihr genauso gegangen war. Indem sie anfing, sich selbst mehr Wärme und Unterstützung zu geben, erkannte sie, dass ihre Bedürfnisse zählten.

Nachdem Lin sich etwas stabilisiert hatte, schlug ich ihr vor, sich von nun an auf das kraftvolle Selbstmitgefühl zu konzentrieren sowie auf das, was sie tun konnte, um eine Veränderung herbeizuführen. Sie erkannte nun, wie wichtig es ihr war, als Grafikdesignerin zu arbeiten; wie sehr sie die Mischung aus Kreativität und Pragmatismus liebte, bei der sowohl ihre linke als auch ihre rechte Gehirnhälfte gefordert waren. Eine befriedigende Arbeit zu haben war für ihr Glück notwendig. Sie wollte unbedingt einen Weg zurück in den Beruf finden, wurde aber von ihren mütterlichen Verantwortungsgefühlen fast zerrissen. Außerdem bezweifelte sie, dass es für sie überhaupt noch möglich war, einen Job zu finden, nachdem sie so lange dem Arbeitsmarkt fern gewesen war. Ich schlug ihr vor, sich selbst ein paar unterstützende und ermutigende Worte in ihr Tagebuch zu schreiben, etwa so, wie sie einer guten Freundin schreiben würde, die ihr wirklich am Herzen lag.

Nach einigen Monaten beschloss Lin, dass sie einfach versuchen wollte, ihre alte Stelle zurückzubekommen. Als sie an ihren früheren

Arbeitgeber herantrat, verließ sie sich ganz auf ihr kraftvolles Selbstmitgefühl, genau wie in den Situationen, in denen sie sich gegenüber ihrem Ehemann durchsetzte oder ihren Eltern die Stirn bot. Ihr Chef machte es ihr am leichtesten – er hielt sehr viel von ihr und lud sie ein, jederzeit zurückzukommen. Ihre Familie war eine größere Herausforderung. Lin erzählte David in Ruhe, wie sie sich fühlte: Wenn sie weitermachten wie bisher, würde sie das zutiefst unglücklich machen. Anfangs versuchte er, ihr die Sache auszureden, aber sie blieb hart und erklärte ihm, dass ihrer beider Karrieren gleich wichtig seien und sie sich entsprechend die Kinderbetreuung teilen müssten. Sie schlug vor, dass sie ihr gesamtes Arrangement gemeinsam überdenken sollten – vielleicht konnten sie *beide* zwischen Büro und Kinderbetreuung wechseln? Nach einigen Verhandlungen stimmte David schließlich zu. Ihre Ehe hatte gelitten, und David wünschte sich sehr, dass Lin wieder glücklich sein konnte. Er gab außerdem zu – und das beeindruckte Lin sehr –, dass die Sache auf diese Weise einfach fairer wäre.

Nur Lins Eltern blieben unnachgiebig. Ihre Mutter hörte nicht auf, darauf hinzuweisen, dass Amy einen psychischen Schaden erleiden würde, wenn sie nicht die ganze Zeit bei Lin wäre. »Da muss ich dir widersprechen«, erklärte Lin ihr. »Wenn Amy groß ist, wird sie in ihrer Mutter ein gutes Vorbild haben, jemanden, der sich selbst schätzt und für seine eigenen Bedürfnisse sorgt.« Ihre Mutter stimmte ihr durchaus nicht zu, doch Lin brauchte die Zustimmung ihrer Mutter ja auch gar nicht. Sie hatte schließlich ihre eigene Zustimmung! Sobald Lin angefangen hatte, zu arbeiten und wieder das zu tun, was sie so liebte, spürte sie, dass sie ihre Zeit mit Amy und David wieder mehr genießen konnte und insgesamt als Ehefrau, Mutter und Tochter wieder mehr zu geben hatte. Ihrer Aussage nach sei es auch für sie, wie für die meisten Frauen, ein ständiger Kampf, das Gleichgewicht zwischen Berufstätigkeit und Mutterschaft zu finden: aber dieser Kampf sei auf jeden Fall lohnend.

Wahrnehmung von Kompetenz

Nicht nur die Mutterschaft stellt für Frauen ein berufliches Hindernis dar, sondern auch die überaus schändliche Auffassung, dass Frauen in der Arbeitswelt weniger Kompetenzen hätten. Dieses Vorurteil ist meistens unbewusst: Wenn man die Leute fragt, ob ihrer Meinung nach Männer oder Frauen beruflich kompetenter seien, antworten die meisten, dass sie gleich viele Kompetenzen hätten, oder sogar, dass Frauen aus ihrer Sicht kompetenter seien.[403] Auf einer unbewussten Ebene ist dieses Vorurteil dennoch sehr präsent. Ein Paradebeispiel dafür ist eine kürzlich durchgeführte Studie, die herausfand, dass virtuelle Assistenten mit einer männlichen Stimme als kompetenter eingestuft wurden als solche mit einer weiblichen Stimme – ohne dass es hier überhaupt um *Menschen* ging![404] Madeline Heilman von der New York University ist eine der versiertesten Erforscherinnen der Frage, wie implizite Vorurteile vergeschlechtlichte Wahrnehmungen am Arbeitsplatz überhaupt erst produzieren.[405] Um als kompetent zu gelten, brauchen Führungskräfte ein gewisses Maß an Aggressivität und emotionaler Robustheit. Welche Kompetenzen sie aber genau haben, bleibt oft ein bisschen nebulös, weshalb wir uns unbewusst auf Geschlechterstereotype verlassen, die uns dabei helfen sollen, bestimmte Informationen einzuordnen und zu verarbeiten. Weil das Geschlechtervorurteil sagt, dass Frauen eher sanfte, beziehungsorientierte Eigenschaften haben als kraftvolle, handlungsorientierte, schließt man daraus, dass sie das, was man braucht, um voranzugehen, einfach nicht mitbringen.[406]

Geschlechtervorurteile sind für uns Frauen im Berufsleben von ungeheurem Nachteil, weil unser Verhalten permanent falsch interpretiert und verzerrt dargestellt wird. So ist die leidenschaftliche Verteidigung gegen die Kritik eines Kollegen bei einem Mann ein Signal von Stärke, bei einer Frau ein Hinweis darauf, dass sie sich nicht unter Kontrolle hat. Bei Männern betrachtet man die nachträgliche Korrektur einer Entscheidung als Zeichen von Flexibilität, bei Frauen als Zeichen von Sprunghaftigkeit oder Unentschlossenheit. Das

Verschieben einer Entscheidung wirkt bei Männern besonnen, bei Frauen wird es häufig als Zeichen von Ängstlichkeit interpretiert.

Experimente zeigen, dass Teilnehmerinnen und Teilnehmer, die die Kompetenz eines fiktiven Bewerbers beurteilen sollen, Bewerbern mit dem Namen John eine höhere Kompetenz zusprechen als Bewerberinnen mit dem Namen Jennifer – und zwar auch, wenn Lebenslauf und Anschreiben komplett identisch sind.[407] Diese unbewussten Vorurteile können selbst dann zu einer diskriminierenden Einstellungs- und Beförderungspraxis führen, wenn die Verantwortlichen glauben, ihre Entscheidungen ausschließlich nach objektiven Kriterien zu treffen. Das bedeutet aber auch, dass für Frauen im Vergleich zu Männern im Laufe ihrer Karriere die Wahrscheinlichkeit viel geringer ist, befördert zu werden oder eine prestigeträchtige Position angeboten zu bekommen. So war es zum Beispiel im Unibereich signifikant weniger wahrscheinlich, dass Wissenschaftlerinnen im Bereich Management, die exakt die gleichen Qualifikationen vorweisen konnten wie ihre männlichen Mitbewerber – gleiche Berufserfahrung, gleiche Anzahl von Publikationen, gleiche Häufigkeit im Zitiertwerden durch andere Wissenschaftlerinnen und Wissenschaftler, was ihren Einfluss auf diesem Gebiet demonstrierte –, eine durch Drittmittel finanzierte Professur erhielten.[408]

Wiederholt ist wissenschaftlich nachgewiesen worden, dass identische Arbeitsergebnisse weniger wohlwollend bewertet wurden, wenn gesagt wird, dass sie das Ergebnis der Arbeit einer Frau sind, und dass Frauen insgesamt als weniger fähig eingestuft werden, jedenfalls solange ihr Auftreten nicht extrem robust ist oder sie nach klaren Kriterien beurteilt werden, die keinen Platz für Interpretation lassen.[409] Das zeigte sich unabhängig davon, ob die beurteilende Person männlich oder weiblich ist, was noch einmal unterstreicht, dass diese Stereotype einen weitgehend unbewussten Charakter haben. In der Sphäre der Führungskräfte bedeutet Kompetenz Handlungsfähigkeit und Handlungsfähigkeit ist männlich.

Doch selbst dann, wenn Frauen bei der Arbeit ihre handlungsorientierten Eigenschaften zeigen, werden sie weiterhin als weniger kompetent wahrgenommen, weil die Leute nun einmal glauben, dass es für eine Frau unnormal ist, kraftvoll zu sein. So wurde in einer Reihe von Studien von Wissenschaftlerinnen und Wissenschaftlern der Yale University nachgewiesen, dass Frauen, die am Arbeitsplatz Ärger zeigten, gegenüber Männern, die die gleichen Gefühle zur Schau stellten, einen niedrigeren Status hatten.[410] Die Forscherinnen und Forscher baten die Teilnehmerinnen und Teilnehmer, Videomitschnitte anzusehen, die angebliche Bewerbungsgespräche zeigten. In den Videos beschrieben die Bewerberinnen und Bewerber eine Situation, in der sie und ein Kollege einen wichtigen Kunden verloren hatten. Auf die Frage des angeblichen potenziellen Arbeitgebers, wie sie sich dabei gefühlt hätten, antworteten sie entweder, dass sie ärgerlich geworden seien oder dass sie traurig geworden seien. Die Teilnehmerinnen und Teilnehmer an der Studie wurden dann gebeten, die Kompetenz der jeweiligen Bewerberinnen und Bewerber einzuschätzen, einen Gehaltsvorschlag zu machen und eine Empfehlung abzugeben, wie viel Status, Macht und Entscheidungsfreiheit die jeweiligen Bewerberinnen und Bewerber in ihrem zukünftigen Job bekommen sollten.

Die Studienteilnehmerinnen und -teilnehmer beurteilten durchweg männliche Bewerber, die ärgerlich geworden waren, als kompetenter und sprachen ihnen mehr Gehalt, Status und Unabhängigkeit zu als männlichen Bewerbern, die ihre Traurigkeit beschrieben hatten. Tendenziell gingen sie davon aus, dass der männliche Bewerber aus einem Grund ärgerlich geworden war, der mit der Gesamtsituation zu tun hatte und schon deshalb eine angemessene Reaktion darstellte. Das Gegenteil galt für Frauen. Die Teilnehmerinnen und Teilnehmer beurteilten Bewerberinnen, die von ihrem Ärger erzählten, als weniger kompetent, weil dieser Ärger (unter Absehung von situativen Faktoren) als etwas Negatives aufgefasst wurde, das sie aus sich selbst heraus in die Situation hineintrugen, weshalb man ihnen auch weniger Prestige, Autonomie und Gehalt zugestehen wollte.

Das Ausmaß, in dem Menschen an Geschlechterstereotypen festhalten, beeinflusst außerdem die Frage, ob sie Geschlechterungleichheiten am Arbeitsplatz als fair betrachteten oder nicht.[411] Diejenigen unter ihnen, die der Auffassung sind, dass Männer handlungsorientiert und Frauen beziehungsorientiert seien, nutzen genau dieses Vorurteil als vermeintlich rationale Erklärung (beziehungsweise Entschuldigung) dafür, dass so viele Spitzenmanager und Vorstandsvorsitzende Männer sind. Sie gehen davon aus, dass Männer von Natur aus besser in Führungspositionen passen und deshalb auch bereitwilliger befördert wurden.

Diese Vorurteile haben ernsthafte Folgen. In einer Metastudie, die beinahe 100 empirische Untersuchungen mit insgesamt 378 850 Angestellten in unterschiedlichen Branchen auswertete, wurden die Leistungsbewertungen männlicher und weiblicher Angestellter durch ihre Vorgesetzten verglichen; die Studie kam zu dem Ergebnis, dass die Leistungen von Frauen durchgängig weniger wohlwollend beurteilt wurden als die von Männern.[412] US-amerikanische Volkszählungsdaten zeigen außerdem, dass Frauen, die mit gleichen Qualifikationen wie Männer in den Arbeitsmarkt eintreten und vergleichbare Stellen bekommen, an jedem Punkt ihrer Laufbahn weniger verdienen als ihre männlichen Kollegen.[413] Beinahe die Hälfte aller arbeitenden Frauen berichten, schon einmal Geschlechterdiskriminierung am Arbeitsplatz erlebt zu haben, und ein Viertel von ihnen gibt zu Protokoll, dass man sie schon einmal als inkompetent behandelt hatte.[414]

Testen Sie, wie stark Ihre unbewussten Vorurteile über Frauen in der Arbeitswelt sind

Der »Implicit Association Test« (IAT) misst, in welchem Ausmaß Sie bestimmte Vorurteile unbewusst verinnerlicht haben, zum Beispiel die Behauptung, dass Arbeit die Domäne der Männer und Haushalt die der Frau sei. Ein IAT misst die Stärke Ihrer Vorurteile anhand der Schnelligkeit, mit der Sie bestimmte Begriffe miteinander verbinden; zum Beispiel männliche oder weibliche Vornamen mit Wörtern aus dem Bereich der Arbeitswelt beziehungsweise der Familie.

Drei Wissenschaftlerinnen und Wissenschaftler – Tony Greenwald von der University of Washington, Mahzarin Banaji von der Harvard Universty und Brian Nosek von der University of Virginia – haben vor einiger Zeit eine faszinierende Website namens »Project Implicit« konzipiert, um Menschen zu helfen, ihren eigenen unbewussten Vorurteilen auf die Spur zu kommen. Man kann sich auf dieser Website umsonst registrieren und dann eine Reihe von IATs machen, unter anderem einen, der unbewusste Geschlechtervorurteile in beruflichen Zusammenhängen untersucht: http://implicit.harvard.edu/implicit/.

Mein Ergebnis zeigte, dass ich starke Geschlechtervorurteile habe, und das, obwohl ich mich selbst als Feministin betrachte! Denken Sie daran, Mitgefühl mit sich selbst zu haben, wenn die Ergebnisse nicht so sind, wie Sie es sich idealerweise wünschen würden. Wir haben uns unsere unbewussten Vorurteile nicht ausgesucht, aber sie sind nun einmal in uns und beeinflussen nicht nur die Art und Weise, in der wir die Handlungen anderer Menschen wahrnehmen, sondern auch unsere handfesten Entscheidungen. Bevor wir uns daranmachen können, unsere Vorurteile abzulegen, müssen wir sie erkennen und ihnen direkt ins Gesicht blicken.

Backlash

Frauen, die bekanntlich sowohl handlungsorientiert als auch beziehungsorientiert sind, neigen dazu, in der Arbeitswelt ihr Yang zu betonen und ihr Yin zu verstecken, um als kompetent betrachtet zu werden. Das führt aber unglücklicherweise häufig dazu, dass Frauen mit einem Phänomen umgehen müssen, das vor mehr als 20 Jahren zum ersten Mal benannt wurde: dem sogenannten Backlash.[415] Das Wort bezeichnet die Tendenz, Frauen mit kraftvollen Eigenschaften als sozial defizitär – soll heißen: nicht nett genug – abzustempeln, wohl gemerkt: im Vergleich zu Männern, die haargenau die gleichen Verhaltensweisen an den Tag legen.

Denken Sie zum Beispiel an die Vorwahldebatte der Demokraten im Dezember 2019, in der die Kandidatinnen und Kandidaten gewissermaßen ein Vorstellungsgespräch für das höchste Amt in den Vereinigten Staaten absolvierten.[416] Nach einigen sehr intensiven Stunden, in denen alle sieben Teilnehmerinnen und Teilnehmer an der Debatte – Joe Biden, Bernie Sanders, Elizabeth Warren, Pete Buttigieg, Amy Klobuchar, Tom Steyer und Andrew Yang – erklären durften, inwiefern sie für die Führung des Landes am geeignetsten waren, wurden sie gefragt, ob sie, passend zur Weihnachtszeit, jemandem auf der Bühne ein Geschenk machen oder ihn oder sie um Entschuldigung bitten wollten. Sämtliche männlichen Kandidaten wollten etwas verschenken – hauptsächlich ihre eigenen Ideen: ein Exemplar ihres Buches oder einen Programmentwurf. Die zwei Frauen, die an diesem Abend auf der Bühne standen, sahen sich dagegen genötigt, um Entschuldigung zu bitten. Elizabeth Warren sagte: »Ich werde um Entschuldigung bitten. Ich weiß, dass ich manchmal etwas heftig werden kann. Und manchmal ist mein Ton auch ganz schön scharf. Ich meine das nicht so.« Amy Klobuchar sagte: »Nun, ich werde um Entschuldigung bitten für all die Gelegenheiten, an denen sich jemand von Ihnen über mich geärgert hat. Ich kann ziemlich schonungslos sein, aber ich mache das bewusst, einfach weil ich glaube, dass es extrem wichtig ist, dass wir uns für die richtige Person entscheiden.« Mit anderen Worten: Meine kraftvolle Seite ist hier voll zum Vorschein gekommen, bitte, bitte hassen Sie mich nicht dafür! Beide Frauen hatten das Gefühl, sich entschuldigen zu müssen, weil sie gezeigt hatten, wie vorlaut und durchsetzungsfähig sie waren, und zwar, obwohl sie ja genauso sein *mussten*, um sich überhaupt für die Position der Präsidentin zu qualifizieren. Sie wussten genau, dass sie von den Leuten dafür verurteilt wurden, weshalb sie glaubten, sich entschuldigen zu müssen, während die Männer umgekehrt genau wussten, dass sie für genau die gleichen Verhaltensweisen bewundert und respektiert werden würden.

Wirklich überraschend war es dann nicht, dass Warren und Klobuchar, beide extrem kompetente und erfahrene Senatorinnen, ausschieden. Das ist genau das, was Hillary Clinton passierte, als sie im Jahr 2016 die Wahl gegen Donald Trump verlor (jedenfalls nach Wahlmännerstimmen). Diese starken, kompetenten Frauen, die sämtliche Geschlechtervorurteile widerlegten, wurden nicht als sympathisch genug betrachtet, als dass sie die mächtigste Führungsperson des Landes werden konnten.

Die Voreingenommenheit gegenüber Frauen am Arbeitsplatz hat ihren Grund nicht nur in der Vorstellung, dass wir beziehungsorientiert und nicht handlungsorientiert seien (also in deskriptiven Vorurteilen), sondern auch in der Idee, dass wir beziehungsorientiert und nicht handlungsorientiert sein *sollten* (so etwas nennt man präskriptive Vorurteile). Anders gesagt: Die Leute mögen keine handlungsorientierten Frauen – besonders wenn sie kompetent sind –, weil sie automatisch davon ausgehen, dass eine kraftvolle Frau *nicht* beziehungsorientiert ist. Aber die Eigenschaften, die man an Frauen schätzt, sind nun einmal Freundlichkeit, Wärme und Fürsorglichkeit.

Erfolgreiche weibliche Managerinnen in traditionell männlich konnotierten Branchen werden häufig im Vergleich zu ähnlich erfolgreichen männlichen Managern mit viel negativeren Begriffen beschrieben (zum Beispiel: verbittert, streitlustig, egoistisch, falsch, hinterhältig).[417] In einer von Heilman und anderen durchgeführten Studie wurde untersucht, wie die Teilnehmerinnen und Teilnehmer an der Studie den fiktiven stellvertretenden Vertriebschef eines Flugzeugherstellers beurteilten. Als dessen Aufgabengebiet wurde die Ausbildung und Führung junger Manager beschrieben, außerdem die Eroberung neuer Märkte, das Schritthalten mit technologischen Trends und die Erschließung neuer Kundenstämme. Die Teilnehmenden bekamen insgesamt dieselben Informationen über die Eigenschaften und Qualifikationen des jeweiligen Bewerbers, wobei aber zwei Eigenschaften variiert wurden. Zum einen hieß die stellvertretende Führungsperson einmal Andrea und einmal James. Zum anderen erhielten die Teilnehmerinnen und Teilnehmer entweder sehr klare Informationen darüber, wie erfolgreich die zu beurteilende Person arbeitete (sie habe kürzlich die jährliche Leistungsbewertung absolviert und sehr gute Noten bekommen) oder aber Informationen, die auf nichts Genaues schließen ließen (die jährliche Leistungsbewertung finde erst in Kürze statt). Wenn die Informationen über den jeweiligen Erfolg klar waren, wurden James und Andrea als gleich kompetent bewertet. Wenn die Informationen dagegen unklar waren, wurde Andrea eindeutig als weniger kompetent, produktiv und erfolgreich eingestuft als James. Dies zeigt, wie stark unbewusste Vorurteile unsere Wahrnehmungen beeinflussen, vor allem wenn die Informationen, die wir haben, uneindeutig sind.

Viel beunruhigender ist jedoch, dass in den Fällen, in denen der Erfolg entsprechend der Leistungsbewertungen klar und eindeutig kommuniziert wurde – sodass beide Kandidaten als kompetent erschienen –, man durchweg Andrea im Vergleich zu James als weniger sympathisch empfand. Weil ihr Erfolg die präskriptiven Vorurteile widerlegte, dass Frauen eher beziehungsorientiert als handlungsorientiert sein sollten, wurde sie als harscher, gerissener, manipulativer, aggressiver, egoistischer und weniger vertrauenerweckend beurteilt als James. Vergessen Sie nicht, dass die Beschreibungen von James und Andrea vollkommen identisch waren; der einzige Punkt, in dem sie sich unterschieden, war der Vorname. Übrigens: Wenn nicht eindeutig kommuniziert wurde, wie erfolgreich die beiden jeweils arbeiteten, dann bekamen sie die gleichen Sympathiewerte, was daran lag, dass diejenigen, die Andrea als inkompetent einstuften, automatisch davon ausgingen, dass sie fürsorglich und entsprechend sympathisch war.

Ein ähnliches Phänomen lässt sich beim Thema Eigenwerbung beobachten. Wer am Arbeitsplatz vorwärtskommen möchte, muss manchmal sehr direkt über seine eigenen Stärken, Talente und Erfolge sprechen. Besonders ausgeprägt ist diese Notwendigkeit natürlich in Situationen, in denen man sich auf eine höhere Position bewirbt. Aber auch Eigenwerbung kann bei Frauen zu einem Backlash führen. Laurie Rudman von der Rutgers University wollte in einer Studie herausfinden, wie die Teilnehmerinnen und Teilnehmer männliche und weibliche Bewerber in Videomitschnitten beurteilten, die sie bei Bewerbungsgesprächen zeigten.[418] Die Bewerberinnen oder Bewerber waren entweder bescheiden und stapelten eher tief (indem sie nach unten blickten und Dinge wie »Ich bin hier natürlich keine Expertin, aber …«) sagten. Oder sie waren selbstbewusst und priesen sich selbst an (indem sie den direkten Augenkontakt suchten und etwa sagten: »Ich bin mir sehr sicher, dass ich das hinbekomme…«). Die Studienteilnehmerinnen und Teilnehmer fanden bei den männlichen Bewerbern diejenigen, die sich selbst gut vermarkten konnten, besser als die, die eher tiefstaplerisch aufgetreten waren. Bei den Frauen war es umgekehrt. Der Unterschied war sogar noch extremer bei den Teilnehmerinnen der Studie: Besonders sie mochten die Frauen, die sich selbst vermarkteten, überhaupt nicht.

Natürlich könnte man auch einfach ausblenden, ob man von den Leuten gemocht wird oder nicht, aber die Tatsache, dass handlungsorientierte Frauen tendenziell als unsympathisch empfunden werden, hat zur handfesten Folge, dass sie – unter Bedingungen, in denen der Erfolg einer Person zu nicht geringen Anteilen davon abhängt, als wie sympathisch sie empfunden wird – mit geringerer

Wahrscheinlichkeit eingestellt oder befördert werden. Ein wichtiges Gebiet, auf dem durchsetzungsstarke Frauen mit einem wirklich schlimmen Backlash konfrontiert sind, ist das Gebiet der Gehaltsverhandlungen. Eine Frau, die direkt und entschlossen um ein höheres Gehalt verhandelt, wird als unsympathisch empfunden, was ihre Chancen auf eine Gehaltserhöhung erheblich reduziert. Weil wir Frauen das wissen, neigen wir dazu, in den entsprechenden Verhandlungen unsere Durchsetzungsstärke zu verstecken und uns mit einer Gehaltssumme zufriedenzugeben, die niedriger ist als die vergleichbarer männlicher Kollegen. Eine Studie der University of Texas in Austin kam zu dem Ergebnis, dass Frauen sich – aus Angst vor einem Backlash – mit einem Gehalt zufriedengaben, das 20 Prozent niedriger war als das von Männern.[419] Zudem wurde in einer Metastudie, die 142 Untersuchungen auswertete, gezeigt, dass selbst dort, wo man männliche und weibliche Angestellte als gleich kompetent beurteilt, Männer mehr Geld bekommen als Frauen und auch öfter befördert werden.[420] Tatsächlich waren die Gehaltsunterschiede zwischen den Geschlechtern vierzehnmal höher als die Unterschiede in der Leistungsbewertung. Das ist zu einem nicht geringen Anteil auf das Phänomen des Backlash zurückzuführen.

In dieser Lage befinden wir uns also: Wir werden seltener befördert und bekommen weniger Geld als Männer, weil man uns als nicht handlungsorientiert genug betrachtet, *und* wir werden seltener befördert und bekommen weniger Geld, weil wir *zu* handlungsorientiert sind. Und da wundern sich die Leute, warum es immer noch einen Genderpaygap gibt und Frauen so selten in Führungspositionen kommen!

Integration im Beruf

Handlungsfähigkeit und Beziehungsfähigkeit in beruflichen Kontexten zu integrieren – mit anderen Worten, zugleich aus unseren kraftvollen und aus unseren sanften Fähigkeiten zu schöpfen – könnte dabei helfen, den Backlash abzumildern. In einem Experiment wurden den Teilnehmerinnen und Teilnehmern die mitgeschnittenen Bewerbungsgespräche zweier männlicher und zweier weiblicher Bewerber für eine Managerposition vorgespielt, auf der ein hoher Druck lastete und die gleichzeitig erforderte, den Kunden sehr genau zuzuhören.[421] Die Teilnehmerinnen und Teilnehmer sollten daraufhin beurteilen, wie kompetent und sympathisch die Kandidaten waren und eine Empfehlung abgeben, ob sie man sie einstellen sollte oder nicht. Sämtliche Bewerberinnen und Bewerber gaben sich in den Bewerbungsgesprächen extrem handlungsorientiert und selbstbewusst, indem sie zum Beispiel Dinge sagten wie: »Wenn ich unter Druck stehe, blühe ich richtig auf. In der High School habe ich unsere Schülerzeitung herausgegeben und musste wöchentlich unter einer sehr engen Deadline eine Kolumne schreiben... Ich habe es jedes Mal geschafft!« Jeweils ein männlicher und ein weiblicher Bewerber ergänzte diese Betonung der Handlungsorientiertheit durch Aussagen wie: »Im Grunde genommen gibt es zwei Arten von Menschen: Gewinner und Verlierer. Mein Ziel ist es, zu den Gewinnern zu gehören, zu denen, die am Steuer sitzen und die Entscheidungen treffen.« Die anderen beiden Bewerber fügten eher beziehungsorientierte Kommentare wie diesen hinzu: »Für mich geht es im Leben darum, mit anderen in Verbindung zu stehen ... Wenn ich jemandem helfen konnte, habe ich danach das Gefühl, wirklich etwas Wichtiges beigetragen zu haben.«

Wie schon in früheren Studien wurden die doppelt handlungsorientierten Bewerber – einer der beiden Männer und eine der beiden Frauen – gleichermaßen als kompetent eingestuft, wobei die Frau weniger sympathisch erschien als der Mann und aus diesem Grund mit geringerer Wahrscheinlichkeit für die Stelle empfohlen wurde. Die Frau aber, die sich als handlungsfähig *und* beziehungsfähig präsentierte, wurde für genauso kompetent und sympathisch gehalten wie der Mann und entsprechend mit der gleichen Wahrscheinlichkeit für die Stelle empfohlen. In einer ähnlichen Studie fanden Wissenschaftlerinnen und Wissenschaftler aus Israel heraus, dass sowohl Männer wie auch Frauen als bessere Führungspersönlichkeiten eingestuft wurden, wenn sie ihre Handlungsfähigkeit und ihre Beziehungsfähigkeit gleichermaßen zeigten, wobei dieser Unterschied bei Frauen besonders sichtbar wurde.[422] Das legt nahe, dass Frauen, die Geschlechtervorurteile bekämpfen und beruflich vorwärtskommen möchten, gut damit fahren könnten, auf ihre sorgende Kraft zurückzugreifen, wenn sie in dieser Hinsicht etwas erreichen wollen.

Wobei sie sich dann eventuell auf etwas einlassen müssten, was Joan Williams, Juraprofessorin an der University of California, Hastings, mit dem Wort »Gender Judo« bezeichnet hat.[423] Judo ist eine japanische Kampfkunst und bedeutet »sanfter Weg«. Die Idee ist, dass man den Schwung seines Gegners nutzt, um ihn zu überwältigen: Man geht also eher mit ihm mit, als ihn direkt zu bekämpfen. Der Begriff Gender Judo bedeutet, bewusst auf traditionell weibliche Qualitäten wie Wärme und Fürsorge zurückzugreifen, wenn man als Frau etwas Maskulines und Handlungsorientiertes tut, einfach, um seine von Vorurteilen geprägten Mitmenschen nicht komplett zu überfordern. Wenn man zum Beispiel einem Angestellten oder einem Teammitglied Anweisungen gibt – also das Kommando übernimmt, wie es von einer Führungspersönlichkeit erwartet wird –, kann der negative Eindruck, dass man zu fordernd ist, abgemildert werden, wenn man dabei lächelt und sich nach dem Befinden der jeweiligen Person erkundigt. Die Art und Weise, in der die beziehungsorientierten Eigenschaften ausgedrückt werden, muss dabei aber authentisch und natürlich sein, weshalb der Stil von Person zu Person variieren kann. Aber alle Menschen haben Zugang zu ihrer Yin- und zu ihrer Yang-Energie, und indem man bewusst dafür sorgt, dass beide Anteile sichtbar werden, kann man dazu beitragen, den Einfluss von Geschlechtervorurteilen abzumildern.[424]

Wenn man in solchen Situationen seine Wärme und Fürsorglichkeit nicht mehr versteckt, sollte man Williams zufolge jedoch auf keinen Fall auch nur eine Spur von Unterwürfigkeit zeigen, indem man sich zum Beispiel entschuldigt oder nach Ausflüchten sucht

(»Ähm, tut mir total leid, aber wäre es für Sie okay, an diesem Wochenende Überstunden zu machen?«), weil das unsere Glaubwürdigkeit als Führungsfigur infrage stellen könnte. Wir müssen durchsetzungsstark und warmherzig zugleich sein – egal wie, Hauptsache es funktioniert (»Ich muss Sie bitten, dieses Wochenende ins Büro zu kommen, aber ich versuche dafür zu sorgen, dass so etwas nur ganz selten passiert. Ach übrigens, wie geht es eigentlich Ihrer Familie?«) Indem wir unterschiedliche Aspekte unserer Persönlichkeit gleichzeitig zum Einsatz bringen, können wir authentisch sein und beruflich trotzdem unseren Weg machen.

Zwar ist es gut zu wissen, dass es wohl doch Möglichkeiten gibt, innerhalb dieses ungerechten Systems zurechtzukommen, aber gleichzeitig macht es nicht gerade gute Laune, dass wir überhaupt über solche Strategien nachdenken müssen. So oder so bin ich aber sicher, dass Selbstmitgefühl eine wichtige Rolle dabei spielen kann, Geschlechtervorurteile in der Arbeitswelt in den Blick zu bekommen und nach und nach zu überwinden.

Wie sanftes Selbstmitgefühl helfen kann

Es ist unglaublich wichtig, dass wir Frauen uns erlauben, den Schmerz der Diskriminierung am Arbeitsplatz wirklich zu fühlen. Wir können aus liebevoller, verbundener Präsenz schöpfen, um unsere Traurigkeit und Frustration zu halten – jenes beklommene Gefühl im Magen oder die Leere im Herzen, wenn wir erkennen, dass Gleichberechtigung noch immer nicht verwirklicht ist. Wir sollten unserer kollektiven Trauer darüber Raum geben, dass noch immer keine Frau zur Präsidentin gewählt wurde und dass Wirtschaft und Politik noch immer weitgehend von weißen Männern dominiert werden. Generationen von Frauen mussten hinnehmen, dass ihre Talente, Fähigkeiten und Kompetenzen unterdrückt und schlechtgemacht wurden. Das ist die Welt, die wir geerbt haben, und es ist leider im Großen und Ganzen auch die Welt, in der wir heute leben. Die Art und Weise, in der wir uns auf andere Frauen beziehen, ist von diesem Schmerz gefärbt. Es ist wichtig, dass wir bewusst erkennen, wie schlecht es uns damit geht, dass wir unsere sanfte Seite im Beruf unterdrücken müssen und dass wir noch immer in einer Welt leben, die sich nicht im Geringsten dafür interessiert, welche Vorteile es hätte, auch in beruflichen Kontexten fürsorglich miteinander umzugehen.

Frustriert sind wir aber auch darüber, dass umgekehrt auch unsere kraftvolle Seite nicht akzeptiert wird. Es tut weh, verunglimpft und nicht gemocht zu werden, einfach nur, weil man durchsetzungsfähig und kompetent ist. Wenn wir so tun, als wäre der Schmerz nicht da, können unsere Wunden nicht heilen. Wenn wir den Schmerz hingegen anerkennen und liebevoll halten, sind wir in der Lage, unsere Trauer zu verarbeiten und uns gleichzeitig unsere eigene Warmherzigkeit zugutekommen zu lassen.

Wenn wir darüber nachdenken, wie viel Ungerechtigkeit wir nach wie vor am Arbeitsplatz zu erleiden haben, ist es besonders wichtig, dass wir daran denken, dass diese Ungerechtigkeit mit uns persönlich überhaupt nichts zu tun hat, sondern Millionen von Frauen auf der ganzen Welt betrifft. Manchmal verinnerlichen wir nämlich soziale Vorurteile auf eine Weise, die unserem Selbstbild schadet: Ich bin nicht gut in Naturwissenschaften, ich bin keine Führungspersönlichkeit, vielleicht ist er doch einfach besser als ich. Wenn wir dagegen das Vorurteil als das betrachten, was es ist, und die Ungerechtigkeit klar aussprechen, dann fällt uns plötzlich wieder ein, dass wir nicht allein sind. Wir können uns mit Menschen verbinden, die ebenfalls aufgrund ihres Geschlechts oder anderer Aspekte ihrer Identität marginalisiert werden – wegen ihrer sexuellen Orientierung, ihrer Herkunft, ihrer Behinderung, Klasse oder Religion. Je mehr wir andere in unser Herz lassen und dadurch diesen schmerzhaften Aspekt des Menschseins anerkennen, desto weniger isoliert werden wir uns fühlen.

Darüber hinaus ist aber auch wichtig, anzuerkennen und zu verzeihen, dass auch wir selbst durch unbewusste Vorurteile zu

Diskriminierung beigetragen haben. Wie schon erwähnt finden viele Frauen ihre offensichtlich kompetenten Geschlechtsgenossinnen noch unsympathischer als Männer. Wir alle haben uns schon mal dabei ertappt, dass wir das Bedürfnis hatten, eine erfolgreiche Frau schlechtzumachen. Viele von uns haben, ohne es zu merken, diese »Zicken«-Vorurteile tief verinnerlicht. Vielleicht fühlen wir uns auch unbewusst von anderen fähigen Frauen bedroht, was unsere Abneigung noch verstärkt. Wir müssen uns dafür nicht die Schuld geben oder uns verurteilen; all das spielt sich weitgehend außerhalb unseres Bewusstseins ab. Alle Menschen, die in einer ungerechten Gesellschaft leben, haben Vorurteile gegenüber ihren Mitmenschen verinnerlicht. Sanftes Selbstmitgefühl kann uns jenes Gefühl von Sicherheit und bedingungslosem Akzeptiertsein geben, das wir brauchen, um solche Vorurteile wahrzunehmen – und das ist, wenn man sie abschaffen möchte, immerhin schon mal der erste Schritt.[425]

Doch sollten wir hier aufhören? Bei diesem Gefühl, getröstet, aber nun mal marginalisiert zu sein? Auf keinen Fall! Wenn wir wirklich für uns selbst sorgen wollen, müssen wir aktiv werden und gegen die Art, wie wir behandelt werden, kämpfen.

Wie kraftvolles Selbstmitgefühl helfen kann

Kraftvolles Selbstmitgefühl sorgt für die Entschlossenheit, die wir brauchen, um gegen Ungerechtigkeit vorzugehen – nicht nur im Sinne der Frauen, sondern aller Opfer von beruflicher Diskriminierung. Zur Bewältigung dieser Aufgabe ist Klarheit unabdinglich. Wissenschaftliche Studien zeigen, dass einer der wichtigsten Schritte bei der Bekämpfung unbewusster Geschlechtervorurteile im Berufsleben darin besteht, ihnen direkt ins Gesicht zu blicken.[426] So können wir uns beispielsweise fragen: »Würde ich den gleichen Eindruck von der Kompetenz und Liebenswürdigkeit dieser Frau haben, wenn sie ein Mann wäre?« Wir dürfen auch andere bitten, sich diese Frage zu stellen, und es ist durchaus legitim, mit Menschen darüber zu sprechen, welche Rolle unbewusste Vorurteile bei unseren Einschätzungen spielen, und zwar selbst bei denjenigen von uns, die auf einer bewussten Ebene leidenschaftliche Vertreterinnen von Gleichberechtigung sind. In solchen Gesprächen ist es aber sehr wichtig, dass wir unseren Gesprächspartner nicht dämonisieren, was nur dazu führen würde, dass er sich zurückzieht, um sein Ego zu schützen. Davon abgesehen würde eine solche Dämonisierung auch denjenigen die Menschlichkeit absprechen, die wir kritisieren – und das ist nun wirklich genau das Gegenteil dessen, wofür wir uns einsetzen.

Wenn Sie hören, wie Kollegen schlecht über eine weibliche Führungskraft sprechen, und den Eindruck haben, dass Geschlechtervorurteile bei diesem Urteil eine Rolle spielen könnten, ist es ebenfalls möglich einzuschreiten. Vielleicht haben Sie etwas gehört wie: »Nicht zu glauben, wie Janet ununterbrochen über sich selbst geredet hat. Für wen hält die sich eigentlich? Und habt ihr gesehen, wie sie mit ihrer Assistentin umgegangen ist, weil sie mit den Ordnern zu spät dran war? Boah, ist das ein Drachen!« Ihre Reaktion könnte folgendermaßen klingen: »Ich frage mich, ob Janet genauso rüberkommen würde, wenn sie ein Mann wäre? Wir wurden doch alle so erzogen zu glauben, dass Frauen keine Werbung in eigener Sache machen dürfen und immer nur lieb zu anderen sein müssen. Nur mal so als Gedankenexperiment: Wenn Kevin aus der Marketingabteilung so etwas gesagt hätte, würden wir dann genauso reagieren?« Wenn so etwas ohne abwertenden Ton gesagt wird und wir niemandem die Schuld in die Schuhe schieben und eine inklusive Sprache (»wir«) benutzen statt einer Sprache, die mit dem Finger auf jemanden zeigt (»du«), dann könnte es sein, dass es uns gelingt, den Nebel der unbewussten Vorurteile zu lichten. Vielleicht haben Sie sogar das Glück, dass jemand zu Ihnen sagt: »Hmm. Ich glaube, darüber habe ich noch nie nachgedacht. Guter Punkt irgendwie.« Aber auch wenn die Reaktion erst einmal nur betretene Stille ist, sind Sie Ihr Argument losgeworden. Wir Frauen dürfen nicht mehr schweigen. Wenn wir diese Vorurteile hinter uns lassen wollen, müssen wir das Unbewusste bewusst machen.

Aber was machen wir mit all der aufgestauten Wut über die unfaire Behandlung von Frauen am Arbeitsplatz? Letztendlich ist es gut, ärgerlich zu sein. Wenn wir Angst vor unserer eigenen Wut haben, wird sich nie etwas ändern. Wir müssen wütend werden über all die Ungerechtigkeit, damit wir diese beschützende Energie einsetzen können, um gesellschaftliche Veränderungen herbeizuführen. Dafür müssen wir die Kraft unserer Wut aber geschickt einsetzen, sie eher auf den Schaden selbst richten als auf die Menschen, die ihn verursachen. Je mehr wir unser eigenes Ego und das anderer Leute aus der Sache heraushalten können, desto besser stehen die Chancen, dass das Ergebnis, auf das wir hoffen, auch eintritt. (Nebenbei gesagt: Ich predige das nicht als jemand, der so wahnsinnig geschickt darin wäre, Wut bewusst für ein gewünschtes Ergebnis einzusetzen, sondern eher als eine Person, die es so oft falsch gemacht hat, dass sie zumindest weiß, was nicht funktioniert.)

Wenn wir zum Beispiel von einem männlichen Kollegen gebeten werden, Kaffee zu kochen, Protokoll zu führen, die Dienstreise zu organisieren oder ihm auf andere Weise hilfreich zur Seite zu stehen, die nicht zu unserem Aufgabenbereich gehört, können wir mit sorgender Kraft für uns selbst eintreten. Anstatt ihn anzugreifen (»Kochen Sie sich Ihren Kaffee doch selbst, Sie Macho!«), können wir ihm zuzwinkern und mit einem Lächeln etwa sagen: »Für Sie sind Frauen doch sicher mehr als Büroassistentinnen, oder?« Damit geben wir ihm einen Vertrauensvorschuss, anstatt ihn zu demütigen, machen aber gleichzeitig deutlich, dass seine Bitte auf vollkommen falschen Voraussetzungen beruht.

Oder stellen Sie sich ein Szenario vor, in dem ein männlicher Kollege Ihre Idee aufgreift und so tut, als wäre es seine eigene, ein Verhalten, das erwiesenermaßen ein äußerst verbreitetes Phänomen ist.[427] Jessica Bennett, Autorin des Buches *Feminist Fight Club: Wie sich Frauen am Arbeitsplatz erfolgreich durchboxen*, nennt solche Männer »Manneigner«. Ihr Rat ist, sich mit einer Technik zur Wehr zu setzen, die sie »Danke und her damit« nennt. Wenn ein Mann versucht, Lob für eine Idee einzuheimsen, die eigentlich Ihre war, dann können Sie ihm dafür danken, dass ihm Ihr Vorschlag gefällt und gleichzeitig klarmachen, wer die Idee hatte: »Ich bin froh, dass Sie derselben Meinung sind – lassen Sie uns überlegen, was als Nächstes zu tun ist.« Ihr männliches Gegenüber hat auf diese Weise die Möglichkeit, fair und freundlich zu reagieren, während Sie gleichzeitig Ihren eigenen Beitrag als solchen markiert haben. Einen ähnlichen Rat hält die Autorin für uns bereit, wenn wir es mit einem »Ins-Wort-Grätscher« zu tun haben. Es gibt Studien, die zeigen, dass Frauen häufiger unterbrochen werden als Männer.[428] Bennett empfiehlt für solche Fälle eine Reaktion, die sie »Planierraupe« nennt: Reden Sie einfach ohne Punkt und Komma weiter, sodass er irgendwann gezwungen ist, klein beizugeben. Statt den »Ins-Wort-Grätscher« zu demütigen, reiben wir ihn auf, indem wir ihm zeigen, dass wir uns nicht zum Schweigen bringen lassen. Dies sind nur einige der Strategien, bei denen wir unsere kraftvolle Seite zum Einsatz bringen können, um uns am Arbeitsplatz selbst zu schützen.[429]

Es ist außerdem möglich, dass wir uns in beruflichen Zusammenhängen gegenseitig stärken. Wissenschaftliche Studien zeigen, dass beide Frauen mehr gemocht werden, wenn eine die andere in Schutz nimmt.[430] Wenn eine Frau Werbung in eigener Sache macht, wird sie häufig abgelehnt, sagt sie aber etwas Positives über eine Kollegin, muss sie diese Art von Backlash meist nicht erleben, denn in diesem Fall ist ihre Handlungsorientierung (Eigenwerbung) kombiniert mit Beziehungsfähigkeit (Unterstützung anderer). Angesichts der Tatsache, dass besonders Frauen dazu neigen, sich selbst lobende Frauen abzulehnen, ist es aber gleichzeitig an uns, die Art und Weise zu verändern, in der wir diejenigen, die auf ihre eigenen Erfolge aufmerksam machen, wahrnehmen. Statt uns davon bedroht zu fühlen oder gegenüber unseren unbewussten Konditionierungen klein beizugeben, können wir uns angewöhnen, den Erfolg unserer Schwestern zu feiern: Denn wenn eine von uns gewinnt, gewinnen wir alle.

Ein weiterer wichtiger Vorteil von kraftvollem Selbstmitgefühl in der Arbeitswelt besteht darin, dass es uns berufliche Wege ermöglicht, die zu uns passen, die uns wirklich erfüllen und in denen wir unsere individuellen und beruflichen Bedürfnisse mit denen unserer Familie ausbalancieren können. Das beginnt mit einer einfachen Frage: Was wünsche ich mir vom Leben? Die befriedigenden Entscheidungen werden die sein, die es uns erlauben, im Sinne unserer eigenen Vollständigkeit sowohl unsere Yin-Energie als auch unsere Yang-Energie zu entfalten. Wir müssen uns also weder von einer aus dem Ruder laufenden Gier auffressen lassen, noch brauchen wir eine völlig altruistische Laufbahn einzuschlagen, die vor allem anderen nützt, wenn das nun einmal nicht unsere Berufung ist.

Häufig werden Arbeitsleben und Privatleben so dargestellt, als würden sie in ständigem Konflikt miteinander stehen. Aber eigentlich ist das eine falsche Gegenüberstellung. Wenn wir im Job Erfüllung, Sinn und das Gefühl unserer eigenen Kompetenz finden, dann bereichert das auch unsere Freundschaften und unser Familienleben. Umgekehrt werden wir als vollständige, zufriedene Person im Privatleben besser in der Lage sein, unser berufliches Potenzial zu entfalten. Tatsächlich weisen wissenschaftliche Studien darauf hin, dass Selbstmitgefühl Frauen dabei helfen kann, ein besseres Gleichgewicht zwischen Arbeit und Privatleben zu finden.[431] Eine Untersuchung über Frauen, die im Gesundheits- oder Erziehungswesen oder in der Finanzbranche arbeiten, kommt zu dem Ergebnis, dass diejenigen mit einem höheren Selbstmitgefühl von einer größeren Ausgewogenheit in ihrem Leben berichten sowie von einer größeren Zufriedenheit mit ihrer beruflichen Laufbahn und ihrem Leben insgesamt. Eine weitere Studie zeigte, dass Frauen mit Selbstmitgefühl sich beruflich mehr zutrauen, sich mehr auf ihre Angestellten verlassen und seltener unter Burnout und berufsbedingter Erschöpfung leiden.[432]

Ein häufiger Stolperstein für berufstätige Frauen, vor allem für solche, die in männerdominierten Branchen arbeiten, ist unter dem Namen Hochstaplersyndrom bekannt.[433] Entdeckt wurde es im Jahr

1978 von Pauline Clance und Suzanne Imes. Die sehr erfolgreichen, promovierten Frauen, über die sie forschten – sie waren alle Expertinnen auf ihrem jeweiligen Gebiet –, befürchteten nämlich, wie die beiden Forscherinnen entdeckten, als intellektuelle Hochstaplerinnen entlarvt zu werden. Obwohl diese Frauen überaus perfektionistisch waren, rechneten sie ihren Erfolg trotzdem dem Glück zu, was bedeutete, dass sie permanent in einem Zustand der Angst lebten, demnächst demaskiert zu werden. Das Hochstaplersyndrom kann uns davon abhalten, zwischen all den Männern, die kein bisschen klüger sind als wir, unseren Platz einzufordern. Diese Männer fühlen sich in der Rolle des Experten schon deshalb viel wohler, weil sie von Geburt an behandelt wurden, als gehörten sie zu einem exklusiven, nur für Männer zugelassenen Klub.

Zum Glück kann Selbstmitgefühl auch hier helfen. In einer Studie mit Erst- und Zweitsemestern an einer renommierten europäischen Universität maßen die Forscherinnen und Forscher das Ausmaß, in dem die jungen Männer und Frauen das Hochstaplersyndrom kannten.[434] Zudem erfassten sie die Geschlechterrollenorientierung der Studierenden, also inwieweit sie eher handlungsorientiert, beziehungsorientiert oder androgyn waren. Darüber hinaus wurde auch das Ausmaß ihres Selbstmitgefühls gemessen. Die Wissenschaftlerinnen und Wissenschaftler fanden heraus, dass weibliche Studierende im Allgemeinen sehr viel intensiver unter dem Hochstaplersyndrom litten als männliche. Außerdem zeigte sich, dass handlungsorientierte und androgyne Frauen mehr Selbstmitgefühl hatten und dass Frauen mit Selbstmitgefühl weniger anfällig für das Hochstaplersyndrom waren. Indem es uns hilft, uns selbst bedingungslos anzunehmen und zu unterstützen, gelingt es uns mit seiner Hilfe, unsere eigenen Leistungen auch für uns zu beanspruchen.

Kraftvolles Selbstmitgefühl ist zudem eine kraftvolle und stetige Motivationsquelle, die ihrerseits ein Schlüssel für beruflichen Erfolg ist. Es spornt uns an, sorgt dafür, dass wir aus Fehlern lernen können, und gibt uns eine klare Richtung. Menschen mit Selbstmitgefühl haben sich angesichts von Schwierigkeiten bei der Arbeitssuche als optimistischer und vertrauensvoller erwiesen.[435] Auch bleiben sie bei Problemen mit größerer Wahrscheinlichkeit gelassener und geben bei ihrer Suche die Hoffnung nicht so schnell auf, sind seltener niedergeschlagen und entmutigt. Darüber hinaus sind selbstmitfühlende Arbeitnehmer insgesamt engagierter bei der Sache.[436] Auch ist Selbstmitgefühl besonders hilfreich, um Misserfolge bei der Arbeit zu verdauen. Forscherinnen und Forscher aus den Niederlanden brachten mehr als 100 Unternehmern bei, mitfühlend mit sich selbst zu sein, und entdeckten, dass die Teilnehmerinnen und Teilnehmer an ihrer Studie dadurch weniger ängstlich wurden und besser in der Lage waren, mit Situationen wie zum Beispiel einem plötzlichen Einbruch der Nachfrage umzugehen.[437]

Wer sich selbst ermutigt, anstatt sich dauernd streng zu kritisieren, reagiert robuster auf berufliche Misserfolge, was die Voraussetzung dafür ist, Durchhaltevermögen und Entschlossenheit zu mobilisieren, um es noch einmal zu versuchen. Serena Chen schrieb für den *Harvard Business Review* einen Artikel, in dem sie die Vorteile von Selbstmitgefühl im Berufsleben noch einmal aufzählt, weist aber auch darauf hin, dass Unternehmen zwar langsam anfangen zu verstehen, dass Scheitern immer eine Möglichkeit zum Lernen bedeutet, sie jedoch noch nicht dahintergekommen seien, wie sie ihren Mitarbeitern helfen könnten, in diese Richtung umzudenken.[438] Selbstmitgefühl – Chen nennt es den »Einsatz der erlösenden Kraft des Scheiterns« – trägt dazu bei, genau die Art von Einstellung in Richtung Fortschritt und Entwicklung zu pflegen, die man braucht, um sich beruflich zu entfalten und erfolgreich zu sein.

Bei der Arbeit eine Selbstmitgefühlspause machen

Wir alle wissen, wie wichtig es ist, bei der Arbeit Pausen zu machen. Egal, ob Sie die Zeit nutzen, um sich einen Becher Kaffee zu holen oder ein paar Seiten in einem Buch zu lesen – eine kleine Pause kann helfen, wieder zu Atem zu kommen. Sie können die Zeit aber auch nutzen, um sich eine Selbstmitgefühlspause zu gönnen, die Ihnen hilft, mit jeder Art von Stress, Frust oder Schwierigkeit umzugehen, mit der Sie gerade konfrontiert sind. Die erste Frage, die Sie sich stellen sollten, lautet: Was brauche ich in diesem Moment, um für mich sorgen zu können? Brauche ich eine sanfte Selbstmitgefühlspause (Seite 159), um mich zu beruhigen und zu trösten oder um das, was gerade passiert, besser zu akzeptieren? Brauche ich eine schützende Selbstmitgefühlspause (Seite 194), um Nein zu sagen, Grenzen zu setzen oder mich zu verteidigen? Brauche ich eine versorgende Selbstmitgefühlspause (Seite 232), die mir hilft, mich darauf zu konzentrieren, meine eigenen Bedürfnisse auf authentische Weise zu befriedigen? Oder brauche ich eine motivierende Selbstmitgefühlspause (Seite 260), die mir hilft, mich zu einer Veränderung zu ermutigen oder einfach weiterzumachen? Vielleicht brauchen Sie auch eine Mischung aus allem. Wenn Sie sich angewöhnen, sich zu fragen, was Sie gerade brauchen, kann das Ihre Belastbarkeit und Leistungsfähigkeit am Arbeitsplatz jedenfalls enorm steigern.

Mein Weg in der Wissenschaft

Wie so viele Frauen habe auch ich Geschlechtervorurteile am Arbeitsplatz erlebt. Die Wissenschaft ist eine Yang-Welt. Die schon erwähnten »Skala-Kriege« sind mit Sicherheit ein Beispiel dafür, und mein akademisches Ich kann ziemlich kraftvoll sein. Weil diese Energie sich unter anderem gegen Geschlechternormen richtet, bedeutet das aber auch, dass einige meiner Kollegen – unter anderem die an meiner Fakultät an der UT Austin – mich nicht mögen. Das ist etwas, womit ich mich im Laufe meiner Karriere abgefunden habe. Teilweise ist diese Abneigung darauf zurückzuführen, dass meine innere Bulldogge manchmal an unpassenden Stellen hervorkommt, zum Beispiel wenn jemand gerade seine Dissertation verteidigt, was ja wirklich nicht gerade optimal ist. Aber die Abneigung meiner Kollegen geht weit darüber hinaus. Wann immer ich in einer

Fakultätssitzung eine direkte Frage stelle, ohne sie blumig zu verpacken, wird sie als aggressiv empfunden. Wenn ich gefragt werde, wie es mir geht, und ich meine gute Laune nicht verstecke (»Super, danke! Meine Arbeit wurde letzten Monat zweimal in der *New York Times* erwähnt, ist das nicht toll?«), wird das als narzisstisch aufgefasst oder als Eigenwerbung. Ich habe schwer den Verdacht, dass keine dieser Verhaltensweisen, nicht einmal meine innere Bulldogge, bei irgendjemandem auch nur ein Stirnrunzeln hervorlocken würde, wenn ich ein Mann wäre.

Gleichzeitig habe ich einen Preis dafür bezahlt, dass ich zu »soft« bin, denn der Fokus meiner Arbeit liegt bekanntlich auf Selbstmitgefühl. Eine Beförderung von meiner Stelle als außerordentliche Professorin zur Lehrstuhlinhaberin wurde mir verweigert – obwohl ich 50 Prozent häufiger zitiert worden bin als der am zweitmeisten zitierte Lehrstuhlinhaber an meiner Fakultät –, weil meine Forschung als »nicht streng genug« für eine der wichtigsten Forschungsuniversitäten wie der UT Austin betrachtet wurde. Und weil ich mich in meinen Seminaren darauf konzentriere, den Studierenden Achtsamkeit und Selbstmitgefühl beizubringen, und sie Seminararbeiten über den Einfluss schreiben lasse, den diese Praktiken auf ihren Alltag haben, wurde meine Lehre als »nicht akademisch genug« eingestuft. Der Beitrag, den ich geleistet habe, indem ich ein internationales Trainingsprogramm für Selbstmitgefühl mit aufgebaut habe, wurde ebenfalls nicht einbezogen, weil sich diese Arbeit außerhalb des bürokratischen Universitätssystems abgespielt hat. (Ich half zum Beispiel bei der Finanzierung einer gemeinnützigen Organisation, anstatt mich für üppige Regierungsstipendien zu bewerben.)

Da ich längst eine Festanstellung als außerordentliche Professorin hatte und der Gehaltsunterschied zwischen einer außerordentlichen Professur und der Stelle als Lehrstuhlinhaberin minimal war, war die verweigerte Beförderung mehr ein Schlag für mein Ego als für meine bürgerliche Existenz. Doch meine Lebensarbeit mal eben so abgelehnt zu sehen, fühlte sich an wie ein Tritt in die Magengrube. Ich habe mich der Erforschung und der Lehre von

Selbstmitgefühl verschrieben, weil ich damit Leuten helfen kann. Weil ich damit niemandem helfen konnte, hatte ich keine Lust, meine Zeit damit zu verschwenden, all das zu tun, was im traditionellen Universitätsbetrieb wichtig ist – sich freiwillig für zusätzliche Kommissionsarbeit zu melden, akademische Konferenzen zu organisieren und an ihnen teilzunehmen und Drittmittelanträge zu stellen. Stattdessen arbeitete ich außerhalb des Systems, aber die Universität mag nun einmal keine Leute, die ihren eigenen Weg gehen.

Zum Glück habe ich die Praktik des Selbstmitgefühls. Nachdem mir die Beförderung verweigert wurde, war ich bestürzt und entmutigt, und ich brauchte sowohl sanftes als auch kraftvolles Selbstmitgefühl, um einigermaßen durch diese Krise zu kommen. Zunächst achtete ich gut darauf, mir selbst zu erlauben, meine Enttäuschung und Trauer, dass ich übergangen worden war, voll und ganz zu spüren: das Gefühl, nicht anerkannt zu sein. Ich erinnere mich, wie ich mit beiden Händen auf dem Herzen eine ganze Nacht lang im Bett lag und weinte und mit mir sprach: Das tut wirklich weh. Ich fühle mich so ungesehen. Überhaupt nicht wertgeschätzt. Aber ich sehe dich, Kristin. Ich schätze dich, und ich erkenne an, wie hart du gearbeitet hast, um mehr Mitgefühl in diese Welt zu bringen. Es tut mir so leid, dass deine Fakultät und die Uni andere Werte vertreten. Aber es hat nichts mit dir oder dem Wert deiner wissenschaftlichen Arbeit zu tun.« Ich erlaubte dem Sturm, sich zusammenzubrauen, und ließ es zu, dass sich das Unwetter in Sturm, Regen und Donner entlud und dann abzog.

Als ich am nächsten Morgen aufwachte, war ich wütend. Ich hatte das Gefühl, unfair behandelt worden zu sein. Ich traf mich mit dem Dekan, dem Vertrauenskollegen der Universität und dem Vorsitzenden des Einstellungs- und Beförderungskomitees. Ich stellte ein Dokument zusammen, in dem ich die Strenge meiner wissenschaftlichen Arbeit mit der der letzten beiden Fakultätsmitglieder auf ähnlichen Gebieten verglich, die einen Lehrstuhl erhalten hatten (beide Männer). Es wurde absolut deutlich, dass meine Methoden zumindest streng zu nennen waren, wenn nicht mehr. Doch die

Entscheidung war endgültig, und meine einzige Chance bestand darin, es in ein paar Jahren noch einmal zu versuchen. Das würde allerdings erfordern, dass ich das Spiel von nun an in einer Weise spielte, die der Universität mehr zusagte, und genau das möchte ich nicht tun. Ich möchte von meiner Arbeit in der Welt nicht abgelenkt werden und meine Zeit nicht mit Dingen verschwenden, die im Universitätsbetrieb wichtig sind, die mir selbst aber irrelevant vorkommen. Deshalb habe ich mich entschieden, etwas zu verändern und Ende des Jahres 2021 in Frührente zu gehen. Als emeritierte außerordentliche Professorin kann ich weiterhin Forschungsvorhaben durchführen, und im Moment verhandle ich mit verschiedenen Universitäten über mehrere Forschungsvorhaben, aber hauptsächlich möchte ich mich darauf konzentrieren, dem Center for Mindful Self-Compassion dabei zu helfen, Selbstmitgefühl zu jenen Menschen auf der ganzen Welt zu bringen, die es brauchen: Menschen, die im Gesundheits- und Bildungswesen arbeiten, Anwälte, die sich für soziale Gerechtigkeit einsetzen, Eltern, Jugendliche und alle Menschen, die leiden. Obwohl es ziemlich beängstigend ist, eine Festanstellung aufzugeben, weiß ich aus eigener Erfahrung, dass es das Richtige ist.

Wir Frauen werden noch viel Selbstmitgefühl brauchen, um an sexistischen Arbeitsplätzen erfolgreich zu agieren und sie zu verändern. Leider gibt es für so etwas keine schnelle Lösung. Unsere einzige Chance besteht darin, uns weiter vorwärtszukämpfen und dabei so authentisch wie möglich zu bleiben, indem wir sowohl unserem Yin- als auch unserem Yang-Anteil Raum geben. Sanftes Selbstmitgefühl ermöglicht es uns, den Schmerz der Ungerechtigkeit zu halten, während kraftvolles Selbstmitgefühl uns antreibt, für uns selbst einzutreten und unsere Zukunftsvision in die Tat umzusetzen. Wir können gemeinsam für Arbeitsumgebungen sorgen, in denen die Werte der menschlichen Freundlichkeit mit dem Profitmachen ins Gleichgewicht kommen, in denen jede einzelne, einzigartige Stimme die Chance bekommt, gehört zu werden, und alle Menschen gleichberechtigt die Leiter zum Erfolg erklimmen dürfen.

KAPITEL 10

Für andere sorgen, ohne sich selbst zu verlieren

Für mich selbst zu sorgen, ist kein persönlicher Luxus, es ist Selbsterhalt und damit ein Akt politischer Kriegsführung.[439]

—Audre Lorde, Autorin und Aktivistin

Ein zentraler Aspekt der weiblichen Geschlechterrolle ist die Erwartung, dass wir andere Menschen versorgen, hegen und pflegen. Wenn wir diese Rollenerwartung erfüllen wollen, ist das Risiko groß, davon vollkommen vereinnahmt zu werden – es sei denn, wir schaffen es, unsere eigenen Bedürfnisse genauso wichtig zu nehmen wie die der anderen. Anderenfalls ähneln wir irgendwann den weiblichen Exemplaren dieser besonderen Spinnenart, bei der es »Matriphagie« gibt: Die Spinnenjungtiere nutzen ihre Mutter als Nahrungsquelle, indem sie sie bei lebendigem Leib auffressen.[440] Nur dass dann nicht unser Körper, sondern unsere emotionalen und psychischen Reserven verschlungen werden – so lange, bis für uns selbst fast nichts mehr übrig ist.

Es gibt Anzeichen, dass dies bei einigen schon heute der Fall ist. Derzeit sind 80 Prozent der Alleinerziehenden Frauen, was bedeutet, dass Mütter mit sehr viel größerer Wahrscheinlichkeit als Väter die Hauptverantwortung für ihre Kinder übernehmen.[441] Schätzungen gehen davon aus, dass selbst in Familien, in denen beide Eltern in einem Haushalt leben und Vollzeit arbeiten – heutzutage das üblichste Familienmodell –, berufstätige Frauen etwa doppelt so viel Zeit mit der Kinderversorgung und dem Haushalt verbringen wie Männer.[442] Das liegt nicht nur daran, dass Männer tendenziell mehr verdienen als Frauen, was man schon daran sieht, dass Frauen, die nach einem Jobwechsel plötzlich mehr verdienen als ihre Männer, ihre Beteiligung an der Hausarbeit nicht etwa verringern, sondern ausweiten, um weiterhin dem Bild der guten Hausfrau zu entsprechen.[443] Frauen verbringen auch mehr Zeit damit, Familienaktivitäten zu koordinieren, Feste zu planen, Arzttermine zu organisieren, den Kontakt zu Verwandten zu halten und so weiter. Das führt dazu, dass vier von zehn berufstätigen Müttern angeben, dass sie sich permanent gehetzt fühlen und wenig bis gar keine Zeit für sich selbst haben.[444] Indem wir herumrennen, für die Kinder sorgen, Termine und den Abwasch machen und nebenbei unser Outfit für das große Meeting am nächsten Tag vorbereiten, geht uns viel wertvolle Energie verloren.

Frauen schultern außerdem die Last der Sorge für weitere Familienmitglieder. Wir Frauen nehmen uns im Vergleich zu Männern mit einer 50 Prozent höheren Wahrscheinlichkeit unseres kranken Ehepartners oder eines älteren Verwandten mit einer Krankheit wie Alzheimer, Demenz oder Krebs an.[445] Auch berichten wir viel häufiger als Männer von negativen Auswirkungen dieser Sorgearbeit, zum Beispiel von Ängsten, Stress, Depressionen, herabgesetzter körperlicher Gesundheit und geringerer Lebensqualität.[446] Der schwelende Groll, den viele Frauen vor allem dann fühlen, wenn sie ihre häuslichen Aufgaben nicht mit ihrem männlichen Gegenüber teilen, führt zu Daueranspannung und Unzufriedenheit: Voll berufstätige Frauen, die das Gefühl haben, dass die Hausarbeit in ihrer Partnerschaft unfair verteilt ist, sind auch ihren eigenen Angaben zufolge häufiger wütend, gestresst[447] und von Burnout bedroht als diejenigen Frauen, die sich die Hausarbeit mit ihren Männern teilen.[448]

Zwar sorgen auch Männer für ihre Kinder, Ehepartner und Verwandten, doch sind die Erwartungen bezüglich ihres Beitrags sehr viel niedriger. Und wenn ein Mann sich engagiert, dann wird er häufig gefeiert wie jemand, der gerade angeboten hat, eine seiner Nieren zu spenden. Meine Kollegin Stephanie, die drei Kinder unter acht Jahren hat, erzählte mir eine Geschichte aus ihrem Alltag, die die Absurdität dieses Phänomens illustriert. Eines Tages am Ende des Sommers ging sie mit ihren beiden älteren Mädchen in die Stadt zum Einkaufen, um ein paar Klamotten für das neue Schuljahr zu besorgen, während ihr Ehemann Mike mit ihrem kleinen Jungen, der noch ein Baby war, zu Hause blieb. Man kann sich vorstellen, dass es für Stephanie, die sich mit haufenweise Taschen und Tüten abschleppte, nicht so einfach war zu verhindern, dass eines der Mädchen verloren ging, während sie durch die Läden streiften. In einem der Geschäfte quetschten sie sich zu dritt in eine kleine Umkleidekabine, weil die älteste Tochter ein paar Sachen anprobieren wollte. Irgendwie schaffte es die kleinere von beiden, von unten in die Nachbarkabine zu krabbeln, was Stephanie erst bemerkte, als sie eine Frau mit scharfer Stimme sagen hörte: »Könnten Sie *bitte* versuchen, ihre Kinder unter Kontrolle zu behalten?« Stephanie schämte sich schrecklich und hatte kurz das Gefühl, dass sie einfach nicht in der Lage war, die Aufgaben einer Mutter angemessen zu erfüllen. Als die drei wieder zu Hause ankamen, war Stephanie restlos erschöpft. Mike begrüßte sie freudig an der Tür; er schien sehr zufrieden mit sich zu sein. »Und? Wie lief es bei euch?«, fragte sie ihn. »Bestens«, rief er gut gelaunt. »Ich hab Tyler einfach in den BabyBjörn gepackt und bin mit ihm zum Supermarkt gegangen, und in der Schlange hat mich ein älteres Paar angesprochen, um mir zu sagen, was ich für ein toller Vater bin!« Stephanie erzählte mir, dass sie sich beherrschen musste, nicht mit den Augen zu rollen: »Wenn *ich* es mal so leicht hätte!«

Diese Geschichte ist typisch: Frauen, die sich häufig unglaublich verrenken müssen, um gut für ihre Kinder zu sorgen, werden in ihrer sorgenden Rolle erst dann bemerkt, wenn sie die gesellschaftlichen Erwartungen einmal nicht erfüllen. Männer machen höchstens die Hälfte und werden gefeiert wie die Helden.

Zwar kann es unglaublich sinnvoll und befriedigend sein, für andere zu sorgen, aber nur, wenn wir diese Sorge in ein Gleichgewicht mit der Sorge für uns selbst bringen. Egal, ob wir in einem Care-Beruf arbeiten oder zu Hause für unsere Kinder oder unseren Partner sorgen: Geben und Nehmen können nur dann nachhaltig sein, wenn sie sich in einem echten Gleichgewicht befinden.

Sorge mit Schlagseite

Dass Frauen schon in ihrer Kindheit lernen, eher sanft als kraftvoll zu sein, führt zu problematischen Erwartungen, die die Notwendigkeit der Hilfe für andere überbetonen gegenüber der Notwendigkeit, sich selbst zu helfen. Ausgerechnet die Unterordnung unserer eigenen Bedürfnisse wird zum Sinnbild der bewundernswerten, aufopfernden Natur der Frau, die sie angeblich zum »besseren Geschlecht« macht. Diese Art von positivem Sexismus muss man schon deshalb kritisieren, weil er so tut, als wäre die ungleiche Verteilung von Ressourcen – bei der die Männer immer den Löwenanteil bekommen – irgendwie auf die wundervolle, großzügige und freundliche Natur von Frauen zurückzuführen.

Und wir? Wir fallen häufig genug darauf herein. Wie alle anderen Menschen möchten auch wir uns geliebt und anerkannt fühlen, und sobald wir begreifen, dass wir gemocht werden, wenn wir uns aufopfern, finden wir uns in einer seltsamen Lage wieder: Wir negieren unsere eigenen Bedürfnisse, um uns ein positives Selbstbild zu bewahren, wobei diese Strategie aber dazu führt, dass letztendlich weniger von uns selbst übrig bleibt, das wir überhaupt wertschätzen könnten.

Vicki Helgeson und Heidi Fritz von der Carnegie Mellon University haben die Fokussierung auf die Bedürfnisse anderer bei gleichzeitiger Negation der eigenen Bedürfnisse als »absolute Aufopferung« bezeichnet, grob gesagt eine Verhaltensweise, in der die Sorge für andere nicht durch Selbstsorge ausbalanciert ist.[449] Ich selbst nenne diesen Zustand »Sorge mit Schlagseite«. Das kann so aussehen, dass man sich (bei der Auswahl des Urlaubsortes, des Restaurants oder sogar der Stadt, in der man lebt) extrem an die Bedürfnisse des Partners anpasst, anstatt geltend zu machen, was man selbst möchte. Eine andere Variante wäre, dass man dermaßen viel Zeit damit verbringt, Familienmitgliedern, Freunden oder seiner Lieblingswohltätigkeitsorganisation zu helfen, dass man irgendwann erschöpft und ausgelaugt ist. Es ist wohl nicht überraschend, dass Frauen in sehr viel größerem Ausmaß von dem Phänomen der »Sorge mit Schlagseite« betroffen sind als Männer.[450] Für andere zu sorgen wird von Frauen häufig mit Wohlbefinden assoziiert, doch wenn diese Tätigkeit auf Kosten der eigenen Bedürfnisse geht, kann das auf Dauer unzufrieden machen. In jedem Fall aber trägt es zu der Erklärung bei, warum Frauen häufiger unter Depressionen leiden als Männer.[451]

Manchmal können Frauen auch deshalb nicht für sich sorgen, weil ihre Lebensbedingungen ihnen einfach keine Chance dazu lassen. Eine alleinerziehende Mutter, die zwei Jobs braucht, um ihre Kinder durchzubekommen, wird kaum Zeit für sich selbst übrig haben. Aber wenn die Sorgearbeit in eine Schieflage gerät, kann das auch etwas mit der Persönlichkeit oder dem Selbstbild zu tun haben. Einige Frauen entscheiden sich immer wieder dafür, sich lieber auf die Bedürfnisse von anderen zu konzentrieren und dafür die eigenen Bedürfnisse hintanzustellen, weil sie das Gefühl haben, dass sie so handeln müssen – weil sie es nicht anders verdienen. Es gibt Forschungsergebnisse, die zeigen, dass Frauen, bei denen die Sorge für andere in eine Schieflage kommt, dazu neigen, sich selbst kleinzumachen und in Gruppen sehr gehemmt aufzutreten, weil sie das Gefühl haben, dass sie nichts Relevantes zu sagen haben.[452] Wenn sie von anderen rücksichtslos behandelt werden, haben sie Schwierigkeiten, authentisch und energisch zu widersprechen und ihre Rechte einzufordern. Nicht sagen zu können, was man braucht, kann darüber hinaus in Partnerschaften zu Problemen mit Intimität führen.[453] Es ist schwierig, dem Partner wirklich auf einer tiefen Ebene zu begegnen, wenn man davon überzeugt ist, dass alles, was man zu geben hat, unzureichend ist. Anderen gegenüber seine Wünsche zu äußern oder darauf zu bestehen, dass die eigenen Bedürfnisse Beachtung finden, wird dadurch ebenfalls erschwert.

Frauen, die auf diese unausgewogene Weise für andere sorgen, tun das meist nicht gerne und sind deshalb oft missgelaunt.[454] Zwar haben sie Angst, um das zu bitten, was sie brauchen, aber sie nehmen es anderen gleichzeitig übel, dass sie ihnen nicht geben, was sie wollen. Doch wer darauf wartet, dass der andere ganz von sich aus die eigenen Bedürfnisse befriedigt, verhält sich ungefähr so wie jemand, der darauf wartet, dass der Teenager spontan und von sich aus den Müll runterbringt. Viel Spaß dabei. Wenn wir nicht darum bitten, wird es höchstwahrscheinlich nicht passieren.

Sich selbst auf diese Weise zu verlieren kann gefährlich, ja fatal sein. Forschungsergebnisse zeigen, dass die unausgewogene Sorgearbeit zur Vernachlässigung der körperlichen Gesundheit führt: Wer zum Beispiel Diabetes oder Brustkrebs hat und gleichzeitig noch für andere sorgen muss, kümmert sich mit geringerer Wahrscheinlichkeit um die eigenen Arztbesuche, um seine Ernährung, die korrekte Einnahme der verschriebenen Medikamente und um die nötigen Ruhephasen.[455] In einer Studie ging es um Menschen, die kürzlich wegen eines Herzinfarktes oder Ähnlichem ins Krankenhaus gekommen waren.[456] Darin konnte gezeigt werden, dass diejenigen, deren Sorgearbeit irgendwann Schlagseite bekommen hatte, mit größerer Wahrscheinlichkeit auch dauerhaft mit kardiologischen Symptomen wie Brustschmerzen, Schwindel, Kurzatmigkeit, Müdigkeit, Übelkeit und Herzrasen zu tun hatten, einfach weil sie sich nicht genug um sich selbst kümmerten. Wenn man seine eigenen Bedürfnisse ignoriert, kann man sich im wahrsten Sinne des Wortes selbst das Herz brechen.

Hat Ihre Sorgearbeit Schlagseite?

Wenn Sie herausfinden wollen, ob das Muster, in dem Sie für sich und andere sorgen, aus dem Gleichgewicht ist, können Sie den Fragebogen zur absoluten Aufopferung ausfüllen, den Fritz und Helgeson konzipiert haben.[457]

Anleitung

Bitte lesen Sie jede Aussage gründlich durch, bevor Sie antworten. Denken Sie darüber nach, ob Sie dem jeweiligen Statement zustimmen oder nicht, indem Sie sich vorstellen, wie genau es die Art und Weise beschreibt, in der Sie sich auf Menschen beziehen, die Ihnen nahestehen, egal, ob Freunde oder Familienangehörige. Antworten Sie auf einer Skala von 1 (starke Ablehnung), 2 (leichte Ablehnung), 3 (weder Ablehnung noch Zustimmung), 4 (leichte Zustimmung) oder 5 (starke Zustimmung).

___ Für mich haben die Bedürfnisse anderer Vorrang über meine eigenen.
___ Ich lasse mich häufig übermäßig in die Probleme von anderen verwickeln.
___ Ich kann nur glücklich sein, wenn andere glücklich sind.
___ Ich mache mir Sorgen darüber, wie andere Leute ohne mich klarkommen.
___ Es fällt mir schwer einzuschlafen, wenn es anderen nicht gut geht.
___ Ich kann meine eigenen Bedürfnisse unmöglich befriedigen, wenn sie mit denen von anderen in Konflikt stehen.
___ Ich kann nicht Nein sagen, wenn mich jemand um Hilfe bittet.
___ Ich helfe anderen Menschen auch, wenn ich erschöpft bin.
___ Ich mache mir häufig Sorgen um die Probleme anderer.

Nachdem Sie Ihre Einschätzung abgegeben haben, rechnen Sie alle Werte zusammen und teilen die Summe durch 9. Ergebnisse über 3 lassen darauf schließen, dass Ihre Sorgearbeit in eine gewisse Schieflage geraten ist. Um Ihnen ein Gefühl dafür zu geben, was typisch ist: Bei einer Studie mit 361 Studierenden im Grundstudium hatten die Männer einen Durchschnittswert von 3,05 und die Frauen einen von 3,32.[458]

Der Wert einer Frau

Ein Faktor, der zur Unausgewogenheit von Sorgearbeit beiträgt, ist das Bedürfnis nach Bestätigung von außen.[459] Wir möchten, dass andere uns mögen und anerkennen. Unser Gefühl für den eigenen Wert ist häufig davon abhängig, dass wir die Ansprüche erfüllen, die die Gesellschaft an uns stellt, sei es als »gute Mutter« (melde dich freiwillig, Cupcakes für den Lehrer-Elternausschuss mitzubringen), als »gute Ehefrau« (interessiere dich für die Hobbys deines Partners) oder als »gute Tochter« (organisiere die Reparaturen, die im Haus deiner Eltern nötig sind). Viele dieser Handlungen sind ein authentischer Ausdruck von Fürsorge, aber solche guten Taten bekommen einen schalen Beigeschmack, wenn sie als Mittel benutzt werden, um von anderen bestätigt zu werden. Anstatt unsere Großzügigkeit mit Selbstsorge ins Gleichgewicht zu bringen, fangen wir an, das, was wir wirklich wollen zurückzustellen, um andere glücklich zu machen. Auch aus diesem Grund sagen so viele Frauen *Ja*, wenn Sie eigentlich *Nein* meinen: Sie haben schlicht und einfach Angst, dass sie sonst nicht gemocht werden.

Das Problem mit dieser Strategie ist, dass sie häufig nicht funktioniert. Es kann passieren, dass andere unsere Fürsorge selbstverständlich finden oder uns gerade nicht dafür schätzen – entweder, weil sie es einfach nicht wollen, oder weil sie einfach von ihren eigenen Problemen zu eingenommen sind. Und selbst wenn wir Wertschätzung von anderen erhalten, kann es sein, dass diese Wertschätzung nicht reicht, um unsere Gefühle von Unzulänglichkeit wettzumachen. Ein Partner mag genau die richtigen Dinge sagen – »du bist einfach toll, für mich bist du etwas ganz Besonderes« –, aber wenn wir das nicht selbst glauben, kann es passieren, dass wir das, was uns gerade gesagt wurde, einfach abtun. Wer sich nicht selbst schätzen kann, wird sich nie gut genug fühlen. Dass so viele Menschen, die auf unausgewogene Weise für andere sorgen, von ihrer eigenen Wertlosigkeit überzeugt sind, trägt natürlich unmittelbar zu ihrer Unzufriedenheit und Depressivität bei.[460]

Anstatt bei anderen nach Anerkennung und Bestätigung zu suchen, können wir uns auch einfach nach innen wenden, sozusagen an unseren eigenen Springquell der Wärme und des Wohlwollens. Vielleicht kommt Ihnen das erst einmal ziemlich viel verlangt vor, aber so funktioniert die Kraft des Selbstmitgefühls nun einmal: Wir bejahen uns selbst mit all unseren Fehlern und schätzen uns *wegen* und nicht *trotz* unserer Unvollkommenheit. Wir erkennen unsere Stärken *und* unsere Schwächen an. Wir müssen nichts tun, um diese Form von Akzeptanz zu verdienen; sie steht uns von Geburt an zu. Denn was bestimmt letztendlich unseren Wert als Person? Wie nett, nützlich und attraktiv wir sind, wie viele Menschen uns mögen? Nein! Unser Wert gehört einfach zum Menschsein dazu: Mit dem Blatt, das wir auf der Hand haben, spielen wir das Spiel, so gut wir können. Unser Wert besteht darin, ein Bewusstsein zu haben, das in der Lage ist, die ganze Bandbreite menschlicher Gefühle zu erleben. Wenn wir das anerkennen, können wir lernen, uns selbst die Liebe und Aufmerksamkeit zu schenken, nach der wir uns so sehnen.

Das ist durchaus kein Ei-tei-tei, sondern durch empirische Forschung bewiesen. Mehrere Studien zeigen, dass der auf Selbstmitgefühl basierende Sinn für den eigenen Wert nicht davon abhängig ist, wie sehr andere Menschen uns mögen oder wie attraktiv oder erfolgreich wir sind.[461] Denn er kommt von innen, nicht von außen, und er wird mit der Zeit immer stabiler, immer weniger angreifbar.[462] Er ist bedingungslos, immer für uns da, in guten und in schlechten Zeiten.

Wenn wir auf dem Fundament der bedingungslosen Selbstakzeptanz stehen, können wir anderen etwas geben, weil wir es möchten, nicht weil wir glauben, es zu müssen. Wir können *Ja* sagen, wenn wir das Gefühl haben, genügend Ressourcen zu haben. Und wenn unsere Batterie leer ist, können wir ebenso gut *Nein* sagen.

Zu anderen Nein und zu sich selbst Ja sagen

Wenn Sorge gesund sein soll, dann ist es unerlässlich, das richtige Gleichgewicht zwischen der Sorge für andere und der Sorge für sich selbst zu finden. Zwar ist der Vorrat an Liebe, die wir anderen geben können, unbegrenzt, aber unsere Zeit und unsere Energie sind es nicht. Wenn wir so viel geben, dass wir uns damit selbst schaden, hat das mit Mitgefühl nichts mehr zu tun. Denn Mitgefühl hat ja den Zweck, Leid zu lindern, weshalb uns selbst Leid zuzufügen, um das Leid anderer zu mildern, einfach nicht funktioniert – weder in der Theorie noch in der Praxis. Wer sich nicht anstrengt, die eigenen Bedürfnisse zu erfüllen, um sich vollständig zu fühlen, wird sich als Sorgende selbst zugrunde richten. Sich dermaßen selbst auszulaugen, dass man nichts mehr zu geben hat, führt dazu, dass man anderen nicht mehr helfen kann.

Veronica lernte, wie wichtig es ist, für sich selbst zu sorgen, als sie an einem meiner einwöchigen Selbstmitgefühls-Intensivkurse teilnahm. Beim Mittagessen sprachen wir in einer kleinen Gruppe über die kulturellen Unterschiede bezüglich der Erwartungen, die an Frauen gestellt werden, die Sorgearbeit leisten. Ich erzählte von einer von mir und meinem Team durchgeführten Studie, in der die Norm der Selbstaufopferung mexikanisch-amerikanischer Frauen mit der europäisch-amerikanischer Frauen verglichen wurde.[463] Wir fanden damals heraus, dass mexikanisch-amerikanische Frauen einem besonders großen Druck ausgesetzt waren, die eigenen Bedürfnisse zugunsten der Bedürfnisse anderer Menschen zu negieren. Veronica, eine etwa 40 Jahre alte mexikanisch-amerikanische Teilnehmerin, bestätigte das – tatsächlich war sie genau aus diesem

Grund auf das Thema des Selbstmitgefühls aufmerksam geworden. Wir blieben in Kontakt, und nach und nach erfuhr ich ihre Geschichte.

Veronica war in einer großen, eng verbundenen und liebevollen Familie im mittleren Kalifornien aufgewachsen. Als Älteste von sechs Kindern war sie schon im Alter von zehn Jahren dafür zuständig, auf ihre jüngeren Geschwister aufzupassen. Ihr Selbstbild formte sich um die Idee herum, jemand zu sein, der sich fürsorglich und liebevoll um andere kümmert, und wenn sie sich entsprechend verantwortungsbewusst verhielt, wurde sie dafür belohnt. So ging das, bis sie erwachsen war. Nach ihrer Heirat bekam sie zwei Jungen, mittlerweile im Teenageralter, und arbeitete als Büroleiterin in einer gut laufenden Steuerberatungsfirma. Sie war die Haupternährerin der Familie, weil ihr Ehemann Juan seit Beginn ihrer Ehe an Multipler Sklerose litt und nicht arbeiten konnte. Jeden Abend, wenn sie aus dem Büro kam, machte sie das Essen für die Kinder und half Juan bei Tätigkeiten, mit denen er nicht alleine zurechtkam. Gleichzeitig sorgte sie dafür, dass die Familie genügend Zeit zum Zusammensein fand. Sie war außerdem gläubig und meldete sich am Wochenende häufig für ehrenamtliche Tätigkeiten in ihrer Gemeinde, zum Beispiel als Köchin bei Benefizveranstaltungen oder für die Organisierung von Spendenaktionen. Wer auch immer Hilfe brauchte, fragte Veronica.

Aber innerlich ging Veronica langsam unter. Sie arbeitete bis zur Erschöpfung und entwickelte einen Groll gegen alle, die sich auf ihre Hilfe verließen. Es schien, als wäre ihr Leben ein Abarbeiten von Pflichten. Sie hatte kaum noch Zeit für das, was sie gerne machte, wie zum Beispiel für die Aquarellmalerei, die sie im College gelernt hatte. Eigentlich wäre sie gern Künstlerin geworden, hatte sich dann aber für den sicheren Weg entschieden und Buchhalterin gelernt.

Irgendwann gab es den Plan, dass Juan mit den Kindern an einem verlängerten Wochenende zu seiner Familie fahren sollte: endlich eine Pause für Veronica. Sie hatte vor, sich zu Hause einzubuddeln und so viel wie möglich zu malen. Doch in letzter Minute bekam sie einen Anruf von ihrem Gemeindepfarrer, der sie bat, beim jährlichen Sommercamp an diesem Wochenende für eine erkrankte Freiwillige einzuspringen. »Es wäre so wichtig für die Kinder«, sagte er. Veronica hätte beinahe reflexartig zugesagt, aber sie hielt kurz inne und sagte ihm, dass sie erst darüber nachdenken müsse. Alles, was sie über kraftvolles Selbstmitgefühl gelernt hatte, hatte sie sehr beeindruckt, und sie wusste, dass sie mehr Yang brauchte. Dies war eine Gelegenheit, das Gelernte anzuwenden.

Nachdem sie aufgelegt hatte, dachte Veronica erst einmal darüber nach, was passieren würde, wenn sie Nein sagte. Sie spürte, dass sie Angst bekam. Wie konnte sie sich weigern? Was würden die Leute aus der Kirche von ihr denken? Würden sie sie für kalt, egoistisch, herzlos, unchristlich halten? Später erzählte sie mir, wie sie in dieser Situation die Übungen aus dem Workshop nutzte, um mit dieser Angst zurechtzukommen. Zunächst ließ sie sie einfach erst einmal zu, indem sie mit ihrem körperlichen Ausdruck – einem Engegefühl ganz hinten im Hals – in Kontakt trat. Es fühlte sich fast so an, als würde sie gleich ersticken und könnte nicht mehr sprechen. Ihr wurde nun klar, dass sie befürchtete, nicht mehr liebenswert zu sein, wenn sie ihr Bedürfnis durchsetzte. Deshalb probierte sie es mit einer neuen Strategie, die sie bei mir im Seminar gelernt hatte. Anfangs fühlte es sich komisch an. Sie sagte laut zu sich selbst: »Ich liebe und schätze dich, Veronica, du bist mir wichtig. Ich möchte, dass du glücklich bist.« Das wiederholte sie immer wieder. Anfangs fühlte es sich fremd und seltsam an. Sie glaubte sich selbst nicht. Aber sie machte einfach weiter. Irgendwann begannen die Tränen zu fließen, und sie konnte den Inhalt der Worte an sich heranlassen.

Dann versuchte sie es mit der versorgenden Selbstmitgefühlspause, um die Kraft der erfüllten, ausbalancierten Authentizität auf den Plan zu rufen. Mithilfe von Achtsamkeit gab sie der Tatsache Raum, dass sie sich eine Pause zum Malen wünschte – und keine ehrenamtliche Schufterei auf einem Sommercamp für Kinder. Dann ging sie zum nächsten Schritt über, zum Gleichgewicht, indem sie sich selbst immer wieder sagte: »Meine Bedürfnisse sind auch wichtig.« Obwohl ihr die Gemeinde sehr am Herzen lag und sie gern ausgeholfen hätte, wusste sie nun, dass sie anfangen musste, endlich auch für sich selbst zu sorgen. Dann ging sie den letzten Schritt, indem sie sich selbst darauf verpflichtete, für ihr eigenes Wohlergehen zu sorgen. Sie wölbte ihre Hände über ihr Gesicht und sprach auf eine Weise mit sich selbst, in der sie vielleicht mit einem ihrer Söhne gesprochen hätte: »Ich möchte nicht, dass du dich leer und ausgelaugt fühlst, Liebling, du sollst zufrieden und ganz sein. Ein bisschen Zeit für dich hast du dir jetzt einfach verdient.«

Gestärkt von dieser kurzen Übung griff Veronica zum Telefon und rief den Pfarrer zurück. »Ich würde wirklich gern einspringen, aber ich habe schon Pläne für das Wochenende. Tut mir leid.« Er war es nicht gewohnt, Veronica Nein sagen zu hören. »Sind Sie sicher, dass Sie nicht vielleicht umplanen können? Es wäre wirklich eine große Hilfe.« Sie antwortete warm, aber energisch: »Nein, das kann ich nicht. Ich brauche ein bisschen Zeit für mich selbst.« Der Pfarrer hatte keine andere Wahl, als ihre Entscheidung zu respektieren.

Und die Welt ging nicht unter. Veronica hatte ein überaus schönes Wochenende ganz allein mit sich zu Hause beim Malen. Sie sei so stolz auf sich gewesen, erzählte sie mir später. Anstatt Liebe und Anerkennung bei anderen zu suchen, wie sie es ihr Leben lang getan hatte, fand sie den Mut, sich ganz einfach selbst zu geben, was sie brauchte.

Was brauche ich gerade?

Selbstmitgefühl kann in so vielen verschiedenen Weisen genutzt werden, um die eigenen Bedürfnisse zu befriedigen. Manchmal muss es sanft sein, manchmal kraftvoll und manchmal müssen wir etwas verändern. Mithilfe der folgenden Auflistung der unterschiedlichen Aspekte von kraftvollem und sanftem Selbstmitgefühl können Sie darüber nachdenken, was Sie in diesem Moment brauchen, um gut für sich zu sorgen (es könnte sogar sein, dass Sie alle Aspekte brauchen!):

Akzeptanz. Fühlen Sie sich schlecht mit sich selbst, oder haben Sie das Gefühl, auf irgendeine Weise wertlos zu sein? Vielleicht müssen Sie sich einfach liebevoll und verständnisvoll so akzeptieren, wie Sie sind, indem Sie sich sagen, dass es okay ist, unvollkommen zu sein.

Trost. Sind Sie traurig über etwas, und brauchen Sie Trost? Versuchen Sie, sich selbst tröstend zu berühren, um körperlich zur Ruhe zu kommen. Überlegen Sie, welche fürsorglichen Worte Sie einer lieben Freundin sagen würden, die gerade etwas Ähnliches durchmacht wie Sie. Denken Sie auch daran, welchen Ton Ihre Stimme dabei hat. Versuchen Sie dann, dieselben Worte auf dieselbe Weise zu sich selbst zu sagen.

Bestätigung. Gibt es einen Teil in Ihnen, der das Gefühl hat, kein Recht zu haben, sich zu beschweren, oder waren Sie so damit beschäftigt, alles wieder ins Lot zu rücken, dass Sie noch gar nicht richtig an sich heranlassen konnten, wie schwierig zurzeit alles ist? Versuchen Sie, Ihre Gefühle auf eine Weise zu verbalisieren, die Ihre eigene Wahrheit bestätigt. Vielleicht können Sie laut zu sich selbst sagen: »Das ist jetzt unglaublich hart« oder: »Natürlich hast du damit ein Problem. Das ginge jedem so in deiner Situation«.

Grenzen. Gibt es jemanden, der Ihre Grenzen überschreitet, indem er vielleicht zu viel von Ihnen verlangt oder Ihnen ein ungutes Gefühl gemacht hat? Versuchen Sie, sich nicht einschüchtern zu lassen, und mobilisieren Sie Ihr kraftvolles Selbstmitgefühl, um mutig Nein zu sagen. Sie müssen dabei nicht gemein werden, sollten aber sehr klar kommunizieren, was für Sie akzeptabel ist und was nicht.

Wut. Hat jemand Ihnen geschadet oder Sie schlecht behandelt? Sind Sie darüber wütend oder unterdrücken Sie Ihre Wut auf ungesunde Weise? Geben Sie sich selbst die Erlaubnis, zornig zu werden, rufen Sie die Kraft Ihrer inneren Mama Bär auf den Plan: Sie ist wie immer wild entschlossen, diejenigen zu beschützen, die sie liebt. Versuchen Sie, Ihre Wut auf eine kluge Weise zum Ausdruck zu bringen, sodass sie konstruktiv und nicht destruktiv wirkt, aber erlauben Sie sich dabei auch, Ihren Zorn wirklich zu fühlen, und lassen Sie ihn frei durch Ihren Körper fließen. Auch dieses machtvolle Gefühl ist ein Ausdruck der Liebe.

Erfüllung. Haben Sie sich selbst gefragt, was Sie brauchen, um sich erfüllt zu fühlen? Der erste Schritt besteht immer darin, überhaupt erst einmal herauszufinden, was wir brauchen. Im zweiten Schritt können wir dann aktiv werden und dafür sorgen, dass wir es tatsächlich bekommen. Schreiben Sie all jene Ihrer Bedürfnisse auf, von denen Sie glauben, dass sie im Moment nicht angemessen erfüllt werden: emotionale Unterstützung, Schlaf, Lachen? Sagen Sie sich selbst, dass Sie es verdienen, glücklich zu sein. Erinnern Sie sich aber auch daran, dass andere vielleicht nicht zur Verfügung stehen, um Ihnen diese Bedürfnisse zu erfüllen. Gibt es Möglichkeiten für Sie, sich diese Wünsche selbst zu erfüllen? Können Sie sich zum Beispiel wenn Sie Berührung brauchen, eine Massage gönnen? Wenn Sie eine Pause brauchen, können Sie sich zwei Tage für sich selbst freischaufeln, um einfach einmal auszuspannen? Und wenn Sie Liebe brauchen, können Sie sich versprechen, sich von nun an selbst mit Zärtlichkeit und Zuneigung zu versorgen?

Veränderung. Fühlen Sie sich in irgendeiner frustrierenden Konstellation gefangen – einem Job, einer Beziehung oder einer Lebenssituation? Ertappen Sie sich dabei, dass Sie immer wieder in ein Verhalten rutschen, von dem Sie eigentlich wissen, dass es Ihnen nicht guttut, zum Beispiel indem Sie rauchen oder lästige Pflichten vor sich herschieben oder zu viel fernsehen? Können Sie versuchen, sich zu einer Veränderung zu motivieren, indem Sie statt harscher Selbstkritik Freundlichkeit und Verständnis zum Einsatz bringen? Können Sie sich selbst motivieren, wie es vielleicht ein guter Trainer tun würde, indem Sie sich zeigen, wie Sie sich verbessern können, während Sie sich gleichzeitig Unterstützung signalisieren und die tiefe Überzeugung, dass es Ihnen gelingen wird, Ihre Ziele zu erreichen?

Empathischer Schmerz

Eine weitere Herausforderung für uns Frauen in der Sorgearbeit besteht darin, dass wir häufig den Schmerz derjenigen, für die wir sorgen, unmittelbar fühlen. Sich um Menschen zu kümmern, bedeutet, sensibel für ihre Not zu sein, und Frauen haben sich durchgängig als empathischer erwiesen denn Männer.[464] Wenn diejenigen, für die wir sorgen, leiden, kann es passieren, dass wir ihren Schmerz so dicht an uns heranlassen, dass er uns überwältigt und unsere Fähigkeit, unser Leben zu führen, untergräbt. Um zu verstehen, wie so etwas passieren kann, müssen wir uns das Phänomen der Empathie etwas genauer ansehen.

Carl Rogers definierte *Empathie* als die Fähigkeit, »die Welt einer anderen Person so zu empfinden, als wäre sie die eigene«.[465] Dazu gehört, sich auf den emotionalen Zustand eines anderen Menschen voll einzulassen: Empathie ist die Grundlage unserer Fähigkeit, uns mit anderen Menschen zu verbinden. Sie beruht zum einen darauf, kognitiv die Perspektive des Gegenübers einzunehmen, um zu verstehen, was er oder sie denkt und fühlt (sich in diese Person hineinzuversetzen), aber es ist dabei auch ein vorreflexives Element beteiligt, das seine Wirkung außerhalb unserer bewussten Wahrnehmung entfaltet.

Tatsächlich ist schon unser Gehirn so angelegt, dass wir die Gefühle anderer Menschen unmittelbar selbst empfinden können. Wir haben dafür spezialisierte Neuronen, die man »Spiegelneuronen« nennt und deren ganzer Zweck darin besteht, die Gefühle anderer Menschen selbst zu empfinden.[466] Diese Fähigkeit ist vorverbal, was nichts anderes bedeutet, als dass sie nicht über die Sprache funktioniert. Empathie erlaubt es uns, die Not anderer Menschen direkt zu spüren, selbst wenn sie diese Not nicht explizit äußern. Wir können im wahrsten Sinne des Wortes ihren Schmerz fühlen.

Unser Gehirn hat diese Fähigkeit entwickelt, weil sie für die Kooperation und das Überleben in Gruppen überaus hilfreich war. Zwar wird Charles Darwin das Prinzip des »Survival of the Fittest« zugesprochen – mit der Betonung auf einer Konkurrenz, bei der am Ende der Gewinner alles abräumt, aber eigentlich hat er die *Kooperation* als *den* Schlüsselfaktor identifiziert, der einer Spezies das Überleben sichert. Für Kooperation ist jedoch Empathie zentral,[467] und sie erleichtert darüber hinaus auch die Kommunikation zwischen Eltern und Kindern, die noch nicht sprechen können. Eltern mit den besseren Spiegelfähigkeiten waren besser in der Lage, auf die Bedürfnisse ihrer Kinder einzugehen, wodurch wiederum sichergestellt wurde, dass die DNA für diese Fähigkeiten weitergegeben werden konnte.[468]

Aber Empathie ist nicht immer eine gute Sache. Zunächst einmal kann es vorkommen, dass Menschen den Schmerz anderer fühlen, ohne ihnen zu helfen. So kann ein gewiefter Trickbetrüger beispielsweise seine Sensibilität für die Angst oder Not eines anderen Menschen nutzen, um in diesem Moment seine Tricks anzuwenden. Manchmal passiert es auch, dass wir uns so unwohl mit dem Schmerz anderer Menschen fühlen, dass wir sie ausschließen und entmenschlichen, um ihr Leid nicht fühlen zu müssen. Die Ignoranz gegenüber der Notlage von Obdachlosen ist dafür ein gutes Beispiel. Tatsächlich zeigen neurowissenschaftliche Experimente, dass die Schmerzzentren des Gehirns aktiviert werden, sobald man sich in der Gegenwart eines leidenden Menschen befindet.[469] Wenn man häufig mit Menschen zusammen ist, die ein körperliches, emotionales oder mentales Trauma erlebt haben, kann das folglich auch für einen selbst ernste Konsequenzen haben. Es kommt nicht selten vor, dass Ersthelfer wie Feuerwehrleute oder Rettungssanitäter eine sekundäre posttraumatische Belastungsstörung entwickeln – einfach dadurch, dass sie permanent mit Menschen zu tun haben, die sich in lebensbedrohlichen Situationen befinden.[470] Die Symptome ähneln denen der posttraumatischen Belastungsstörung – extreme Wachsamkeit gegenüber Gefahren, Schlafstörungen, Gefühllosigkeit, körperliche Anspannung, Depressionen oder Reizbarkeit –, selbst wenn das Trauma nur aus zweiter Hand erlebt wird. Menschen in helfenden Berufen wie Krankenschwestern, Lehrerinnen, Sozialarbeiterinnen und Therapeutinnen klagen über ähnliche Symptome. Sie können auch familiäre Care-Arbeitende betreffen, die sich ununterbrochen um ein krankes Kind, einen Partner oder einen älteren Angehörigen kümmern müssen.

Wenn wir über längere Zeit empathische Schmerzen empfinden, ist irgendwann unsere Batterie leer, und wir brennen aus. Begleiter des Burnouts sind emotionale Erschöpfung, eine Störung des Ich-Erlebens (häufig in Form eines tauben oder ausgehöhlten Gefühls) und fehlende Befriedigung bei der Sorge für andere.[471] Burnout ist auch der Hauptgrund für die Fluktuation unter Lehrern, Sozialarbeitern und Angehörigen der Gesundheitsberufe.[472] Wer dagegen für seine eigenen Familienangehörigen sorgt, kann nicht einfach kündigen. Es bleibt einem nichts anderes übrig, als durchzuhalten, und das führt zu akutem Stress, Angst und Depressionen.[473]

Der Psychologe Charles Figley nannte die aus Sorgearbeit resultierende Erschöpfung ursprünglich »Mitgefühls-Fatigue«[474], aber es gibt Menschen, die sagen, dass man diesen Zustand eigentlich »Empathie-Fatigue« nennen müsste.[475] Wenn wir empathisch sind, fühlen wir den Schmerz der anderen. Wenn wir Mitgefühl haben, fühlen wir den Schmerz der anderen, können ihn aber liebevoll halten. Dies ist der große Unterschied. Mitgefühl produziert Wärme und Verbundenheit, die die negativen Auswirkungen der Erfahrung eines fremden Schmerzes abpuffern können. Mitgefühl ist eine positive, lohnende, durch und durch belebende Emotion. Je mehr Mitgefühl wir empfinden, desto besser für unser psychisches und körperliches Wohlbefinden.[476] Forschungsergebnisse zeigen, dass Mitgefühl Depressionen und Angstgefühle reduziert, positive Zustände wie Hoffnung und Glück steigert und das Immunsystem in Schwung bringt.

Die Neurowissenschaftlerin Tania Singer vom Max-Planck-Institut in Berlin und Olga Klimecki von der Universität Genf haben den Unterschied zwischen Empathie und Mitgefühl eingehend erforscht.[477] In einem Experiment untersuchten sie zwei Gruppen von Menschen, denen mehrere Tage lang beigebracht wurde, entweder Empathie oder Mitgefühl zu empfinden, und denen dann kurze Nachrichtenausschnitte gezeigt wurden, die Leid zeigten – zum Beispiel Menschen, die sich verletzt hatten oder in eine Naturkatastrophe geraten waren. Die Ausschnitte aktivierten in den beiden unterschiedlichen Gruppen vollkommen unterschiedliche Netzwerke im Gehirn. Diejenigen, die auf Empathie trainiert worden waren, zeigten eine Aktivierung der Amygdala, und es ließen sich Verbindungen zu negativen Gefühlen wie Traurigkeit, Stress und Angst nachweisen, während das Mitgefühlstraining zu einer Aktivierung des Belohnungszentrums im Gehirn geführt hatte und positive Emotionen produzierte, wie zum Beispiel Verbundenheitsgefühle und Freundlichkeit.

Mitgefühl hält uns davon ab, von unserem empathischen Schmerz überwältigt zu werden, während wir für andere sorgen. Aber es ist genauso wichtig, nicht nur mit unseren jeweiligen Schützlingen mitzufühlen, sondern das Licht des Mitgefühls auch nach innen zu richten. Wenn wir uns bei all den Schwierigkeiten, die die Sorgearbeit mit sich bringt, selbst mitfühlend begegnen können, dann führt das letztendlich zu mehr Stabilität.

Burnout verhindern

Eine häufig empfohlene Methode, Burnout zu verhindern, gehört in den Bereich des kraftvollen Selbstmitgefühls: Grenzen setzen. Das bedeutet erst einmal nicht *mehr*, als dass wir die Zeit und Energie, die wir anderen geben, beschränken. Dafür brauchen wir beschützendes Selbstmitgefühl: mutige, handlungsfähige Klarheit. Ob es darum geht, einem Kunden gegenüber Nein zu sagen, der um

Ihre private Telefonnummer gebeten hat, um Sie auch am Wochenende erreichen zu können, oder Ihrer alten Tante Zelda gegenüber, die zum dritten Mal in dieser Woche von Ihnen zum Supermarkt gefahren werden möchte: Grenzen zu setzen ist wesentlich für alle, die ihre Gesundheit und Leistungsfähigkeit erhalten möchten.

Eine weitere Form der Grenzsetzung arbeitet mit emotionaler Distanzierung, die darauf abzielt, sich weniger in das Leid anderer Menschen hineinziehen zu lassen. Manchmal können wir es uns einfach nicht leisten, eine Situation zu nah an uns herankommen zu lassen, einfach weil wir sonst unseren Job nicht mehr machen können. Wenn eine Ärztin oder Krankenschwester in der Notaufnahme einen Patienten mit einer lebensbedrohlichen Wunde versorgt, ist emotionale Distanz häufig unerlässlich, wenn man weiterarbeiten möchte, ohne überwältigt zu werden. Wenn eine Strafverteidigerin abends nach Hause geht, kann es für sie ratsam sein, die Sorgen ihrer Mandanten im Büro zu lassen, damit sie nicht auf ihr Privatleben abfärben. Sich selbst für begrenzte Zeit von dem Schmerz anderer zu distanzieren, um gut arbeiten zu können, ist immer dann sinnvoll, wenn es bewusst geschieht. Sich unbewusst von seinen eigenen Gefühlen zu distanzieren, kann dagegen sehr problematisch sein. Wenn wir nicht mehr merken, dass wir aus Selbstschutz innerlich dichtmachen, haben wir auch nie die Gelegenheit, den empathischen Schmerz, den wir erlebt haben, angemessen zu verarbeiten. Wer nach der Arbeit nach Hause kommt und als Erstes zur Weinflasche greift oder den Fernseher anmacht, um ja schnell den Stress der letzten Schicht vergessen zu machen, dem kann es passieren, dass seine Gefühle in ihm verschlossen bleiben, was manchmal direkt zu Bluthochdruck und Depressionen oder in die Sucht führen kann.[478] Wenn wir jedoch bewusst dichtmachen, in einem auf den Augenblick bezogenen Akt der Sorge für unser eigenes Wohlbefinden, dann können wir die schwierigen Gefühle durcharbeiten, sobald wir dafür wieder mehr Ressourcen übrig haben.

Ich arbeite ständig mit dieser Strategie. Wenn ich ein Seminar oder einen Workshop halte und jemand auf berührende Weise von sich selbst erzählt, kann es sein, dass ich in dem Moment nicht die Kapazitäten habe, diese Geschichte wirklich an mich heranzulassen. Damit ich weiter unterrichten kann, ohne emotional neben die Spur zu kommen, muss ich manchmal meinen empathischen Schmerz für kurze Zeit abtrennen. Abends aber nehme ich Kontakt zu mir auf, um zu sehen, wie es mir geht. Falls ich noch einige der schwierigen Geschichten dieses Tages mit mir herumtrage, mache ich eine Übung, zum Beispiel die sanfte Selbstmitgefühlspause (Seite 159) oder die Übung »Bei schwierigen Gefühlen bleiben« (Seite 175), um dafür zu sorgen, dass ich die unguten Gefühle wahrnehme und mich um sie kümmere.

Die am häufigsten empfohlene Methode zur Verhinderung von Burnout unter Care-Arbeitenden ist Selbstsorge. In diesem Sinne zum Beispiel durch regelmäßige Spaziergänge, durch Yoga oder gesundes Essen gut für sich zu sorgen ist ebenfalls eine Form des kraftvollen Selbstmitgefühls. Die Forschung zeigt, dass regelmäßige Selbstsorge einer der wichtigsten Faktoren zur Verhinderung von Burnout ist und darüber hinaus dazu beiträgt, dass das Helfen selbst von viel positiveren Gefühlen begleitet ist.[479] Selbstsorge ist absolut wesentlich, um aufzutanken und neu anzusetzen, durch sie bekommt man überhaupt erst wieder die Energie, sich auch um die Bedürfnisse anderer Menschen zu kümmern. Studien weisen darauf hin, dass Sorgearbeitende, die mehr Selbstmitgefühl haben, sich auch mehr um Selbstsorge kümmern, indem sie zum Beispiel Tagebuch schreiben, Sport machen oder sich mit Freunden treffen.[480]

Zwar sind diese Methoden zur Verhinderung von Burnout ausgesprochen sinnvoll, doch leider nicht immer anwendbar. Manchmal ist es einfach nicht angemessen, strikte Grenzen zu ziehen, während man für andere sorgt. Wenn der Mensch, für den Sie sorgen, Ihr eigenes Kind ist, Ihr eigener Partner oder eines Ihrer Elternteile, dann kann es vorkommen, dass Neinsagen einfach nicht richtig ist. Auch auf die beschriebene bewusste und begrenzte Weise emotionale Distanz zu halten ist nicht immer sinnvoll. Denn erst durch Empathie können wir Menschen ja überhaupt für andere sorgen und sie verstehen: Sie ist für die Sorgearbeit damit unabdingbar. Wenn eine Ärztin oder Therapeutin in dem Versuch, sich selbst zu schützen, in der Gegenwart ihrer Patientinnen und Patienten zu früh auf Distanz geht, dann kann sie dadurch nicht mehr so gut einschätzen, was diese Menschen überhaupt brauchen.

Auch noch aus einem weiteren Grund hat Selbstsorge als Methode gegen Burnout ihre Grenzen. Ein häufig strapaziertes Bild für die Notwendigkeit der Selbstsorge ist die Atemmaske, die man sich in einem Notfall zunächst selbst aufsetzen muss, bevor man anderen helfen kann, und genauso wird es ja auch tatsächlich am Anfang eines jeden Fluges empfohlen. Und trotzdem findet diese Selbstsorge natürlich nicht in dem Moment statt, in dem das Flugzeug abstürzt; sondern davor oder danach – mit anderen Worten außerhalb der Situation, in der man sich um andere kümmert. Wenn man als Krankenschwester am Bett eines Coronavirus-Patienten steht, der beatmet werden muss, kann man nicht sagen: »Hui, das wird mir jetzt zu viel, ich gehe zum Tai Chi!« Sich in seiner Freizeit um sich selbst zu kümmern, ist absolut notwendig, aber es reicht nicht aus, weil man das ja nicht in dem Moment tun kann, in dem die Spiegelneuronen vor lauter Schmerz vibrieren, weil neben einem jemand leidet.

Wie kann man also im Angesicht von fremdem Leid für sich selbst sorgen? Durch die Aktivierung des sanften Selbstmitgefühls. Wir lernen, in liebevoller, verbundener Präsenz bei unserem empathischen Schmerz zu bleiben, während wir uns voll und ganz auf die schwierige Arbeit der Sorge für andere einlassen. Wir erkennen unsere Not an: »Das ist jetzt wirklich hart. Ich bin bestürzt und überwältigt.« Dann machen wir uns klar, dass anderen zu helfen zur menschlichen Erfahrung dazugehört, sowohl mit seinen schönen als auch mit seinen schwierigen Seiten: »Ich bin nicht allein.« Und wir unterstützen uns selbst mit einem warmen inneren Dialog, der uns gegenüber einer Freundin ganz natürlich vorkommen würde: »Es tut mir leid, dass du so etwas Schwieriges erleben musst. Ich bin für dich da.« Mitten im Akt der Sorge den eigenen empathischen

Schmerz voller Mitgefühl zu halten, führt zu einer unglaublichen Ruhe, Stabilität und Resilienz.

Vielleicht sagen jetzt einige von Ihnen, dass es sich für Sie nicht richtig anfühlt, Mitgefühl mit sich selbst zu haben, wenn die Person, um die Sie sich kümmern, so viel mehr leidet als Sie. Vielleicht kommt Ihnen der Gedanke: »Wie kann ich mich darüber beschweren, dass ich jetzt schon zwölf Stunden ununterbrochen arbeite? Dieser arme Kerl hier wird wahrscheinlich die Nacht nicht überleben!« Auch wenn es sich egoistisch anfühlt – es ist alles andere als das. Wir sorgen ja nicht auf Kosten anderer für uns selbst, sondern wir beziehen uns lediglich in den Kreis des Mitgefühls ein. Die Idee ist, dass wir sowohl uns selbst als auch der Person Mitgefühl geben müssen, für die wir sorgen. Es ist ja nicht so, dass es eine begrenzte Menge von Mitgefühl gibt, wenn ich mir also selbst drei Einheiten gebe, nur noch zwei für jemand anders übrig sind. Wenn wir unser Herz öffnen, können wir auf einen unbegrenzten Vorrat von Mitgefühl zurückgreifen. Je besser es nach innen fließt, desto besser kann es auch nach außen fließen.

Außerdem dürfen wir nicht vergessen, dass die Menschen, für die wir sorgen, unsere Gefühlszustände aufnehmen. Empathie geht immer in beide Richtungen. Wenn wir frustriert und erschöpft sind, übertragen sich diese negativen Gefühle auf die, für die wir sorgen, aber wenn wir voller Selbstmitgefühl sind, spüren sie unsere positiven Gefühle ebenso unmittelbar. Genau wie wir ein Trauma sekundär spüren können, so kann auch die liebevolle, verbundene Präsenz, die wir in uns tragen, von anderen gespürt werden. In dieser Hinsicht ist also das Mitgefühl, das wir uns selbst geben, während wir für andere sorgen, in Wirklichkeit ein Geschenk an die Welt.

Für Rowan sorgen

Von Rowan habe ich viel über die Zweigleisigkeit der Empathie gelernt. Autistische Kinder reagieren manchmal hypersensibel auf die

Gefühle der Menschen in ihrer Umgebung, was einer der Gründe dafür ist, dass sie dazu neigen, sich zurückzuziehen. Als Rowan ein Kleinkind war, merkte ich irgendwann, dass mein jeweiliger Gefühlszustand einen enormen Einfluss auf ihn hatte. Wenn er mal wieder ausflippte und ich mich davon fertigmachen ließ – seine Schreie bohrten sich geradezu in mein Gehirn – dann verstärkten sich sowohl die Lautstärke als auch die Intensität seines Ausbruchs. Wenn ich es aber hinbekam, ruhig zu bleiben und für mich selbst zu sorgen, weil diese Anfälle für mich so schwer zu ertragen waren, nahm ihre Intensität sofort ab. Manchmal war Rowan wie ein blank polierter Spiegel: Er reflektierte mir meine inneren Zustände in einer unfassbaren Schnelligkeit zurück. Zum ersten Mal begriff ich diese Dynamik, nun ja… in einem Flugzeug.

Rowan war damals etwa vier Jahre alt, in der Hochphase seines Autismus: Er konnte noch nicht auf die Toilette gehen und nicht sprechen, und er war unfassbar sensibel für seine Umgebung. Ich musste mit ihm einen Transatlantikflug von Austin nach London überstehen, weil wir dort seine Großeltern besuchen wollten. Ich muss wohl kaum erwähnen, dass ich wahnsinnige Angst davor hatte, was auf dem langen Flug alles passieren könnte. Wir hatten ein Direktflug gebucht, der abends startete, weshalb ich hoffte, dass Rowan den Großteil der Flugzeit verschlafen würde. Wir kamen ohne besondere Vorkommnisse durch das Abendessen, und ich ertappte mich bei der Hoffnung, dass vielleicht doch alles gut gehen würde. Dann wurde das Licht in den Kabinen gedimmt, damit alle besser schlafen konnten. Das war es dann. Aus irgendeinem unerklärlichen Grund brachte die Veränderung der Lichtverhältnisse Rowan in Aufruhr: Er bekam einen entsetzlichen Schrei- und Strampelanfall. Ich war schockiert. Rowans Geschrei war unglaublich laut und störend, und ich fühlte mich schrecklich, weil wir ausnahmslos *sämtliche* Fluggäste störten, die uns natürlich längst alle anstarrten. Ich stellte mir vor, was die Leute Furchtbares über uns dachten. »Was ist mit diesem Kind los? Es müsste doch längst aus dem Trotzalter raus sein!« Schlimmer noch, ich malte mir aus, was sie über *mich* dachten: »Was hat *die* denn für ein Problem? Warum kann sie ihr Kind nicht beruhigen?«

Ich war in Panik, aber aus dem Fenster zu springen war nun einmal keine Option. Dann hatte ich eine brillante Idee. Ich nahm Rowan auf den Arm und trug ihn den Gang hinunter zu den Toiletten, in der Hoffnung, dass dort seine Schreie etwas gedämpft würden. Es fühlte sich an wie Spießrutenlaufen. Er schrie und strampelte, und die Leute bekamen seine Tritte ab, während wir uns vorbeischlängelten. Ich spielte die »A-Karte«, wie es in Autismus-Elternkreisen heißt: Zur Not erzählt man den Leuten, dass das Kind Autismus hat, einfach weil man hofft, dann auf mehr Verständnis zu stoßen. »Achtung, Entschuldigung, autistisches Kind im Anmarsch. Bitte verzeihen Sie!« Aber als ich es endlich bis zu den Toiletten geschafft hatte, waren sie natürlich alle besetzt. Die Lektion, die das Leben in diesem Moment für mich bereithielt, war offenbar nicht, wie ich einer schwierigen Situation geschickt entkommen, sondern wie ich sie durchstehen konnte.

Völlig verzweifelt sank ich zu Boden. Nun wusste ich wirklich nicht mehr, was ich tun sollte, und mir blieb nur noch eins übrig: Selbstmitgefühl. Ich sorgte dafür, dass Rowan in Sicherheit war und sich nicht selbst weh tun konnte, und richtete 95 Prozent meiner Aufmerksamkeit auf mich selbst. Wenn ich mir in der Öffentlichkeit Selbstmitgefühl gebe, dann mache ich das normalerweise auf unauffällige Art – indem ich zum Beispiel ganz beiläufig meine eigene Hand festhalte, während ich im Stillen mit mir selbst spreche. Diesmal stand so viel auf dem Spiel, dass es mir egal war, was die Leute dachten. Schlimmer konnte es nicht werden. Ich legte mir beide Hände aufs Herz und begann, sanft hin- und herzuschaukeln. Ich flüsterte mir selbst zu: »Alles wird gut, mein Schatz. Du kommst da durch. Du tust wirklich dein Bestes.« Ich fühlte mich beinahe sofort ruhiger. Irgendwie war ich ehrlich berührt von meiner eigenen Not, und mein Herz öffnete sich. Kurz danach fing Rowan an, sich langsam wieder einzukriegen. Sein Schreien ließ nach, und ich konnte ihn halten und in meinen Armen wiegen. »Ist gut, mein

Liebling. Ist gut.« Wir gingen zurück zu unseren Sitzen, und Rowan schlief die ganze Nacht durch.

Meine Beziehung zu Rowan war auch später immer wieder ein Spiegel für dieses ständige Wechselspiel zwischen Mitgefühl für ihn und Mitgefühl für mich selbst, für das Vor und Zurück unserer Gefühle. Während ich dies schreibe, ist Rowan bereits 19 Jahre alt und ein freundlicher, fürsorglicher, charmanter und wundervoller Mensch. Er hat zwar noch immer mit Panikattacken zu kämpfen, aber seine Anfälle und das Ausagieren gehören der Vergangenheit an.

Vor Kurzem hat Rowan tatsächlich seinen Führerschein gemacht. Wahrscheinlich haben fast alle Eltern, die ihrem Kind das Autofahren beigebracht haben, dabei festgestellt, wie stark der eigene innere Zustand den des Kindes beeinflusst. Wenn wir auch nur das leiseste bisschen Angst zeigten, wenn Rowan auf eine Schnellstraße auffuhr oder auf einer viel befahrenen Straße nach links abbog, spürte er das sofort, und es stresste ihn zusätzlich. Die Art und Weise, wie ich mit meinen eigenen Ängsten umging (manchmal musste man ehrlich gesagt eher von handfester Panik sprechen), war extrem wichtig. Ich kreuzte unauffällig die Arme – und versteckte so eine Selbstumarmung – und tröstete mich, weil die Situation so derartig stressig war. Ich erinnerte mich daran, dass ich nicht allein war, dass alle Eltern so etwas durchmachen und es ja auch irgendwie überleben. Auf diese Weise konnte ich mich ruhiger und sicherer fühlen, sodass auch Rowan sich ruhiger und sicherer fühlte. Dank meines Sohnes habe ich aus erster Hand gelernt, dass Selbstmitgefühl dazu beiträgt, besser für andere sorgen zu können.

Gelassenheit

Wenn wir für andere sorgen wollen, ohne uns dabei selbst zu verlieren, brauchen wir noch etwas anderes: Gelassenheit – eine Art mentale Balance, die auch in turbulenten Zeiten aufrechterhalten werden kann. Gelassenheit ist keine kühle Distanziertheit und kein

Mangel an Fürsorglichkeit, sondern vielmehr die tiefe Einsicht, dass Kontrolle eine Illusion ist. So gerne wir auch den Schmerz zum Verschwinden bringen würden: An der Realität dieses Augenblicks können wir erst einmal nichts ändern. Aber in der Hoffnung, dass sich die Zukunft zum Besseren entwickelt, kann und sollte man natürlich versuchen zu helfen. So sagt es auch das Gelassenheitsgebet, auf das sich viele Selbsthilfegruppen wie die Anonymen Alkoholiker berufen: »Gott, gib mir die Gelassenheit, Dinge hinzunehmen, die ich nicht ändern kann, den Mut, Dinge zu verändern, die ich ändern kann, und die Weisheit, das eine vom anderen zu unterscheiden.«[481]

Gelassenheit ist eines der Geschenke, das wir bekommen, wenn wir Yin und Yang zusammenbringen. Es ist der ewige Tanz von Sein und Tun, Akzeptieren und Verändern, von dem mitfühlende Herzen erfüllt sind. Wenn wir für andere sorgen, können wir Mitgefühl nutzen, um zu beruhigen, zu trösten, zu beschützen, Bedürfnisse zu befriedigen und Veränderungen anzustoßen. Aber letztendlich haben wir über das, was passiert, keine Kontrolle, und wir müssen diese Realität akzeptieren. Manchmal tappen wir trotzdem in die Falle und glauben, in der Lage sein zu müssen, den Schmerz unserer Mitmenschen zum Verschwinden zu bringen. Plötzlich hat unser Ego seine Aktien im Spiel, und wir glauben, dass es unseren Schützlingen besser gehen müsste, wenn wir uns nur gut genug um sie kümmern. Und wenn es ihnen nicht besser geht, dann muss ja irgendetwas mit *uns* falsch sein. Ärzte haben es in dieser Hinsicht besonders schwer, weil auch ihre Patienten manchmal dieser Kontrollillusion erliegen – als ob Ärzte die gottgegebene Kraft über Leben und Tod hätten. Aber die Wahrheit ist, dass Ärzte, wie alle anderen Sorgearbeitenden auch, einfach nur Menschen sind. Wir können unser Bestes tun, aber das Ergebnis entzieht sich unserer Kontrolle. Wenn sich unsere Sorgearbeit in einem Raum der Gelassenheit abspielt, können wir unsere Fixierung auf Ergebnisse lösen und uns stattdessen einfach darauf konzentrieren, in diesem Augenblick unser Bestes zu geben.

Gelassenes Mitgefühl

Wir lehren diese Übung in unseren normalen MSC-Seminaren, aber sie ist außerdem das Zentrum eines Kurses, den wir für die Bedürfnisse von Care-Arbeitenden angepasst haben. Es handelt sich hier um eine formlose Übung, die so konzipiert ist, dass sie mitten in Sorgesituationen durchgeführt werden kann, sozusagen als direkte selbstmitfühlende Reaktion auf empathische Not. Dennoch ist es sinnvoll, diese Übung ein- oder zweimal außerhalb von tatsächlichen Sorgesituationen ganz für sich allein durchzuspielen. (Eine angeleitete Audioversion dieser Übung findet sich auf FierceSelf-Compassion.org)

Anleitung

- Suchen Sie sich eine bequeme Position und nehmen Sie ein paar tiefe Atemzüge, um in Ihrem Körper und im gegenwärtigen Moment anzukommen. Vielleicht möchten Sie sich eine Hand aufs Herz legen oder an eine andere Stelle, die sich tröstlich und unterstützend anfühlt, einfach als Erinnerung, dass Ihre Aufmerksamkeit voller Wärme sein sollte.
- Denken Sie an jemanden, für den Sie sorgen und der Sie bis zur Erschöpfung beansprucht oder frustriert hat oder um den Sie Angst haben – jemand, der leidet. Visualisieren Sie diese Person und die Sorgesituationen ganz klar vor Ihrem inneren Auge und spüren Sie die Spannung in Ihrem eigenen Körper.
- Sprechen Sie nun diese Worte im Stillen zu sich selbst, indem Sie sie sanft durch Ihr Bewusstsein fließen lassen:
  Jeder ist auf seiner eigenen Lebensreise. Ich bin weder der Grund für das Leid dieser Person, noch steht es vollständig in meiner Macht, dieses Leid zu beenden, auch wenn ich wünschte, ich könnte es. Augenblicke wie diese sind schwer zu ertragen, aber vielleicht schaffe ich es trotzdem, irgendwie hilfreich zu sein.
- Mit diesem Bewusstsein der Anstrengung, die Sie in Ihrem eigenen Körper tragen, atmen Sie tief und voll ein und lassen Mitgefühl in sich hineinfließen, wodurch sich jede Zelle Ihres Körpers mit liebe-

voller, verbundener Präsenz füllt. Wenn Sie möchten, können Sie sich auch vorstellen, dass Ihr Körper mit weißem oder goldenem Licht ausgefüllt wird. Lassen Sie zu, dass Sie sich durch das tiefe Einatmen und dadurch, dass Sie sich das Mitgefühl geben, das Sie brauchen, langsam beruhigen.

- Stellen Sie sich beim Ausatmen vor, dass Sie Mitgefühl zu der Person strömen lassen, für die Sie sorgen. Sie können sich auch vorstellen, dass der Körper dieser Person mit weißem oder goldenem Licht gefüllt wird, während Sie ausatmen.
- Atmen Sie Mitgefühl ein und aus und erlauben Sie Ihrem Körper nach und nach, einen natürlichen Atemrhythmus zu finden. Lassen Sie ihn selbstständig atmen: »Einen Atemzug für mich, einen für dich. *Ein* für mich, *aus* für dich.«
- Wenn Sie das Gefühl haben, dass Sie sich mehr auf sich selbst und Ihre eigene Not konzentrieren müssen, dann fühlen Sie sich bitte frei, dem Einatmen mehr Raum zu geben. Wenn Sie umgekehrt sehr von dem Schmerz der Person, für die Sie sorgen, vereinnahmt sind, dann können Sie sich mehr auf das Ausatmen fokussieren. Das Verhältnis können Sie anpassen, aber sorgen Sie dafür, dass wirklich immer Sie selbst *und* die andere Person mit einbezogen sind.
- Spüren Sie, wie Ihr Körper von innen beruhigt und liebkost wird, während Sie atmen.
- Vielleicht möchten Sie sich vorstellen, dass Sie mühelos auf einem Meer des Mitgefühls treiben – einem unendlichen Ozean, der alles Leid in sich aufnimmt. Mehr als genug für Sie selbst und mehr als genug für Ihr Gegenüber.
- Atmen Sie weiterhin Mitgefühl ein und aus, solange Sie mögen.
- Wenn Sie bereit sind, wiederholen Sie noch einmal die folgenden Worte:

  Jeder ist auf seiner eigenen Lebensreise. Ich bin weder der Grund für das Leid dieser Person, noch steht es vollständig in meiner Macht, dieses Leid zu beenden, auch wenn ich wünschte, ich könnte es. Augenblicke wie diese sind schwer zu ertragen, aber vielleicht schaffe ich es trotzdem, irgendwie hilfreich zu sein.

– Beenden Sie nun diese Übung und erlauben Sie sich, genauso zu sein, wie Sie in diesem Moment sind.

Selbstmitgefühl und die Resilienz von Sorgearbeitenden

Es gibt zahlreiche Forschungsergebnisse, die zeigen, dass Sorgearbeitende, die von Natur aus (oder weil sie es gelernt haben) mehr Selbstmitgefühl haben, resilienter sind und trotz der Stressfaktoren, denen sie ausgesetzt sind, eine bessere psychische Gesundheit haben.[482] Eine Studie untersuchte, ob Selbstmitgefühl Menschen hilft, die für einen krebserkrankten Partner sorgen müssen.[483] Die Forscherinnen und Forscher kamen zu dem Ergebnis, dass Selbstmitgefühl dazu führte, dass diese Teilnehmerinnen und Teilnehmer an der Studie von der Diagnose ihres Partners weniger mitgenommen waren und darüber auch offener sprechen konnten – und auch ihre Partner waren weniger verzweifelt. Arbeitnehmerinnen und Arbeitnehmer aus Care-Berufen, wie zum Beispiel Therapeutinnen, Krankenpflegerinnen, niedergelassene Kinderärztinnen, Hebammen und Pfarrerinnen, die Selbstmitgefühl hatten, berichteten seltener von Fatigue oder Burnout.[484] Sie schliefen nachts selbst dann besser, wenn ihr Stresslevel höher war als bei anderen.[485] Selbstmitfühlende Sorgearbeitende sind engagierter und empfinden mit Blick auf ihre Arbeit mehr Befriedigung.[486] Sie berichten von größerer »Mitgefühlszufriedenheit« – jenen guten Gefühlen, die mit dem Engagement in einer erfüllenden Tätigkeit verbunden sind, wie zum Beispiel Fröhlichkeit, Aufregung und Dankbarkeit dafür, dass man in der Welt etwas Gutes tun kann. Diese Menschen haben darüber hinaus mehr Vertrauen in ihre Fähigkeit, anderen ruhige, mitfühlende Sorge zukommen zu lassen.[487]

Ich war an der Entwicklung eines kurzen Trainingsprogramms beteiligt, das sich speziell an Ärzte, Krankenpfleger und -schwestern und andere Berufe aus dem Gesundheitsbereich wendet. Wir entwickelten »Self-Compassion for Healthcare Communities (SCHC) in Zusammenarbeit mit dem Zentrum für Resilienz am Dell Children's Medical Center in Austin. Der Kurs basiert grob auf unserem Mindful Self-Compassion-Kurs, enthält jedoch statt acht zweieinhalbstündigen Sitzungen nur sechs einstündige Sitzungen, was für die sehr eingespannten Beschäftigten im Gesundheitswesen praktikabler ist. Die Teilnehmerinnen und Teilnehmer werden gebeten, die Übungen, die sie in unserem Kurs gelernt haben, einfach sofort in ihren beruflichen Zusammenhängen anzuwenden, unter anderem die Selbstmitgefühlspause und die Übung »Gelassenes Mitgefühl«. Sie müssen auch nicht zu Hause meditieren oder irgendwelche »Hausaufgaben« machen, was ihre ohnehin schon enorme Belastung nur unnötig vergrößern würde, aber genau diese Minimaldosis scheint tatsächlich sehr wirksam zu sein. Unsere wissenschaftliche Auswertung zeigt, dass SCHC das Selbstmitgefühl, die Achtsamkeit, das Mitgefühl für andere, die Mitgefühlszufriedenheit und das Gefühl, persönlich etwas erreicht zu haben, signifikant erhöht, während Stress, Depressionen, sekundärer traumatischer Stress, Burnout und emotionale Erschöpfung abnehmen.[488]

Wir befragten später die Teilnehmerinnen und Teilnehmer, die das ganze Programm durchlaufen hatten, und bekamen begeistertes Feedback. Eine Sozialarbeiterin berichtete, dass das Programm ihr geholfen hatte, den Kontakt zu ihren Klientinnen und Klienten besser zu halten: »Ich höre zu, aber jeder Teil von mir ist hier, bei mir … *Und* ich höre zu.« Eine Logopädin sagte: »Ich glaube, [Selbstmitgefühl] hat mir geholfen, mich besser abzugrenzen.« Eine Krankenschwester gab zu Protokoll: »Ich halte das für so wichtig – jeder und jede sollte es machen. Es ist wirklich positiv und hilfreich. Aber nachdem ich das Programm durchlaufen habe, wundert es mich, dass kein anderes Krankenhaus, in dem ich gearbeitet habe, so etwas jemals angeboten hat.« Hoffen wir, dass sich das bald ändert und es im Gesundheitswesen demnächst eine wahre Welle des Selbstmitgefühls gibt. Das Krankenhaus, in dem wir das Programm entwickelt haben, bietet inzwischen regelmäßig diese Kurse an.

Die Mitarbeiterinnen und Mitarbeiter des Krankenhauses regten außerdem an, einen solchen Kurs auch für die Eltern ihrer chronisch kranken kleinen Patienten anzubieten, die zum Beispiel an Krebs oder einer cerebralen Kinderlähmung litten. Für diese Eltern hatte ihre neu erworbene Fähigkeit, Mitgefühl mit sich selbst zu empfinden, angesichts der sehr schmerzhaften Situation, für ein schwerkrankes Kind sorgen zu müssen, eine lebensverändernde Wirkung. Es gab ihnen die Kraft, für ihre Kinder mit offenem Herzen präsent zu sein, ohne sich innerhalb kürzester Zeit völlig ausgelaugt zu fühlen.

Stellen Sie sich eine Welt vor, in der Selbstmitgefühl ein so selbstverständlicher Inhalt der medizinischen Ausbildung ist wie das Temperaturmessen oder die diagnostische Gesprächsführung oder die Unterstützung von Kindern mit Verhaltensauffälligkeiten. Die Last, für andere zu sorgen, ließe sich auf diese Weise sehr viel leichter tragen.

Eine Gruppe von Menschen, die Selbstmitgefühl besonders brauchen, sind Aktivistinnen und Aktivisten für soziale Gerechtigkeit, die ihre Kämpfe zum Beispiel im Zusammenhang mit Themen der Geschlechtergerechtigkeit, der sexuellen Vielfalt, des Antirassismus, der Menschenrechte oder der globalen Erwärmung führen. Aufgrund ihrer unglaublich schwierigen und intensiven Aufgabe, tief verwurzelte Machtstrukturen zu verändern, sind sie besonders anfällig für Burnout.[489] Während die meisten von uns die zerstörerischen Folgen der Ungerechtigkeit einfach verdrängen, jedenfalls solange sie uns nicht direkt betreffen, gehen diese Menschen auf sie zu und setzen sich aus freien Stücken mit ihr auseinander. Sich selbst für das Leid der Welt zu öffnen, kann einen immensen empathischen Schmerz auslösen, was durch die schlechte Bezahlung, den hohen Stresslevel und die langen Arbeitszeiten bei solchen Tätigkeiten noch verschlimmert wird. Darüber hinaus müssen diese Menschen mit den hasserfüllten Gegenreaktionen vonseiten jener mächtigen Leute zurechtkommen, die unbarmherzig gegen solche Aktivistinnen vorgehen. Insgesamt sind das die perfekten Voraussetzungen für

Burnout, weshalb auch viele Menschen ihren Aktivismus irgendwann schweren Herzens aufgeben.[490]

Leider geht Aktivismus häufig mit dem Glauben einher, dass Sorgearbeit eine Einbahnstraße ist. Kathleen Rodgers von der University of Ottawa führte Tiefeninterviews mit 50 Mitarbeitern von Amnesty International durch und kam zu dem Ergebnis, dass die in dieser Organisation herrschende Kultur der Selbstlosigkeit und der Selbstaufopferung direkt zu einer Erhöhung der Burnout-Raten beiträgt.[491] Eine Angestellte erzählte zum Beispiel: »Es gibt da sozusagen dieses eingebaute Potenzial für Schuldgefühle, dafür, nicht genug für jene Menschen zu tun, die Opfer von Gewalt werden, die unsere Aufmerksamkeit ›verdienen‹, ›brauchen‹, ›unbedingt haben müssen‹ und zwar restlos *alle* Aufmerksamkeit und *alle* Energie, die wir auch nur irgendwie aufbringen können, sodass ein Scheitern in dieser Hinsicht… in gewisser Weise eine Art Verrat an den Opfern wäre.«[492] In einer solchen Grundeinstellung fehlt die Erkenntnis noch vollständig, dass Selbstsorge die wahre Energiequelle ist, aus der sich unsere Fähigkeit, anderen zu helfen, speist.

Selbstmitgefühl ist unerlässlich, um die Stärke und Resilienz aufzubringen, die notwendig ist, um sich so schmerzhaften Themen wie tief verwurzelter Armut, Menschenhandel oder häuslicher Gewalt zu widmen. Wenn wir als Frauen Gerechtigkeit in eine ungerechte Welt bringen wollen, dann müssen wir dafür sorgen, dass unser Mitgefühl sich genauso stark nach innen wie nach außen richtet. Gut ist, dass die traditionellen Geschlechterrollen uns dazu befähigen, kraftvoll und gut für andere zu sorgen. Wir haben schon alle Fähigkeiten und Ressourcen, die wir brauchen, um Leid zu lindern; nun müssen wir uns nur noch erlauben, dabei auch für uns selbst zu sorgen. Wenn wir für das kämpfen, was richtig ist, steht Mama Bär hinter uns, und die sanfte Mutter hegt und pflegt uns auf unserer Reise.

KAPITEL 11

Wir geben alles für die Liebe

Es gibt keine Liebe ohne Gerechtigkeit.[493]
—bell hooks, Autorin und Aktivistin

Der Bereich, in dem die Vergeschlechtlichung von Yin und Yang am problematischsten ist, betrifft unsere Liebesbeziehungen. Weil wir von Geburt an eingetrichtert bekommen haben, dass wir ohne Partner unvollständig sind, verkaufen wir Frauen viel zu oft unsere Seele, um mit irgendjemandem zusammen zu sein. Irgendwann haben wir angefangen zu glauben, dass wir in einer Beziehung sein müssen, um glücklich zu sein. Andere Frauen tragen häufig dazu bei, diesen Glauben zu verstärken. Wenn man unverheiratet ist und einen Anruf von einer alten Freundin bekommt, die hören möchte, wie es einem geht, dann ist häufig ihre erste Frage, a) ob man in einer Beziehung ist bzw. b) wie diese Beziehung läuft. Als ob das das Wichtigste in unserem Leben wäre.

Bekannte Redewendungen wie »meine bessere Hälfte« sind ebenfalls Ausdruck der Vorstellung, dass Vollständigkeit nur möglich ist, wenn sich zwei Menschen in einer Beziehung zusammentun. Zum Teil liegt das daran, dass Yin und Yang (zumindest in heterosexuellen Beziehungen) nach Geschlechtern aufgeteilt werden: die in Richtung Yin sozialisierte Frau hat das Gefühl, dass sie mit einem in Richtung Yang sozialisierten Mann zusammen sein muss, damit diese beiden Energien in ein Gleichgewicht kommen können. Auch wird Frauen von jeher beigebracht, dass sie ihre Sanftheit nach außen richten sollen und nicht nach innen, und dass sie solche Sanftheit nur selbst empfinden können, indem sie einen Mann haben, von dem sie sich geliebt und akzeptiert fühlen. Jede Frau lernt, dass liebevolle, verbundene Präsenz ausschließlich von einem Mann kommt, der sie liebt, der (emotional und psychisch) mit ihr verbunden und (in Form einer verbindlichen Beziehung) in ihrem Leben präsent ist. Ihr wird außerdem beigebracht, dass die kraftvollen Eigenschaften des Schützens, Versorgens und Motivierens von außen kommen, und nicht von innen. Sie braucht einen Mann, der sie körperlich beschützt, sie materiell versorgt und sie motiviert: folglich ihrem Leben erst einen Sinn gibt. Obwohl diese althergebrachten Normen heute nicht mehr die gleiche Kraft haben wie früher, beeinflussen sie unseren Blick auf Liebesbeziehungen noch immer stark.

Wenn die Balance zwischen Yin und Yang zwar zwischen den zwei Individuen eines Paares funktioniert, aber nicht innerhalb der Individuen selbst, kann das ungesund werden. Statt aus sich heraus erfüllt zu sein, werden Frauen dann abhängig, bedürftig und müssen auf ewig der Aufmerksamkeit des Mannes hinterherjagen, wenn sie sich wertvoll fühlen wollen. Manche Frauen werden auch passiv und unterwürfig, oder sie bekommen Angst vor dem Alleinsein, weil sie einfach nicht in der Lage sind, Kraft aus sich selbst zu schöpfen. Die berühmte Formulierung, die Colette Dowling für diesen Zustand gefunden hat, heißt »Cinderella-Komplex«, nach dem Märchen Aschenputtel (engl. Cinderella), dessen Heldin so lange hilflos und unbedeutend ist, bis sie von ihrem wunderschönen Prinzen gerettet wird.[494] Die Geschlechterrollenerziehung macht uns glauben, dass wir einen Prinzen finden müssen, damit wir uns geliebt und beschützt fühlen dürfen – und das verhindert, dass wir lernen, uns selbst zu lieben und zu beschützen.

Glücklicherweise bietet Selbstmitgefühl einen Ausweg aus dieser Ideologie, denn es erlaubt uns, unsere Bedürfnisse direkt zu befriedigen und die Balance zwischen Yin und Yang *in* uns und nicht im

Außen zu suchen. Selbstmitgefühl bereichert außerdem unser Liebesleben – mit oder ohne Liebesbeziehung. Wenn wir uns selbst wirklich wertschätzen, sind wir weniger abhängig von einer anderen Person, um uns geliebt, glücklich, wertvoll und sicher zu fühlen. Selbstmitgefühl gibt uns die wundervolle Freiheit, das Leben zu genießen, einen authentischen Ausdruck für uns selbst zu finden und Sinn und Erfüllung – egal, ob wir allein sind, uns ab und zu mit jemandem treffen oder in einer festen Partnerschaft leben.

Selbstmitgefühl in Beziehungen

Wenn wir in einer verbindlichen Liebesbeziehung leben, dann kann Selbstmitgefühl diese Partnerschaft enorm stärken. Die Fähigkeit, in Zeiten der Not und Unsicherheit für sich selbst zu sorgen und sich selbst Rückendeckung zu geben, erleichtert es, auf wirklich verbindliche Weise für jemand anders da zu sein. Und wenn wir nicht auf einen Partner fixiert sind, der all unsere Bedürfnisse exakt so befriedigt, wie und wann wir es wollen (zum Beispiel jetzt geknuddelt und im nächsten Moment in Ruhe gelassen zu werden), dann üben wir auch weniger Druck auf unser Gegenüber aus, es immer genau richtig zu machen. Harmonie in der Beziehung wird auf diese Weise sehr viel greifbarer.

Arthur Schopenhauer wählte zur Beschreibung menschlicher Beziehungen das Stachelschwein-Dilemma: »*Eine Gesellschaft Stachelschweine drängte sich, an einem kalten Wintertage, recht nahe zusammen, um, durch die gegenseitige Wärme, sich vor dem Erfrieren zu schützen. Jedoch bald empfanden sie die gegenseitigen Stacheln; welches sie dann wieder voneinander entfernte. Wenn nun das Bedürfnis der Erwärmung sie wieder näherbrachte, wiederholte sich jenes zweite Übel; sodass sie zwischen beiden Leiden hin und her geworfen wurden, bis sie eine mäßige Entfernung herausgefunden hatten, in der sie es am besten aushalten konnten.*«[495] Wie bei den Stachelschweinen lässt es sich nicht vermeiden, dass wir unseren Beziehungspartner ab und an verletzen, und wir erleben umgekehrt auch selbst, dass Intimität Grenzen hat. Je mehr innere Wärme wir also durch Selbstmitgefühl generieren, desto eher sind wir in der Lage, eine harmonische Partnerschaft zu führen und das richtige Gleichgewicht zwischen Distanz und Nähe zu finden. Diese innere Ressource hat mit Egozentrik nichts zu tun, sondern sorgt für Stabilität und Flexibilität und macht uns als Partnerin oder Partner in Liebesbeziehungen wesentlich kompetenter.

Diese Kompetenz zeigt sich auch in wissenschaftlichen Untersuchungen, die eindeutig zeigen, dass selbstmitfühlende Menschen gesündere Liebesbeziehungen haben.[496] Die Wahrscheinlichkeit, dass solche Menschen sich mit ihrem Partner streiten, ist geringer; sie verbringen auch mehr gemeinsame Zeit mit ihren Partnern. Darüber hinaus sind sie sexuell zufriedener und fühlen sich wohler mit sich selbst, was dazu führt, dass sie glücklicher und weniger deprimiert sind.[497] Bei Konflikten ist die Wahrscheinlichkeit größer, dass sie faire Kompromisse eingehen und ihren Partner ehrlich um das bitten, was sie brauchen oder sich wünschen.[498]

In einer von mir und meinen Kolleginnen und Kollegen durchgeführten Studie über Beziehungskonflikte erzählte eine Studentin aus dem Grundstudium, die viel Mitgefühl mit sich selbst hatte, wie sie einmal einen Konflikt mit ihrem Freund gelöst hatte: »Ich war total beschäftigt mit Lernen, Cheerleading, Sport, Musik und Arbeiten und steckte eine Menge Zeit und Engagement in diese Aktivitäten. Einfach weil sie mir wichtig waren. Mir war schon klar, dass mein Freund gern mehr Zeit mit mir verbracht hätte, aber der Tag hatte einfach nicht genügend Stunden.«[499] Sie beschloss, etwas mehr Zeit mit ihm zu verbringen, aber nicht so viel, dass sie etwas aufgeben musste, was ihr wichtig war. »Wir konnten das auf diese Weise regeln, weil wir einander respektieren«, sagte sie. »Wir hatten nun einmal beide unsere eigenen Wünsche und Bedürfnisse, und unsere Beziehung war uns viel wichtiger als jede Meinungsverschiedenheit.« Diese Art von Balance zwischen den Bedürfnissen war bei Studierenden ohne Selbstmitgefühl sehr viel weniger ausgeprägt.

Viel häufiger ordneten sie ihre Bedürfnisse denen ihres Partners unter. Eine junge Frau sagte: »Ich möchte ihm die ganze Zeit gefallen und ihn glücklich machen. Ich habe irgendwie Angst davor, dass er nicht mehr mit mir zusammen sein möchte, wenn ich ihm Ärger mache. Er ist sehr überzeugend und bringt mich in der Regel dazu, die Dinge so zu sehen, wie er sie sieht.«[500] Kraftvolles Selbstmitgefühl gibt uns das Rückgrat, uns nicht kleinzumachen, wenn es Meinungsverschiedenheiten gibt, während sanftes Selbstmitgefühl es uns erlaubt, offener, inniger und liebevoller zu sein.

Auch in einer anderen Studie, die wir zum Thema Selbstmitgefühl in Liebesbeziehungen durchführten, war dieser Aspekt offensichtlich.[501] An ihr nahmen über 100 Paare teil, die in der Nähe von Austin lebten und in langfristigen Partnerschaften gebunden waren. Zunächst erfassten wir für jede Person, wie viel Mitgefühl sie für sich selbst aufbrachte, wie groß ihr Selbstwertgefühl war und wie es um ihre Fähigkeit stand, in Beziehungen sie selbst zu sein und ihre Meinung zu sagen. Außerdem baten wir die Teilnehmenden, über das Verhalten ihrer Partnerinnen und Partner zu berichten. Waren sie warm und liebevoll oder kühl und distanziert? Waren sie akzeptierend und sorgten für genügend Platz und Freiheit in der Beziehung oder waren sie kritisch und kontrollierend? Waren ihre Partnerinnen und Partner manchmal verbal missbräuchlich oder aggressiv? Schließlich fragten wir die Teilnehmenden noch, wie zufrieden und sicher sie sich in ihrer Beziehung fühlten.

Menschen mit mehr Selbstmitgefühl berichteten, dass sie authentischer und besser in der Lage waren, bei wichtigen Themen ihre Meinung zu sagen. Wenn es darum ging, für sich selbst einzustehen, konnten sie also aus ihrer inneren kraftvollen Energie schöpfen. Ihre Fähigkeit zur Selbstsorge hatte auch unmittelbare Auswirkungen auf ihre Fähigkeit zur Sorge insgesamt. Von ihren Partnerinnen oder Partnern wurden sie als wärmer, unterstützender und akzeptierender beschrieben als Menschen mit weniger Selbstmitgefühl, und sie förderten auch die Autonomie ihrer Partnerinnen oder Partner stärker. Sie wurden auch seltener als gleichgültig oder aggressiv empfunden. Interessanterweise war es das Maß an Selbstmitgefühl und nicht etwa das Maß an Selbstwertgefühl, das darüber entschied, ob diese Menschen von ihren Partnerinnen oder Partnern positiv geschildert wurden. Umgekehrt wurden Menschen mit einem großen Selbstwertgefühl von ihren Partnerinnen oder Partnern eher kritisch dargestellt. Personen mit Selbstmitgefühl dagegen wurden sehr viel öfter von ihren Beziehungspartnern als liebevoll beschrieben. Wenig überraschend, dass die Partnerinnen oder Partner von Menschen, die Mitgefühl mit sich selbst empfinden konnten, berichteten, dass sie sich sicherer und zufriedener fühlten. Die Ergebnisse dieser Studie tragen dazu bei zu zeigen, dass Selbstmitgefühl durchaus nicht zu Ichbezogenheit oder egoistischen Verhaltensweisen führt. Je mehr Liebe wir uns selbst geben, desto größere Reserven stehen uns für andere Menschen zur Verfügung.

Unsere Studie war insofern begrenzt, als dass sie nicht besonders divers angelegt war – der überwiegende Teil der Paare, die an der Untersuchung teilnahmen, waren weiß –, doch eine Dissertation an der Kansas State University, die 2010 schwarze, heterosexuelle, verheiratete Paare befragte, kam ebenfalls zu dem Ergebnis, dass Menschen mit mehr Selbstmitgefühl wärmere, befriedigendere und glücklichere Paarbeziehungen hatten als andere.[502] Es war weniger wahrscheinlich, dass sie negative Verhaltensweisen an den Tag legten, indem sie sich zum Beispiel gegenseitig kleinmachten oder sich so sehr stritten, dass sie sich gegenseitig beschuldigten und beschimpften oder Verletzungen aus der Vergangenheit wieder aufwärmten. Auch diese Ergebnisse legen nahe, dass es Menschen, die sich selbst freundlich behandeln, leichter fällt, so mit ihren Partnerinnen oder Partnern umzugehen, dass es der Beziehung guttut.

Selbstmitgefühl hilft uns zu akzeptieren, dass wir fehlbare menschliche Wesen sind, die einfach nur ihr Bestes tun. Wer von uns hat sich nicht irgendwann einmal gedankenlos gegenüber einem Partner oder einer Partnerin verhalten oder etwas getan, dass wir später bereuten? Je verständnisvoller und nachsichtiger wir uns gegenüber unseren eigenen allzu menschlichen Unvollkommenheiten verhalten, desto verständnisvoller und nachsichtiger gehen wir auch mit den Unzulänglichkeiten unseres Partners oder unserer Partnerin um, und diese bedingungslose Akzeptanz in beide Richtungen sorgt letztendlich dafür, dass eine Beziehung stärker wird. Jia Wei Zhang und Serena Chen von der UC Berkeley haben die Rolle von Selbstmitgefühl und Akzeptanz in Liebesbeziehungen genauer untersucht.[503] Die Forscherinnen rekrutierten sowohl junge Studierende als auch etwas ältere Erwachsene und baten sie, eine persönliche Schwäche zu beschreiben (zum Beispiel: Ich bin unordentlich) und eine Schwäche, die sie bei ihrem Beziehungspartner beobachteten (zum Beispiel: Er schiebt Dinge vor sich her). Sie fanden heraus, dass Menschen mit Selbstmitgefühl mit größerer Wahrscheinlichkeit nicht nur ihre eigenen Mängel akzeptierten, sondern auch die Defizite ihres Partners oder ihrer Partnerin. Diese bestätigten das und gaben zu Protokoll, dass sie sich weniger beurteilt als vielmehr akzeptiert fühlten. Diese gegenseitige Akzeptanz führte zu einer größeren Gesamtzufriedenheit in der Beziehung.

Aber Selbstmitgefühl dreht sich nicht nur um die Akzeptanz von Schwächen, sondern fördert auch Veränderung und gesundes Wachstum. Forscherinnen und Forscher von der University of Tennessee kamen in drei miteinander zusammenhängenden Studien zu dem Ergebnis, dass Frauen mit Selbstmitgefühl, die eine verbindliche Langzeitbeziehung hatten, besser in der Lage waren, ihrem Partner gegenüber Probleme anzusprechen.[504] Die erste Studie fand heraus, dass Frauen, die einen höheren Grad an Selbstmitgefühl hatten, mit größerer Wahrscheinlichkeit zu Protokoll gaben, dass sie es für richtig hielten, sich mit Beziehungsproblemen auseinanderzusetzen (zum Beispiel: »Probleme mit meinem Partner versuche ich immer gleich anzusprechen.«). In der zweiten Studie bat man Frauen, sich vorzustellen, dass sie etwas getan hatten, das sie bereuten, zum Beispiel, ihrem Partner in einer schwierigen Zeit nicht die nötige Unterstützung gegeben zu haben. Die Forscherinnen und Forscher gaben den Teilnehmerinnen und Teilnehmern daraufhin die Anweisung, diesem Fehler mit Mitgefühl zu begegnen, und kamen zu dem Ergebnis, dass dies die entsprechenden Personen stärker motivierte, ihren Fehler wiedergutzumachen. Die dritte Studie erfasste die Beziehungszufriedenheit von Frauen in ihren ersten fünf Ehejahren. Obwohl die meisten Menschen innerhalb dieser Phase in ihrer Beziehung eher unzufriedener werden, waren die Frauen mit Selbstmitgefühl in ihrem fünften Ehejahr genauso glücklich wie als frisch Verheiratete, was noch einmal den bemerkenswerten Einfluss von Selbstmitgefühl auf die gesunde Ausgestaltung menschlicher Beziehungen betont.

Selbstmitgefühl bei Beziehungsproblemen

Liebesbeziehungen sind eine Quelle der Freude – und des Leids. Wenn wir uns mal wieder an Beziehungsproblemen die Zähne ausbeißen, können wir sowohl auf unser kraftvolles als auch auf unser sanftes Selbstmitgefühl zurückgreifen, je nachdem, was wir gerade brauchen. Diese Übung lässt sich schriftlich durchführen, aber auch einfach als innere Reflexion, und sie wurde für Menschen konzipiert, die sich gegenwärtig in einer Liebesbeziehung befinden.

Anleitung

- Denken Sie an ein Problem, das Sie mit Ihrem Partner oder Ihrer Partnerin haben. Vielleicht haben Sie Meinungsverschiedenheiten über ein bestimmtes Thema oder fühlen sich irgendwie unbefriedigt oder haben ein schlechtes Gefühl wegen etwas, das Ihr Partner oder Ihre Partnerin getan hat. Versuchen Sie, dabei so genau wie möglich zu sein, indem Sie sich die Situation so lebendig wie möglich ins Bewusstsein rufen. Wer hat was zu wem gesagt, was ist passiert und was nicht?
- Versuchen Sie nun, die ganze Geschichte für einen Moment ruhen zu lassen und stattdessen mit Ihren Gefühlen Kontakt aufzunehmen. Was fühlen Sie gerade? Traurigkeit, Frustration, Einsamkeit, Angst, Scham, Wut? Oder eine Mischung aus verschiedenen Gefüh-

len? Versuchen Sie, diese Gefühle in Ihrem Körper zu lokalisieren. Konzentrieren Sie sich darauf, wie sich das Gefühl in einer körperlichen Empfindung manifestiert. Greifen Sie auf Achtsamkeit zurück, um den Schmerz dieser Gefühle anzuerkennen. Es ist nicht leicht, sich so zu fühlen. Versuchen Sie zuzulassen, dass diese Gefühle einfach da sind, ohne das Bedürfnis zu bekommen, sie zu reparieren oder zu verscheuchen.

– Erinnern Sie sich nun an die geteilte Menschlichkeit dieser Situation. Sie sind nicht allein. In jeder Beziehung gibt es Probleme. Alle Beziehungen sind unvollkommen. Versuchen Sie, sich selbst mitten im Schlamassel ein bisschen Freundlichkeit entgegenzubringen. Nutzen Sie dafür zunächst eine Ihnen angenehme Art der beruhigenden und unterstützenden Berührung – vielleicht können Sie eine Hand auf den Teil Ihres Körpers legen, in dem Sie das Gefühl lokalisiert haben, oder Sie legen sich einfach beide Hände aufs Herz, oder Sie machen eine Geste der Stärke, indem Sie sich eine Hand aufs Herz legen und die andere Hand vorsichtig darüber wölben.
– Sagen Sie sich selbst zum Schluss ein paar Worte der Freundlichkeit, irgendetwas, das Sie in diesem Moment wirklich hören möchten: vielleicht ein paar vorsichtige Worte der Akzeptanz oder des Trostes; einige Worte des Mutes; der Wertschätzung Ihrer Bedürfnisse; oder eine Ermutigung, eine Veränderung zu wagen. Wenn Sie Schwierigkeiten damit haben, die richtigen Worte zu finden, können Sie sich vorstellen, was Sie vielleicht einer engen Freundin sagen würden, die gerade dieselben Beziehungsprobleme hat wie Sie. Welche Worte sind das, die Sie gegenüber Ihrer Freundin ganz selbstverständlich finden würden? Können Sie nun versuchen, dasselbe auch zu sich selbst zu sagen?

Mir haben schon viele Leute gesagt, dass sich ihre Liebesbeziehung verbessert hat, sobald sie angefangen haben, Selbstmitgefühl zu praktizieren. Michelle, eine Magisterstudentin, die an meinem

Fortgeschrittenenseminar zu Selbstmitgefühl teilgenommen hat, erzählte mir, sie sei sehr selbstkritisch und hart mit sich selbst, und sie bezeichnete sich als »Kontrollfreak«, sie wollte immer alles richtig machen, auch in Liebesbeziehungen. Michelle war Marathonläuferin und Gesundheitsfanatikerin, und ihr schöner Teint und ihre sportliche Figur zeigten das auch. Sie war zu diesem Zeitpunkt seit zwei Jahren mit Brandon, einem Feuerwehrmann, zusammen, und sie liebten sich sehr. Sie hatten viele Gemeinsamkeiten: Beide hörten gerne Musik und gingen viel wandern, und sie hatten einen ähnlichen Blick aufs Leben. Aber es gab auch Probleme in ihrer Beziehung.

Michelle war ein sehr pünktlicher Mensch und wünschte sich von Brandon, dass er ihr eine Nachricht schickte, wenn er mehr als 20 Minuten zu spät kam. Doch vor allem, wenn er mit seinen Kumpels zusammen war, vergaß er diese Vereinbarung häufig. Wenn sie allein im Restaurant saß und auf ihn wartete, kochte sie bei dem Gedanken an seine Rücksichtslosigkeit. Aber wenn er dann endlich auftauchte, tat sie so, als würde sein Zuspätkommen ihr nichts ausmachen, weil sie nicht wollte, dass er sie für eine Meckerziege hielt.

Ein anderes Thema war, dass Brandon nicht so romantisch veranlagt war, wie sie es sich gewünscht hätte. Sie wünschte sich, dass er seine Liebe mit etwas mehr Leidenschaft zum Ausdruck brachte. (Sie war fanatischer Fan von historischen Fernsehserien wie *Outlander* und *Poldark,* und diese Art von Intensität war es, die ihr heimlich vorschwebte.) Er war jedoch eher der zurückhaltende Typ, und seine Gefühle derart plakativ auszudrücken fühlte sich für ihn unauthentisch an. Seine Helden waren eher die starken, stillen Typen, die ihre Liebe durch Hingabe zum Ausdruck brachten. Michelle schätzte Brandons Stabilität zwar sehr, fand seinen Mangel an Leidenschaft aber ein bisschen enttäuschend.

Eines der schwierigsten Themen aber, das sie mit Brandon hatte, war, wie sie mir gestand, die Tatsache, dass er gern in Fast-Food-Restaurants ging, zum Beispiel zu Taco Bell oder McDonald's. Manchmal, wenn sie die leeren Packungen hinten in seinem Auto entdeckte, rastete sie geradezu aus und hielt ihm einen vernichtenden Vortrag über gesunde Ernährung. Kurz danach schämte sie sich und fand ihre eigene Überheblichkeit nur noch kritikwürdig.

Brandon liebte Michelle trotz dieser Probleme und hatte sie vor Kurzem gefragt, ob sie bei ihm einziehen wolle – doch sie zögerte. War die Beziehung selbst das Problem, oder war sie einfach nur zu mäkelig und fordernd? Michelle beschloss, etwas über Selbstmitgefühl zu lernen – vor allem für sich selbst, aber auch in der Hoffnung, dass es für die Sache mit Brandon helfen würde. Sie las diverse Bücher und meldete sich dann für mein Seminar ein.

Michelle übte Selbstmitgefühl genauso fleißig wie alles andere, und nach einer Weile bemerkte sie, dass sie sich veränderte. Sie war weniger ängstlich, motivierter und weniger kontrollierend. Auch mit Brandon gab es eine Verbesserung. Ihr wurde plötzlich klar, dass viele ihrer Reaktionen auf ihre eigene Unsicherheit zurückzuführen waren. Wenn Brandon zum Beispiel mal wieder zu spät kam, hatte ein Teil von ihr sofort Angst, dass es daran liegen könnte, dass er aufgehört hatte, sie zu lieben – sie ihm nicht mehr wichtig war. Das war übrigens auch der Grund für ihren Wunsch, sich durch sein Verhalten so zu fühlen wie eine der Heldinnen in ihren geliebten Fernsehserien. Sie wollte sich hundertprozentig sicher sein, dass sie es wert war, geliebt und angebetet zu werden. Sogar ihre Konzentration auf das Thema Gesundheit, die natürlich eigentlich etwas Positives in ihrem Leben war, ließ sich zum Teil auf die Angst zurückführen, dass sie dick oder krank werden könnte, und sie projizierte diese Angst auf Brandon.

Sobald sie lernte, wie sie ihren eigenen Unsicherheiten mitfühlend begegnen konnte, hörten sie auf, so belastend zu sein. Zunächst einmal konnte sie einfach akzeptieren, dass es diese Selbstzweifel nun einmal gab. Sie hatte genug Therapie gemacht, um zu wissen, woher sie kamen – ihre Eltern hatten sich scheiden lassen, als sie noch klein war, und dann einen erbitterten Sorgerechtsstreit um sie geführt. Ihr war bewusst, wie viel Zeit Heilungsprozesse brauchten, aber sie beschloss, es zu versuchen. Wenn Brandon mal wieder zu spät kam und sie gerade anfing, sich einzubilden, dass sie ihm wohl egal geworden war, machte sie sich ihre Angst bewusst und ging damit freundlich und unterstützend um. Es war wirklich verständlich, dass so etwas sie stresste, und sie schaffte es, sich selbst durch Wärme und Fürsorge Sicherheit zu vermitteln. Wenn sie sich wieder einmal wünschte, dass Brandon sich etwas romantischer verhielt, als er nun einmal war, dann erkannte sie den Schmerz der Enttäuschung erst einmal an. Dann versuchte sie, ihr eigenes Bedürfnis nach ein bisschen Romantik zu erfüllen, indem sie sich selbst einen riesigen Blumenstrauß kaufte. Und wenn sie wieder einmal wegen Brandons Essgewohnheiten ausflippte, versuchte sie zu verstehen, warum sie so reagierte, anstatt sofort auf sich selbst einzuprügeln. Sein Verhalten war einfach zu viel für ihr Bedürfnis nach einer gesunden Lebensweise, das ja eigentlich etwas Gutes war.

Je mehr sanftes Mitgefühl sich Michelle gab und je mehr sie sich selbst so akzeptierte, wie sie war, desto besser gelang ihr das auch bei Brandon. Sobald sie sich selbst den Druck nahm und akzeptierte, dass keine Beziehung perfekt war, wurden die Streits weniger.

Aber Michelle gab sich damit nicht zufrieden. Einige ihrer Kritikpunkte waren berechtigt und mussten mithilfe von kraftvollem Selbstmitgefühl angesprochen werden. Sie sah ein, dass ihr Sendungsbewusstsein in Bezug auf Brandons Fast-Food-Gewohnheiten ihr eigenes Thema war und dass sie kein Recht hatte, ihm vorzuschreiben, was er essen sollte: Schließlich war er erwachsen. Aber ihre Bitte, dass er ihr kurz eine Nachricht schickte, wenn er zu spät kam, war durchaus berechtigt. Sie erzählte Brandon ganz ehrlich, warum es sie so störte, wenn er zu spät kam, vor allem wenn sie sich in der Öffentlichkeit trafen. Vielleicht konnte er sich eine Erinnerung in sein Handy speichern, denn das war einfach wichtig für sie. Sie hatte verstanden, dass sein Zuspätkommen nicht bedeutete, dass er sie nicht liebte, aber rücksichtslos erschien es ihr allemal, und es war ihr wichtig, dass er nicht so mit ihr und ihrer Zeit umging.

Das Gespräch über Brandons Art, seine Liebe auszudrücken, war da schon schwieriger. Er sagte ihr, er könne beim besten Willen nicht ändern, wer er sei, und dass sie nicht erwarten könne, dass er sich benahm, wie jemand aus einer romantischen Liebesgeschichte. Sie gab ihm recht. Aber das änderte nichts daran, dass ihr Bedürfnis nach Intimität nun einmal nicht vollständig erfüllt wurde. Sich selbst ein paar Blumen zu kaufen half, war aber nicht genug. Brandon und sie fingen an, darüber zu sprechen, ob sie ihm durch ihre Akzeptanz und Unterstützung helfen konnte, sich etwas mehr zu öffnen. Und ob das zu seiner Verlässlichkeit beitragen könnte. Sie sprachen auch zunehmend über die Machokultur bei der Feuerwehr und wie sie dazu beitrug, dass er sich so schwer damit tat, seine zärtlichen Gefühle zu zeigen. Obwohl es sich für ihn seltsam anfühlte, war er bereit, etwas Neues auszuprobieren. Sie lernte, wie sie Brandon ohne Vorwürfe bitten konnte, seine Gefühle auszudrücken, und nach und nach fühlte er sich immer wohler damit.

Sie begannen sogar ziemlich offene Gespräche darüber zu führen, wie es um das Machtgleichgewicht in ihrer Beziehung stand. Brandon gab zu, dass er sie manchmal warten ließ, damit seine Kumpels nicht dachten, dass er »unter ihrer Knute« stünde – sie sollten sehen, dass er derjenige war, der »die Hosen anhatte«. Er konnte nun auch sehen, dass seine Abwehr von Intimität ebenfalls eine Art und Weise war, Macht auszuüben, weil sie dadurch immer mehr von ihm wollte, als sie bekam. Es waren schwierige Gespräche, aber sie standen sie mit Liebe, Respekt und Mitgefühl durch, und sie schafften es, sich gegenseitig wirklich zuzuhören. Als Michelle dem Anteil, den sie an ihren Beziehungsproblemen hatte, mit Selbstmitgefühl begegnete, vermochte auch Brandon Mitgefühl für seinen Anteil zu entwickeln und seine Defizite bereitwilliger zuzugeben. Michelle und Brandon leben nun seit zwei Jahren zusammen – so weit, so gut.

Die Liebe und das Patriarchat

Vergeschlechtlichte Machtdynamiken spielen im Hintergrund von heterosexuellen Zweierbeziehungen häufig eine Rolle. Das liegt daran, dass die Geschichte der Liebe und der Ehe vom Patriarchat geprägt ist.[505] Vor dem Industriezeitalter betrachtete man die Ehe vornehmlich als ökonomisches Arrangement zwischen Familien, das auf Statusfragen und finanzielle Stabilität abzielte. Es war nicht üblich, dass eine Frau sich den Mann, den sie heiratete, selbst aussuchte; diese Entscheidung wurde von ihren Eltern getroffen. Liebe galt eher als ein dürftiger Heiratsgrund. Die gesamte Ehegesetzgebung – die bis ins 19. Jahrhundert hinein aktiv durchgesetzt wurde – ging im Grunde davon aus, dass ein Mann seine Frau besaß, ihren Körper genauso wie ihre Dienste, ihr Eigentum und ihren Lohn, und im seltenen Fall der Scheidung auch das Sorgerecht über ihre gemeinsamen Kinder.[506] Angesichts der Tatsache, dass die Frau als bewegliches Hab und Gut betrachtet wurde, brauchte sie tatsächlich einen Mann, um physisch zu überleben.

Doch mit der Epoche der Aufklärung wurde die Idee der Liebesheirat als Ausdruck individueller Freiheit und persönlichen Glücksstrebens immer populärer. Schriftstellerinnen wie Jane Austen und Charlotte Brontë verherrlichten die romantische Liebe als das, was dem Leben von Frauen Sinn und Erfüllung gab, auch wenn ihnen das Recht, zu wählen oder über ihr Eigentum zu verfügen, noch immer abgesprochen wurde. Für Frauen in und außerhalb von Romanen war es das Ideal, einen Mann zu finden, der sie liebte, ehrte, anbetete und beschützte, indem er eine glückliche und erfüllende Verbindung mit ihr einging.

Aber die Ehemänner waren nicht immer liebevoll und beschützend; sondern oft auch emotional unerreichbar, vernachlässigend oder sogar missbräuchlich. In den USA war es bis 1920 erlaubt, seine Frau zu schlagen.[507] Und obwohl romantische Liebe angeblich eine Sache des gegenseitigen Respekts war, erwartete man gleichzeitig von der Frau, sich den Entscheidungen ihres Ehemanns unterzuordnen.

Und sie musste ihre Klugheit herunterspielen, um seine nicht zu bedrohen. (Rita Rudner witzelte einmal: »Als ich irgendwann Mr. Right kennenlernte, wusste ich noch nicht, dass er mit Vornamen Always hieß.«[508]) Obwohl nur wenige Ehen dieser Vorstellung entsprachen, bestand die romantische Erwartung der Gesellschaft an eine Frau darin, einen Mann zu heiraten, der ihr das Gefühl gab, etwas Besonderes zu sein, geachtet und beschützt zu werden. Anscheinend fühlte es sich besser an, sich in einem romantischen Traum zu verlieren, als aufzuwachen und der Wahrheit der eigenen Machtlosigkeit ins Auge zu blicken.

Besonders Frauen mussten sich ein Bein ausreißen, um an dieser Illusion festzuhalten, denn sie waren finanziell von ihrem Ehemann abhängig und hatten außerhalb der Ehe keinen wirklichen Platz in der Gesellschaft. Weil die weibliche Macht auf die häusliche Sphäre beschränkt war, mussten Frauen versuchen, ihre Befriedigung dort zu finden. Viele Frauen versuchten, die Untreue ihres Ehemannes genauso zu ignorieren wie sein lümmelhaftes oder herablassendes Verhalten ihr gegenüber. Wenn die Ehe unglücklich war, blieb ihnen nichts anderes übrig, als gute Miene zum bösen Spiel zu machen, denn eine Scheidung kam nicht infrage. Dieses auf romantischen Idealen beruhende Eheverständnis war noch bis in die 1950er-Jahre hinein absolut beherrschend.

Ab den Sechzigerjahren begannen die Dinge sich zu ändern. Scheidungen und das Zusammenleben von Unverheirateten wurden üblicher, und immer mehr Frauen waren berufstätig oder gingen aufs College. Der Feminismus der Zweiten Welle begann über uns hereinzubrechen (die erste Welle war die bürgerliche Frauenrechtsbewegung des 19. und frühen 20. Jahrhunderts). Bahnbrechende Bücher wie Betty Friedans *Der Weiblichkeitswahn,* in denen das Ideal Ehefrau, Hausfrau und Mutter infrage gestellt wurde, gerieten zu Bestsellern. Das von Gloria Steinem und Dorothy Pitman 1972 gegründete *Ms.*-Magazin wurde ein riesiger Erfolg und lehnte offensiv die Vorstellung ab, dass der Status einer Frau davon bestimmt werde, ob sie single (Miss) oder verheiratet (Mrs.) war. Die gesamte Idee der romantischen Liebe wurde nun infrage gestellt, und radikale Feministinnen argumentierten, Liebe werde »im Kontext des unterdrückerischen Verhältnisses zwischen Mann und Frau zum emotionalen Klebstoff, der die Dominanz-Unterwerfungsbeziehung überhaupt erst rechtfertigt«.[509] Alles, was dazu diente, Frauen attraktiv für Männer zu machen, zum Beispiel das Tragen von Make-up, wurde als Kollaboration mit dem Patriarchat betrachtet. Auf einem Festumzug für die damalige Miss America warfen Protestierende hochhackige Schuhe und BHs in riesige Mülleimer – und obwohl diese nicht verbrannt wurden, beschrieben Journalisten die Aktion in Anlehnung der Verbrennung von Einberufungsbefehlen als »BH-Verbrennungen«, woraufhin eine ganze Generation von meinungsstarken Frauen in den USA als »bra-burning feminists« tituliert wurde.[510]

In den darauffolgenden Jahrzehnten erlebten feministische Themen einen kulturellen Backlash, und man bezeichnete Frauen, die die weibliche Unterdrückung in Liebesbeziehungen kritisierten und abschaffen wollten, nun als »Männerhasserinnen«. Trotz der Anstrengungen der nächsten Generation von Feministinnen, die mit »Womens Studies« und dem Verfassungszusatz »Title X« aufwuchsen, der die Diskriminierung von Frauen im Sport untersagte, wurde es ziemlich ruhig um den Feminismus – bis dann mit der #MeToo-Bewegung und den Women's March-Demonstrationen nach Donald Trumps Vereidigung als 45. US-Präsidenten ein wahrer Tsunami des Aktivismus losbrach.[511] Sexuelle Belästigung und der Ausschluss von Frauen aus Machtpositionen dominierten wieder die Schlagzeilen. Sehr viel langsamer war das Aufwachen in Bezug auf die Notwendigkeit, die Rolle der Liebe und Romantik in unserem Leben infrage zu stellen. Viele aktivistische, auf eigenen Füßen stehende Powerfrauen, die ich kenne, sind nach wie vor der Meinung, dass sie einen Partner brauchen, um sich geliebt, erfüllt und geschätzt zu fühlen.

Wir Frauen sind extrem gut darin, unser Herz zu verschenken. Das Problem ist, dass wir, solange wir glauben, dass Liebe und Sicherheit nicht in der Beziehung zu uns selbst, sondern nur in einer Partnerschaft zu finden sind, mit unserem Herzen auch unsere

Macht hergeben. Heterosexuelle Frauen sind so darauf abgerichtet worden, ihren Wert daran festzumachen, ob ein Mann sie liebt und mit ihr zusammenlebt oder nicht, dass wir manchmal unsere Seele verkaufen, nur, um in einer solchen Beziehung zu sein. Sogar Frauen, die sehr gut verdienen und erfolgreich und unabhängig sind, glauben häufig, dass sie unbedingt einen Mann brauchen, um glücklich zu sein. Das verführt viel zu viele von uns immer wieder dazu, ungute Situationen länger mitzutragen, als wir sollten. Man denke nur an all die steinreichen weiblichen Promis, die anscheinend in Bezug auf Männer immer wieder extrem schlechte Entscheidungen treffen. Denken Sie an ihre Freundinnen. Denken Sie an sich selbst. Natürlich kann man am Anfang einer Beziehung nicht wissen, ob sie einem auf Dauer guttut, aber sobald wir drinstecken, beeinflusst unser Glaube, dass wir unbedingt einen Partner brauchen, um ein vollständiger Mensch zu sein, unseren Entscheidungsprozess ganz wesentlich. Nur weil wir uns so schrecklich wünschen, dass die Beziehung funktioniert, ignorieren wir alle eventuellen Warnzeichen.

Frauen in gleichgeschlechtlichen Beziehungen haben mit diesen Themen nicht so stark zu kämpfen wie heterosexuelle Frauen, weil sie weniger stark in vergeschlechtlichte kulturelle Narrative verwickelt sind. Eine Studie der University of Texas in Austin untersuchte 157 lesbische Paare und 115 heterosexuelle Paare, die offiziell verheiratet waren oder (im Durchschnitt seit 15 Jahren) zusammenlebten, und fand heraus, dass Frauen in heterosexuellen Verbindungen mit größerer Wahrscheinlichkeit als Frauen in gleichgeschlechtlichen Beziehungen zu Protokoll gaben, dass ihre Partnerin oder ihr Partner sie enttäuschte, sich rücksichtslos benahm oder nicht aufmerksam genug zuhörte.[512] Lesbische Frauen berichteten darüber hinaus von größerem psychischen Wohlbefinden in ihren Beziehungen. Obwohl gleichgeschlechtliche Paare mit wesentlich mehr Diskriminierung und äußerem Druck vonseiten der Gesellschaft zu kämpfen haben[513] – eine Ungerechtigkeit, die auf keinen Fall ignoriert werden sollte –, sind sie innerhalb ihrer Beziehungen etwas freier von den schädlichen Dynamiken des Patriarchats.[514]

Braucht man eine Liebesbeziehung, um glücklich zu sein?

Zwar müssen Frauen nicht länger verheiratet sein, um in unserer Gesellschaft etwas zu gelten, doch der Sog in Richtung Beziehung ist noch immer sehr stark. Selbst wenn wir uns gerade aus einer unglücklichen Beziehung befreit haben, kann das Gefühl, dass wir nicht komplett sind, bis wir uns wieder mit jemandem zusammengetan haben, dazu führen, dass wir uns viel zu schnell auf jemand Neues einlassen. Die Wahrnehmung, dass Frauen ohne Partner nutzlose alte Jungfern sind, gibt es noch immer, wenn auch auf etwas subtilere Weise, und unsere gesamte Kultur stärkt diese Ansicht. Es mag sein, dass auch so mancher Mann sich nach einer Beziehung sehnt und geliebt werden möchte, aber er *muss* keine Partnerin haben. Der Wert und das Sicherheitsgefühl eines Mannes hängen nicht auf dieselbe tiefe und unbewusste Weise von einer Liebesbeziehung ab wie bei einer Frau. Männer werden nicht auf die gleiche Weise für ihr Single-Dasein bemitleidet wie wir. In der Tat kommen in den Medien viele Männer vor, die Single, glücklich und angesehen sind. Frauen dagegen eher selten.

Obwohl Wendy Langfords Buch *Revolutions of the Heart* schon vor 20 Jahren geschrieben wurde, ist es noch immer aktuell. Sie interviewte in dem Buch 15 Frauen zu der Frage, welchen Stellenwert Liebesbeziehungen in ihrem Leben haben. Hannah, single und verzweifelt auf der Suche nach einer Beziehung, sagt: »Es fühlt sich an, als wäre da eine Lücke in meinem Leben … Einfach diese Vorstellung, dass man *wirklich* etwas Besonderes für jemanden ist … Ich sehne mich nach jemandem, mit dem ich …, na ja … so etwas haben kann, dass ich nachts um drei Uhr neben ihm aufwache – und denke wow – so etwas wirklich *Intimes* … Und ich frage mich schon, ob ich überhaupt noch mal jemanden finde, mit dem diese Intimität möglich ist. Das beunruhigt mich wirklich sehr.«[515]

Ein anderes häufig auftauchendes Thema bei den interviewten Frauen ist, dass sie jemanden brauchen, der sie liebt, um sich wertvoll zu fühlen. Ruth sagt zum Beispiel: »Ich glaube, das war schon irgendwie in meinem Kopf, dass ich ja einen Mann *hätte*, wenn ich begehrenswert wäre oder, ich weiß nicht, attraktiv oder so was oder nett.«[516] Die romantische Liebe ist für diese Frauen außerdem etwas, das Vollständigkeit ermöglicht. Diane beschreibt das Gefühl des Verliebtseins, das sie aus früheren Beziehungen kennt, folgendermaßen: »Es war der Wahnsinn. Wie Einssein, wissen Sie? Dieses Gefühl ... wie zwei Hälften einer Walnuss, die zusammen ein Ganzes bilden.«[517] Solche Ansichten über Liebesbeziehungen haben sich in den letzten 20 Jahren nicht wesentlich geändert.

Wenn wir Frauen wirklich frei sein wollen, müssen wir die Idee über Bord werfen, dass wir einen Partner brauchen, um vollständig zu sein. Wir können lernen, uns mit uns selbst komplett zu fühlen. Viele Frauen ab 40 sind (wie auch ich) single und geschieden. Wir wären gern in einer Beziehung, können aber keinen Partner finden, der uns das bietet, was wir brauchen – emotionale Intelligenz, Spiritualität, Vertrautheit mit sich selbst, Respekt und Gleichberechtigung. Einige Frauen machen Kompromisse und lassen sich auf eine Beziehung mit jemandem ein, der sie nicht glücklich macht, andere bleiben single und fühlen sich unbefriedigt, weil sie keinen Partner haben. Der gemeinsame Nenner ist der Glaube, überhaupt einen Partner zu brauchen, um glücklich zu sein. Wir brauchen ihn nicht. Es gibt viele Quellen der Freude, wie zum Beispiel Freundschaften, Familie, Karriere und Spiritualität. Die wichtigsten Freudenquellen sind jedoch bedingungslos und unabhängig von äußeren Umständen, und eine der zugänglichsten dieser Quellen ist Selbstmitgefühl.

Eine Liebesbeziehung mit sich selbst

Selbstmitgefühl macht uns nicht nur glücklicher, wenn wir in einer romantischen Beziehung sind, sondern es ermöglicht uns auch, völlig ohne Liebesbeziehung glücklich zu sein. Die wirklich radikale Gabe des Selbstmitgefühls für Frauen ist die Erkenntnis, dass wir für ein erfülltes Leben keinen Partner brauchen. Wir können sowohl unsere Yin-Energie als auch unsere Yang-Energie vollständig entwickeln und nutzen – alles im Kontext des Selbstmitgefühls. Für alle heterosexuellen Frauen, die nun glauben, dass die Kultivierung dieser Art von Autarkie irgendetwas damit zu tun hat, zu einer Männerhasserin zu werden: Es hat nichts damit zu tun. Wir können Männer lieben, ihre Gesellschaft genießen, mit ihnen zusammenleben, sie heiraten oder mit ihnen Kinder kriegen, wenn wir das möchten. Der Punkt ist einfach nur, dass wir sie nicht *brauchen.* Wir können immer auf sanftes Selbstmitgefühl zurückgreifen, um uns geliebt und geschätzt zu fühlen, und auf kraftvolles, wenn wir sicher und versorgt sein wollen.

Die Fähigkeit, bei sich zu bleiben und sich selbst mit liebevoller, verbundener Präsenz zu akzeptieren, ist für das Finden des Glücks außerhalb von Liebesbeziehungen zentral wichtig. Wir alle haben das tiefe Bedürfnis, uns besonders, angebetet, wertvoll, wichtig und umsorgt zu fühlen. Wir können uns diese Bedürfnisse unmittelbar erfüllen, denn wenn unser Herz wirklich offen ist, sehen wir unsere eigene Schönheit. Diese Schönheit basiert nicht auf körperlicher Vollkommenheit oder darauf, alles perfekt hinzubekommen, sondern auf der Tatsache, ein einzigartiges Individuum mit einer einzigartigen Geschichte zu sein, einmalig und schon insofern etwas ganz Besonderes. Unser Wert erwächst nicht aus unseren Leistungen und auch nicht daraus, dass wir einen Partner gefunden haben, der uns sagt, dass wir liebenswert sind. Er kommt einfach aus der Tatsache, dass wir ein bewusstes, fühlendes, atmendes menschliches Wesen sind, Teil des sich von Augenblick zu Augenblick entfaltenden Lebens, ein Wesen, genauso kostbar wie alle anderen. Wenn wir uns selbst die Aufmerksamkeit schenken, nach der wir uns bei anderen so sehnen, sind wir bemerkenswert autark.

Jede Frau, die einen guten Kontakt zu ihrem kraftvollen Selbstmitgefühl hat, kann selbst für die Dinge sorgen, von denen uns als heterosexuellen Frauen gesagt wurde, dass sie nur von einem Mann kommen können. Wenn die Energie der mutigen, handlungsfähigen

Klarheit durch unsere Adern fließt, können wir unsere innere Kriegerin zur Hilfe rufen, wann immer wir sie brauchen. Wer für sich selbst einstehen kann, ist nicht abhängig von einem Mann, der das tut. Wenn uns jemand beleidigt oder unsere Grenzen missachtet, können wir diese Person direkt konfrontieren. Es mag Situationen geben, in der körperliche Überlegenheit von Nutzen wäre oder in denen wir physisch in Gefahr sind, aber wenn wir nicht in einer Beziehung sind, können wir uns an unsere Freunde oder Familienmitglieder oder Nachbarn oder an die staatlichen Autoritäten wenden, wenn wir Hilfe brauchen. Und wer die finanziellen Mittel dafür hat, kann sich in den Bereichen, in denen sie sich zuvor auf die Hilfe von einem Ehemann oder Liebespartner verlassen hat, Hilfe kaufen. (Zum Beispiel kann man online stundenweise jemanden buchen, der einem schwere Gegenstände bewegt, Dinge im Haus repariert, den Rasen mäht und so weiter.)

Auch aus materiellen Gründen brauchen wir keinen Mann. Erstens können wir selbst für unsere finanziellen Bedürfnisse sorgen. Obwohl Frauen weniger verdienen als Männer und sich das dringend ändern muss, lohnt es sich nicht, um der materiellen Sicherheit willen eine unglückliche Beziehung mit einem Mann aufrechtzuerhalten. Diese Rechnung geht sowieso nie zu unseren Gunsten aus. Was emotionale Bedürfnisse wie Unterstützung und Zusammensein angeht, können diese genauso gut von engen Freunden erfüllt werden. Immer mehr Frauen beschließen, ihr Zugehörigkeitsgefühl in einem Freundeskreis zu suchen, anstatt bei einem Mann, und sie entdecken, dass diese Verbindungen tief, erfüllend und stabil sein können. Noch wichtiger ist jedoch, dass wir uns mithilfe von Selbstmitgefühl *ganz aus uns heraus* Liebe, Fürsorge und emotionale Unterstützung geben können.

Außerdem können wir unsere Zeit mit befriedigenden und wirklich zu uns passenden Aktivitäten füllen. Tatsächlich ist es häufig so, dass wir uns ohne Partner in vielerlei Hinsicht freier entwickeln und mehr zutrauen. Es passiert sehr häufig, dass Frauen ihre Interessen aufgeben und einen Großteil ihrer Energie in die Beziehung stecken, vor allem wenn diese Beziehung noch ganz am Anfang steht. Ich habe eine Freundin, die seit Jahren ein Buch schreiben möchte. Sie ist sehr talentiert, und ich weiß, dass ihr Projekt für die Welt ein Geschenk wäre. Wenn sie single ist, macht sie große Fortschritte mit ihrem Buch, aber sobald sie in einer Beziehung lebt, kommt ihre Arbeit daran zum Stehen. Wie viel von unserer kostbaren Zeit und Energie wird davon aufgefressen, einen Partner zu finden, an der Beziehung zu arbeiten, uns Gedanken zu machen, ob wir weggehen oder bleiben sollen, ob uns die Beziehung guttut? Natürlich kann auch eine dauerhafte und feste Beziehung die Freiheit und Unterstützung bieten, die wir brauchen, um bestimmte Dinge zu erreichen. Aber wir sollten bei der Suche nach diesem Happy End auf keinen Fall alles über Bord werfen. Wenn wir single sind, haben wir die Zeit und den Raum, unsere Träume zu verfolgen. Und umgekehrt: Was verpassen wir alles, wenn wir in die Falle tappen und glauben, dass das einzig wichtige Ziel im Leben darin besteht, mit jemandem zusammen zu sein? Selbstmitgefühl kann uns helfen, unser volles Potenzial zu entwickeln, und zwar ganz unabhängig von äußeren Umständen. Wenn Yin und Yang in unserem Innern in Verbindung kommen, dann sind wir plötzlich von den vielen Beschränkungen der Geschlechterrollen befreit. Maskuline und feminine Energie verbinden sich in uns. Wir hören endlich auf, einen wesentlichen Teil unseres Seins auszulagern, und plötzlich sind wir in der Lage, unser wahres Selbst zu erkennen. Das bedeutet natürlich nicht, dass wir aufhören, andere Menschen zu wollen und zu brauchen. Auch der Wunsch nach romantischer Liebe ist ein wesentlicher Teil unserer Natur, und auch die Traurigkeit, die hochkommt, wenn wir alleine sind, ist völlig normal. Der Traum vom schönen Königssohn handelt eben nicht nur davon, dass wir jemanden haben wollen, der uns versorgt, so wie es in dem Märchen Aschenputtel dargestellt wird. Er dreht sich auch um den Wunsch, die Liebe und Intimität und Verbundenheit zu erleben, die entsteht, wenn zwei Seelen sich begegnen. Es ist ein zutiefst spirituelles und wunderschönes Erlebnis.

Seit der Veröffentlichung ihres einflussreichen Buches *Ain't I a Woman* im Jahr 1981 ist bell hooks eine zentrale Figur des Feminismus: Sie spricht aus, auf welch verschiedene Arten die romantische Liebe eine Frau dazu verleiten kann, unter dem Deckmantel der Liebe und Fürsorge für einen Mann ihr eigenes Beherrschtwerden zu akzeptieren. Gleichzeitig aber erkennt sie die Sehnsucht nach dem Einswerden an. In ihrem Buch *Lieben lernen. Alles über Verbundenheit* schreibt sie: »Wir kraftvollen, uns selbst liebenden Frauen wissen, wie wichtig es ist, uns um unsere emotionalen Bedürfnisse selbst kümmern zu können, aber das ersetzt keine liebevolle Gemeinschaft oder Partnerschaft.«[518] Wenn ich Frauen gesagt habe, dass sie ihr Bedürfnis nach romantischer Liebe selbst erfüllen können, indem sie einfach zu sich selbst sagen, was sie von anderen hören möchten – »ich liebe dich, du bist schön, ich respektiere dich, ich werde dich nicht verlassen« –, dann ist ihre unmittelbare Reaktion immer, dass das ja wohl nicht dasselbe ist. Das stimmt, es ist nicht dasselbe. Und wir sollten auch nicht so tun, als wäre es das. Stattdessen können wir unser Herz ganz und gar für den Schmerz öffnen, dass unser Traum von der romantischen Liebe nicht erfüllt wird, und wir können diesen Schmerz mit der gleichen Sanftheit halten, wie wir vielleicht ein Kind halten würden, das ängstlich und allein ist. Wir können diesen Traum würdigen und die Flamme der Hoffnung am Leben erhalten, dass es vielleicht eines Tages doch passiert.

Das Problem ist, dass wir dazu neigen, diese eine Glücksquelle wichtiger zu finden als alle anderen, und dass wir glauben, dass diese Liebe das Einzige ist, was wirklich zählt. Obwohl wir exakt die gleiche Person sind, wenn ein Partner uns sagt, dass wir wertvoll und liebenswert sind, wie wenn wir es uns selbst sagen, denken wir, dass die Perspektive des Partners die Einzige ist, die wirklich stimmt. Dadurch verschenken wir unsere Macht und lassen unsere eigene Liebesfähigkeit unberücksichtigt.

Außerdem setzen wir uns der Gefahr des Liebeskummers aus, weil natürlich selbst dann, wenn wir die »wahre Liebe« gefunden haben, nicht garantiert ist, dass sie hält. Vielleicht haben wir tatsächlich das Glück, sie für einige Zeit zu erleben, aber oft genug kommt uns dann das richtige Leben in die Quere: Die Dinge verändern sich, und Menschen entwickeln sich auseinander. Überlegen Sie mal, wie viele Frauen Sie kennen, die sich in erfüllenden, voraussichtlich den Rest ihres Lebens haltenden Liebesbeziehungen befinden. So etwas gibt es manchmal, aber es ist nicht die Regel. Nur etwa die Hälfte aller Ehen hält länger als 20 Jahre[519], und viele Beziehungen, die so lange halten, sind trotzdem unbefriedigend. Wollen wir wirklich unser Glück auf etwas so Fragilem aufbauen, auf etwas, über das wir so wenig Kontrolle haben?

Zwar ersetzt die Sorge für uns selbst keine Liebesbeziehung, aber sie ist wichtiger, weil sie nicht auf Zufällen und äußeren Umständen beruht. Wir selbst sind die Einzigen, die mit hundertprozentiger Garantie unser ganzes Leben lang bei uns bleiben werden. Die Liebe, die aus Selbstmitgefühl erwächst, stammt übrigens nicht aus unserem kleinen Selbst, sondern aus unserer Verbindung mit etwas Größerem. Wenn wir wahrhaft präsent und fürsorglich uns selbst gegenüber sind, und zwar sowohl in Zeiten der Freude als auch der Not, dann schwindet nach und nach das Gefühl, von anderen getrennt zu sein. Wir erkennen, dass unser Bewusstsein ein Fenster zu unserer einzigartigen, sich ständig verändernden und entfaltenden Erfahrung ist, dass aber das Licht des Bewusstseins, das durch dieses Fenster schimmert, von dem anderen Licht, das durch andere Fenster kommt, nicht getrennt ist. Unsere Erfahrungen als menschliche Wesen sind sehr unterschiedlich, und manche von uns leiden mehr als andere, doch das Licht ist im Grunde dasselbe. Der Grund dafür, dass die liebende Einheit zweier Menschen so wundervoll ist, liegt darin, dass wir ein Zusammenfließen des Bewusstseins erleben. Aber um das zu erleben, brauchen wir keine anderen Menschen. Zusammenfließen, Einheit, Einssein finden wir auch in uns selbst.

Mein eigener Weg zur Vollständigkeit

Nach diversen gescheiterten Liebesbeziehungen habe ich beschlossen, das Alleinsein zu bejahen. Ich habe der Einsamkeit genauso ins Gesicht geblickt wie der Angst davor, »nichts wert zu sein«, wenn ich nicht in einer Beziehung mit einem Mann bin. Ich habe außerdem verstanden, dass Selbstmitgefühl der Schlüssel ist, der uns aus diesem Gefängnis befreit. Ich bin an einem Punkt in meinem Leben, an dem ich stolz sagen kann, dass mein Glück nicht mehr davon abhängt, ob ich in einer Liebesbeziehung bin. Obwohl ich sehr gern mit jemandem zusammen wäre, bin ich nicht mehr bereit, Kompromisse zu machen. Ich kann auch alleine glücklich sein, und ich habe gelernt, dass ich die Einzige bin, die mir das Gefühl geben kann, geliebt, geschätzt, erfüllt und in Sicherheit zu sein – ohne sagen zu wollen, dass es bis hierhin kein langer Weg gewesen wäre.

Einige Leserinnen und Leser sind vielleicht mit der Geschichte vertraut, die ich in meinem ersten Buch *Selbstmitgefühl* erzählt habe, nämlich wie ich meinen Ehemann Rupert in Indien kennengelernt habe und wir danach gemeinsam nach Texas gezogen sind und unseren Sohn Rowan bekommen haben. Er war Menschenrechtsaktivist und Reiseschriftsteller und einer der interessantesten Menschen, die ich je getroffen hatte. Rupert war mein Prinz, mein blonder, blauäugiger Ritter in schimmernder Rüstung. Ein Brite, der mich einfach umhaute, die scheinbare Erfüllung jenes Traums von Liebe und Romantik, der uns schon als sehr kleinen Mädchen ins Herz gepflanzt wird. Nachdem Rowan seine Diagnose bekommen hatte, entdeckte Rupert – der ein leidenschaftlicher Pferdeliebhaber war –, dass unser Sohn eine geheimnisvolle Verbindung zu Pferden hatte und dass seine Symptome abnahmen, wenn er in ihrer Nähe war. Bei einem Treffen indigener Heilerinnen und Heiler, das einberufen worden war, um auf die Notlage der San in der Kalahari im südlichen Afrika aufmerksam zu machen, reagierte Rowan außerdem gut auf den Kontakt mit Schamanen. Aus diesem Grund machte sich unsere Familie auf eine ziemlich verrückte Reise in ein

Land, in dem der Schamanismus die offizielle Religion ist und aus dem die Pferde stammen: die Mongolei. Wir ritten durch die Steppe, um irgendwann zu den Rentiernomaden zu gelangen, von denen wir uns Heilung für unseren Sohn erhofften. In dem Dokumentarfilm und dem Buch *Der Pferdejunge* wird diese Geschichte festgehalten. Der Stoff, aus dem Märchen gemacht sind. Aber wie so viele von uns lernen müssen: Anstatt dass diese Märchen uns weiterhelfen, machen sie uns oft nur machtlos.

Rupert war mein zweiter Ehemann. Meine erste Ehe war in die Brüche gegangen, als ich eine Affäre hatte – etwas, das sämtliche Werte, die mir wichtig sind, verletzte. In dem Prozess, in dem ich versuchte, mit meiner Scham und den Selbstvorwürfen zu leben, lernte ich die Kraft des Selbstmitgefühls kennen, und irgendwann erlaubte es mir diese Kraft, zu heilen und von vorne anzufangen. Als ich mich entschied, zum zweiten Mal zu heiraten, wollte ich alles richtig machen. Ehrlichkeit war dabei für mich der Schlüssel, und ich gab mir das feierliche Versprechen, in dieser neuen Beziehung unter allen Umständen ehrlich zu sein. Ich wollte nie wieder diesen inneren Bürgerkrieg erleben. Und ich ging davon aus, dass Rupert ein ähnliches Versprechen gemacht hätte.

Kurz nach Rowans Diagnose beschlich mich aber das Gefühl, dass Rupert mir nicht alles erzählte. Warum das so war, kann ich nicht genau sagen, ich hatte einfach so ein Gefühl im Bauch. Weil wir aber so damit beschäftigt waren, mit Rowans Autismus klarzukommen, ignorierte ich dieses nagende Gefühl. Seine Diagnose war mit das Härteste, was ich je durchgemacht hatte. Und ich hatte einfach keine Energie übrig, mich den Zweifeln an meiner Ehe zu widmen. Ohne groß ins Detail zu gehen: Irgendwann fand ich heraus, dass Rupert wiederholt sexuelle Begegnungen mit anderen Frauen hatte. Als ich ihn damit konfrontierte, schien er überwältigt von Scham und Schuldgefühlen. Er beteuerte, wie leid es ihm tue und dass ihm nichts wichtiger sei, als unsere Beziehung zu retten.

Ich war am Boden zerstört. Die große Konfrontation hatte stattgefunden, kurz bevor ich auf einen Meditationsretreat aufbrach, und ich weinte, während ich dort war, ununterbrochen. Aber meine Praxis der Achtsamkeit und des Selbstmitgefühls war stark, und ich schaffte es irgendwie, da durchzukommen. Beim Meditieren versuchte ich, in einem Zustand der liebevollen, verbundenen Präsenz zu sitzen, und es gelang mir tatsächlich, den Schmerz zu halten, ohne von ihm überwältigt zu werden. Angesichts der Tatsache, dass wir einen kleinen Sohn mit besonderen Bedürfnissen hatten, schien es mir die beste Entscheidung zu sein, unserer Ehe noch eine Chance zu geben. Wir machten eine Paartherapie, und ich hoffte, dass es besser werden würde.

In der Zwischenzeit nahm meine Arbeit am Thema Selbstmitgefühl an Fahrt auf. Als ich dann mein erstes Buch schrieb, erzählte ich vornehmlich von den schönen Dingen aus meiner Beziehung zu Rupert. Ich schaffte es, mich selbst davon zu überzeugen, dass er mich nicht mehr betrog. Erst im Rückblick wurde mir klar, wie viele Warnzeichen ich beiseitegefegt hatte. Es war natürlich einfacher, davon auszugehen, dass alles in Ordnung war, als mir einzugestehen, dass dem nicht so war.

Kurz nach der Veröffentlichung meines Buches im Jahr 2011 erfuhr ich von weiteren Affären – tatsächlich waren es mehrere. Ich wusste zweifelsfrei, dass ich diese Ehe sofort beenden musste. Obwohl ich Rupert noch immer liebte. Und obwohl wir einen autistischen Sohn hatten. Aber ich konnte einfach nicht zulassen, dass mich jemand so behandelte. Meine Freunde unterstützten mich und halfen mir, meine Kräfte zu sammeln. Damals wusste ich noch nichts von kraftvollem Selbstmitgefühl, aber ich wusste, dass es mich enorme Kraft kosten würde, diesen Mann zu verlassen. Mama Bär war erwacht, aber ich hatte noch keinen Namen für sie. In meiner Handtasche trug ich ein Stückchen Eisen mit mir herum, das die Entschlossenheit symbolisieren sollte, die ich brauchen würde.

Als ich Rupert mitteilte, dass ich ihn verlassen würde, versicherte er mir wieder, wie leid es ihm tue und wie sehr er sich schämte, und er gestand ein, dass er wahrscheinlich sexsüchtig war. Ich hatte Mitgefühl mit ihm, aber meine innere Beschützerin erhob sich und sagte *Nein!* Ich würde nicht ewig abwarten, um zu sehen, ob er sich änderte oder nicht. Ich hatte genug. Weil wir weiterhin gemeinsam für Rowan sorgen und ihn zu Hause unterrichten wollten, blieben wir Freunde und versuchten beide unser Bestes, damit sich unsere Trennung nicht negativ auf unser Kind auswirkte.

So stolz ich auch auf mich war, weil ich es geschafft hatte, die Sache zu beenden, so sehr blieb ich doch der Idee verhaftet, eine erfüllende Liebesbeziehung haben zu müssen. Vielleicht war mein Seelenverwandter ja immer noch irgendwo dort draußen. Etwa ein Jahr später lernte ich einen brasilianischen Mann kennen. Er war freundlich und intelligent, meditierte sehr ernsthaft und sah wahnsinnig gut aus. Es gab nur ein Problem: Er machte gleich zu Anfang explizit klar, dass er keine feste Beziehung wollte. Weil wir uns auf so vielen Ebenen so leidenschaftlich verbinden konnten – emotional, spirituell und sexuell – blieb ich jahrelang bei ihm und hoffte, dass er sich schließlich doch zu einer größeren Verbindlichkeit durchringen würde. Er tat es nicht. Er war immer sehr ehrlich mit mir und treu, zog sich aber jedes Mal zurück, wenn er das Gefühl hatte, dass es zwischen uns zu ernst wurde. Ich versuchte, ihm die Schuld an der Situation zu geben – er habe eine Bindungsstörung, da müsse doch etwas falsch sein mit ihm. Die Wahrheit war, dass er einfach etwas anderes vom Leben wollte als ich. Nun gut. Meine Selbstmitgefühlspraxis half mir, den Schmerz und die Trauer dieser Wahrheit zu halten, aber die Sehnsucht nach einer Beziehung brannte noch immer lichterloh in mir.

Vor Kurzem hatte ich noch einmal eine kurze, aber sehr intensive Beziehung mit einem Mann, der mir wirklich alles zu geben schien, was ich mir jemals gewünscht habe – Ehrlichkeit, Leidenschaft, Liebe, Freundschaft, Unterstützung und, am allerwichtigsten: Verbindlichkeit. Er sagte mir, ich sei die Frau seiner Träume und dass er den Rest seines Lebens mit mir verbringen wollte. Außerdem verstand er sich wunderbar mit Rowan und schien mir der positive männliche Kontakt in seinem Leben werden zu können, den ich mir für ihn wünschte. Weil Rupert inzwischen eine neue Familie gegründet hatte und am anderen Ende der Welt, in Deutschland, lebte, konnte ich die Hilfe eines anderen Mannes auch gut gebrauchen. Der Neue war Musiker und erzählte mir, dass er einmal ein Drogenproblem gehabt habe, jetzt aber clean sei und sehr gut auf sich achten könne. Er hatte bei den Anonymen Alkoholikern sogar mein Buch gelesen, bevor wir uns überhaupt kannten! Seine Geschichte beunruhigte mich, aber ich bemühte mich, sie zu akzeptieren und ihn nicht zu verurteilen. Wir waren unglaublich verliebt, und er zog bei mir ein.

Irgendwann fing er plötzlich an, sich zu verändern. Er spielte stundenlang Computerspiele und benahm sich wie ein launischer Teenager. Manchmal wenn wir miteinander sprachen, nickte er mitten im Satz ein. Ich wusste, dass das nicht normal war, aber ich wusste auch, dass er an Schlafstörungen litt. Als ich ihn danach fragte, schwor er mir, dass es mit seinem Schlafmangel zu tun habe, und schon wieder ignorierte ich das kleine, nagende Gefühl, drehte ihm gewissermaßen den Rücken zu, weil ein Teil von mir die Illusion der Liebe noch immer höher schätzte als die Wahrheit. Nach drei solchen Monaten googelte ich, was es zu bedeuten hatte, wenn jemand aus heiterem Himmel plötzlich einschlief, und das Erste, was aufpoppte, war, dass es ein verdächtiges Zeichen für eine Opiatabhängigkeit war. Ich konfrontierte ihn mit dieser Erkenntnis und bat ihn, einen Drogentest zu machen. Er wurde wütend und sagte, dass er nicht mit einer Frau zusammen sein könne, die ihm nicht vertraue, sammelte seine Siebensachen zusammen und stürmte aus dem Haus. Glücklicherweise war Rowan gerade zu Besuch bei seinem Vater. Ich ließ umgehend alle Schlösser in meinem Haus austauschen.

Am nächsten Tag kam er zurück und bat mich, ihm noch eine Chance zu geben. Ich dachte nicht im Traum daran. Mama Bär war auf den Plan getreten, und obwohl ich, genau wie bei Rupert, Mitgefühl mit ihm hatte, würde ich ihn unter keinen Umständen noch einmal in die Nähe meines Sohnes lassen. Aber ich musste damit klarkommen, dass ich angesichts seiner Geschichte sehr viel vorsichtiger hätte sein müssen, und dass ich Rowan einem Risiko ausgesetzt hatte, als ich ihm erlaubt hatte, bei uns einzuziehen. Für den Traum der Liebe gab ich mich immer wieder selbst auf und war dann nicht mehr gewillt, der Wahrheit ins Gesicht zu blicken. Wieder einmal musste ich mich selbst mit sanftem Selbstmitgefühl fluten, um mir meine Fehler zu verzeihen und all diesen Schmerz zu halten. Meine vertrauensvolle, akzeptierende Natur ist eigentlich eine wunderschöne Eigenschaft, aber sie ist nicht in einer guten Balance mit meiner kraftvollen Fähigkeit zum Selbstschutz gewesen.

Ich hatte genug Therapie gemacht, um zu realisieren, dass das, was mich antrieb, das verwundete kleine Mädchen in mir war, das versuchte, durch Partnerschaften endlich vollständig zu werden. Woher diese Wunde kam, lag auf der Hand: Mein Vater verließ uns, als ich zwei Jahre alt war, und ich sah ihn während meiner Kindheit nur unregelmäßig. Nachdem ich mit dem Musiker Schluss gemacht hatte, fuhr ich nach Dänemark, um meinen Vater zu besuchen, der dort lebt. (Er war dort hingezogen, weil er eine Dänin geheiratet hatte, und blieb auch dann noch da, als sie sich längst hatten scheiden lassen.)

Dieser Besuch gab mir einen schmerzhaften Einblick in meine frühe Geschichte. Ich hatte all meinen Mut zusammengenommen, um meinem Vater von all der inneren Arbeit zu berichten, die ich hinter mir hatte, und ich sagte ihm, dass ich ihm nun vergeben konnte, dass er uns verlassen hatte, und dass ich ihn trotz allem lieb hatte. Irgendwie hoffte ich auf etwas wie: »Es tut mir so leid, dass ich dich verletzt habe, mein Schatz, ich habe dich auch lieb.«

Stattdessen bekam er einen seltsam gequälten Gesichtsausdruck und blickte nach unten. »Ich habe mir geschworen, dir niemals davon zu erzählen. Ich habe es mir geschworen!«, murmelte er.

»Was denn?«, fragte ich.

Er antwortete: »Als du klein warst, hast du mich gehasst!«

»Was?«, fragte ich verblüfft.

»Du hast mich gehasst. In den ersten zwei Jahren deines Lebens hast du kein Wort mit mir gesprochen. Du wolltest, dass ich gehe, damit du deine Mutter für dich allein haben konntest. Ich hatte das Gefühl, euch zu verlassen, war das Beste, was ich tun konnte.«

Glücklicherweise nahm ich es nicht persönlich. Mein einziger Gedanke war: »Dieser Mann ist verrückt. Er musste seinen Hass auf ein unschuldiges Kleinkind projizieren, um sein Fortgehen zu rechtfertigen? Das ist krank.« Ich versuchte noch nicht einmal, dagegen zu argumentieren, obwohl ich unglaublich gern Folgendes gesagt hätte: »Babys können nicht hassen. Und wusstest du übrigens, dass sie in den ersten zwei Jahren mit niemandem reden?« Stattdessen sagte ich nur, dass ich müde sei, und ging ins Bett. Mir war klar, dass er ein alter Mann war und mich liebte, so gut er konnte. Ich war in der Lage, mich um meine eigenen Wunden zu kümmern und ihn zu akzeptieren, wie er war. Es war sein Problem, nicht meins.

Als ich später meine Mom danach fragte, erzählte sie mir, dass mein Dad eifersüchtig auf all die Liebe und Aufmerksamkeit gewesen war, die sie mir nach meiner Geburt gegeben hatte. Tatsächlich ist das einer der Gründe gewesen, warum er uns verlassen hatte. Ich konnte nun sehen, dass auch dies ein Beispiel für die Trennung von Yin und Yang war, die sich hier auf so ungute Weise Bahn gebrochen hatte. Mein Vater war von seinem eigenen sanften Selbstmitgefühl vollkommen abgeschnitten (er hat eine schwierige Beziehung zu seinen Eltern) und deshalb darauf angewiesen, diese Art der Fürsorge von meiner Mutter zu bekommen. Als sich ihre sorgende Energie plötzlich auf mich richtete, fühlte er sich verloren und verlassen und machte sich davon. Und das hinterließ eine Lücke in mir, die ich noch immer mit Liebesbeziehungen zu füllen versuchte.

Inzwischen bin ich fest entschlossen, mein Handeln nicht mehr nach der falschen Vorstellung auszurichten, ich wäre unvollständig. Ich werde mich selbst nicht mehr aufgeben, selbst wenn das heißt, dass ich nie wieder einen Partner finde. Ich bin zwar wirklich offen für die Liebe, aber mein Fokus liegt darauf, Glück durch innere Verbindung zu finden. Mir wird immer klarer, dass wir niemals vollständig sein können, wenn unser Sinn für Zusammensein auf unserem Gefühl des Getrenntseins beruht – wenn also unsere sanfte Yin-Energie von unserer kraftvollen Yang-Energie getrennt ist. Wenn wir glauben, dass Verbundenheit nur mit jemandem außerhalb unserer selbst zu finden ist, dann fühlen wir uns einsam, sobald wir allein sind. Dabei ist die Vorstellung, dass Verbindung nur zwischen zwei getrennten Wesen stattfinden kann, falsch. Verbindung muss vielmehr im eigenen Innern gefunden werden. Verbindung entsteht aus dem Zusammenfließen und der Integration von Yin und Yang. Verbindung entsteht aus der Einsicht in unsere wahre Natur, in das wesentliche Aufeinanderbezogensein allen Lebens. Sie können es Gott nennen, universelles Bewusstsein, Liebe, Natur, das Göttliche – letztlich ist es egal, wie Sie es nennen. Wir können es fühlen, wenn wir die Identifikation unseres egozentrischen Bewusstseins mit dem getrennten Ich endlich loslassen, denn genau diese Identifikation bringt immer wieder das Gefühl hervor, dass wir nicht genug, dass wir unvollständig sind.

Meine Praxis im letzten Jahr bestand darin, über die Illusion des Getrenntseins hinauszublicken. Wenn Gefühle der Einsamkeit oder der Sehnsucht nach einem Mann in mir hochkommen, dann nehme ich sie mit Achtsamkeit wahr. Weder lehne ich diese Sehnsucht ab, noch mache ich sie schlecht. Ich würdige sie und erkenne sie in ihrer Heiligkeit an. Ich frage mich selbst, was es genau ist, wonach ich mich sehne. Normalerweise ist es die Bestätigung meines Wertes als Frau: dass ich begehrt, schön, geliebt und anerkannt bin. Dass ich in Sicherheit bin und nicht verlassen werde. Genau diese Bestätigung spreche ich dann mir selbst gegenüber laut aus (natürlich nur, wenn ich allein bin). Solange ich mich nicht an den Gedanken klammere, dass ich diese Worte von jemand anderem hören möchte, und wenn es mir gelingt, sie ganz authentisch auszusprechen, haben sie eine überraschend befriedigende Wirkung. Ich erinnere mich daran, dass ich ja schon vollständig *bin* und niemand anderen brauche, um mich komplett zu fühlen. Ich bin längst verbunden – mit mir selbst, mit der Welt, mit dem Bewusstsein, mit der Liebe, mit dem Sein.

Wonach sehne ich mich?

Diese Übung schöpft aus diversen MSC-Praktiken, die dafür konzipiert wurden, in Kontakt mit unseren tiefsten Bedürfnissen zu kommen und sie unmittelbar durch Selbstmitgefühl zu erfüllen. Diese Übung kann einfach als innere Reflexion durchgeführt werden oder aber als schriftliche Übung, je nachdem, was sich für Sie besser anfühlt.

Anleitung

- Fragen Sie sich zunächst selbst, was Ihre Sehnsüchte in Bezug auf eine Beziehung ausmacht. Wenn Sie gerade in einer Liebesbeziehung sind, sehnen Sie sich vielleicht nach etwas, das Ihnen fehlt – nach mehr Intimität, Leidenschaft, Wertschätzung, Verbindlichkeit? Wenn Sie nicht in einer Beziehung sind, sehnen Sie sich nach einem Partner in Ihrem Leben?
- Versuchen Sie, das Gefühl der Sehnsucht als körperliche Empfindung zu lokalisieren. Vielleicht ist es ein Brennen im Herzen oder ein Loch im Bauch oder Druck hinter der Stirn oder ein umfassendes Gefühl des Wundseins.
  Welche körperlichen Empfindungen signalisieren Ihnen, dass dieses Sehnen gerade präsent ist? Wenn es Ihnen nicht gelingen will, eine bestimmte Empfindung zu lokalisieren, ist das vollkommen in Ordnung: Nehmen Sie einfach wahr, wie sich Ihr Körper insgesamt anfühlt.
- Legen Sie nun vorsichtig eine Hand an diejenige Stelle Ihres Körpers, an der Sie die Sehnsucht spüren. (Wenn Sie keine Stelle ausmachen können, legen Sie sich einfach die Hand auf Ihr Herz oder auf eine andere tröstliche Stelle.)
- Was genau glauben Sie, würden Sie in Ihrem Leben dazugewinnen, wenn sich Ihre Sehnsucht erfüllen würde (zum Beispiel mehr Verbindung, Aufregung, Unterstützung, Stabilität)?
- Was glauben Sie: Wie würde sich die Erfüllung Ihrer Sehnsucht auf Ihr Selbstgefühl auswirken (besonders, anerkannt, wertvoll, schön, geliebt, wichtig, glücklich)?

- Gibt es etwas, von dem Sie sich wünschen, dass Ihr Beziehungspartner es Ihnen ins Ohr flüstert? (Du bist unglaublich. Ich liebe dich. Ich habe so viel Respekt vor dir. Ich werde dich niemals verlassen.)
- Sprechen Sie nun laut zu sich selbst genau die Worte, die Sie so gern von einem Partner hören würden. Zuerst hört sich das komisch an – dann ist es eben komisch. Wenn der Gedanke in Ihnen aufsteigt, dass diese Worte vielleicht eitel oder egozentrisch sein könnten, versuchen Sie, diesen Gedanken loszulassen. Sie wünschen sich genau das, und Ihr Wunsch ist aus sich selbst heraus wertvoll. Können Sie diese Worte überzeugend zu sich selbst sagen?
- Nehmen Sie ein paar tiefe Atemzüge und stellen Sie sich vor, dass Sie mit dem Einatmen kraftvolles Selbstmitgefühl aktivieren und sich mit dem Ausatmen des sanften Selbstmitgefühls entspannen. Spüren Sie, wie diese beiden Energien in Ihnen zusammenfließen und eins werden.
- Machen Sie sich klar, dass Ihre Sehnsucht nach Einheit und Verbindung berechtigt ist. Indem Sie Yin und Yang in sich selbst zusammenfließen lassen und integrieren, kann diese Sehnsucht erfüllt werden. Einheit und Verbundenheit erweitern sich, wenn Sie zulassen, dass sie sich auch auf ein größeres Ganzes beziehen. Greifen Sie auf ein Symbol des Einsseins zurück, das sich für Sie richtig anfühlt. Wenn Sie ein spiritueller Mensch sind, ist das vielleicht Gott oder Allah oder das göttliche Bewusstsein. Wenn Sie kein spiritueller Mensch sind, ist es vielleicht einfach der Planet Erde oder das Universum. In Wahrheit sind Sie jedenfalls nicht allein. Versuchen Sie, ob Sie die Verbindung zu etwas spüren können, das größer ist als Sie selbst, und halten Sie diese Wahrnehmung so lange wie möglich.
- Sprechen Sie zum Schluss einige Worte der Dankbarkeit dafür, dass Sie so viele Quellen der Liebe und Verbundenheit in Ihrem Leben haben – nicht zuletzt in sich selbst.

Ich führe diese Übung regelmäßig durch, und sie hat mein Leben verändert. Während ich dies schreibe, kann ich ganz ehrlich sagen, dass ich mehr Liebe, Freude und Erfüllung gefunden habe, als ich mir jemals hätte vorstellen können. Ich habe es zwar nicht aufgegeben, einen Mann zu finden, mit dem ich mein Leben teilen kann, aber die Erkenntnis, dass mein Glück nicht davon abhängt, ist ein unglaublich wertvolles Geschenk, das ich mir selbst gemacht habe.

NACHWORT

Ein Schlamassel voller Mitgefühl

Wir dürfen so verrückt sein, wie wir eben nun mal sind
und schon immer waren. Wir dürfen so wütend sein,
wie wir es schon immer waren. (…) Der Punkt ist, dass wir
nicht versuchen sollten (…), uns selbst auf den Müll zu
werfen und etwas Besseres werden zu wollen. Es geht darum,
uns damit anzufreunden, wie wir jetzt sind.[520]
—Pema Chödrön, Autorin und Meditationslehrerin

Ich praktiziere nun seit fast 25 Jahren täglich Selbstmitgefühl. Zwar bin ich dadurch stärker, ruhiger und glücklicher geworden und meine innere Bulldogge bellt seltener als früher, aber unkompliziert ist mein Leben dennoch nicht. Ich bin genauso unvollkommen wie früher, und genau so sollte es sein. Mensch sein bedeutet nicht, alles richtig zu machen, es bedeutet, sein Herz zu öffnen – egal, ob man gerade richtig oder falsch liegt. Genau das habe ich nach und nach gelernt, einfach, indem ich meine Fehler und schwierigen Erfahrungen gemacht habe.

Ich bin tendenziell mehr Yang als Yin, aber wenn ich dadurch mal wieder in Schwierigkeiten gerate, bin ich freundlich zu mir – und das Gleichgewicht ist wieder da. Ich habe gelernt, diese kraftvolle, mutige, manchmal etwas grantige und reizbare Seite von mir zu lieben, weil ich weiß, dass sie zumindest zum Teil für das verantwortlich ist, was ich erreicht habe: Ich habe Bücher geschrieben, wissenschaftlich geforscht, Trainingsprogramme entwickelt, Workshops gegeben und, am allerwichtigsten, meinen Sohn Rowan großgezogen. Diese Leistungen basieren sowohl auf kraftvoller als auch auf sanfter Energie. Aber selbst wenn ich das alles gar nicht erreicht hätte oder es morgen vorbei wäre, bin ich mir sicher, dass ich dadurch nicht ein winziges bisschen weniger wert wäre.

Einmal habe ich einen Meditationslehrer sagen hören: »Das Ziel unserer Übungen besteht einfach darin, eine Art Schlamassel zu werden, aber ein Schlamassel voller Mitgefühl.«[521] Denken Sie darüber nach. Wenn Ihr Ziel einfach darin besteht, sich selbst gegenüber unterstützend, hilfsbereit und mitfühlend zu sein – egal, was passiert –, dann können Sie Ihr Ziel immer erreichen. Sie lernen, das ganze Schlamassel als wichtigen Teil der menschlichen Erfahrung anzunehmen. Es wird nicht passieren, dass Sie einen Zustand des Gleichgewichts erreichen und dabei bleiben. Irgendetwas wirft uns immer aus der Balance, immer und immer wieder, und indem wir für dieses ständige Straucheln Mitgefühl aufbringen, stellen wir das Gleichgewicht wieder her. Wenn ich mal wieder zu unverblümt auf jemanden reagiere, dessen Meinung ich nicht teile, entschuldige ich mich in dem Moment, in dem ich es bemerke (normalerweise schon nach einigen Sekunden), und ich bin dann einfach freundlich zu mir selbst. Der Funke hinter meiner Überreaktion, so viel weiß ich inzwischen, ist ein Anteil meiner selbst, der wundervoll und kraftvoll ist, aber kurzzeitig so stark war, dass ich die Gefühle meines Gegenübers nicht mehr einbezogen habe. Wenn ich dagegen sehr nachgiebig mit mir selbst oder anderen bin und das negative Folgen hat, dann ist mir inzwischen schnell klar, dass diese Duldsamkeit aus dem friedlichen, liebevollen Anteil meines Selbst stammt, der unendlich gut bei dem bleiben kann, was ist, aber dass nun der Moment gekommen ist, meine kraftvolle Seite hervorzuholen.

Indem ich mein Herz gegenüber diesem ganzen verzwickten Kuddelmuddel geöffnet habe, habe ich die Stärke gefunden, mehr zu ertragen, als ich jemals für möglich gehalten hätte, und ich möchte nichts davon ändern, denn dadurch bin ich erst zu dem Menschen geworden, der ich heute bin.

Ein solcher Prozess findet meiner Wahrnehmung nach im Moment auch bei Frauen im Allgemeinen statt. Wenn wir unsere kraftvolle Seite, die jahrhundertelang unterdrückt worden ist, zurückerobern, dann stellen wir letztendlich nur das Gleichgewicht wieder her und würdigen endlich unsere wahre Natur. Indem wir lernen, fürsorglich zu sein, ohne uns unterzuordnen, und wütend zu sein, ohne aggressiv zu werden, dann integrieren wir Yin und Yang nicht nur in uns selbst, sondern in der Gesellschaft insgesamt. Diese Reise ist beschwerlich, und uns werden auf dem Weg mit Sicherheit Fehler unterlaufen. Wenn wir sexuelle Übergriffe anprangern, kann es passieren, dass wir den Schutz der Privatsphäre und die Unschuldsvermutung vergessen. Wenn wir Fortschritte in Richtung Geschlechtergerechtigkeit machen, kann es sein, dass wir den Bedürfnissen anderer unterdrückter Gruppen nicht genug Aufmerksamkeit schenken. Wenn wir versuchen, die richtige Balance zwischen Arbeit und Familie oder zwischen persönlicher Entfaltung und sozialer Gerechtigkeit zu finden, kann es geschehen, dass wir von der Größe der Aufgabe überwältigt werden. Bei dem Versuch, unsere Ziele zu erreichen – politische Gleichberechtigung, gleichen Lohn für gleiche Arbeit, Gleichbehandlung –, werden wir unweigerlich scheitern, immer wieder. Und dann rappeln wir uns auf, stellen die Balance wieder her und versuchen es noch einmal. Die feministische Bewegung ist wie alle Bewegungen ein riesengroßes Schlamassel, und das wird sich auch nicht ändern. Aber aufgrund unserer Fähigkeit zur Fürsorge hat sie immerhin das Potenzial, ein Schlamassel voller Mitgefühl zu werden. Wenn wir sowohl kraftvolles als auch sanftes Selbstmitgefühl in den gesamten Prozess der weiblichen Selbstermächtigung fließen lassen, dann verlieren wir unser Ziel – die Linderung von Leid – nie aus den Augen. Wenn wir damit Erfolg haben wollen, müssen wir offenen Herzens für Veränderung arbeiten.

Diese Arbeit muss gleichzeitig auf der persönlichen und der gesellschaftlichen Ebene stattfinden. Natürlich ist jede von uns erst einmal die Protagonistin ihres eigenen Lebens, aber unsere Geschichten sind miteinander verflochten. Wenn wir unser kraftvolles und unser sanftes Mitgefühl sowohl nach außen als auch nach innen fließen lassen, dann hilft das der Gesellschaft und uns selbst. Stolpern und Hinfallen ist nicht nur eine Gelegenheit zu lernen und zu wachsen; es lässt uns auch die Beziehung erkennen, die wir zu anderen Menschen haben, die genau wie wir zu kämpfen haben – unsere wechselseitige Verbundenheit wird so überhaupt erst erfahrbar. Das gesamte herzzerbrechende Drama, das sich auf individueller, politischer und globaler Ebene abspielt, ist vielleicht genau das, was nötig ist, damit wir erkennen, was Erwachen bedeutet. Wer weiß schon, welche Ereignisse – so schwierig sie auch sein mögen – notwendig sind, um unsere individuelle und kollektive Entwicklung voranzubringen? Zumindest gibt uns unsere eigene Fehlbarkeit eine tiefere Einsicht in die Natur des Leidens. Sich all dem mit Liebe und Mitgefühl zu öffnen, macht es leichter, die Herausforderungen anzunehmen und produktiv mit ihnen umzugehen.

Auch Rowan hat diese Idee schließlich angenommen und sie zu seiner Grundhaltung gemacht. Jahrelang musste er gegen die Realität des Schmerzes und der Unvollkommenheit ankämpfen, aber jetzt wird ihm langsam klar, dass all das notwendig ist, damit Wandel möglich wird. Vor ein paar Tagen, nachdem er etwas wirklich Wichtiges vergessen hatte – wofür er sich in der Vergangenheit harsch kritisiert hätte –, sagte er ganz spontan: »Ohne Fehler wäre das Leben wie ein fades Essen. Langweilig und vorhersehbar. Unvollkommenheit ist die scharfe Sauce, die eine Mahlzeit schmackhaft macht.« Er musste all dies auf seine Weise und in seinem Tempo lernen, aber inzwischen macht es für ihn einen riesigen Unterschied. Wie flexibel und entspannt er mit all den Veränderungen der Pandemie – zu Hause bleiben müssen, Lernen über Zoom, jetzt wieder Präsenzunterricht, aber nur mit wenigen Mitschülerinnen und Mitschülern – umgegangen ist, hat mich zutiefst beeindruckt. Obwohl ihm seine Panikattacken noch immer sehr zu schaffen machen, schafft er es jetzt, danach eine Hand auf sein Herz zu legen und zu sagen: »Alles gut, Rowan. Du bist in Sicherheit. Ich bin für dich da.« Das hilft ihm unglaublich. Er musste schon als kleines Kind lernen, dass es im Blick auf Gesundheit und Glück nicht darauf ankommt, was einem im Leben passiert, sondern darauf, wie mitfühlend man mit all dem umgeht.

Ich selbst komme langsam in eine neue Phase – die Altweiberphase, den Lebensabschnitt der weisen Frau.[522] Wenn wir die Wechseljahre hinter uns haben, sind wir Frauen von der ständigen Angst befreit, schwanger zu werden (oder nicht zu werden). Normalerweise sind unsere Kinder, falls wir welche bekommen haben, erwachsen, und wir stehen beruflich auf festen Beinen. Es ist eine Zeit, in der wir viel Weisheit angesammelt haben und sie der Gemeinschaft zurückgeben können. Obwohl es einige Aspekte des Älterwerdens gibt – unsere Haut wird schlaff und unser Sehvermögen schlechter –, die wir vielleicht nur widerstrebend akzeptieren, kann dies eine wunderbare Zeit sein – jedenfalls, wenn wir es schaffen, die Veränderungen zu bejahen, anstatt uns gegen sie zu sträuben. Dies ist die Zeit, in der wir als Frauen wirklich in unsere Kraft kommen, weil wir die Unsicherheiten und Illusionen der Jugend endlich losgeworden sind. Zwar werden ältere Frauen gesellschaftlich oft abgewertet, weil sexuelle Attraktivität nicht mehr ihr bestimmendes Merkmal ist, aber dieses vom Patriarchat implementierte Wertesystem ist natürlich vollkommen falsch, und wir können es mithilfe von kraftvollem Selbstmitgefühl endlich abschütteln. In Wahrheit werden wir nämlich immer schöner, weil unsere Seele die Chance gehabt hat, voll zu erblühen. Dies kann eine ausgesprochen beglückende Phase radikaler Veränderung sein – jedenfalls ist sie das für mich gewesen.

Womit ich wirklich aufgehört habe, ist zu versuchen, meine Muster zu verstehen und meine Wunden zu heilen. Ich bin zu dem Schluss gekommen, dass ich gut genug funktioniere. Ich muss meine einzelnen Anteile nicht mehr komplett verstehen – wobei ich aber für die Jahre der Therapie dankbar bin, die es mir ermöglicht haben, das heute so zu sehen. Ich habe alle Aspekte meines Selbst kennen- und schätzen gelernt: den Anteil, der zu einer Kriegerin mit straff gespanntem Bogen wird, sobald ich das Gefühl habe, dass jemand die Wahrheit verletzt; den Anteil von mir, der sich sehr authentisch, wenn vielleicht auch nicht immer diplomatisch äußern kann; den Teil, der hart arbeitet und auch dann immer weitermacht, wenn das Leben gerade schwierig ist; und den Teil von mir, der all das voller Liebe halten kann.

Heute arbeite ich vor allem daran, die Blockaden loszulassen, die meine Yin-Energie und meine Yang-Energie daran hindern, frei zu fließen. Wenn ich meditiere, weiß ich nicht einmal mehr, was ich da eigentlich loslasse. Es gibt kein Narrativ mehr. Ich sage mir einfach immer wieder: »Möge ich in der Lage sein, alles loszulassen, was mir nichts mehr nützt« – und schon fühle ich, wie sich die Energie in meinem Körper verschiebt. Weil ich in meiner Arbeit meinen Intellekt so intensiv brauche, möchte ich mich darin üben, mich mit dem Nichtwissen wohlzufühlen. Ich weiß nicht, woran ich hafte, ich weiß nicht, warum alles so ist, wie es ist. Ich weiß nicht, was in der Zukunft passieren wird – ob ich jemals wieder in einer Beziehung sein werde, was wohl geschieht, wenn ich die Uni verlassen habe, wie es mit unserer Gesellschaft und dem Planeten weitergeht. Ich konzentriere mich darauf, meinen Frieden damit zu finden, dass ich kein klares Bild habe, was passiert, und vertraue darauf, dass ich, wenn es darauf ankommt, akzeptieren kann, was akzeptiert werden muss, und an Veränderungen arbeite, wo etwas verändert werden muss. Es ist, als würde ich, »Kristin«, mein Leben nicht mehr kontrollieren und keine Entscheidungen mehr darüber treffen, sondern einfach meinem Selbst, wie es sich von Augenblick zu Augenblick entfaltet, hilfsbereit und unterstützend zur Seite stehen. Indem ich die Identifizierung mit dem Selbst, das die Dinge durchschaut und kontrolliert, loslasse, fühle ich mich innerlich viel leichter – nicht mehr so festgefahren – und auch viel heller: voller Licht.

Wir Frauen lassen nun auch unsere Fixierungen los – ein absolut befreiender Prozess. Wir identifizieren uns nicht mehr mit

Geschlechterrollen, die uns jahrelang eingeschränkt haben, in unserem eigenen Leben und im Leben unserer Mütter, generationenlang. Indem wir unser Selbstwertgefühl nicht mehr von vergeschlechtlichter sozialer Anerkennung abhängig machen und für unser Sicherheitsgefühl nicht mehr auf Männer angewiesen sind, kann jede von uns auf einzigartige Weise ihre eigene Yin-Energie und ihre eigene Yang-Energie zum Ausdruck bringen. Diese Wahrheit gilt auch für Männer, Transmenschen, nichtbinäre Personen und Menschen, die sich als »gender fluid« identifizieren. Stellen Sie sich einfach vor, wozu wir alle uns unabhängig von unserem sozialen Geschlecht entwickeln könnten, wenn wir die engen Vorurteile darüber, wie wir sein sollten, endlich über Bord werfen. Wenn wir das loslassen, was uns nicht mehr nützt: Selbstverurteilung und Gefühle der Isolation und die Narrative der Angst und Unzulänglichkeit, die uns noch immer zurückhalten. Wenn wir die Tatsache akzeptieren könnten, dass wir unweigerlich immer wieder straucheln und uns wieder aufrappeln und dass das kein Problem ist, sondern einfach unser Weg. Wenn wir uns selbst als den sich ständig weiterentwickelnden großartigen Schlamassel feiern könnten, der wir sind. Wir müssen kraftvolles und sanftes Selbstmitgefühl zum Prinzip unseres Lebens machen, dann haben wir vielleicht die Chance, die Welt in Ordnung zu bringen.

Danksagung

Dieses Buch ist das Ergebnis einer Teamarbeit, und ich muss sehr vielen Menschen dafür danken, dass es existiert. Zuallererst möchte ich Chris Germer nennen, meinen langjährigen Kollegen, Freund und Mitschöpfer des Mindful Self-Compassion-Konzepts. Viele Ideen zum Thema kraftvolles und sanftes Selbstmitgefühl haben wir zusammen entwickelt, und die meisten Übungen in diesem Buch entstammen unserer gemeinsamen Arbeit. Manchmal sage ich im Scherz, dass Chris die funktionalste Beziehung zu einem erwachsenen Mann ist, die ich in meinem Leben je hatte, und tatsächlich ist unsere Partnerschaft unfassbar beglückend und produktiv.

Viele der Menschen, die MSC lehren, wie zum Beispiel Michelle Becker und Cassondra Graff, haben ihre Einsichten und Ideen über die kraftvolle Seite des Selbstmitgefühls in dieses Buch eingebracht. Ich bin ihnen überaus dankbar, dass sie mit der Unterstützung des gesamten Teams vom Zentrum für Mindful Self-Compassion und unseres brillanten geschäftsführenden Direktors Steve Hickman die Praxis des Selbstmitgefühls in die Welt bringen.

Die Beiträge von Kevin Conley waren beim Schreiben dieses Buches unschätzbar wertvoll. Er übernahm die Rolle des ersten Lesers und arbeitete mit mir zusammen das Manuskript aus. Auf beinahe jeder Seite zeigt sich seine helfende Hand. Ich habe seine Geduld und gute Laune sehr zu schätzen gewusst, während wir uns Ideen und Entwürfe hin- und hergeschickt haben.

Tiefe Dankbarkeit empfinde ich auch für meine Lektorin Karen Rinaldi bei Harper Wave, die dieses Buch auf unterschiedliche Weise mitgeformt hat. Sie wusste von Anfang an, worum es mir ging, und es ist einfach wundervoll, sich so verstanden zu fühlen. Dankbar bin ich auch für die sorgfältige Redaktionsarbeit von Haley Swanson und für das gesamte Team bei Harper Wave. Ich fühle mich bestens aufgehoben.

Auch meiner Agentin Elizabeth Sheinkman, der ich als Erster das Exposé für dieses Buch zugeschickt habe und die mich erst wirklich davon überzeugt hat, dass ich dieses Buch schreiben muss, bin ich zu Dank verpflichtet. Ihre Rückmeldung zu dem feministischen Schwerpunkt dieses Buches, ihre professionelle Einschätzung der Vermarktungsmöglichkeiten und ihr Vertrauen in mich als Autorin bedeuten mir viel.

Ebenfalls sehr viel schulde ich der Weisheit der Lehrerinnen und Lehrer aus der Insight Meditation Community, die mir kraftvolles Mitgefühl beigebracht haben, allen voran Sharon Salzberg und Tara Brach. Diese beiden Bärenmamas sind wundervolle Beispiele dafür, wie die Einheit von kraftvollem und sanftem Selbstmitgefühl aussieht, und ihr Rat und ihre Mentorinnenschaft sind für mich von unschätzbarem Wert.

Eine weitere spirituelle Lehrerin, der ich gerne danken möchte, ist Carolyn Silver. Sie arbeitet jetzt schon seit vielen Jahren mit mir, und ihre zupackende Hilfe in meinem Prozess ist ein Geschenk, das ich niemals zurückzahlen kann. Sie hilft mir die Spur zu halten, wenn ich mal wieder ins Straucheln komme; ich habe sie sehr lieb.

Außerdem möchte ich meiner engen Freundin und Kollegin Shauna Shapiro danken, die abgesehen von mir selbst die erste Person war, die in ihrer Forschung die Selbstmitgefühlsskala benutzt hat. Über die Jahre ist sie zu einer von mir überaus geliebten Vertrauten geworden.

Ebenso wesentlich war für dieses Buch die Liebe und Freundschaft von Kelley Rainwater, meiner allerbesten Freundin. Sie machte mich mit den Geheimnissen der göttlichen Weiblichkeit bekannt und half mir, als ich es am meisten brauchte, aus dieser Quelle zu schöpfen. Unsere stundenlangen Gespräche über das Frausein, das Patriarchat und die Geschichte von beidem, haben zur

Entwicklung vieler der Ideen, über die ich in diesem Buch schreibe, beigetragen. Kelley hat mir als treue Begleiterin in einigen der schwierigsten Momente meines Lebens beigestanden. Wir haben schon viele sehr glückliche Momente zusammen gehabt, und mein Leben wäre ohne sie nicht dasselbe.

Dieses Leben und mich selbst gäbe es nicht ohne meine Mutter. Ich bin ihr nicht nur dafür dankbar, dass sie meinen Bruder Parker und mich unter schwierigen Umständen großgezogen hat, sondern auch für ihre verlässliche Freundschaft. Sie lässt sich nie etwas gefallen und hat mir viel darüber beigebracht, was es bedeutet, eine kraftvolle Frau zu sein.

Meine tiefste Dankbarkeit aber gehört meinem Sohn Rowan, dessen Mut und Widerstandskraft mich jeden Tag neu inspirieren. Ich habe so viel von ihm gelernt und empfinde es als unglaublichen Segen, einen so freundlichen, liebevollen und hinreißenden Sohn zu haben.

Anmerkungen

EINLEITUNG: SORGENDE KRAFT

1 A. Gorman, *The Hill We Climb – Den Hügel hinauf*: Zweisprachige Ausgabe, aus dem amerikanischen Englisch von K. Gümüsay, H. Haruna-Oelker und U. Strätling, Hamburg 2021, S. 41.

2 J. L. Goetz, D. Keltner und E. Simon-Thomas, »Compassion: An Evolutionary Analysis and Empirical Review«, *Psychological Bulletin* 136, Nr. 3 (2010), S. 351–374.

3 C. Germer und K. D. Neff, »Mindful Self-Compassion (MSC)«, in: I. Ivtzan (Hrsg.): *The Handbook of Mindfulness-Based Programs: Every Established Intervention, from Medicine to Education,* London 2019, S. 55–74.

4 G. Groth, Jack Kirby Interview, Teil 6, *Comics Journal* Nr. 134, 23. Mai 2011.

5 »Beyond Vietnam: A Time to Break Silence«, Rede von Dr. Martin Luther King Jr., gehalten am 4. April 1967 bei einem Treffen der Organisation »Clergy and Laity Concerned« in der Riverside Church in New York City.

6 K. D. Neff, »Self-Compassion: An Alternative Conceptualization of a Healthy Attitude toward Oneself«, *Self and Identity* 2, Nr. 2 (2003), S. 85–102.

7 K. D. Neff, »Development and Validation of a Scale to Measure Self-Compassion«, *Self and Identity* 2 (2003), S. 223–250.

8 K. D. Neff, K. Kirkpatrick und S. S. Rude, »Self-Compassion and Adaptive Psychological Functioning«, *Journal of Research in Personality* 41 (2007), S. 139–154.

9 Einschätzung basiert auf einer Google Scholar-Suche vom November 2020 zu Einträgen mit dem Begriff »self-compassion« im Titel.

10 L. Kohlberg und R. H. Hersh, »Moral Development: A Review of the Theory«, *Theory into Practice* 16, Nr. 2 (1977), S. 53–59.

11 E. Turiel, *The Culture of Morality: Social Development, Context and Conflict,* Cambridge 2002.

12 C. Wainryb und E. Turiel, »Dominance, Subordination, and Concepts of Personal Entitlements in Cultural Contexts«, *Child Development* 65, Nr. 6 (1994), S. 1701–1722.

13 A. C. Wilson et al., »Effectiveness of Self-Compassion Related Therapies: A Systematic Review and Meta-Analysis«, *Mindfulness* 10, Nr. 6 (2018), S. 979–995.

14 K. D. Neff und C. K. Germer, »A Pilot Study and Randomized Controlled Trial of the Mindful Self-Compassion Program«, *Journal of Clinical Psychology* 69, Nr. 1 (2013), S. 28–44.

15 F. Raes et al., »Construction and Factorial Validation of a Short Form of the Self-Compassion Scale«, *Clinical Psychology and Psychotherapy* 18 (2011), S. 250–255.

KAPITEL 1: DIE GRUNDLAGEN DES SELBSTMITGEFÜHLS

16 Rede vor den Absolventinnen und Absolventen des Mount Holyoke College, gehalten von Kavita Ramdas am 19. Mai 2013.

17 J. Kornfield (2017), »Freedom of the Heart«, *Heart Wisdom*, Episode 11, https://jackkornfield.com/freedom-heart-heart-wisdom-episode-11, aufgerufen am 13. November 2020.

18 K. D. Neff, »Self-Compassion: An Alternative Conceptualization of a Healthy Attitude toward Oneself«, *Self and Identity* 2 (2003), S. 85–101.

19 L. Mak et al., »The Default Mode Network in Healthy Individuals: A Systematic Review and Meta-Analysis«, *Brain Connectivity* 7, Nr. 1 (2017), S. 25–33.

20 J. A. Brewer, »Meditation Experience Is Associated with Differences in Default Mode Network Activity and Connectivity«, *Proceedings of the National Academy of Sciences* 108, Nr. 50 (2011), S. 20254–20259.

21 M. Ferrari et al., »Self-Compassion Interventions and Psychosocial Outcomes: A Meta-Analysis of RCTs«, *Mindfulness* 10, Nr. 8 (2019), S. 1455–1473.

22 Für einen guten Überblick über die (englischsprachige) Forschungsliteratur zum Thema Selbstmitgefühl, siehe 3 und 4 in: C. K. Germer und K. D. Neff, *Teaching the Mindful Self-Compassion Program: A Guide for Professionals*, New York 2019.

23 K. D. Neff, S. S. Rude und K. L. Kirkpatrick, »An Examination of Self-Compassion in Relation to Positive Psychological Functioning and Personality Traits«, *Journal of Research in Personality* 41 (2007), S. 908–916.

24 A. MacBeth und A. Gumley, »Exploring Compassion: A Meta-Analysis of the Association between Self-Compassion and Psychopathology«, *Clinical Psychology Review* 32 (2012), S. 545–552.

25 S. Cleare, A. Gumley und R. C. O'Connor, »Self-Compassion, Self-Forgiveness, Suicidal Ideation und Self-Harm: A Systematic Review«, *Clinical Psychology and Psychotherapy* 26, Nr. 5 (2019), S. 511–530.

26 C. L. Phelps et al., »The Relationship between Self-Compassion and the Risk for Substance Use Disorder«, *Drug and Alcohol Dependence* 183 (2018), S. 78–81.

27 K. D. Neff et al., »The Forest and the Trees: Examining the Association of Self-Compassion and Its Positive and Negative Components with Psychological Functioning«, *Self and Identity* 17, Nr. 6 (2018), S. 627–645.

28 T. D. Braun, C. L. Park und A. Gorin, »Self-Compassion, Body Image und Disordered Eating: A Review of the Literature«, *Body Image* 17 (2016), S. 117–131.

29 D. D. Biber und R. Ellis, »The Effect of Self-Compassion on the Self-Regulation of Health Behaviors: A Systematic Review«, *Journal of Health Psychology* 24, Nr. 14 (2019), S. 2060–2071.

30 W. J. Phillips und D. W. Hine, »Self-Compassion, Physical Health and Health Behaviour: A Meta-Analysis«, *Health Psychology Review* (2019), S. 1–27.

31 J. G. Breines und S. Chen, »Self-Compassion Increases Self-Improvement Motivation«, *Personality and Social Psychology Bulletin* 38, Nr. 9 (2012), S. 1133–1143.

32 J. W. Zhang und S. Chen, »Self-Compassion Promotes Personal Improvement from Regret Experiences via Acceptance«, *Personality and Social Psychology Bulletin* 42, Nr. 2 (2016), S. 244–258.

33 A. A. Scoglio et al., »Self-Compassion and Responses to Trauma: The Role of Emotion Regulation«, *Journal of Interpersonal Violence* 33, Nr. 13 (2018), S. 2016–2036.

34 L. M. Yarnell und K. D. Neff, »Self-Compassion, Interpersonal Conflict Resolutions and Well-Being«, *Self and Identity* 12, Nr. 2 (2013), S. 146–159.

35 J. S. Ferreira, R. A. Rigby und R. J. Cobb, »Self-Compassion Moderates Associations between Distress about Sexual Problems and Sexual Satisfaction in a Daily Diary Study of Married Couples«, *Canadian Journal of Human Sexuality* 29, Nr. 2 (2020), S. 182–196.

36 K. D. Neff und E. Pommier, »The Relationship between Self-Compassion and Other-Focused Concern among College Undergraduates, Community Adults and Practicing Meditators«, *Self and Identity* 12, Nr. 2 (2013), S. 160–176.

37 Z. Hashem und P. Zeinoun, »Self-Compassion Explains Less Burnout among Healthcare Professionals«, *Mindfulness* 11, Nr. 11 (2020), S. 2542–2551.

38 K. D. Neff und R. Vonk, »Self-Compassion Versus Global Self-Esteem: Two Different Ways of Relating to Oneself«, *Journal of Personality* 77 (2009), S. 23–50.

39 P. Gilbert, »Social Mentalities: Internal 'Social' Conflicts and the Role of Inner Warmth and Compassion in Cognitive Therapy«, in P. Gilbert and K. G. Bailey (Hrsg.), *Genes on the Couch: Explorations in Evolutionary Psychotherapy*, Hove 2000, S. 118–150.

40 S. W. Porges, *The Polyvagal Theory: Neurophysiological Foundations of Emotions, Attachment, Communication and Self-Regulation*, New York 2011.

41 R. J. Gruen et al., »Vulnerability to Stress: Self-Criticism and Stress-Induced Changes in Biochemistry«, *Journal of Personality* 65, Nr. 1 (1997), S. 33–47.

42 R. J. Gruen et al., »Vulnerability to Stress: Self-Criticism and Stress-Induced Changes in Biochemistry«, *Journal of Personality* 65, Nr. 1 (1997), S. 33–47.

43 S. E. Taylor, »Tend and Befriend: Biobehavioral Bases of Affiliation Under Stress«, *Current Directions in Psychological Science* 15, Nr. 6 (2006), S. 273–277.

44 C. S. Carter, »Oxytocin Pathways and the Evolution of Human Behavior«, *Annual Review of Psychology* 65 (2014), S. 17–39.

45 S. W. Porges, »The Polyvagal Theory: Phylogenetic Contributions to Social Behavior«, *Physiology and Behavior* 79, Nr. 3 (2003), S. 503–513.

46 T. Field, *Touch*, Cambridge, MA 2014.

47 P. R. Shaver et al., »Attachment Security as a Foundation for Kindness toward Self and Others«, in K. W. Brown und M. R. Leary (Hrsg.), *The Oxford Handbook of Hypo-Egoic Phenomena*, Oxford 2017, S. 223–242.

48 N. D. Ross, P. L. Kaminski und R. Herrington, »From Childhood Emotional Maltreatment to Depressive Symptoms in Adulthood: The Roles of Self-Compassion and Shame«, *Child Abuse and Neglect* 92 (2019), S. 32–42.

49 R. C. Fraley und N. W. Hudson, »The Development of Attachment Styles«, in J. Specht (Hrsg.), *Personality Development across the Lifespan*, Cambridge, MA 2017, S. 275–292.

50 M. Navarro-Gil et al., »Effects of Attachment-Based Compassion Therapy (ABCT) on Self-Compassion and Attachment Style in Healthy People«, *Mindfulness* 1, Nr. 1 (2018), S. 51–62.

51 L. R. Miron et al., »The Potential Indirect Effect of Childhood Abuse on Posttrauma Pathology through Self-Compassion and Fear of Self-Compassion«, *Mindfulness* 7, Nr. 3 (2016), S. 596–605.

52 C. Germer, *The Mindful Path to Self-Compassion: Freeing Yourself from Destructive Thoughts and Emotions*, New York 2009.

53 A. Lutz et al., »Attention Regulation and Monitoring in Meditation«, *Trends in Cognitive Sciences* 12, Nr. 4 (2008), S. 163–169.
54 N. N. Singh et al., »Soles of the Feet: A Mindfulness-Based Self-Control Intervention for Aggression by an Individual with Mild Mental Retardation and Mental Illness«, *Research in Developmental Disabilities* 24, Nr. 3 (2003), S. 158–169.
55 T. Parker-Pope, »Go Easy on Yourself, a New Wave of Research Shows«, *New York Times*, 29. Februar 2011, https://well.blogs.nytimes.com/2011/02/28/go-easy-on-yourself-a-new-wave-of-research-urges/.
56 S. Salzberg, »Fierce Compassion«, Omega, 2012, https://www.eomega.org/article/fierce-compassion.
57 »Sharon Salzberg and Robert Thurman: Meeting Our Enemies and Our Suffering«, *On Being with Krista Tippett*, 31. Oktober 2013, https://onbeing.org/programs/sharon-salzberg-robert-thurman-meeting-our-enemies-and-our-suffering.
58 M. Palmer, *Yin & Yang: Understanding the Chinese Philosophy of Opposites,* London 1997.
59 E. Olson, »The Buddhist Female Deities«, in S. Nicholson (Hrsg.), *The Goddess Re-Awakening: The Feminine Principle Today,* Wheaton, IL 1989, S. 80–90.
60 J. Kornfield, *Bringing Home the Dharma: Awakening Right Where You Are,* Boston 2012.

KAPITEL 2: WAS HAT DAS ALLES MIT GESCHLECHT ZU TUN?

61 B. White, *If You Ask Me (And of Course You Won't)*, New York 2011.
62 A. H. Eagly und V. J. Steffen, »Gender Stereotypes Stem from the Distribution of Women and Men into Social Role«, *Journal of Personality and Social Psychology* 46, Nr. 4 (1984), S. 735–754.
63 T. A. Kupers, »Toxic Masculinity as a Barrier to Mental Health Treatment in Prison«, *Journal of Clinical Psychology* 61, Nr. 6 (2005), S. 713–724.
64 Y. J. Wong and A. B. Rochlen, »Demystifying Men's Emotional Behavior: New Directions and Implications for Counseling and Research«, *Psychology of Men and Masculinity* 6, Nr. 1 (2005), S. 62–72.
65 D. D. Rucker, A. D. Galinsky und J. C. Mage, »The Agentic–Communal Model of Advantage and Disadvantage: How Inequality Produces Similarities in the Psychology of Power, Social Class, Gender and Race«, *Advances in Experimental Social Psychology* 58 (2018), S. 71–125.
66 J. K. Swim und B. Campbell, »Sexism: Attitudes, Beliefs and Behaviors«, in R. Brown und S. Gaertner (Hrsg.), *The Handbook of Social Psychology: Intergroup Relations,* Bd. 4, Oxford 2001, S. 218–237.
67 P. Glick und S. T. Fiske, »An Ambivalent Alliance: Hostile and Benevolent Sexism as Complementary Justifications for Gender Inequality«, *American Psychologist* 56, Nr. 2 (2001), S. 109–118.
68 Associated Press, »Robertson Letter Attacks Feminists«, *New York Times*, 26. August 1992, https://www.nytimes.com/1992/08/26/us/robertson-letter-attacks-feminists.html.
69 M. K. Roach, *Six Women of Salem: The Untold Story of the Accused and Their Accusers in the Salem Witch Trials,* Boston 2013.

70 The 22 Convention, Oktober 2020, https://22convention.com.
71 MAGA hat for the uterus: K. Fleming, »Mansplaining Conference Hopes to ›Make Women Great Again‹«, *New York Post*, 2. Januar 2020, https://nypost.com/2020/01/02/mansplaining-conference-hopes-to-make-women-great-again/.
72 D. Ging, »Alphas, Betas and Incels: Theorizing the Masculinities of the Manosphere«, *Men and Masculinities* 22, Nr. 4 (2019), S. 638–657.
73 A. J. Kelly, S. L. Dubbs and F. K. Barlow, »Social Dominance Orientation Predicts Heterosexual Men's Adverse Reactions to Romantic Rejection«, *Archives of Sexual Behavior* 44, Nr. 4 (2015), S. 903–919.
74 A. J. Kelly, S. L. Dubbs and F. K. Barlow, »Social Dominance Orientation Predicts Heterosexual Men's Adverse Reactions to Romantic Rejection«, *Archives of Sexual Behavior* 44, Nr. 4 (2015), S. 903–919.
75 J. K. Swim, »Sexism and Racism: Old-Fashioned and Modern Prejudices«, *Journal of Personality and Social Psychology* 68, Nr. 2 (1995), S. 199–214.
76 J. E. Cameron, »Social Identity, Modern Sexism and Perceptions of Personal and Group Discrimination by Women and Men«, *Sex Roles* 45, Nr. 11–12 (2001), S. 743–766.
77 J. E. Cameron, »Social Identity, Modern Sexism and Perceptions of Personal and Group Discrimination by Women and Men«, *Sex Roles* 45, Nr. 11–12 (2001), S. 743–766.
78 K. D. Locke, »Agentic and Communal Social Motives«, *Social and Personality Psychology Compass* 9, Nr. 10 (2015), S. 525–538.
79 M. Schulte-Ruther et al., »Gender Differences in Brain Networks Supporting Empathy«, *Neuroimage* 42, Nr. 1 (2008), S. 393–403.
80 M. L. Batrinos, »Testosterone and Aggressive Behavior in Man«, *International Journal of Endocrinology and Metabolism* 10, Nr. 3 (2012), S. 563–568.
81 S. M. Van Anders, J. Steiger and K. L. Goldey, »Effects of Gendered Behavior on Testosterone in Women and Men«, *Proceedings of the National Academy of Sciences* 112, Nr. 45 (2015), S. 13805–13810.
82 Gordon et al., »Oxytocin and the Development of Parenting in Humans«, *Biological Psychiatry* 68, Nr. 4 (2010), S. 377–382.
83 A. H. Eagly und W. Wood, »The Nature-Nurture Debates: 25 Years of Challenges in Understanding the Psychology of Gender«, *Perspectives on Psychological Science* 8, Nr. 3 (2013), S. 340–357.
84 E. W. Lindsey und J. Mize, »Contextual Differences in Parent-Child Play: Implications for Children's Gender Role Development«, *Sex Roles* 44, Nr. 3–4 (2001), S. 155–176.
85 J. S. Hyde, »Gender Similarities and Differences«, *Annual Review of Psychology* 65 (2014), S. 373–398.
86 K. Bussey and A. Bandura, »Social Cognitive Theory of Gender Development and Differentiation«, *Psychological Review* 106, Nr. 4 (1999), S. 676–713.
87 K. Bussey and A. Bandura, »Social Cognitive Theory of Gender Development and Differentiation«, *Psychological Review* 106, Nr. 4 (1999), S. 676–713.
88 S. L. Bem, »Gender Schema Theory: A Cognitive Account of Sex Typing«, *Psychological Review* 88, Nr. 4 (1981), S. 354–364.
89 J. Piaget, *The Language and Thought of the Child*, übersetzt von M. Gabain, London 1959, Erstveröffentlichung 1926.

90 L. Festinger, »Cognitive Dissonance«, *Scientific American* 207, Nr. 4 (1962), S. 93–106.
91 C. L. Martin und C. F. Halverson Jr., »The Effects of Sex-Typing Schemas on Young Children's Memory«, *Child Development* 54, Nr. 3 (1983), S. 563–574.
92 F. Hill et al., »Maths Anxiety in Primary and Secondary School Students: Gender Differences, Developmental Changes and Anxiety Specificity«, *Learning and Individual Differences* 48 (2016), S. 45–53.
93 D. Z. Grunspan et al., »Males Under-Estimate Academic Performance of Their Female Peers in Undergraduate Biology Classrooms«, *PLOS ONE* 11, Nr. 2 (2016), S. e0148405.
94 J. Herbert und D. Stipek, »The Emergence of Gender Differences in Children's Perceptions of Their Academic Competence«, *Journal of Applied Developmental Psychology* 26, Nr. 3 (2005), S. 276–295.
95 L. A. Rudman, A. G. Greenwald und D. E. McGhee, »Implicit Self-Concept and Evaluative Implicit Gender Stereotypes: Self and Ingroup Share Desirable Traits«, *Personality and Social Psychology Bulletin* 27, Nr. 9 (2001), S. 1164–1178.
96 L. A. Rudman, »Sources of Implicit Attitudes«, *Current Directions in Psychological Science* 13 (2004), S. 79–82.
97 D. Proudfoot, A. C. Kay und C. Z. Koval, »A Gender Bias in the Attribution of Creativity: Archival and Experimental Evidence for the Perceived Association between Masculinity and Creative Thinking«, *Psychological Science* 26, Nr. 11 (2015), S. 1751–1761.
98 M. E. Heilman und M. C. Haynes, »No Credit Where Credit Is Due: Attributional Rationalization of Women's Success in Male-Female Teams«, *Journal of Applied Psychology* 90, Nr. 5 (2005), S. 905–916.
99 E. L. Haines, K. Deaux und N. Lofaro, »The Times They Are a-Changing ... or Are They Not? A Comparison of Gender Stereotypes, 1983–2014«, *Psychology of Women Quarterly* 40, Nr. 3 (2016), S. 353–363.
100 K. D. Neff und L. N. Terry-Schmitt, »Youths' Attributions for Power-Related Gender Differences: Nature, Nurture, or God?«, *Cognitive Development* 17 (2002), S. 1185–1203.
101 D. D. Tobin et al., »The Intrapsychics of Gender: A Model of Self-Socialization«, *Psychological Review* 117, Nr. 2 (2010), S. 601.
102 M. E. Kite, K. Deaux und E. L. Haines, »Gender Stereotypes«, in F. L. Denmark and M. A. Paludi (Hrsg.), *Psychology of Women: A Handbook of Issues and Theories*, 2. Aufl., Westport 2007, S. 205–236.
103 M. E. Kite, K. Deaux und E. L. Haines, »Gender Stereotypes«, in F. L. Denmark and M. A. Paludi (Hrsg.), *Psychology of Women: A Handbook of Issues and Theories*, 2. Aufl., Westport 2007, S. 205–236.
104 E. F. Coyle, M. Fulcher und D. Trubutschek, »Sissies, Mama's Boys and Tomboys: Is Children's Gender Nonconformity More Acceptable When Nonconforming Traits Are Positive?«, *Archives of Sexual Behavior* 45, Nr. 7 (2016), S. 1827–1838.
105 J. P. Hill und M. E. Lynch, »The Intensification of Gender-Related Role Expectations during Early Adolescence«, in J. Brooks-Gunn und A. C. Petersen (Hrsg.), *Girls at Puberty*, New York 201–228.
106 A. A. Nelson and C. S. Brown, »Too Pretty for Homework: Sexualized Gender Stereotypes Predict Academic Attitudes for Gender-Typical Early Adolescent Girls«, *Journal of Early Adolescence* 39, Nr. 4 (2019), S. 603–617.

107 L. A. Rudman und P. Glick, »Prescriptive Gender Stereotypes and Backlash toward Agentic Women«, *Journal of Social Issues* 57, Nr. 4 (2001), S. 743–762.
108 L. A. Rudman und P. Glick, »Prescriptive Gender Stereotypes and Backlash toward Agentic Women«, *Journal of Social Issues* 57, Nr. 4 (2001), S. 743–762.
109 E. C. Price et al., »Masculine Traits and Depressive Symptoms in Older and Younger Men and Women«, *American Journal of Men's Health* 12 (2018), S. 19–29.
110 E. C. Price et al., »Masculine Traits and Depressive Symptoms in Older and Younger Men and Women«, *American Journal of Men's Health* 12 (2018), S. 19–29.
111 B. Thornton und R. Leo, »Gender Typing, Importance of Multiple Roles and Mental Health Consequences for Women«, *Sex Roles* 27, Nr. 5 (1992), S. 307–317.
112 J. S. Nevid und S. A. Rathus, *Psychology and the Challenges of Life*, 13th Aufl., New York 2016.
113 C. Cheng, »Processes Underlying Gender-Role Flexibility: Do Androgynous Individuals Know More or Know How to Cope?«, *Journal of Personality* 73 (2005), S. 645–673.
114 S. Harter et al., »Level of Voice among High School Women and Men: Relational Context, Support and Gender Orientation«, *Developmental Psychology* 34 (1998), S. 1–10.
115 S. J. T. Spence und R. L. Helmreich, *Masculinity and Femininity: Their Psychological Dimensions, Correlates und Antecedents,* Austin 1978. Beachten Sie, dass hier nur die Punkte aufgeführt werden, die sich auf Männlichkeit und Weiblichkeit beziehen, und dass einige Formulierungen verändert wurden, um das Ausfüllen zu erleichtern. Auch das Ausfüllsystem weicht leicht vom Original ab. Diese angepasste Version sollte nicht für Forschungszwecke genutzt werden.
116 L. M. Yarnell et al., »Meta-Analysis of Gender Differences in Self-Compassion«, *Self and Identity* 14, Nr. 5 (2015), S. 499–520.
117 P. Luyten et al., »Dependency and Self-Criticism: Relationship with Major Depressive Disorder, Severity of Depression and Clinical Presentation«, *Depression and Anxiety* 24, Nr. 8 (2007), S. 586–596.
118 R. Lennon and N. Eisenberg, »Gender and Age Differences in Empathy and Sympathy«, in N. Eisenberg und J. Strayer (Hrsg.), *Empathy and Its Development,* Cambridge 1987, 195–217.
119 K. D. Neff, M. Knox und O. Davidson, »A Comparison of Self-Compassion and Compassion for Others as They Relate to Personal and Interpersonal Wellbeing among Community Adults« (Manuskript in Vorbereitung).
120 E. Pommier, K. D. Neff und I. Toth-Kiraly, »The Development and Validation of the Compassion Scale«, *Assessment* 27, Nr. 1 (2019), S. 21–39.
121 L. M. Yarnell et al., »Gender Differences in Self-Compassion: Examining the Role of Gender Role Orientation«, *Mindfulness* 10, Nr. 6 (2019), S. 1136–1152.
122 P. Gilbert et al., »Fears of Compassion: Development of Three Self-Report Measures«, *Psychology and Psychotherapy: Theory, Research and Practice* 84, Nr. 3 (2011), S. 239–255.

KAPITEL 3: WÜTENDE FRAUEN

123 G. Steinem, *The Truth Will Set You Free, But First It Will Piss You Off!: Thoughts on Life, Love und Rebellion,* New York 2019.

124 R. L. Buntaine und V. K. Costenbader, »Self-Reported Differences in the Experience and Expression of Anger between Girls and Boys«, *Sex Roles* 36 (1997), S. 625–637.
125 A. H. Eagly und V. Steffen, »Gender and Aggressive Behavior: A Meta-Analytic Review of the Social Psychological Literature«, *Psychological Bulletin* 100 (1986), S. 309–330.
126 R. S. Mills and K. H. Rubin, »A Longitudinal Study of Maternal Beliefs about Children's Social Behaviors«, *Merrill-Palmer Quarterly* 38, Nr. 4 (1992), S. 494–512.
127 K. A. Martin, »Becoming a Gendered Body: Practices of Preschools«, *American Sociological Review* 63, Nr. 4 (1998), S. 494–511.
128 J. B. Miller, »The Development of Women's Sense of Self«, in J. Jordan et al. (Hrsg.), *Women's Growth in Connection: Writings from the Stone Center*, New York 1991, S. 11–26.
129 R. Fivush, »Exploring Differences in the Emotional Content of Mother-Child Conversations about the Past«, *Sex Roles* 20 (1989), S. 675–691.
130 T. M. Chaplin, P. M. Cole und C. Zahn-Waxler, »Parental Socialization of Emotion Expression: Gender Differences and Relations to Child Adjustment«, *Emotion* 5, Nr. 1 (2005), S. 80–88.
131 S. P. Thomas, (Hrsg.) *Women and Anger*, New York 1993.
132 S. P. Thomas, »Women's Anger: Causes, Manifestations und Correlates«, in C. D. Spielberger and I. G. Sarason (Hrsg.), *Stress and Emotion*, Bd. 15, Washington 1995, S. 53–74.
133 S. P. Thomas, C. Smucker und P. Droppleman, »It Hurts Most around the Heart: A Phenomenological Exploration of Women's Anger«, *Journal of Advanced Nursing* 28 (1998), S. 311–322.
134 L. Brody, *Gender, Emotion and the Family*, Cambridge, MA 2009.
135 S. P. Thomas, »Women's Anger, Aggression and Violence«, *Health Care for Women International* 26, Nr. 6 (2005), S. 504–522.
136 J. C. Walley-Jean, »Debunking the Myth of the ›Angry Black Woman‹: An Exploration of Anger in Young African American Women«, *Black Women, Gender and Families* 3, Nr. 2 (2009), S. 68–86.
137 D. C. Allison et al. (Hrsg.), *Black Women's Portrayals on Reality Television: The New Sapphire*, Lanham, MD 2016.
138 M. V. Harris-Perry, *Sister Citizen: Shame, Stereotypes and Black Women in America*, New Haven, CT: 2011.
139 C. W. Esqueda und L. A. Harrison, »The Influence of Gender Role Stereotypes, the Woman's Race and Level of Provocation and Resistance on Domestic Violence Culpability Attributions«, *Sex Roles* 53, Nr. 11–12 (2005), S. 821–834.
140 S. Shernock und B. Russell, »Gender and Racial/Ethnic Differences in Criminal Justice Decision Making in Intimate Partner Violence Cases«, *Partner Abuse* 3, Nr. 4 (2012), S. 501–530.
141 J. M. Salerno und L. C. Peter-Hagene, »One Angry Woman: Anger Expression Increases Influence for Men, but Decreases Influence for Women, during Group Deliberation«, *Law and Human Behavior* 39, Nr. 6 (2015), S. 581–592.
142 A. Campbell and S. Muncer, »Sex Differences in Aggression: Social Representation and Social Roles«, *British Journal of Social Psychology* 33 (1994), S. 233–240.

143 L. M. Yarnell et al., »Gender Differences in Self-Compassion: Examining the Role of Gender Role Orientation«, *Mindfulness* 10, Nr. 6 (2019), S. 1136–1152.
144 G. Parker und H. Brotchi, »Gender Differences in Depression«, *International Review of Psychiatry* 22, Nr. 5 (2010), S. 429–436.
145 G. Parker und H. Brotchi, »Gender Differences in Depression«, *International Review of Psychiatry* 22, Nr. 5 (2010), S. 429–436.
146 I. Jalnapurkar, M. Allen und T. Pigott, »Sex Differences in Anxiety Disorders: A Review«, *Journal of Psychiatry, Depression and Anxiety* 4 (2018), S. 1–9.
147 C. A. Timko, L. DeFilipp und A. Dakanalis, »Sex Differences in Adolescent Anorexia and Bulimia Nervosa: Beyond the Signs and Symptoms«, *Current Psychiatry Reports* 21, Nr. 1 (2019), S. 1–8.
148 P. Gilbert et al., »An Exploration into Depression-Focused and Anger-Focused Rumination in Relation to Depression in a Student Population«, *Behavioural and Cognitive Psychotherapy* 33, Nr. 3 (2005), S. 273–283.
149 R. W. Simon und K. Lively, »Sex, Anger and Depression«, *Social Forces* 88, Nr. 4 (2010), S. 1543–1568.
150 S. Nolen-Hoeksema, »Emotion Regulation and Psychopathology: The Role of Gender«, *Annual Review of Clinical Psychology* 8 (2012), S. 161–187.
151 R. W. Novaco, »Anger and Psychopathology«, in M. Potegal, G. Stemmler und C. Spielberger (Hrsg.), *International Handbook of Anger*, New York 2010, S. 465–497.
152 R. Stephens, J. Atkins und A. Kingston, »Swearing as a Response to Pain«, *Neuroreport* 20, Nr. 12 (2009), S. 1056–1060.
153 J. P. Tangney et al., »Relation of Shame and Guilt to Constructive Versus Destructive Responses to Anger across the Lifespan«, *Journal of Personality and Social Psychology* 70, Nr. 4 (1996), S. 797–809.
154 T. A. Cavell und K. T. Malcolm (Hrsg.), *Anger, Aggression, and Interventions for Interpersonal Violence*, Mahwah 2007.
155 S. A. Everson et al., »Anger Expression and Incident Hypertension«, *Psychosomatic Medicine* 60, Nr. 6 (1998), S. 730–735.
156 R. M. Suinn, »The Terrible Twos—Anger and Anxiety: Hazardous to Your Health«, *American Psychologist* 56, Nr. 1 (2001), S. 27–36.
157 T. W. Smith et al., »Hostility, Anger, Aggressiveness, and Coronary Heart Disease: An Interpersonal Perspective on Personality, Emotion und Health«, *Journal of Personality* 72 (2004), S. 1217–1270.
158 A. Pascual-Leone, et al., »Problem Anger in Psychotherapy: An Emotion-Focused Perspective on Hate, Rage and Rejecting Anger«, *Journal of Contemporary Psychotherapy* 43, Nr. 2 (2013), S. 83–92.
159 K. Davidson et al., »Constructive Anger Verbal Behavior Predicts Blood Pressure in a Population-Based Sample«, *Health Psychology* 19, Nr. 1 (2000), S. 55–64.
160 E. Halperin, »Group-Based Hatred in Intractable Conflict in Israel«, *Journal of Conflict Resolution* 52 (2008), S. 713-736.
161 M. R. Tagar, C. M. Federico und E. Halperin, »The Positive Effect of Negative Emotions in Protracted Conflict: The Case of Anger«, *Journal of Experimental Social Psychology* 47, Nr. 1 (2011), S. 157–164.
162 E. Halperin et al., »Anger, Hatred und the Quest for Peace: Anger Can Be Constructive in the Absence of Hatred«, *Journal of Conflict Resolution* 55, Nr. 2 (2011), S. 274–291.

163 S. Chemaly, *Speak out!: Die Kraft weiblicher Wut*, aus dem amerikanischen Englisch von K. Riesselmann und G. Schröder, Berlin 2020, S. 23.
164 D. J. Leonard et al., »We're Mad as Hell and We're Not Going to Take It Anymore: Anger Self-Stereotyping and Collective Action«, *Group Processes and Intergroup Relations* 14, Nr. 1 (2011), S. 99–111.
165 D. M. Taylor et al., »Disadvantaged Group Responses to Perceived Inequity: From Passive Acceptance to Collective Action«, *Journal of Social Psychology* 127 (1987), S. 259–272.
166 L. Lerer und J. Medina, »The ›Rage Moms‹ Democrats Are Counting On«, *New York Times*, 17. August 2020, https://www.nytimes.com/2020/08/17/us/politics/democrats-women-voters-anger.html.
167 »About MomsRising«, MomsRising, https://www.momsrising.org/about.
168 »Our Story«, Moms Demand Action, https://momsdemandaction.org/about/.
169 »Herstory«, Black Lives Matter, https://blacklivesmatter.com/herstory/.
170 A. Fresnics und A. Borders, »Angry Rumination Mediates the Unique Associations between Self-Compassion and Anger and Aggression«, *Mindfulness* 8, Nr. 3 (2016), S. 554–564.
171 R. C. Schwartz und M. Sweezy, *Internal Family Systems Therapy*, New York 2019.
172 N. A. Shadick et al., »A Randomized Controlled Trial of an Internal Family Systems-Based Psychotherapeutic Intervention on Outcomes in Rheumatoid Arthritis: A Proof-of-Concept Study«, *Journal of Rheumatology* 30, Nr. 11 (2013), S. 1831–1841.
173 S. Kempton, *Awakening Shakti: The Transformative Power of the Goddesses of Yoga*, Boulder, CO 2013.
174 D. Whyte, *Consolations: The Solace, Nourishment and Underlying Meaning of Everyday Words*, Edinburgh 2019.
175 »What Is Qi? (and Other Concepts)«, Taking Charge of Your Health and Wellbeing, University of Minnesota, https://www.takingcharge.csh.umn.edu/explore-healing-practices/traditional-chinese-medicine/what-qi-and-other-concepts.
176 B. Glassman und R. Fields, »Instructions to the Cook«, *Tricycle Magazine*, Frühjahr 1996.
177 P. Muris, »A Protective Factor against Mental Health Problems in Youths? A Critical Note on the Assessment of Self-Compassion«, *Journal of Child and Family Studies* 25, Nr. 5 (2015), S. 1461–1465.
178 K. D. Neff et al., »Examining the Factor Structure of the Self-Compassion Scale Using Exploratory SEM Bifactor Analysis in 20 Diverse Samples: Support for Use of a Total Score and Six Subscale Scores«, *Psychological Assessment* 31, Nr. 1 (2019), S. 27–45.
179 P. Muris and H. Otgaar, »The Process of Science: A Critical Evaluation of More Than 15 Years of Research on Self-Compassion with the Self-Compassion Scale«, *Mindfulness* 11, Nr. 6 (2020), S. 1469–82.
180 K. D. Neff, »Commentary on Muris and Otgaar: Let the Empirical Evidence Speak on the Self-Compassion Scale«, *Mindfulness* 11, Nr. 6 (23. Mai 2020), S. 1900–1909.

KAPITEL 4: #METOO

181 E. Brockes, »#MeToo Founder Tarana Burke: »›You Have to Use Your Privilege to Serve Other People‹«, *Guardian*, 15. Januar 2018, https://www.theguardian.com/world/2018/jan/15/me-too-founder-tarana-burke-women-sexual-assault.
182 »The Facts behind the #MeToo Movement: A National Study on Sexual Harassment and Assault«, conducted by Stop Street Harassment, February 2018, http://www.stopstreetharassment.org/wp-content/uploads/2018/01/Full-Report-2018-National-Study-on-Sexual-Harassment-and-Assault. pdf.
183 ABC News/*Washington Post* poll on sexual harassment released October 17, 2017.
184 H. McLaughlin, C. Uggen und A. Blackstone, »Sexual Harassment, Workplace Authority, and the Paradox of Power«, *American Sociological Review* 77, Nr. 4 (2012), S. 625–647.
185 »Statistics«, National Sexual Violence Resource Center, https://www.nsvrc.org/statistics, aufgerufen am 14. November 2020.
186 M. C. Black et al., *National Intimate Partner and Sexual Violence Survey: 2010 Summary Report*, neu durchgeführt von den Centers for Disease Control and Prevention, National Center for Injury Prevention and Control 2011, http://www.cdc .gov/ViolencePrevention/pdf/NISVS_Report2010-a.pdf.
187 Department of Justice, Office of Justice Programs, Bureau of Justice Statistics, »National Crime Victimization Survey, 2010–2016«, 2017.
188 D. K. Chan et al., »Examining the Job-Related, Psychological, and Physical Outcomes of Workplace Sexual Harassment: A Meta-Analytic Review«, *Psychology of Women Quarterly* 32, Nr. 4 (2008), S. 362–376.
189 C. R. Willness, P. Steel und K. Lee, »A Meta-Analysis of the Antecedents and Consequences of Workplace Sexual Harassment«, *Personnel Psychology* 60, Nr. 1 (2007), S. 127–162.
190 E. R. Dworkin et al., »Sexual Assault Victimization and Psychopathology: A Review and Meta-Analysis«, *Clinical Psychology Review* 56 (2017), S. 65–81.
191 A. O'Neil et al., »The #MeToo Movement: An Opportunity in Public Health?«, *Lancet* 391, Nr. 10140 (2018), S. 2587–2589.
192 L. M. Ward et al., »Sexuality and Entertainment Media«, in D. Tolman et al. (Hrsg.), *APA Handbook of Sexuality and Psychology*, 2. Aufl., Washington, DC 2014, S. 373–423.
193 D. L. Mosher und S. S. Tomkins, »Scripting the Macho Man: Hypermasculine Socialization and Enculturation«, *Journal of Sex Research* 25, Nr. 1 (1988), S. 60–84.
194 R. C. Seabrook, L. Ward und S. Giaccardi, »Why Is Fraternity Membership Associated with Sexual Assault? Exploring the Roles of Conformity to Masculine Norms, Pressure to Uphold Masculinity, and Objectification of Women«, *Psychology of Men and Masculinity* 19, Nr. 1 (2018), S. 3–13
195 S. K. Murnen, C. Wright und G. Kaluzny, »If ›Boys Will Be Boys,‹ Then Girls Will Be Victims? A Meta-Analytic Review of the Research That Relates Masculine Ideology to Sexual Aggression«, *Sex Roles* 46, Nr. 11–12 (2002), S. 359–375.
196 S. K. Huprich et al., »Are Malignant Self-Regard and Vulnerable Narcissism Different Constructs?«, *Journal of Clinical Psychology* 74, Nr. 9 (2018), S. 1556–1569.
197 A. Arabi, *Becoming the Narcissists' Nightmare: How to Devalue and Discard the Narcissist While Supplying Yourself*, New York 2016.

198 »Facts About Sexual Harassment«, US Equal Employment Opportunity Commission, https://www.eeoc.gov/fact-sheet/facts-about-sexual-harassment, abgerufen am 18. Februar 2021.
199 L. McLean, M. Bambling und S. R. Steindl, »Perspectives on Self-Compassion from Adult Female Survivors of Sexual Abuse and the Counselors Who Work with Them«, *Journal of Interpersonal Violence* (2018), S. 1–24, advance online publication, DOI: 0886260518793975.
200 A. A. Scoglio et al., »Self-Compassion and Responses to Trauma: The Role of Emotion Regulation«, *Journal of Interpersonal Violence* 33, Nr. 13 (2015), S. 2016–2036.
201 J. M. Dicks, »Sexual Assault Survivors' Experiences of Self-Compassion« (unveröffentlichte Dissertation, University of Alberta, 2014).
202 Dicks, »Sexual Assault Survivors' Experiences of Self-Compassion«, S. 75.
203 L. B. Shapira und M. Mongrain, »The Benefits of Self-Compassion and Optimism Exercises for Individuals Vulnerable to Depression«, *Journal of Positive Psychology* 5 (2010), S. 377–389.
204 »Child Sexual Abuse Statistics«, Darkness to Light, https://www.d2l.org/the-issue/statistics/, accessed October15, 2020.

KAPITEL 5: SICH SELBST SANFT HALTEN

205 T. Brach, *Mit dem Herzen eines Buddha: Heilende Wege zu Selbstakzeptanz und Lebensfreude*, aus dem amerikanischen Englisch von Susanne Kahn-Ackermann, München 2003.
206 A. Blasi et al., »Early Specialization for Voice and Emotion Processing in the Infant Brain«, *Current Biology* 21, Nr. 14 (2011), S. 1220–1224.
207 D. Buring, *Intonation and Meaning*, Oxford 2016.
208 F. J. Ruiz, »A Review of Acceptance and Commitment Therapy (ACT) Empirical Evidence: Correlational, Experimental Psychopathology, Component and Outcome Studies«, *International Journal of Psychology and Psychological Therapy* 10, Nr. 1 (2010), S. 125–162.
209 S. Young, »Break through Pain«, 2017, https://www.shinzen.org/wp-content/uploads/2016/12/art_painprocessingalg.pdf, aufgerufen am 8. Januar 2021.
210 K. D. Neff, »Self-Compassion, Self-Esteem and Well-Being«, *Social and Personality Compass* 5 (2011), S. 1–12.
211 J. D. Brown, »Evaluations of Self and Others: Self-Enhancement Biases in Social Judgments«, *Social Cognition* 4, Nr. 4 (1986), S. 353–376.
212 S. M. Garcia, A. Tor und T. M. Schiff, »The Psychology of Competition: A Social Comparison Perspective«, *Perspectives on Psychological Science* 8, Nr. 6 (2013), S. 634–650.
213 M. R. Di Stasio, R. Savage und G. Burgos, »Social Comparison, Competition and Teacher-Student Relationships in Junior High School Classrooms Predicts Bullying and Victimization«, *Journal of Adolescence* 53 (2016), S. 207–216.
214 S. M. Coyne und J. M. Ostrov, (Hrsg.), *The Development of Relational Aggression*, Oxford 2018.
215 J. Crocker et al., »Downward Comparison, Prejudice, and Evaluations of Others: Effects of Self-Esteem and Threat«, *Journal of Personality and Social Psychology* 52, Nr. 5 (1987), S. 907–916.

216 J. Crocker und K. M. Knight, »Contingencies of Self-Worth«, *Current Directions in Psychological Science* 14, Nr. 4 (2005), S. 200–203.
217 J. Crocker und L. E. Park, »The Costly Pursuit of Self-Esteem«, *Psychological Bulletin* 130 (2004), S. 392–414.
218 M. H. Kernis und B. M. Goldman, »Assessing Stability of Self-Esteem and Contingent Self-Esteem«, in M. H. Kernis (Hrsg.), *Self-Esteem Issues and Answers: A Sourcebook of Current Perspectives,* Hove 2006, S. 77–85.
219 K. D. Neff und R. Vonk, »Self-Compassion versus Global Self-Esteem: Two Different Ways of Relating to Oneself«, *Journal of Personality* 77 (2009), S. 23–50.
220 Für einen Überblick über die Forschungsliteratur siehe Kap. 2 von C. K. Germer und K. D. Neff, *Teaching the Mindful Self-Compassion Program: A Guide for Professionals,* New York 2019.
221 H. Rockliff et al., »A Pilot Exploration of Heart Rate Variability and Salivary Cortisol Responses to Compassion-Focused Imagery«, *Clinical Neuropsychiatry: Journal of Treatment Evaluation* 5, Nr. 3 (2008), S. 132–139.
222 L. B. Shapira und M. Mongrain, »The Benefits of Self-Compassion and Optimism Exercises for Individuals Vulnerable to Depression«, *Journal of Positive Psychology* 5 (2010), S. 377–389.
223 J. P. Tangney und R. L. Dearing, *Shame and Guilt,* New York 2003.
224 E. A. Johnson und K. A. O'Brien, »Self-Compassion Soothes the Savage Ego-Threat System: Effects on Negative Affect, Shame, Rumination, and Depressive Symptoms«, *Journal of Social and Clinical Psychology* 32, Nr. 9 (2013), S. 939–963.
225 A. Allen und M. R. Leary, »Self-Compassion, Stress, and Coping«, *Social and Personality Psychology Compass* 4, Nr. 2 (2010), S. 107–118.
226 D. A. Sbarra, H. L. Smith und M. R. Mehl, »When Leaving Your Ex, Love Yourself: Observational Ratings of Self-Compassion Predict the Course of Emotional Recovery Following Marital Separation«, *Psychological Science* 23 (2012), S. 261–269.
227 A. M. Friis, N. S. Consedine und M. H. Johnson, »Does Kindness Matter? Diabetes, Depression, and Self-Compassion: A Selective Review and Research Agenda«, *Diabetes Spectrum* 28, Nr. 4 (2015), S. 252–257.
228 M. R. Hayter und D. S. Dorstyn, »Resilience, Self-Esteem and Self-Compassion in Adults with Spina Bifida«, *Spinal Cord* 52, Nr. 2 (2013), S. 167–171.
229 M. Nery-Hurwit, J. Yun und V. Ebbeck, »Examining the Roles of Self-Compassion and Resilience on Health-Related Quality of Life for Individuals with Multiple Sclerosis«, *Disability and Health Journal* 11, Nr. 2 (2017), S. 256–261.
230 A. Barnes et al., »Exploring the Emotional Experiences of Young Women with Chronic Pain: The Potential Role of Self-Compassion«, *Journal of Health Psychology* (2018), S. 1–11, advance online publication, DOI: 1359105318816509.
231 L. Zhu et al., »The Predictive Role of Self-Compassion in Cancer Patients' Symptoms of Depression, Anxiety, and Fatigue: A Longitudinal Study«, *Psycho-Oncology* 28, Nr. 9 (2019), S. 1918–1925.
232 J. M. Brion, M. R. Leary und A. S. Drabkin, »Self-Compassion and Reactions to Serious Illness: The Case of HIV«, *Journal of Health Psychology* 19, Nr. 2 (2014), S. 218–229.
233 K. D. Neff und D. J. Faso, »Self-Compassion and Well-Being in Parents of Children with Autism«, *Mindfulness* 6, Nr. 4 (2014), S. 938–947.

234 C. L. Phelps et al., »The Relationship between Self-Compassion and the Risk for Substance Use Disorder«, *Drug and Alcohol Dependence* 183 (2018), S. 78–81.
235 S. Basharpoor et al., »The Role of Self-Compassion, Cognitive Self-Control, and Illness Perception in Predicting Craving in People with Substance Dependency«, *Practice in Clinical Psychology* 2, Nr. 3 (2014), S. 155–164.
236 J. C. Rainey, C. R. Furman und A. N. Gearhardt, »Food Addiction among Sexual Minorities«, *Appetite* 120 (2018), S. 16–22.
237 Y. Kotera und C. Rhodes, »Pathways to Sex Addiction: Relationships with Adverse Childhood Experience, Attachment, Narcissism, Self-Compassion and Motivation in a Gender-Balanced Sample«, *Sexual Addiction and Compulsivity* 26, 1–2 (2019), S. 54–76.
238 A. E. Diac et al., »Self-Compassion, Well-Being and Chocolate Addiction«, *Romanian Journal of Cognitive Behavioral Therapy and Hypnosis* 4, Nr. 1–2 (2017), S. 1–12.
239 M. Brooks et al., »Self-Compassion amongst Clients with Problematic Alcohol Use«, *Mindfulness* 3, Nr. 4 (2012), S. 308–317.
240 S. R. Newcombe, »Shame and Self-Compassion in Members of Alcoholics Anonymous« (unveröffentlichte Doktorarbeit, Wright Institute, 2015).
241 Y. Jiang et al., »Buffering the Effects of Peer Victimization on Adolescent Nonsuicidal Self-Injury: The Role of Self-Compassion and Family Cohesion«, *Journal of Adolescence* 53 (2016), S. 107–115.
242 P. Wilkinson und I. Goodyer, »Non-suicidal Self-Injury«, *European Child & Adolescent Psychiatry* 20, Nr. 2 (2011), S. 103–108.
243 D. LoParo et al., »The Efficacy of Cognitively-Based Compassion Training for African American Suicide Attempters«, *Mindfulness* 9, Nr. 6 (2018), S. 1941–1954.
244 J. G. Breines und S. Chen, »Self-Compassion Increases Self-Improvement Motivation«, *Personality and Social Psychology Bulletin* 38, Nr. 9 (2012), S. 1133–1143.
245 A. Vazeou-Nieuwenhuis und K. Schumann, »Self-Compassionate and Apologetic? How and Why Having Compassion toward the Self Relates to a Willingness to Apologize«, *Personality and Individual Differences* 124 (2018), S. 71–76.
246 K. D. Neff et al., »Caring for Others without Losing Yourself: An Adaptation of the Mindful Self-Compassion Program for Healthcare Communities«, *Journal of Clinical Psychology* 76 (2020), S. 1543–1562.

KAPITEL 6: STANDHAFT BLEIBEN

247 O. Stevenson und A. B. Allen, »Women's Empowerment: Finding Strength in Self-Compassion«, *Women and Health* 57, Nr. 3 (2017), S. 295–310.
248 J. A. Christman, »Examining the Interplay of Rejection Sensitivity, Self-Compassion, and Communication in Romantic Relationships« (unveröffentlichte Doktorarbeit, University of Tennessee, 2012).
249 B. L. Mah et al., »Oxytocin Promotes Protective Behavior in Depressed Mothers: A Pilot Study with the Enthusiastic Stranger Paradigm«, *Depression and Anxiety* 32, Nr. 2 (2015), S. 76–81.
250 C. K. De Dreu et al., »The Neuropeptide Oxytocin Regulates Parochial Altruism in Intergroup Conflict among Humans«, *Science* 328, Nr. 5984 (2010), S. 1408–1411.

251 S. R. Kaler und B. J. Freeman, »Analysis of Environmental Deprivation: Cognitive and Social Development in Romanian Orphans«, *Journal of Child Psychology and Psychiatry* 35, Nr. 4 (1994), S. 769–781.
252 M. Yousafzai, *I Am Malala: The Girl Who Stood Up for Education and Was Shot by the Taliban,* New York 2013.
253 J. S. Turner, »Explaining the Nature of Power: A Three-Process Theory«, *European Journal of Social Psychology* 35, Nr. 1 (2005), S. 1–22.
254 E. R. Cole, »Intersectionality and Research in Psychology«, *American Psychologist* 64, Nr. 3 (2009), S. 170–180.
255 G. Fuochi, C. A. Veneziani und A. Voci, »Exploring the Social Side of Self-Compassion: Relations with Empathy Outgroup Attitudes«, *European Journal of Social Psychology* 48, Nr. 6 (2018), S. 769–783.
256 Interview with Rosa Parks, *Scholastic,* Januar/Februar 1997 http://teacher.scholastic.com/rosa /interview.htm.
257 J. Halifax, *Being with Dying: Cultivating Compassion and Fearlessness in the Presence of Death,* Boulder, CO 2009.
258 W. Wood und A. H. Eagly, »Gender Identity«, in M. R. Leary und R. H. Hoyle (Hrsg.), *Handbook of Individual Differences in Social Behavior,* New York 2009, 109–125.
259 J. de Azevedo Hanks, *The Assertiveness Guide for Women: How to Communicate Your Needs, Set Healthy Boundaries, and Transform Your Relationships,* Oakland, CA 2016.
260 J. C. Campbell et al., »Intimate Partner Homicide: Review and Implications of Research and Policy«, *Trauma, Violence and Abuse* 8 (2007), S. 246–269.
261 A. B. Allen, E. Robertson und G. A. Patin, »Improving Emotional and Cognitive Outcomes for Domestic Violence Survivors: The Impact of Shelter Stay and Self-Compassion Support Groups«, *Journal of Interpersonal Violence* (2017), advance online publication, DOI: 0886260517734858.
262 C. Braehler und K. D. Neff, »Self-Compassion for PTSD«, in N. Kimbrel und M. Tull (Hrsg.), *Emotion in PTSD,* Cambridge, MA 2020, S. 567–596.
263 R. Yehuda, »Post-Traumatic Stress Disorder«, *New England Journal of Medicine* 346, Nr. 2 (2002), S. 108–114.
264 B. L. Thompson und J. Waltz, »Self-Compassion and PTSD Symptom Severity«, *Journal of Traumatic Stress* 21 (2008), S. 556–558.
265 K. Dahm et al., »Mindfulness, Self-Compassion, Posttraumatic Stress Disorder Symptoms, and Functional Disability in US Iraq and Afghanistan War Veterans«, *Journal of Traumatic Stress* 28, Nr. 5 (2015), S. 460–464.
266 J. K. Rabon et al., »Self-Compassion and Suicide Risk in Veterans: When the Going Gets Tough, Do the Tough Benefit More from Self-Kindness?«, *Mindfulness* 10, Nr. 12 (2019), S. 2544–2554.
267 R. Hiraoka et al., »Self-Compassion as a Prospective Predictor of PTSD Symptom Severity among Trauma-Exposed US Iraq and Afghanistan War Veterans«, *Journal of Traumatic Stress* 28 (2015), S. 1–7.
268 M. A. Cherry und M. M. Wilcox, »Sexist Microaggressions: Traumatic Stressors Mediated by Self-Compassion«, *The Counseling Psychologist* 49, Nr. 1 (2021), 106–137.
269 J. P. Robinson und D. L. Espelage, »Bullying Explains Only Part of LGBTQ–Heterosexual Risk Disparities: Implications for Policy and Practice«, *Educational Researcher* 41, Nr. 8 (2012), S. 309–319.

270 A. J. Vigna, J. Poehlmann-Tynan und B. W. Koenig, »Does Self-Compassion Facilitate Resilience to Stigma? A School-Based Study of Sexual and Gender Minority Youth«, *Mindfulness* 9, Nr. 3 (2017), S. 914–924.

271 A. J. Vigna, J. Poehlmann-Tynan und B. W. Koenig, »Is Self-Compassion Protective among Sexual- and Gender-Minority Adolescents across Racial Groups?«, *Mindfulness* 11, Nr. 3 (2020), S. 800–815.

272 C. C. Y. Wong und N. C. Yeung, »Self-Compassion and Posttraumatic Growth: Cognitive Processes as Mediators«, *Mindfulness* 8, Nr. 4 (2017), S. 1078–1087.

273 M. Navarro-Gil et al., »Effects of Attachment-Based Compassion Therapy (ABCT) on Self-Compassion and Attachment Style in Healthy People«, *Mindfulness* 11, Nr. 1 (2020), S. 51–62.

274 A. A. Scoglio et al., »Self-Compassion and Responses to Trauma: The Role of Emotion Regulation«, *Journal of Interpersonal Violence* 33, Nr. 13 (2015), S. 2016–2036.

275 P. Gilbert, »The Origins and Nature of Compassion Focused Therapy«, *British Journal of Clinical Psychology* 53, Nr. 1 (2014), S. 6–41.

276 P. Gilbert und S. Procter, »Compassionate Mind Training for People with High Shame and Self-Criticism: Overview and Pilot Study of a Group Therapy Approach«, *Clinical Psychology and Psychotherapy: An International Journal of Theory and Practice* 13, Nr. 6 (2006), S. 353–379.

277 E. Ashfield, C. Chan und D. Lee, »Building ›A Compassionate Armour‹: The Journey to Develop Strength and Self-Compassion in a Group Treatment for Complex Post-traumatic Stress Disorder«, *Psychology and Psychotherapy: Theory, Research and Practice* (2020), advance online publication, DOI: 10.1111/papt.12275/.

278 C. Craig, S. Hiskey und A. Spector, »Compassion Focused Therapy: A Systematic Review of Its Effectiveness and Acceptability in Clinical Populations«, *Expert Review of Neurotherapeutics* 20, Nr. 4 (2020), 385–400.

279 M. L. King Jr., *Where Do We Go from Here: Chaos or Community?*, Bd. 2, Boston 2010.

280 M. A. Mattaini, *Strategic Nonviolent Power: The Science of Satyagraha*, Athabasca 2013.

281 M. K. Gandhi, »Letter to Mr. –« (25. Januar 1920), *The Collected Works of Mahatma Gandhi*, Bd. 19, Delhi 1958.

282 M. K. Gandhi, *My Experiments with the Truth*, New York 2014; Erstausgabe 1928.

283 P. Valera und T. Taylor, »Hating the Sin but Not the Sinner: A Study about Heterosexism and Religious Experiences among Black Men«, *Journal of Black Studies* 42, Nr. 1 (2011), S. 106–122.

284 D. A. Fahrenthold, »Trump Recorded Having Extremely Lewd Conversation about Women in 2005«, *Washington Post*, 8. October 2016, https://www.washingtonpost.com/politics/trump-recorded-having-extremely-lewd-conversation-about-women-in-2005/2016 /10/07/3b9ce776-8cb4-11e6-bf8a-3d26847eeed4_story.html.

285 A. Jamieson, »Women's March on Washington: A Guide to the Post-inaugural Social Justice Event«, *Guardian*, 27. December 2016, https://www.theguardian.com/us-news/2016/dec/27/womens-march-on-washington-dc-guide.

286 M. Broomfield »Women's March against Donald Trump Is the Largest Day of Protests in US History, Say Political Scientists«, *Independent*, 23. January 2017,

https://www.independent.co.uk/news/world/americas/womens-march-anti-donald-trump-womens-rights- largest-protest-demonstration-us-history-political-scientists-a7541081.html.

287 K. Capps, »Millions of Marchers, Zero Arrests«, *Citylab*, https://www.bloomberg.com/news/articles/2017-01-22/millions-gather-for-women-s-march-n N. Caraway, *Segregated Sisterhood: Racism and the Politics of American Feminism,* Knoxville, TN: 1991.

288 N. Caraway, *Segregated Sisterhood: Racism and the Politics of American Feminism,* Knoxville, TN: 1991.

289 V. Ware, *Beyond the Pale: White Women, Racism, and History,* London 2015.

290 G. E. Gilmore, *Gender and Jim Crow: Women and the Politics of White Supremacy in North Carolina, 1896–1920,* 2. Aufl., Chapel Hill, NC 2019.

291 T. Closson, »Amy Cooper's 911 Call, and What's Happened Since«, *New York Times*, 8. Juli 2020, https://www.nytimes.com/2020/07/08/nyregion/amy-cooper-false-report-charge.html.

292 b. hooks, *Black Women and Feminism,* London 1981.

293 V. Purdie-Vaughns und R. P. Eibach, »Intersectional Invisibility: The Distinctive Advantages and Disadvantages of Multiple Subordinate-Group Identities«, *Sex Roles* 59, Nr. 5–6 (2008), S. 377–391.

KAPITEL 7: DEN EIGENEN BEDÜRFNISSEN GERECHT WERDEN

294 H. Grant, *Pocket Frida Kahlo Wisdom,* London 2018.

295 »Global Gender Gap Report«, Weltwirtschaftsforum 2018.

296 J. H. Shih und N. K. Eberhart, »Gender Differences in the Associations between Interpersonal Behaviors and Stress Generation«, *Journal of Social and Clinical Psychology* 29, Nr. 3 (2010), S. 243–255.

297 M. J. Mattingly und S. M. Blanchi, »Gender Differences in the Quantity and Quality of Free Time: The US Experience«, *Social Forces* 81, Nr. 3 (2003), S. 999–1030.

298 W. J. Phillips und S. J. Ferguson, »Self-Compassion: A Resource for Positive Aging«, *Journals of Gerontology Series B: Psychological Sciences and Social Sciences* 68, Nr. 4 (2012), S. 529–539.

299 B. J. Schellenberg, D. S. Bailis und A. D. Mosewich, »You Have Passion, but Do You Have Self-Compassion? Harmonious Passion, Obsessive Passion, and Responses to Passion-Related Failure«, *Personality and Individual Differences* 99 (2016), S. 278–285.

300 L. M. Yarnell und K. D. Neff, »Self-Compassion, Interpersonal Conflict Resolutions, and Well-Being«, *Self and Identity* 12, Nr. 2 (2013), S. 146–159.

301 J. W. Zhang et al., »A Compassionate Self Is a True Self? Self-Compassion Promotes Subjective Authenticity«, *Personality and Social Psychology Bulletin* 45, Nr. 9 (2019), S. 1323–1337.

302 A. H. Maslow, *A Theory of Human Motivation,* New York 2013.

303 R. M. Ryan und E. L. Deci, *Self-Determination Theory: Basic Psychological Needs in Motivation, Development, and Wellness,* New York 2017.

304 E. L. Deci und R. M. Ryan, »The ›What‹ and ›Why‹ of Goal Pursuits: Human Needs and the Self-Determination of Behavior«, *Psychological Inquiry* 11, Nr. 4 (2000), S. 227–268.

305 E. L. Deci und R. M. Ryan (Hrsg.), *Handbook of Self-Determination Research*, Rochester, NY 2004.
306 K. D. Neff, »Development and Validation of a Scale to Measure Self-Compassion«, *Self and Identity* 2 (2003), S. 223–250.
307 K. E. Gunnell et al., »Don't Be So Hard on Yourself! Changes in Self-Compassion during the First Year of University Are Associated with Changes in Well-Being«, *Personality and Individual Differences* 107 (2017), S. 43–48.
308 R. A. Shweder, M. Mahapatra und J. G. Miller, »Culture and Moral Development«, in J. Kagan und S. Lamb (Hrsg.), *The Emergence of Morality in Young Children*, Chicago 1987, 1–83.
309 E. Turiel, *The Culture of Morality: Social Development, Context, and Conflict*, Cambridge, UK 2002.
310 N. Desai und M. Krishnaraj, *Women and Society in India*, Delhi 1987.
311 R. Batra und T. G. Reio Jr., »Gender Inequality Issues in India«, *Advances in Developing Human Resources* 18, Nr. 1 (2016), S. 88–101.
312 I. Malhotra, *Indira Gandhi: A Personal and Political Biography*, Carlsbad, CA 2014.
313 K. D. Neff, »Judgments of Personal Autonomy and Interpersonal Responsibility in the Context of Indian Spousal Relationships: An Examination of Young People's Reasoning in Mysore, India«, *British Journal of Developmental Psychology* 19, Nr. 2 (2001), S. 233–257.
314 K. D. Neff, »Reasoning about Rights and Duties in the Context of Indian Family Life«, (unveröffentlichte Doktorarbeit, University of California, Berkeley 1998), S. 128.
315 C. Clarke, »Texas Bar Owner Prohibits Customers from Wearing Masks«, CBS News, May 28, 2020, https://www.cbsnews.com/news/texas-bar-liberty-tree-tavern-bans-masks-customers/.
316 T. Merton, *My Argument with the Gestapo: A Macaronic Journal*, New York 1969, S. 160–161.
317 S. C. Hayes, K. D. Strosahl und K. G. Wilson, *Acceptance and Commitment Therapy: The Process and Practice of Mindful Change*, New York 2011.
318 K. J. Homan und F. M. Sirois, »Self-Compassion and Physical Health: Exploring the Roles of Perceived Stress and Health-Promoting Behaviors«, *Health Psychology Open* 4, Nr. 2 (2017), S. 1–9.
319 A. B. Allen, E. R. Goldwasser und M. R. Leary, »Self-Compassion and Well-Being among Older Adults«, *Self and Identity* 11, Nr. 4 (2012), S. 428–453.
320 C. Dawson Rose et al., »Self-Compassion and Risk Behavior Among People Living with HIV/ AIDS«, *Research in Nursing and Health* 37, Nr. 2 (2014), S. 98–106.
321 M. L. Terry et al., »Self-Compassionate Reactions to Health Threats«, *Personality and Social Psychology Bulletin* 39, Nr. 7 (2013), S. 911–926.
322 J. Crocker und A. Canevello, »Creating and Undermining Social Support in Communal Relationships: The Role of Compassionate and Self-Image Goals«, *Journal of Personality and Social Psychology* 95, Nr. 3 (2008), S. 555–575.
323 K. D. Neff und S. N. Beretvas, »The Role of Self-Compassion in Romantic Relationships«, *Self and Identity* 12, Nr. 1 (2013), S. 78–98.
324 J. W. Zhang, S. Chen und T. K. Tomova, »From Me to You: Self-Compassion Predicts Acceptance of Own and Others' Imperfections«, *Personality and Social Psychology Bulletin* 46, Nr. 2 (2020), S. 228–241.

325 K. D. Neff und E. Pommier, »The Relationship between Self-Compassion and Other-Focused Concern among College Undergraduates, Community Adults, and Practicing Meditators«, *Self and Identity* 12, Nr. 2 (2013), S. 160–176.
326 K. D. Neff und C. K. Germer, »A Pilot Study and Randomized Controlled Trial of the Mindful Self-Compassion Program«, *Journal of Clinical Psychology* 69, Nr. 1 (2013), S. 28–44.
327 M. C. Delaney, »Caring for the Caregivers: Evaluation of the Effect of an Eight-Week Pilot Mindful Self-Compassion (MSC) Training Program on Nurses' Compassion Fatigue and Resilience«, *PLOS ONE* 13, Nr. 11 (2018), S. e0207261.
328 K. Miller und A. Kelly, »Is Self-Compassion Contagious? An Examination of Whether Hearing a Display of Self-Compassion Impacts Self-Compassion in the Listener«, *Canadian Journal of Behavioural Science/Revue Canadienne des Sciences du Comportement* 52, Nr. 2 (2020), S. 159–170.

KAPITEL 8: SICH ZUM GUTEN VERÄNDERN

329 Megan Rapinoe, »Why I Am Kneeling« (Blog), Players Tribune, Oktober 2016, https://www.the playerstribune.com/articles/megan-rapinoe-why-i-am-kneeling.
330 Resisting Self-Compassion: Why Are Some People Opposed to Being Kind to Themselves?«, *Self and Identity* 15, Nr. 5 (2016), S. 505–524.
331 J. V. Wood, W. Q. Perunovic und J. W. Lee, »Positive Self-Statements: Power for Some, Peril for Others«, *Psychological Science* 20, Nr. 7 (2009), S. 860–866.
332 K. D. Neff, S. S. Rude und K. Kirkpatrick, »An Examination of Self-Compassion in Relation to Positive Psychological Functioning and Personality Traits«, *Journal of Research in Personality* 41 (2007), S. 908–916.
333 Y. Miyagawa, Y. Niiya und J. Taniguchi, »When Life Gives You Lemons, Make Lemonade: Self-Compassion Increases Adaptive Beliefs about Failure«, *Journal of Happiness Studies* 21, Nr. 6 (2020), S. 2051–2068.
334 K. D. Neff, Y.-P. Hsieh und K. Dejitterat, »Self-Compassion, Achievement Goals, and Coping with Academic Failure«, *Self and Identity* 4 (2005), S. 263–287.
335 M. E. Neely et al., »Self-Kindness When Facing Stress: The Role of Self-Compassion, Goal Regulation, and Support in College Students' Well-Being«, *Motivation and Emotion* 33 (2009), S. 88–97.
336 Y. Miyagawa, J. Taniguchi und Y. Niiya, »Can Self-Compassion Help People Regulate Unattained Goals and Emotional Reactions toward Setbacks?«, *Personality and Individual Differences* 134 (2018), S. 239–244.
337 J. Goldstein und J. Kornfield, *Seeking the Heart of Wisdom: The Path of Insight Meditation,* Boston 1987.
338 A. Duckworth und J. J. Gross, »Self-Control and Grit: Related but Separable Determinants of Success«, *Current Directions in Psychological Science* 23, Nr. 5 (2014), S. 319–325.
339 K. D. Neff et al., »The Forest and the Trees: Examining the Association of Self-Compassion and Its Positive and Negative Components with Psychological Functioning«, *Self and Identity* 17, Nr. 6 (2018), S. 627–645.
340 Robinson, »Resisting Self-Compassion«, S. 505–524.
341 T. A. Powers, R. Koestner und D. C. Zuroff, »Self-Criticism, Goal Motivation and Goal Progress«, *Journal of Social and Clinical Psychology* 26 (2007), S. 814–828.

342 B. E. Gibb, »Childhood Maltreatment and Negative Cognitive Styles: A Quantitative and Qualitative Review«, *Clinical Psychology Review* 22, Nr. 2 (2002), S. 223–246.

343 P. Gilbert, »Social Mentalities: Internal ›Social‹ Conflicts and the Role of Inner Warmth and Compassion in Cognitive Therapy«, in P. Gilbert und K. G. Bailey (Hrsg.), *Genes on the Couch: Explorations in Evolutionary Psychotherapy*, Hove 2000, S. 118–150.

344 D. Hering, K. Lachowska und M. Schlaich, »Role of the Sympathetic Nervous System in Stress-Mediated Cardiovascular Disease«, *Current Hypertension Reports* 17, Nr. 10 (2015), S. 80–90.

345 U. Dinger et al., »Interpersonal Problems, Dependency, and Self-Criticism in Major Depressive Disorder«, *Journal of Clinical Psychology* 71, Nr. 1 (2015), S. 93–104.

346 H. Kirschner et al., »Soothing Your Heart and Feeling Connected: A New Experimental Paradigm to Study the Benefits of Self-Compassion«, *Clinical Psychological Science* 7, Nr. 3 (2019), S. 545–565.

347 W. J. Phillips und D. W. Hine, »Self-Compassion, Physical Health, and Health Behaviour: A Meta-Analysis«, *Health Psychology Review* (2019), S. 1–27.

348 A. M. Ehret, J. Joormann und M. Berking, »Examining Risk and Resilience Factors for Depression: The Role of Self-Criticism and Self-Compassion«, *Cognition and Emotion* 29, Nr. 8 (2015), S. 1496–1504.

349 L. D. Eron, »Spare the Rod and Spoil the Child?«, *Aggression and Violent Behavior* 2, Nr. 4 (1997), S. 309–311.

350 E. T. Gershoff, »Corporal Punishment by Parents and Associated Child Behaviors and Experiences: A Meta-Analytic and Theoretical Review«, *Psychological Bulletin* 128, Nr. 4 (2002), S. 539–579.

351 M. Shimizu, Y. Niiya und E. Shigemasu, »Achievement Goals and Improvement Following Failure: Moderating Roles of Self-Compassion and Contingency of Self-Worth«, *Self and Identity* 15, Nr. 1 (2015), S. 107–115.

352 N. Hope, R. Koestner und M. Milyavskaya, »The Role of Self-Compassion in Goal Pursuit and Well-Being among University Freshmen«, *Self and Identity* 13, Nr. 5 (2014), S. 579–593.

353 R. Chu, »The Relations of Self-Compassion, Implicit Theories of Intelligence, and Mental Health Outcomes among Chinese Adolescents« (unveröffentlichte Doktorarbeit, San Francisco State University, 2016).

354 C. W. Dweck, *Selbstbild: Wie unser Denken Erfolge oder Niederlagen bewirkt*, aus dem Englischen von Jürgen Neubauer, München 2017, vgl. S. 16 f.

355 J. G. Breines und S. Chen, »Self-Compassion Increases Self-Improvement Motivation«, *Personality and Social Psychology Bulletin* 38, Nr. 9 (2012), S. 1133–1143.

356 I. Dundas et al., »Does a Short Self-Compassion Intervention for Students Increase Healthy Self-Regulation? A Randomized Control Trial«, *Scandinavian Journal of Psychology* 58, Nr. 5 (2017), S. 443–450.

357 J. G. Breines und S. Chen, »Self-Compassion Increases Self-Improvement Motivation«, *Personality and Social Psychology Bulletin* 38, Nr. 9 (2012), S. 1133–1143.

358 D. M. Tice und R. F. Baumeister, »Longitudinal Study of Procrastination, Performance, Stress, and Health: The Costs and Benefits of Dawdling«, *Psychological Science* 8, Nr. 6 (1997), S. 454–458.

359 F. M. Sirois, »Procrastination and Stress: Exploring the Role of Self-Compassion«, *Self and Identity* 13, Nr. 2 (2014), S. 128–145.
360 L. M. Sutherland et al., »Narratives of Young Women Athletes' Experiences of Emotional Pain and Self-Compassion«, *Qualitative Research in Sport, Exercise and Health* 6, Nr. 4 (2014), S. 499–516.
361 N. A. Reis et al., »Self-Compassion and Women Athletes' Responses to Emotionally Difficult Sport Situations: An Evaluation of a Brief Induction«, *Psychology of Sport and Exercise* 16 (2015), S. 18–25.
362 L. J. Ferguson et al., »Self-Compassion and Eudaimonic Well-Being during Emotionally Difficult Times in Sport«, *Journal of Happiness Studies* 16, Nr. 5 (2015), S. 1263–1280.
363 Z. Huysmans und D. Clement, »A Preliminary Exploration of the Application of Self-Compassion within the Context of Sport Injury«, *Journal of Sport and Exercise Psychology* 39, Nr. 1 (2017), S. 56–66.
364 L. Ceccarelli et al., »Self-Compassion and Psycho-Physiological Recovery from Recalled Sport Failure«, *Frontiers in Psychology* 10 (2019), S. 1564.
365 J. Stoeber und K. Otto, »Positive Conceptions of Perfectionism: Approaches, Evidence, Challenges«, *Personality and Social Psychology Review* 10 (2006), S. 295–319.
366 S. B. Sherry et al., »Self-Critical Perfectionism Confers Vulnerability to Depression after Controlling for Neuroticism: A Longitudinal Study of Middle-aged, Community-Dwelling Women«, *Personality and Individual Differences* 69 (2014), S. 1–4.
367 K. D. Neff, »Development and Validation of a Scale to Measure Self-Compassion«, *Self and Identity* 2 (2003), S. 223–250.
368 M. Ferrari et al., »Self-Compassion Moderates the Perfectionism and Depression Link in Both Adolescence and Adulthood«, *PLOS ONE* 13, Nr. 2 (2018), S. e0192022.
369 C. M. Richardson et al., »Trainee Wellness: Self-Critical Perfectionism, Self-Compassion, Depression, and Burnout among Doctoral Trainees in Psychology«, *Counselling Psychology Quarterly* 33, Nr. 2 (2018), S. 1–12.
370 C. Rogers, *On Becoming a Person: A Therapist's View of Psychotherapy*, Boston 1995; Erstauflage 1960, S. 17.
371 Francis Gage's version of Sojourner Truth's »Ain't I a Woman« speech, 23. April 1863, https://www.thesojournertruthproject.com.

KAPITEL 9: GLEICHGEWICHT UND GERECHTIGKEIT IM ARBEITSLEBEN

372 »Transcript of the Keynote Address by Ann Richards, the Texas Treasurer«, Juli 1988 Democratic Convention, *New York Times*, 19. Juli 1988, https://www.nytimes.com/1988/07/19/us/transcript-of-the-keynote-address-by-ann-richards-the-texas-treasurer.html.
373 National Center for Education Statistics, »Table 318.30. Bachelor's, Master's, and Doctor's Degrees Conferred by Postsecondary Institutions, by Sex of Student and Discipline: 2015–16«, *Digest of Education Statistics* (2017), https://nces.ed.gov/programs/digest/d17/tables/dt17_318.30.asp?current=yes.

374 A. R. Amparo, G. Smith und A. Friedman, »Gender and Persistent Grade Performance Differences between Online and Face to Face Undergraduate Classes«, *EdMedia+ Innovate Learning* (Amsterdam: Association for the Advancement of Computing in Education, Juni 2018), S. 1935–1939.
375 M. DeWold, »12 Stats About Working Women«, *US Department of Labor Blog*, 6. März 2017, https://www.ishn.com/articles/105943-stats-about-working-women.
376 US Bureau of Labor Statistics, März 2017, https://www.bls.gov/careeroutlook/2017/data-on-display/women-managers.htm.
377 R. Bleiweis, »Quick Facts about the Gender Wage Gap«, Center for American Progress, 24. März 2020, https://www.americanprogress.org/issues/women/reports /2020/03/24/482141/quick-facts-gender-wage-gap/.
378 R. Bleiweis, »Quick Facts about the Gender Wage Gap«, Center for American Progress, 24. März 2020, https://www.americanprogress.org/issues/women/reports /2020/03/24/482141/quick-facts-gender-wage-gap/.
379 G. Livingston, »Stay-at-Home Moms and Dads Account for About One-in-Five US Parents«, Pew Research Center, 24. September 2018, https://www.pewresearch.org/fact-tank/2018/09/24/stay-at-home-moms-and-dads-account-for-about-one-in-five-u-s-parents/.
380 »Global Gender Gap Report«, World Economic Forum, 2018.
381 D. Kanal und J. T. Kornegay, »Accounting for Household Production in the National Accounts«, *Survey of Current Business* 99, Nr. 6 (Juni 2019), https://apps.bea.gov/scb/2019/06-Juni/0619-household-production.htm.
382 Y. van Osch und J. Schaveling, »The Effects of Part-time Employment and Gender on Organizational Career Growth«, *Journal of Career Development* 47, Nr. 3 (2020), S. 328–343.
383 Alliance for Board Diversity, »Missing Pieces Report: The 2018 Board Diversity Census of Women and Minorities on Fortune 500 Boards«, 2018, https://www2.deloitte.com/us/en/pages/center-for-board-effectiveness/articles/missing-pieces-fortune-500board-diversity-study-2018.html.
384 C. C. Miller, K. Quealy und M. Sanger-Katz, »The Top Jobs Where Women are Outnumbered by Men Named John«, 24. April 2018, *New York Times*, https://www.nytimes.com/interactive/2018/04/24/upshot/women-and-men-named-john.html.
385 M. E. Heilman und E. J. Parks-Stamm, »Gender Stereotypes in the Workplace: Obstacles to Women's Career Progress«, *Advances in Group Processes* 24 (2007), S. 47–77.
386 E. L. Haines, K. Deaux und N. Lofaro, »The Times They Are a-Changing ... or Are They Not? A Comparison of Gender Stereotypes, 1983–2014«, *Psychology of Women Quarterly* 40, Nr. 3 (2016), S. 353–363.
387 M. E. Heilman und E. J. Parks-Stamm, »Gender Stereotypes in the Workplace: Obstacles to Women's Career Progress«, S. J. Correll (Hrsg), *Social Psychology of Gender: Advances in Group Processes*, vol. 24 (Bingley, UK: Emerald Group Publishing, 2007), 47–77.
388 J. P. Walsh, K. Weber und J. D. Margolis, »Social Issues and Management: Our Lost Cause Found«, *Journal of Management* 29, Nr. 6 (2003), S. 859–881.
389 D. Salin, »Bullying and Organisational Politics in Competitive and Rapidly Changing Work Environments«, *International Journal of Management and Decision Making* 4, Nr. 1 (2003), S. 35–46.

390 A. K. Samnani und P. Singh, »20 Years of Workplace Bullying Research: A Review of the Antecedents and Consequences of Bullying in the Workplace«, *Aggression and Violent Behavior* 17, Nr. 6 (2012), S. 581–589.
391 M. R. Reiff., »The Just Price, Exploitation, and Prescription Drugs: Why Free Marketeers Should Object to Profiteering by the Pharmaceutical Industry«, *Review of Social Economy* 77, Nr. 2 (2019), S. 108–142.
392 A. Keown, »Price of Teva's Generic Drug to Treat Wilson's Disease Sparks Outrage«, BioSpace, 26. Februar 2018, https://www.biospace.com/article/price-of-teva-s-generic-drug-to-treat-wilson-s-disease-sparks-outrage/.
393 M. C. Worline und J. E. Dutton, *Awakening Compassion at Work: The Quiet Power that Elevates People and Organizations,* Oakland, CA 2017.
394 P. J. Rosch, »The Quandary of Job Stress Compensation«, *Health and Stress* 3, Nr. 1 (2001), S. 1–4.
395 J. E. Dutton et al., »Leading in Times of Trauma«, *Harvard Business Review* 80, Nr. 1 (2002), S. 54–61.
396 K. Cameron et al., »Effects of Positive Practices on Organizational Effectiveness«, *Journal of Applied Behavioral Science* 47, Nr. 3 (2011), S. 266–308.
397 J. A. Kennedy und L. J. Kray, »Who Is Willing to Sacrifice Ethical Values for Money and Social Status? Gender Differences in Reactions to Ethical Compromises«, *Social Psychological and Personality Science* 5, Nr. 1 (2014), S. 52–59.
398 K. McLaughlin, O. T. Muldoon und M. Moutray, »Gender, Gender Roles and Completion of Nursing Education: A Longitudinal Study«, *Nurse Education Today* 30, Nr. 4 (2010), S. 303–307.
399 P. England, M. Budig und N. Folbre, »Wages of Virtue: The Relative Pay of Care Work«, *Social Problems* 49, Nr. 4 (2002), S. 455–473.
400 Pew Research Center, »Raising Kids and Running a Household: How Working Parents Share the Load«, 4. November 2015, https://www.pewsocialtrends.org/2015/11/04/raising-kids-and-running-a-household-how-working-parents-share-the-load/.
401 J. Halpin, K. Agne und M. Omero, »Affordable Child Care and Early Learning for All Families«, Center for American Progress, September 2018, https://cdn.american progress.org/content/uploads/2018/09/12074422/ChildCarePolling-report.pdf.
402 J. L. Borelli et al., »Bringing Work Home: Gender and Parenting Correlates of Work-Family Guilt among Parents of Toddlers«, *Journal of Child and Family Studies* 26, Nr. 6 (2017), S. 1734–1745.
403 A. H. Eagly, C. Nater, D. L. Miller, M. Kaufmann und S. Sczesny, »Gender Stereotypes Have Changed: A Cross-Temporal Meta-Analysis of US Public Opinion Polls from 1946 to 2018«, *American Psychologist* 75, Nr. 3 (2020), S. 301.
404 C. P. Ernst und N. Herm-Stapelberg, »Gender Stereotyping's Influence on the Perceived Competence of Siri and Co.«, *Proceedings of the 53rd Hawaii International Conference on System Sciences* (Januar 2020).
405 M. E. Heilman, »Gender Stereotypes and Workplace Bias«, *Research in Organizational Behavior* 32 (2012), S. 113–135.
406 M. E. Heilman, »Gender Stereotypes and Workplace Bias«, 113–135.
407 C. A. Moss-Racusin et al., »Science Faculty's Subtle Gender Biases Favor Male Students«, *Proceedings of the National Academy of Sciences* 109, Nr. 41 (2012), S. 16474–16479.

408 L. J. Trevino et al., »Meritocracies or Masculinities? The Differential Allocation of Named Professorships by Gender in the Academy«, *Journal of Management* 44, Nr. 3 (2018), S. 972–1000.
409 H. K. Davison und M. J. Burke, »Sex Discrimination in Simulated Employment Contexts: A Meta-Analytic Investigation«, *Journal of Vocational Behavior* 56, Nr. 2 (2000), S. 225–248.
410 V. L. Brescoll und E. L. Uhlmann, »Can an Angry Woman Get Ahead? Status Conferral, Gender, and Expression of Emotion in the Workplace«, *Psychological Science* 19, Nr. 3 (2008), S. 268–275.
411 J. L. Cundiff und T. K. Vescio, »Gender Stereotypes Influence How People Explain Gender Disparities in the Workplace«, *Sex Roles* 75, Nr. 3–4 (2016), S. 126–138.
412 A. Joshi, J. Son und H. Roh, »When Can Women Close the Gap? A Meta-Analytic Test of Sex Differences in Performance and Rewards«, *Academy of Management Journal* 58, Nr. 5 (2015), S. 1516–1545.
413 C. Buffington et al., »STEM Training and Early Career Outcomes of Female and Male Graduate Students: Evidence from UMETRICS Data Linked to the 2010 Census«, *American Economic Review* 106, Nr. 5 (2016), S. 333–338.
414 K. Parker und C. Funk, »Gender Discrimination Comes in Many Forms for Today's Working Women«, Pew Research Center, 14. Dezember 2017, https://www.pewresearch.org/fact-tank/ 2017/12/14/gender-discrimination-comes-in-many-forms-for-todays-working-women/.
415 L. A. Rudman und P. Glick, »Feminized Management and Backlash toward Agentic Women: The Hidden Costs to Women of a Kinder, Gentler Image of Middle Managers«, *Journal of Personality and Social Psychology* 77, Nr. 5 (1999), S. 1004–1010.
416 A. Linskey, »The Women Asked for Forgiveness. The Men Tried to Sell Their Books: How a Democratic Debate Moment Put a Spotlight on Gender«, *Washington Post*, 20. Dezember 2019, https://www.washingtonpost.com/politics/seek-forgiveness-or-give-a-gift-how-a-democratic-debate-moment-put-gender-in-the-spotlight/2019/12/20/6b77450c-22db-11ea-a153-dce4b94e4249_story.html.
417 M. E. Heilman, C. J. Block und R. Martell, »Sex Stereotypes: Do They Influence Perceptions of Managers?«, *Journal of Social Behavior and Personality* 10 (1995), S. 237–352.
418 L. A. Rudman, »Self-Promotion as a Risk Factor for Women: The Costs and Benefits of Counter-Stereotypical Impression Management«, *Journal of Personality and Social Psychology* 74, Nr. 3 (1998), S. 629–645.
419 E. T. Amanatullah und M. W. Morris, »Negotiating Gender Roles: Gender Differences in Assertive Negotiating Are Mediated by Women's Fear of Backlash and Attenuated When Negotiating on Behalf of Others«, *Journal of Personality and Social Psychology* 98, Nr. 2 (2010), S. 256–267.
420 A. Joshi, J. Son und H. Roh, »When Can Women Close the Gap? A Meta-Analytic Test of Sex Differences in Performance and Rewards«, *Academy of Management Journal* 58, Nr. 5 (2015), S. 1516–1545.
421 L. A. Rudman und P. Glick, »Prescriptive Gender Stereotypes and Backlash toward Agentic Women«, *Journal of Social Issues* 57, Nr. 4 (2001), S. 743–762.
422 R. Kark, R. Waismel-Manor und B. Shamir, »Does Valuing Androgyny and Femininity Lead to a Female Advantage? The Relationship between Gender-Role,

Transformational Leadership and Identification«, *Leadership Quarterly* 23, Nr. 3 (2012), S. 620–640.

423 J. C. Williams, »Women, Work and the Art of Gender Judo«, *Washington Post*, 24. Januar 2014, https://www.washingtonpost.com/opinions/women-work-and-the-art-of-gender-judo/2014/01/24/29e209b2-82b2-11e3-8099-9181471f7aaf_story.html.

424 J. C. Williams und R. Dempsey, *What Works for Women at Work: Four Patterns Working Women Need to Know*, New York 2018.

425 J. L. Howell und K. A. Ratliff, »Not Your Average Bigot: The Better-Than-Average Effect and Defensive Responding to Implicit Association Test Feedback«, *British Journal of Social Psychology* 56 (2017), S. 125–145.

426 K. McCormick-Huhn, L. M. Kim und S. A. Shields, »Unconscious Bias Interventions for Business: An Initial Test of WAGES-Business (Workshop Activity for Gender Equity Simulation) and Google's ›re:Work‹ Trainings«, *Analyses of Social Issues and Public Policy* 20, Nr. 1 (2020), S. 26–65.

427 M. E. Heilman and M. C. Haynes, »No Credit Where Credit Is Due: Attributional Rationalization of Women's Success in Male-Female Teams«, *Journal of Applied Psychology* 90, Nr. 5 (2005), S. 905–916.

428 K. J. Anderson und C. Leaper, »Meta-Analyses of Gender Effects on Conversational Interruption: Who, What, When, Where, and How«, *Sex Roles* 39, Nr. 3–4 (1998), S. 225–252.

429 Jessica Bennett, *Feminist Fight Club: Wie sich Frauen am Arbeitsplatz erfolgreich durchboxen*, aus dem amerikanischen Englisch von Viola Krauß, Köln 2018, S.38 ff.

430 C. A. Moss-Racusin und L. A. Rudman, »Disruptions in Women's Self-Promotion: The Backlash Avoidance Model«, *Psychology of Women Quarterly* 34, Nr. 2 (2010), S. 186–202.

431 J. M. Nicklin, K. Seguin und S. Flaherty, »Positive Work-Life Outcomes: Exploring Self-Compassion and Balance«, *European Journal of Applied Positive Psychology* 3, Nr. 6 (2019), S. 1–13.

432 A. Reizer, »Bringing Self-Kindness into the Workplace: Exploring the Mediating Role of Self-Compassion in the Associations between Attachment and Organizational Outcomes«, *Frontiers in Psychology* 10 (2019), S. 1148.

433 P. R. Clance und S. A. Imes, »The Imposter Phenomenon in High Achieving Women: Dynamics and Therapeutic Intervention«, *Psychotherapy: Theory, Research and Practice* 15, Nr. 3 (1978), S. 241–249.

434 A. Patzak, M. Kollmayer und B. Schober, »Buffering Impostor Feelings with Kindness: The Mediating Role of Self-Compassion between Gender-Role Orientation and the Impostor Phenomenon«, *Frontiers in Psychology* 8 (2017), S. 1289.

435 L. M. Kreemers, E. A. van Hooft und A. E. van Vianen, »Dealing with Negative Job Search Experiences: The Beneficial Role of Self-Compassion for Job Seekers' Affective Responses«, *Journal of Vocational Behavior* 106 (2018), S. 165–179.

436 Y. Kotera, M. Van Laethem und R. Ohshima, »Cross-cultural Comparison of Mental Health between Japanese and Dutch Workers: Relationships with Mental Health Shame, Self-Compassion, Work Engagement and Motivation«, *Cross Cultural and Strategic Management* 27, Nr. 3 (2020), S. 511–530.

437 Y. Engel et al., »Self-Compassion When Coping with Venture Obstacles: Loving-Kindness Meditation and Entrepreneurial Fear of Failure«, *Entrepreneurship*

Theory and Practice (2019), S. 1–27, advance online publication, DOI: 1042258719890991.
438 S. Chen, »Give Yourself a Break: The Power of Self-Compassion«, *Harvard Business Review* 96, Nr. 5 (2018), S. 116–123.

KAPITEL 10: FÜR ANDERE SORGEN, OHNE SICH SELBST ZU VERLIEREN

439 A. Lorde, *A Burst of Light: And Other Essays*, Mineola, NY 2017, S. 130.
440 T. A. Evans, E. J. Wallis und M. A. Elgar, »Making a Meal of Mother«, *Nature* 376, Nr. 6538 (1995), S. 299.
441 T. Grall, »Custodial Mothers and Fathers and Their Child Support: 2015«, US Census Bureau, Februar 2020, original work published Januar 2018, https://www.census.gov/library/publications/2018/demo/p60-262.html
442 S. M. Bianchiet et al., »Housework: Who Did, Does or Will Do It, and How Much Does It Matter?«, *Social Forces* 91, Nr. 1 (2012), S. 55.
443 M. Bittman et al., »When Does Gender Trump Money? Bargaining and Time in Household Work«, *American Journal of Sociology* 109, Nr. 1 (2003), S. 186–214.
444 Pew Research Center, »Who's Feeling Rushed?«, Februar 28, 2016, https://www.pewsocialtrends.org/2006/02/28/whos-feeling-rushed/.
445 AARP Public Policy Institute, »Caregiving in the US 2015«, Juni 2015, https://www.aarp.org/content/dam/aarp/ppi/2015/caregiving-in-the-us-research-report-2015.pdf.
446 Q. P. Li, Y. W. Mak und A. Y. Loke, »Spouses' Experience of Caregiving for Cancer Patients: A Literature Review«, *International Nursing Review* 60, Nr. 2 (2013), S. 178–187.
447 K. J. Lively, L. C. Steelman und B. Powell, »Equity, Emotion, and Household Division of Labor Response«, *Social Psychology Quarterly* 73, Nr. 4 (2010), S. 358–379.
448 L. Lieke et al., »Positive and Negative Effects of Family Involvement on Work-Related Burnout«, *Journal of Vocational Behavior* 73, Nr. 3 (2008), S. 387–396.
449 V. S. Helgeson und H. Fritz, »A Theory of Unmitigated Communion«, *Personality and Social Psychology Review* 2 (1998), S. 173–183.
450 D. M. Buss, «Unmitigated Agency and Unmitigated Communion: An Analysis of the Negative Components of Masculinity and Femininity«, *Sex Roles* 22, Nr. 9 (1990), S. 555–568.
451 L. Jin et al., »Depressive Symptoms and Unmitigated Communion in Support Providers«, *European Journal of Personality: Published for the European Association of Personality Psychology* 24, Nr. 1 (2010), S. 56–70.
452 H. L. Fritz und V. S. Helgeson, »Distinctions of Unmitigated Communion from Communion: Self-Neglect and Overinvolvement with Others«, *Journal of Personality and Social Psychology* 75, Nr. 1 (1998), S. 121–140.
453 V. S. Helgeson, »Relation of Agency and Communion to Well-Being: Evidence and Potential Explanations«, *Psychological Bulletin* 116 (1994), S. 412–428.
454 S. G. Ghaed und L. C. Gallo, »Distinctions among Agency, Communion, and Unmitigated Agency and Communion According to the Interpersonal Circumplex, Five-Factor Model, and Social-Emotional Correlates«, *Journal of Personality Assessment* 86, Nr. 1 (2006), S. 77–88.

455 V. S. Helgeson und H. L. Fritz, »The Implications of Unmitigated Agency and Unmitigated Communion for Domains of Problem Behavior«, *Journal of Personality* 68, Nr. 6 (2000), S. 1031–1057.
456 H. L. Fritz, »Gender-linked Personality Traits Predict Mental Health and Functional Status Following a First Coronary Event«, *Health Psychology* 19, Nr. 5 (2000), S. 420–428.
457 H. L. Fritz und V. S. Helgeson, »Distinctions of Unmitigated Communion from Communion: Self-Neglect and Overinvolvement with Others«, *Journal of Personality and Social Psychology* 75, Nr. 1 (1998), S. 121–140. Beachten Sie bitte, dass einige der Aussagen für dieses Buch verändert wurden.
458 V. Thornton und A. Nagurney, »What Is Infidelity? Perceptions Based on Biological Sex and Personality«, *Psychology Research and Behavior Management* 4 (2011), S. 51–58.
459 D. C. Jack und D. Dill, »The Silencing the Self Scale: Schemas of Intimacy Associated with Depression in Women«, *Psychology of Women Quarterly* 16 (1992), S. 97–106.
460 L. Jin et al., »Depressive Symptoms and Unmitigated Communion in Support Providers«, *European Journal of Personality* 24, Nr. 1 (2010), S. 56–70.
461 L. Jin et al., »Depressive Symptoms and Unmitigated Communion in Support Providers«, *European Journal of Personality* 24, Nr. 1 (2010), S. 56–70.
462 K. D. Neff und R. Vonk, »Self-Compassion Versus Global Self-Esteem: Two Different Ways of Relating to Oneself«, *Journal of Personality* 77 (2009), S. 23–50.
463 K. D. Neff und M. A. Suizzo, »Culture, Power, Authenticity and Psychological Well-Being within Romantic Relationships: A Comparison of European American and Mexican Americans«, *Cognitive Development* 21, Nr. 4 (2006), S. 441–457.
464 A. E. Thompson und D. Voyer, »Sex Differences in the Ability to Recognise Non-verbal Displays of Emotion: A Meta-Analysis«, *Cognition and Emotion* 28, Nr. 7 (2014), S. 1164–1195.
465 C. Rogers, *On Becoming a Person: A Therapist's View of Psychotherapy*, Boston 1995; Erstausgabe von 1961, S. 248.
466 M. Iacoboni, »Imitation, Empathy and Mirror Neurons«, *Annual Review of Psychology* 60 (2009), S. 653–670.
467 D. Keltner, *Born to Be Good*, New York 2009.
468 F. B. De Waal, »Putting the Altruism Back into Altruism: The Evolution of Empathy«, *Annual Review of Psychology* 59 (2008), S. 279–300.
469 P. L. Jackson, P. Rainville und J. Decety, »To What Extent Do We Share the Pain of Others? Insight from the Neural Bases of Pain Empathy«, *Pain* 125 (2006), S. 5–9.
470 M. Ludick und C. R. Figley, »Toward a Mechanism for Secondary Trauma Induction and Reduction: Reimagining a Theory of Secondary Traumatic Stress«, *Traumatology* 23, Nr. 1 (2017), S. 112–123.
471 C. Maslach, »Burnout: A Multidimensional Perspective«, in W. B. Schaufeli, C. Maslach, and T. Marek (Hrsg.), *Series in Applied Psychology: Social Issues and Questions. Professional Burnout: Recent Developments in Theory and Research*, Philadelphia 1993, S. 19–32.
472 S. E. Showalter, »Compassion Fatigue: What Is It? Why Does It Matter? Recognizing the Symptoms, Acknowledging the Impact, Developing the Tools to

Prevent Compassion Fatigue, and Strengthen the Professional Already Suffering from the Effects«, *American Journal of Hospice and Palliative Medicine* 27, Nr. 4 (2010), S. 239–242.

473 M. Ferrara et al., »Prevalence of Stress, Anxiety and Depression in with Alzheimer Caregivers«, *Health and Quality of Life Outcomes* 6, Nr. 1 (2008), S. 93.

474 C. R. Figley (Hrsg), *Treating Compassion Fatigue*, London 2002.

475 O. Klimecki und T. Singer, »Empathic Distress Fatigue Rather Than Compassion Fatigue? Integrating Findings from Empathy Research in Psychology and Social Neuroscience«, in B. Oakley et al.(Hrsg.), *Pathological Altruism*, Oxford 2012, S. 368–383.

476 E. M. Seppala et al.(Hrsg.), *The Oxford Handbook of Compassion Science*, Oxford 2017.

477 T. Singer und O. M. Klimecki, »Empathy and Compassion«, *Current Biology* 24, Nr. 18 (2014), S. R875–878.

478 M. R. Oreskovich et al., »The Prevalence of Substance Use Disorders in American Physicians«, *American Journal on Addictions* 24, Nr. 1 (2015), S. 30–38.

479 A. Salloum et al., »The Role of Self-Care on Compassion Satisfaction, Burnout and Secondary Trauma among Child Welfare Workers«, *Children and Youth Services Review* 49 (2015), S. 54–61.

480 J. Mills, T. Wand und J. A. Fraser, »Examining Self-Care, Self-Compassion and Compassion for Others: A Cross-sectional Survey of Palliative Care Nurses and Doctors«, *International Journal of Palliative Nursing* 24, Nr. 1 (2018), S. 4–11.

481 J. G. Littleton und J. S. Bell, *Living the Serenity Prayer: True Stories of Acceptance, Courage, and Wisdom*, Avon 2008, S. 14.

482 C. Conversano et al., »Mindfulness, Compassion, and Self-Compassion Among Health Care Professionals: What's New? A Systematic Review«, *Frontiers in Psychology* 11 (2020), S. 1–21.

483 M. P. Schellekens et al., »Are Mindfulness and Self-Compassion Related to Psychological Distress and Communication in Couples Facing Lung Cancer? A Dyadic Approach«, *Mindfulness* 8, Nr. 2 (2017), S. 325–336.

484 K. Raab, »Mindfulness, Self-Compassion, and Empathy among Health Care Professionals: A Review of the Literature«, *Journal of Health Care Chaplaincy* 20, Nr. 3 (2014), S. 95–108.

485 K. J. Kemper, X. Mo und R. Khayat, »Are Mindfulness and Self-Compassion Associated with Sleep and Resilience in Health Professionals?«, *Journal of Alternative and Complementary Medicine* 21, Nr. 8 (2015), S. 496–503.

486 J. Duarte, J. Pinto-Gouveia und B. Cruz, »Relationships between Nurses' Empathy, Self-Compassion and Dimensions of Professional Quality of Life: A Cross-sectional Study«, *International Journal of Nursing Studies* 60 (2016), S. 1–11.

487 K. Olson und K. J. Kemper, »Factors Associated with Well-Being and Confidence in Providing Compassionate Care«, *Journal of Evidence-Based Complementary and Alternative Medicine* 19, Nr. 4 (2014), S. 292–296.

488 K. D. Neff et al., »Caring for Others without Losing Yourself: An Adaptation of the Mindful Self-Compassion Program for Healthcare Communities«, *Journal of Clinical Psychology* 76 (2020), S. 1543–1562.

489 C. Maslach und M. Gomes, »Overcoming Burnout«, in R. MacNair and Psychologists for Social Responsibility (Hrsg.), *Working for Peace: A Handbook of Practical Psychology and Other Tools*, Atascadero, CA 2006, S. 43–59.

490 H. Rettig, *The Lifelong Activist: How to Change the World without Losing Your Way*, New York 2006.
491 K. Rodgers, »Anger Is Why We're All Here: Mobilizing and Managing Emotions in a Professional Activist Organization«, *Social Movement Studies* 9, Nr. 3 (2010), S. 273–291.
492 Rodgers, »Anger Is Why We're All Here«, S. 280.

KAPITEL 11: WIR GEBEN ALLES FÜR DIE LIEBE

493 b. hooks, *Communion: The Female Search for Love*, New York 2003, S. 66.
494 C. Dowling, *The Cinderella Complex: Women's Hidden Fear of Independence*, New York 1981.
495 Arthur Schopenhauer: Sämtliche Werke, hrsg. von Wolfgang Löhneysen, Bd. 5, Teil 2, Gleichnisse, Parabeln und Fabeln, Stuttgart 1965, S. 765.
496 E.H.K. Jacobson et al., »Examining Self-Compassion in Romantic Relationships«, *Journal of Contextual Behavioral Science* 8 (2018), S. 69–73.
497 J. S. Ferreira, R. A. Rigby und R. J. Cobb, »Self-Compassion Moderates Associations between Distress about Sexual Problems and Sexual Satisfaction in a Daily Diary Study of Married Couples«, *Canadian Journal of Human Sexuality* 29, Nr. 2 (2020), S. 182–196.
498 L. M. Yarnell und K. D. Neff, »Self-Compassion, Interpersonal Conflict Resolutions, and Well-Being«, *Self and Identity* 2, Nr. 2 (2013), S. 146–159.
499 Yarnell und Neff, »Self-Compassion«, S. 156.
500 Ebd.
501 K. D. Neff und S. N. Beretvas, »The Role of Self-Compassion in Romantic Relationships«, *Self and Identity* 12, Nr. 1 (2013), S. 78–98.
502 Z. Williams, »Relationship Satisfaction in Black Couples: The Role of Self-Compassion and Openness" (unpublished doctoral dissertation, Kansas State University 2019).
503 J. W. Zhang, S. Chen und T. K. Tomova Shakur, »From Me to You: Self-Compassion Predicts Acceptance of Own and Others' Imperfections«, *Personality and Social Psychology Bulletin* 46, Nr. 2 (2020), S. 228–242.
504 L. R. Baker und J. K. McNulty, »Self-Compassion and Relationship Maintenance: The Moderating Roles of Conscientiousness and Gender«, *Journal of Personality and Social Psychology* 100, Nr. 5 (2011), S. 853.
505 S. Coontz, »The World Historical Transformation of Marriage«, *Journal of Marriage and Family* 66, Nr. 4 (2004), S. 974–979.
506 R. Geddes und D. Lueck, »The Gains from Self-Ownership and the Expansion of Women's Rights«, *American Economic Review* 92, Nr. 4 (2002), S. 1079–1092.
507 »Domestic Violence Facts, Information, Pictures-Encyclopedia. com, articles about Domestic violence«, *Encyclopedia.com*, aufgerufen am 6. September 2020.
508 K. Luppi, »Comedian-Actress Rita Rudner Brings a Bit of Real Life to Laguna Playhouse's ›Act 3‹…«, *Los Angeles Times*, 8. Januar 2016, https://www.latimes.com/socal/coastline-pilot/entertainment/tn-cpt-et-0108-rita-rudner-20160108-story.html.
509 A. Koedt, E. Levine und A. Rapone, »Politics of the Ego: A Manifesto for New York Radical Feminists«, in: A. Koedt, E. Levine und A. Rapone, (Hrsg.), *Radical Feminism*, New York 1970; S. 379–383.

510 N. Greenfieldboyce, »Pageant Protest Sparked Bra-Burning Myth«, NPR, 5. September 2008, https://www.npr.org/templates/story/story.php?storyId=94240375, aufgerufen am 6. Februar 2012.
511 K. Boyle, *#MeToo, Weinstein and Feminism,* London 2019.
512 M. A. Garcia und D. Umberson, »Marital Strain and Psychological Distress in Same-Sex and Different-Sex Couples«, *Journal of Marriage and Family* 81, Nr. 5, Oktober 2019, S. 1253–1268.
513 A. K. Randall et al., »Associations between Sexual Orientation Discrimination and Depression among Same-Sex Couples: Moderating Effects of Dyadic Coping«, *Journal of Couple and Relationship Therapy* 16, Nr. 4 (2017), S. 325–345.
514 A. M. Pollitt, B. A. Robinson und D. Umberson, »Gender Conformity, Perceptions of Shared Power, and Marital Quality in Same-and Different-Sex Marriages, *Gender and Society* 32, Nr. 1 (2018), S. 109–131.
515 W. Langford, *Revolutions of the Heart: Gender, Power and the Delusions of Love,* Hove 1999, S. 27.
516 Langford, *Revolutions of the Heart*, S. 29.
517 Langford, *Revolutions of the Heart*, S. 39.
518 hooks, *Communion*, S. 152.
519 C. E. Copen et al., »First Marriages in the United States«, National Health Statistics Reports, 22. März 2012, https://www.cdc.gov/nchs/data/nhsr/nhsr049.pdf.

NACHWORT: EIN SCHLAMASSEL VOLLER MITGEFÜHL

520 P. Chödrön, Liebende Zuwendung: Freude im Herzen, aus dem kanadischen Englisch von Katharine Cofer, Bielefeld 2006, S. 12.
521 R. Nairn, Vortrag, gehalten im Kagyu Samye Ling Kloster, Dumfriesshire, Schottland, September 2009.
522 J. S. Bolen, *Goddesses in Older Women: Archetypes in Women over Fifty,* New York 2002.

Stichwortverzeichnis

Personenverzeichnis

Sei nachsichtig mit dir selbst!

384 Seiten. ISBN 978-3-424-63055-8

Je mehr wir unser Selbstwertgefühl von Erfolgen abhängig machen, umso verletzbarer werden wir. Es gibt einen heilsamen Weg aus der Falle der Selbstkritik: Selbstmitgefühl. Kristin Neff lehrt, Herausforderungen mit einem klugen, akzeptierenden Herzen zu bewältigen. Wir schließen Freundschaft mit dem wichtigsten Menschen in unserem Leben: uns selbst.

kailash

Überall, wo es Bücher gibt, und unter www.kailash-verlag.de

Das Leben aus vollem Herzen leben

189 Seiten. ISBN 978-3-424-63171-5

In einer Zeit der Heimatlosigkeit und emotionalen Entwurzelung, ist es umso wichtiger zu wissen, wo wir hingehören und woran wir uns festhalten können. Die renommierte Psychologin Brené Brown zeigt, dass innere Stärke der Raum ist, in dem Liebe, Zugehörigkeit, Freude und Kreativität entstehen. Sie ermutigt uns dazu, uns neu zu verwurzeln und auf dieser Basis eine kraftvolle Vision zu entwickeln, die es uns ermöglicht, Großes zu wagen.

kailash

Überall, wo es Bücher gibt, und unter www.kailash-verlag.de